Gestalt und Gestaltung in interdisziplinärer Perspektive

Schriftenreihe der Carl Stumpf Gesellschaft

Herausgegeben von Margret Kaiser-el-Safti
und Martin Ebeling

Band 4

PETER LANG
EDITION

Ellen Aschermann / Margret Kaiser-el-Safti (Hrsg.)

Gestalt und Gestaltung in interdisziplinärer Perspektive

PETER LANG
EDITION

Bibliografische Information der Deutschen Nationalbibliothek
Die Deutsche Nationalbibliothek verzeichnet diese Publikation in der Deutschen Nationalbibliografie; detaillierte bibliografische Daten sind im Internet über http://dnb.d-nb.de abrufbar.

Umschlaggestaltung:
© Olaf Gloeckler, Atelier Platen, Friedberg

Gedruckt mit freundlicher Unterstützung von KölnAlumni - Freunde und Förderer der Universität zu Köln e.V.

ISSN 2191-7310
ISBN 978-3-631-64632-8 (Print)
E-ISBN 978-3-653-04010-4 (E-Book)
DOI 10.3726/978-3-653-04010-4

Peter Lang Edition ist ein Imprint der Peter Lang GmbH.

Peter Lang – Frankfurt am Main · Bern · Bruxelles · New York · Oxford · Warszawa · Wien

Dieses Buch erscheint in der Peter Lang Edition und wurde vor Erscheinen peer reviewed.

www.peterlang.com

In memoriam
Theo Herrmann

Vorwort

Der vierte Band der „Schriftenreihe der Carl Stumpf Gesellschaft" widmet sich der erkenntnistheoretischen Bedeutung der Gestaltpsychologie. Er behandelt sowohl deren historisch-epistemischen Hintergrund als auch Weiterentwicklungen im Sinne des von Carl Stumpf initiierten „mereologischen" Erkenntnismodells, der Lehre vom Ganzen und diverser Teileinheiten.

Gestalt- und Ganzheitspsychologie sind Bezeichnungen für psychologische Schulen des ausgehenden 19. und beginnenden 20. Jahrhunderts, die sich durch ein theoretisches Interesse an Grundlagenproblemen der Psychologie als empirische Wissenschaft auszeichneten; bis 1933 inspirierten sie auf breiter Basis zu einem intensiven *erkenntnistheoretischen* Diskurs. Ihr Ziel war, in Ablösung älterer (metaphysischer) Seelenmodelle einen *empirisch* vertretbaren Seelenbegriff durchzusetzen.

Die Bezeichnungen „Ganzes" und „Gestalt" klingen bekannt und mit Alltagsvorstellungen verwandt, aber die hinter ihnen stehenden erkenntnistheoretischen Konzepte sind um vieles komplexer als die Namengebungen suggerieren. Zu einer endgültigen Ausdifferenzierung unterschiedlicher Auffassungen kam es nicht, weil die politischen Verhältnisse in Deutschland das nicht erlaubten, indem sie jeglicher kulturellen Weiterentwicklung und also auch der Diskussion der theoretischen Psychologie ein Ende setzten. Nach 1933 mussten profilierte Psychologen jüdischer Herkunft, unter ihnen namhafte Gestaltpsychologen, Deutschland verlassen, vermochten jedoch in den Gastländern nur teilweise mit ihren Theorien Fuß zu fassen. Nach Ende des Zweiten Weltkrieges wurde der abgerissene Faden deutscher Psychologie vereinzelt wieder aufgenommen; aber die zu ihrer Zeit lebhaft geführte Debatte über das Gestalt-Konzept konnte nicht mehr zu neuem Leben erweckt werden. Die deutsche akademische Psychologie hatte sich weitgehend von ihren philosophischen Wurzeln und der erkenntnistheoretischen Grundlagendiskussion verabschiedet und orientierte sich an verschiedenen Wissenschaftsauffassungen. Methodologisch folgte sie mehrheitlich dem in den USA entwickelten Modell empiristisch-behavioristischer Forschung, während im ersten Drittel des 20. Jahrhunderts erkenntnistheoretisch der Neukantianismus den Ton angab und methodologisch der Psychophysische Parallelismus die Opinio communis war.

Vor diesem Hintergrund wird u.a. zu klären sein, warum die *philosophische* Bedeutung und die geistige Urheberschaft von Carl Stumpf, dem wissenschaftlichen Vater der Gestalt- und Ganzheitspsychologie, mehr noch in den Hintergrund trat als die seiner Schüler, der Berliner Gestaltpsychologen. Diese sympathisierten nämlich alsbald mit dem neuen Zeitgeist einer positivistischen und „ökonomistischen" Wissenschaftsauffassung, dem Plädoyer für eine „Einheitswissenschaft" unter physikalischer Führung im Sinne des Physikers und Wissenschaftshistorikers Ernst Mach, der die subtile phänomenologische, an *Differenzen* des Physischen und Psychischen interessierte Deskriptive Psychologie von Franz Brentano und Carl Stumpf für obsolet erachtete. Bemerkenswerterweise schmiegten sich die Begriffe „Gestalt" und „Ganzheit" ganz unterschiedlichen weltanschaulichen und wissenschaftstheoretischen Fundamenten an, so auch dem neuen szientistischen Geist der Vorkriegszeit.

Einen weiteren Wandel in der Theoriebildung erlebte die Gestalt- und Ganzheitspsychologie durch den Verzicht auf ihre *musikalischen* Grundlagen. Der Namensgeber der Gestaltpsychologie, Christian von Ehrenfels, stützte sich 1890 noch auf wesentlich musikalische Gesetzmäßigkeiten, während die Schüler Stumpfs wiederum *visuelle* Forschungsgegenstände oder ein einheitliches Modell der Sinneswahrnehmung bevorzugten. Offenbar steht die visuelle Wahrnehmung dem alltagspsychologischen Erkennen und Erleben näher als die akustisch-musikalische Wahrnehmung und Psychologen mochten sich von den zahlreichen Details der Ton- und Musikpsychologie Carl Stumpfs überfordert gefühlt haben.

Das Motiv, sich heute wieder mit Stumpfs Phänomenologie und Funktionspsychologie zu befassen, steht in Zusammenhang mit zwei Wendungen im Wissenschafts- und Erkenntnisinteresse der letzten Jahrzehnte. Das betrifft zum einen die wieder erwachte Diskussion über das Leib-Seele-Verhältnis, das allen theoretischen Debatten der Psychologie zu Grunde liegt, zum anderen das verbreitete wissenschaftliche Interesse an Musik, ihrer spezifischen Rezeptionsweise und ihrer psychologisch-kulturellen Wirkung. Aber noch hat sich nicht auf breiter Ebene herumgesprochen, dass beides, Seelenauffassung (Leib-Seele-Problem) und musikalische Wahrnehmung, eng miteinander verflochten sind, wie schon der griechische Philosoph Pythagoras lehrte. Aber nicht Pythagoras sondern Platon mit seiner für ‚Erkenntnis' wegweisenden Lichtmetaphorik und Aristoteles' Logik stellten die entscheidenden Weichen für die abendländische Philosophie und ihr Seelenmodell. Das *Hören* wurde in der Folgezeit im Vergleich mit der visuellen Wahrnehmung in seiner Komplexität und erkenntnistheoretischen Relevanz von Philosophen – einige Ausnahmen bestätigen die Regel – notorisch unterschätzt. Allerdings waren für den Wissenschaftsfortschritt relevante physiologische und neurologische Erkenntnisse in Bezug auf das Hören auch erst am Ende des 19. Jahrhunderts zu verzeichnen, die dann in den letzten Jahrzehnten unserer Zeit eine rasante Weiterentwicklung erfuhren.

Carl Stumpf nahm den Zusammenhang zwischen Hören und geist-seelischer Bildung schon früh in den forschenden Blick. Offen für einschneidende Paradigmenwechsel in Mathematik und Naturwissenschaft verhielt Stumpf sich bemerkenswert ‚neutral' in Bezug auf weltanschauliche Prämissen der geisteswissenschaftlichen Forschung seiner Zeit. Im Zentrum stand die Frage nach dem Wesen des Seelischen, die Stumpf mittels einer unvoreingenommenen phänomenologischen Analyse der Struktur der organisch-leiblichen Sinne, insbesondere des Ohres, und der von den Sinnen angeregten seelischen Aktivitäten zu beantworten suchte. Das Leib-Seele-Verhältnis erwies sich in diesem Kontext als ein vorwiegend erkenntnistheoretisch zu lösendes Problem, insofern mit neuen wissenschaftlichen Mitteln die wechselseitige Beeinflussung zwischen leibsinnlich organisierter Erfahrung und logisch-begrifflich strukturierter Erkenntnis zu eruieren war.

Weltanschauliche Differenzen und philosophische Schulstreitigkeiten, die im vorigen Jahrhundert einer solchen Sicht der Dinge im Wege standen, haben sich relativiert. Philosophen und Gehirnforscher suchen in letzterer Zeit das Gespräch über die Grundlagen des Geistigen; die Kluft, die sich im abgelaufenen Jahrhundert zwischen Philosophen und Psychologen aufgetan hatte, scheint von jüngeren Philosophen nicht mehr als konstitutiv für ihr philosophisches Selbstverständnis angesehen zu werden. Das bedeutet, dass sich im Großen und Ganzen die Hürden erniedrigt haben, die einem Verständnis von Stumpfs Phänomenologie und Funktionspsychologie hinderlich waren.

Der wieder auf interdisziplinärer Ebene argumentierende 4. Band befasst sich aus unterschiedlichen Perspektiven mit der Gestalt- und Ganzheitspsychologie. Wir sehen es als ein gutes Zeichen an, dass psychologische Argumente mit philosophischen, musikpsychologische mit sprachpsychologischen Ansätzen ausgetauscht werden. Selbst wenn die interdisziplinäre Arbeit noch keine einschlägigen Ergebnisse präsentieren kann, wird der Weg fortgesetzt, den Stumpf für den einzig gangbaren einer sowohl dem Wissensfortschritt als auch der Lebenswelt dienenden erachtete. Methodische und erkenntnistheoretische Zäune, wie die von philosophischer Seite inszenierte Antipsychologismus-Debatte einschließlich der zu eng gefassten Subjekt-Objekt-Perspektive, die per se Naturwissenschaft und Geisteswissenschaft spaltet, wären in Zukunft durch ein weiter gefasstes Relationsmodell zu ersetzen.

Beim jetzigen Forschungsstand sind heterogene Aussagen über Stumpfs komplexe Lehre in diesem Band nicht zu vermeiden gewesen. Der interdisziplinäre Fokus der Carl Stumpf Gesellschaft dürfte von sich aus Heterogenität erzeugen. Da das Hauptwerk Stumpfs, die im Zweiten Weltkrieg erschienene „Erkenntnislehre“, bis vor kurzem nur noch in wenigen Exemplaren in Universitätsbibliotheken zugänglich war (eine Neuauflage erfolgte erst 2011), erschwerte dies lange die Korrektur von Irrtümern und Fehldeutungen in der Sekundärliteratur, denen jedes anspruchsvolle Werk ausgesetzt ist.

Philosophiehistorisch relevante Grundlagen und Intentionen jener Prozesse, die im 19. Jahrhundert von der älteren Seelenlehre zu ihrer Erneuerung im empirischen Gewande und damit zur Gestalt- und Ganzheitspsychologie führten, werden am Ende des Bandes dargestellt. Wie immer man über die Notwendigkeit *theoretischer Psychologie* für die Zukunft der Wissenschaft denken mag – auf erkenntnistheoretische Reflexionen wird man schwerlich verzichten können, zumal sich in der derzeitigen europäischen Philosophie eine Thematik ankündigt, die stark an die bereits vor dem Zweiten Weltkrieg geführte erinnert.

Wir danken Frau Mira Kappes für die vorzügliche Formatierung des Bandes.

Ellen Aschermann *Margret Kaiser-el-Safti*

Inhalt

Karl R. Popper und die Psychologie – Zwei frühe Schriften

Ellen Aschermann

Zusammenfassung

Karl Raimund Popper wandte sich schon zu einer Zeit, als er bei Karl Bühler über methodologische Probleme der Psychologie promovierte, erkenntnistheoretischen Fragen zu. Die Promotion dokumentiert ein besonderes Interesse an denkpsychologischen Reflexionen und deren Einordnung in einen biologisch-evolutionären Rahmen. Popper schenkt weniger der geisteswissenschaftlichen Verstehenspsychologie und der Berliner Gestaltpsychologie als vielmehr dem Verhaltensaspekt besondere Aufmerksamkeit und beruft sich zur Erklärung zweckhaften Verhaltens im Sinne von Erkennen einer Situation auf die Theorie der Komplexqualität nach Felix Krüger, erwähnt in diesem Kontext auch eine emotionale Beteiligung am Erkenntnisprozess. Neben Bühler, dessen Sprachtheorie lebenslang Bedeutung für Popper behielt, zog er die Arbeiten von Otto Selz zur Unterscheidung des vorwissenschaftlichen vom wissenchaftlichen Erkenntnisprozess heran. In Bezug auf Poppers spätere Theorie der Falsifaktionsmethode und der Trennung psychologischer und logischer Erkenntnisweisen könnte Selz zu dieser Zeit mehr Einfluss als Bühler auf Popper gewonnen haben.

Bemerkenswert ist, dass der junge Karl Popper für einen biologischen Standpunkt votiert, der dem Ansatz von Carl Stumpf nahe steht. In seiner letzten, mit John Eccles verfassten Arbeit *Das Ich und sein Gehirn* (1977) beruft Popper sich auf Carl Stumpf als „seinen Vorläufer“.

Abstract

Karl Raimund Popper already turned to epistemological questions while he was still studying for his doctorate on methodological problems of Psychology under the supervision of Karl Bühler. His thesis documents a special interest in deliberating on psychological reasoning and its classification in a biological evolutionary framework. Popper pays less attention to the comprehension psychology in the humanities and the Berlin Gestalt psychology, rather he focuses on the aspect of behavior and refers in his explanation for purposeful behavior in terms of recognizing a situation to Felix Krüger's theory of 'Komplexqualität'; he also mentions a participation of emotion in the process of recognition in this context. Apart from Bühler whose theory of language remained significant for Popper over the course of his entire life, Popper also turned to the work of Otto Selz on the differentiation between the process of recognition prior to science and the scientific process of recognition. Regarding Popper's subsequent theory of the method of falsification and the separation of psychological and logical ways of recognition, maybe Selz influenced Popper more than Bühler did.

It is noteworthy that the young Karl Popper argues for a biological point of view which is somehow similar to the approach of Carl Stumpf. In his last work (*Das Ich und sein Gehirn,* 1977, together with John Eccles), Popper refers to Stumpf as his ‚forerunner'.

1 Einleitung

Karl Popper ist wohl jedem Psychologen als Begründer des kritischen Rationalismus vertraut, auf dessen Falsifikationsmethodologie die Hypothesentestung in der experimentellen Forschung fußt. Als zentrales Modell benutzt er dabei immer wieder die Physik und ihre Erkenntniswege als Beispiel für eine echte Wissenschaft, während er für die Psychologie nicht viel übrig hat.

Die zentrale Frage, wie Menschen zu wissenschaftlicher Erkenntnis gelangen, hat ihn auch schon in zwei frühen Arbeiten beschäftigt, die lange nicht veröffentlicht waren: Hier ist zunächst seine Dissertation von 1928 zu nennen, die er bei Karl Bühler in Wien unter dem Titel „Zur Methodenfrage der Denkpsychologie" eingereichte. Bereits ein Jahr zuvor hatte Popper im Rahmen seiner Lehrerausbildung eine Abschlussarbeit mit dem Titel: „‚Gewohnheit' und ‚Gesetzerlebnis' in der Erziehung: eine pädagogisch-strukturpsychologische Monographie" verfasst, die sich speziell mit Denkprozessen bei Kindern auseinandersetzt. Im Folgenden soll insbesondere anhand der Dissertation analysiert werden, wie Popper in seinen frühen Jahren psychologische Grundkonzepte verstand und welche methodischen Vorgehensweisen er hier benutzte und propagierte.

In seiner Autobiographie *Ausgangspunkte* beschreibt er (1979, S. 103), dass er sich von der Psychologie abgewandt habe, da nach seiner Einschätzung die Assoziationspsychologie (Locke, Berekley, Hume) nichts anders sei als „eine Übersetzung der aristotelischen Subjekt-Prädikat-Logik in psychologische Begriffe" (S.104). Der Frage, welche Verbindungen und Kontinuitäten sich zwischen den von Popper zuvor rezipierten komplexpsychologischen Ansätzen und seinen späteren wissenschaftstheoretischen Überlegungen aufzeigen lassen, soll im Mittelpunkt dieses Artikel sehen.

2 Zur Methodenfrage der Denkpsychologie

Biographischer Hintergrund

Popper (geb. 1902, Vater Rechtsanwalt, assimilierte Juden, externe Matura, politisches Engagement in der sozialistischen Jugendbewegung und bei der roten Linke in Wien politisch aktiv) war zu Beginn seiner akademischen Ausbildung primär an pädagogischen (und auch schulreformerischen-politischen) Fragen interessiert und schloss zunächst 1924 eine Ausbildung an der Wiener Lehrerbildungsanstalt ab. Da anschließend keine Lehrerstelle verfügbar war, arbeitete er kurzeitig als Fürsorger für sozial gefährdete Kinder und begann 1925 am neu gegründeten Pädagogischen Institut der Stadt Wien zu studieren, das auch in einer lockeren Verbindung zur Universität stand Mit diesem Institut sollte die Reform der Grund- und Hauptschulen in Wien unterstützt und gefördert werden. Hier besuchte Popper auch die Vorlesungen von Karl Bühler, von dem er selbst berichtet, sehr viel gelernt zu haben (Popper, 1979).

Pädagogische Abschlussarbeit

Am Ende seiner Studienzeit am pädagogischen Institut verfasste Popper 1927 seine Abschlussarbeit, in der er das dogmatische Denken von Kindern konzeptuell und empirisch analysierte. Diese Arbeit wurde erst 2006 in seinen Gesammelten Werken veröffentlicht. Ter Hark (2004) berichtet, dass Popper hier analysiert, dass Kinder praktisch überall Regularitäten erwarten und nach ihnen suchen, selbst wenn es in einem bestimmten Bereich keine Regularitäten gibt. Sie behalten ihre Annahmen und Erwartungen bei, auch wenn diese sich als unangemessen herausstellen und die Kinder die Inadäquatheit der eigenen Annahmen eigentlich einsehen sollten. In vielen Fällen sei der Widerstand der Kinder gegen eine notwendige Modifikation ihrer Annahmen auf ihre „Angst vor dem Unvertrauten“ zurückzuführen.

Poppers Ziel war es, in dieser Arbeit zu verdeutlichen, wann in pädagogischen Kontexten die freie Lernaktivität von (jungen) Kindern zugunsten einer lehrergesteuerten Vermittlung von Inhalten einzuschränken sei, auch wenn das Ziel der Erziehung (ganz im Sinne der pädagogischen Reformbewegung) freie Selbstbestimmung sein müsste. Als relevante Merkmale diskutiert Popper dabei ungenügendes Wissen und die fehlende Methode, um kritische Konsequenzen zu ziehen. In dieser Arbeit unterscheidet Popper zum ersten Mal zwischen dogmatischem und freiem Denken: Freies Denken ist kritisches Denken, dogmatisches Denken ist unfrei. Freies Denken bedeutet das Denken ohne Vorurteile, die Beurteilung von Sachverhalten, ohne das Ergebnis der Beurteilung vorweg zu nehmen. Das kritische Denken versuche die zunächst unreflektiert hingenommen Grundsätzen in Frage zu ziehen, „um sie erst nach Bewährung, vor allem durch Erfahrung, aber auch durch Nachdenken, anzunehmen und anzuwenden“ (Popper, 1927/2006, S. 95). Hier schon schlägt Popper den Bogen zur Wissenschaftsgeschichte, in der dies „gewöhnlich der entscheidende Schritt nach vorne“ sei.

Betrachtet man Poppers Überlegungen von einem heutigen Standpunkt aus, so wird deutlich, dass er in seiner Arbeit davon ausgeht, dass einem kritischen Denken eine Phase des dogmatischen Denkens ontogenetisch (und auch phylogenetisch) vorausgehen muss. In dieser Phase werden zunächst Erwartungen geformt, anhand derer Fehlersuche und Fehlerausschluss erst möglich sind.

Als Charakteristikum einer ernstzunehmenden empirischen Wissenschaft führt er weiter aus, dass eine Theorie nur auf induktivem Wege, also durch eine Abstraktion aus empirischen Sachverhalten gebildet werden darf (Popper 1927/2006, S. 97). Diese Vorstellung wissenschaftlichen Erkenntnisgewinns entspricht ganz der psychologischen Methodologie seiner Zeit und enthält noch keine Hinweise auf seine späteren epistemologischen Überlegungen. (An dieser Stelle finden sich also noch keine unmittelbaren Hinweise auf eine Kritik an Humes induktiver Theorie der Erkenntnis.)

Dissertation

Nur ein Jahr nach Abschluss des Studiums am pädagogischen Institut legte Popper 1928 seine Dissertation mit dem Titel: „Zur Methodenfrage der Denkpsychologie“ vor. In der Einleitung formuliert Popper hier das Ziel, „die wichtigsten methodologischen Ergebnisse Bühlers auf die Denkpsychologie zu übertragen“ (S.V) und verweist außerdem auf eine „im Wesentlichen bereits abgeschlossene (empirische) denkpsychologische Untersuchung“, die den Anstoß zu der Dissertation gegeben habe und ihr auch zugrunde liege. Hier bezieht sich Popper offensichtlich auf seine Abschlussarbeit ein Jahr zuvor.

In der Dissertation geht Popper zunächst ausführlich auf Argumente gegen den „Physikalismus“ ein und verteidigt Bühlers pluralistische Methodologie, die dieser in seiner „Krise der Psychologie“ (1927) vorgestellt hatte. Anschließend betrachtet er die Denkpsychologie unter den drei von Bühler formulierten Aspekten des Verhaltens (Benehmens), der „objektiven geistigen Gebilde“ (Kultur) und des Erlebens (Wahrnehmung).

Bühler argumentiert in seiner Schrift, dass die drei großen Schulen der Psychologie, der Behaviorismus, der geisteswissenschaftliche Ansatz und die Psychoanalyse zu verschiedenen Bereichen und Fragestellungen wertvolle Erkenntnisse beisteuern, allerdings keine der Richtungen einen Anspruch auf ein Erklärungsmonopol für psychische Phänomene für sich erheben könnte. Diese Position will Popper nun auch für die Denkpsychologie belegen und dabei herausarbeiten, dass der Pluralismus der Aspekte sich als „eine im weitesten Sinne biologisch orientierte Methode begreifen lässt“ (S. 5). Hier geht es ihm auch darum, die kognitive Entwicklung des Kindes unter einem evolutionären Aspekt zu beleuchten.

Ausführlich stellt Popper die physikalistische Position von Moritz Schlick (1925) dar, eine wissenschaftlich exakte Erkenntnis des Psychologischen sei überhaupt nur dann möglich, wenn es gelänge, den psychischen Tatsachen (auf Grund eines psychophysischen Parallelismus) physikalische Begriffe zuzuordnen. Er zitiert Schlick mit einer durchaus aktuell wieder häufiger zu hörenden Aussage: „Endgültige Erkenntnis von Qualitäten ist nur durch die quantitative Methode möglich. Das Bewusstseinserleben ist also nur insofern erkennbar, als es gelingt, die introspektive Psychologie in die physiologische [...] in letzter Linie in eine Physik der Gehirnvorgänge zu überführen". Dieses Argument ist uns in der Diskussion der modernen Neuropsychologie durchaus vertraut, auch wenn die rasante Weiterentwicklung der Methoden der angeblichen Sichtbarmachung von Denkvorgängen (fMRT etc.) nur vordergründig als Fortschritt wahrgenommen werden mag. Aber Popper sieht auch die Begrenzungen einer rein introspektiven Methode in der Psychologie insbesondere für die Theorieentwicklung.

„Erkennen" wird von Popper als Wiederfinden des Einen im Anderen verstanden, und das Zuordnen von Urteilen zu Tatsachen als zentrale Methode benannt. Unter „vollständiger Erkenntnis" sensu Schlick wird dann verstanden, dass sich verschiedene Qualitäten durch das quantitative Begriffssystem der Physik beschreiben und ineinander überführen lassen. Scharfsinnig bemerkt Popper hierzu, dass dieses Ideal von Schlick selbst jedoch nicht auf die Geisteswissenschaften angewandt wird und damit nicht als einzige Methode bewertet werden darf. Anschließend argumentiert Popper, dass das Ideal der quantitativen Erkenntnis insbesondere für die Biologie und auch für die Psychologie nicht als alleinige Messlatte gültig sein darf.

Popper führt beispielhaft die Anatomie an, die (damals wie heute) weit davon entfernt ist, durch Differenzialgleichungen der Molekülbewegung zu erklären, wie eine Skoliose entsteht; für die Anatomie sei es wichtig, die Skoliose als solche zu erkennen und damit die Tatsachen dem Begriff zuzuordnen und sie in ihrer Ausprägung zu vermessen. Insbesondere in der biologischen Forschung (Popper nennt hier Morgan, 1909 mit seinem Buch *Instinkt und Erfahrung*) wird die Irreduzibilität biologischer Gesetzmäßigkeiten auf physikalische Axiome betont. Die wissenschaftliche Arbeit kann sich also weder in der Biologie noch in der Psychologie allein auf eine Reduktion verlassen; eine solche sei erst möglich und möglicherweise Erfolg versprechend, wenn die spezifischen Gesetzmäßigkeiten der jeweiligen Wissenschaft relativ genau bekannt sind (vgl. Popper, 1928, S. 17).

In drei Thesen erläutert Popper anschließend, warum ein physikalischer Reduktionismus für die Psychologie nicht adäquat sein kann, wobei er immer wieder die Nähe der psychologischen Erkenntnis zur Biologie (und auch zur Evolutionslehre) betont.

1. **These**: Da die Reduktion in der Biologie nicht sinnvoll ist, ist auch die Methode in der Psychologie von dieser Forderung nicht betroffen. Zunächst müsste eine Reduktion der Biologie gelingen, bevor die komplexe-

ren psychischen Vorgänge, die auf biologischen Gegebenheiten aufbauen, reduziert werden könnten.

2. **These:** Eine Reduktion kann weiterhin nur dann gelingen, „wenn es genügend viele und genügend exakte psychologische Gesetzerkenntnisse gibt" (Popper, 1928, S. 19). Auch fast einhundert Jahre nach Poppers Dissertation sind wir meiner Einschätzung nach noch recht weit von einem solchen vollständigen und exakten Kanon psychologischer Gesetzmäßigkeiten entfernt.
3. **These:** Als methodischer Plan sollte die Psychologie sich konsequenterweise eher an biologischen als an physikalischen Gedankengängen orientieren.

Das zentrale Ergebnis Poppers in der Ausarbeitung dieser Thesen (insbesondere These 2) läuft darauf hinaus, dass für die Psychologie die psychophysische Betrachtung immer hinter der psychologischen Erkenntnis her läuft. Psychophysische Theorien können nur als physiologische Deutungen bereits vorhandener psychologischer Gesetzmäßigkeiten (z.B. der Gestaltwahrnehmung) gesehen werden, sie sind jedoch nicht in der Lage dabei zu helfen, solche Gesetzmäßigkeiten aufzufinden. Es geht Popper dabei nicht darum, die Bedeutung physiologischer Forschung für die Psychologie zu negieren, er betont aber nachdrücklich den sekundären Charakter dieser Ansätze. Besonders interessant ist in dieser Argumentation die Aussage Poppers, dass „eine solche Überschätzung der physiologischen Theorien" zu einer „Vergewaltigung der psychischen Tatsachen durch theoretische Voreingenommenheit" führen muss (Popper, 1928, 30a). Hier wird deutlich, wie weit Popper in der Methodendiskussion seiner Dissertation noch von der Grundidee des kritischen Rationalismus entfernt ist.

Zur dritten These formuliert Popper die Frage: „sind vielleicht den Bewusstseinsprozessen gerade solche physischen Vorgänge zugeordnet, die für die lebenden Organismen im Gegensatz zu toten physischen Strukturen charakteristische sind?" (S. 35). Zunächst behält Popper seine grundsätzlichen Bedenken gegen den Reduktionismus bei, analysiert dann aber, inwieweit sich aus dieser Form des Reduktionsgedankens fruchtbare Anregungen für die psychologische Methode ergeben könnten. Insbesondere für die Entwicklung kognitiver Funktionen sieht Popper hier, wie auch sein Doktorvater Bühler, einen wesentlichen Arbeitsbereich biologisch orientierter Psychologen.

Erweiternd zu Bühler postuliert Popper (S. 43), dass eine psychophysiologische Betrachtung als eigener „physiologischer Aspekt (P)" in die Psychologie eingehen muss. Die Annahme, dass der Erlebnisaspekt durchweg parallel mit den physiologischen Gesetzmäßigkeiten verbunden sei, lasse sich im besten Falle nur im Nachhinein belegen. Damit ergänzt Popper die Bühlerschen Aspekte des Erlebens (E), Benehmens (B) und der Gebilde des objektiven Geistes (G) und schließt sich auch für diesen weiteren Aspekt der Auffassung Bühlers an, dass es keinen Parallelismus zwischen ihnen geben kann.

Im zweiten Teil seiner Dissertation geht Popper auf die Bedeutung der drei von Bühler formulierten Aspekte für die Methode der denkpsychologischen Forschung ein, und versucht einerseits die Unentbehrlichkeit aller drei Aspekte auch für die denkpsychologische Forschung zu belegen und andererseits die Bedeutung der zuvor von ihm entwickelten biologischen Orientierung der Methode in der Denkpsychologie nachzuweisen.

Dabei beginnt Popper seine Diskussion mit dem „Benehmensaspekt"; die Bedeutung des Verhaltens wird am ausführlichsten diskutiert und hier wird auch die Beziehung zu physiologischen Erkenntnissen immer wieder deutlich gemacht. Dies ist umso erstaunlicher, als er damit sowohl von der Reihenfolge der Aspekte in der „Krise der Psychologie" abweicht als auch den der Denkpsychologie am nächsten liegende Aspekt des Erlebens hintanstellt. Dem Benehmensaspekt des Denkens ordnet er die Richtung des Behaviorismus zu. Die seinen Überlegungen zugrunde liegende Frage scheint zu sein, ob Denken besser in der Begrifflichkeit der Sinneserfahrung (rezeptives System) oder in der Begrifflichkeit des Verhaltensprozesses (reaktives System) erklärt werden kann (ter Hark, 2004, S. 381).

Zunächst unterscheidet Popper sinnvolles Verhalten in „zweckmäßiges" und „zweckhaftes" Verhalten und argumentiert im Folgenden ganz überwiegend anhand tierischer Verhaltensmuster. Zweckmäßig wird das Verhalten eines Tieres dann genannt, wenn es an eine Situation hoch angepasst ist. Selbst wenn ein Verhalten an eine bestimmte Situation nicht angepasst (also unzweckmäßig) erscheint, muss es deshalb nicht vollständig dysfunktional sein, da es in einer anderen Situation durchaus zweckmäßig sein kann, sich so zu verhalten: Ein Hund, der eine Lokomotive anbellt, zeigt kein zufälliges (sinnloses) Verhalten (ter Hark, 2004), sondern eines, das in anderen Kontexten durchaus angepasst ist. Solches Verhalten nennt Popper „zweckhaft", da es in einer anderen als der beobachteten Situation durchaus funktional sein kann. Ein solches Verhalten ist in der fraglichen Situation zwar objektiv nutzlos, subjektiv aber durchaus funktional. Mit Bezug auf Ernst Mach argumentiert Popper weiter, dass die Situation, in der das Tier sich objektiv dysfunktional verhält, sie für dieses Tier dasselbe bedeutet, wie andere Situationen, in denen sein Verhalten zweckmäßig ist. Das Tier hat also zwei Situationen verwechselt.

Um zu erklären was es psychologisch heißt, dass zwei Situationen für das Tier „dasselbe bedeuten" können, folgt Popper Felix Krügers und Hans Volkelts Ansichten einer primär gefühlsartigen Komplexqualität, die durch eine Einbettung von elementareren Erlebnissen in die Gesamtsituation gekennzeichnet ist: Tiere sind in ihrem Verhalten nur an einen relativ engen Bereich von Situationen angepasst und reagieren außerhalb dieses Bereichs mehr oder weniger unangepasst. Es wird postuliert, dass das Verhalten primär durch die Repräsentation der Gesamtsituation (Komplexqualität) und nicht durch einzelne Elemente in ihr determiniert wird. Diese Wahrnehmungen von Komplexqualitäten lösen dann Verhaltensmuster aus, die in vielen natürlichen Bereichen hochadaptiv und zweckmäßig sind.

Als weiteres Argument, warum der Verhaltensaspekt für die Denkpsychologie von besonderer Bedeutung sei, führt Popper die enge Verwandtschaft zwischen Denken und Fühlen an, die sich sowohl phylogenetisch in der Tierforschung als auch ontogenetisch in der Sprachentwicklung von Bühler belegen lasse.

Popper betont hier die Bedeutung der evolutionären Argumentation: Das Ausmaß, in dem Komplexqualitäten und Verhalten effektiv miteinander gekoppelt sind, hängt von der vitalen Bedeutung der jeweiligen Situation ab. In dieser Betonung der Verwurzelung kognitiver Prozesse in der Evolution zeichnet sich bereits Poppers spätere rigorose Ablehnung der Idee ab, dass der Mensch auf einer „Tabula–rasa-Grundlage“ Erkenntnis allein auf der Basis sensorischen Inputs erreiche. In diesem Zusammenhang verweist er auch auf den Denkpsychologen Otto Selz und seine „Psychologie des produktiven Denken und des Irrtums“, veröffentlicht 1922.

Als Ergebnis seiner Überlegungen hält Popper fest, dass sich eine Theorie der „Denkvorgänge im Benehmensaspekt mit den Tatsachen und Formen des ‚zweckgesteuerten’ Verhaltens auseinandersetzen muss“ (S. 57) und „die Art der Anpassungsleistung an die wechselnde Situation im Vordergrund stehen dürfte“ (S.59).

Anschließend analysiert Popper die Rolle des Denkens im Aspekt der objektiven geistigen Gebilde und fragt danach, welchen biologischen Zwecken „das Darstellungsgeschäft unseres Denkens“ diene. Er postuliert drei Stufen, auf denen sich phylogenetisch wie ontogenetisch Erkenntnis beschreiben lässt: Magisches Ritual - Dogmatische Spekulation - Kritische Wissenschaft. Dabei beruft er sich auf die kinderpsychologischen Arbeiten von Charlotte Bühler und die Wundsche Völkerpsychologie. Wir finden aber auch eine nicht ausdrücklich gemachte Nähe zu seiner Abschlussarbeit.

Außerdem betrachtet er hier den „Betrieb der Wissenschaft“ und unterscheidet die Darstellungsseite von der Forschungsseite, indem er die Frage aufwirft, ob es „nicht gewichtige Parallelen in den Methoden und Operationen der wissenschaftlichen und vorwissenschaftlichen Induktion (sic)“ gebe. Hier zitiert er das Konzept des „probierenden Verhaltens“ von Selz, auf dessen Theorie ich sogleich noch ausführlich eingehen werde.

Im letzten Teil seiner methodischen Überlegungen zur Denkpsychologie wendet sich Popper dem Erlebnisaspekt zu und setzt sich mit der introspektiven Methode auseinander. Er identifiziert drei grundsätzliche Fehlerquellen, mit denen die Auswertung der Protokolle der „experimentellen Selbstbeobachtung“ zu kämpfen hat: die individuellen Differenzen der Versuchspersonen, die Unvollständigkeit der Protokolle, die sich aus der unterschiedlichen Schulung der Versuchspersonen ergeben und die Voreingenommenheit der Versuchspersonen durch die Kenntnis einer theoretischen Richtung. Damit fasst Popper die grundlegenden Zweifel an der Brauchbarkeit der Introspektion präzise zusammen, ohne jedoch die Methode an sich in zu verwerfen. Abschließend betont er auch für den Erlebensaspekt die Wichtigkeit der biologischen Orientierung, indem er sich noch einmal mit einem langen Zitat auf Selz bezieht:

> Für ein Teilgebiet wenigstens ist damit nachgewiesen, dass neue Reaktionsweisen der Organismen aus den bereits ausgebildeten zweckmäßigen Reaktionsweisen gesetzlich hervorgehen und aus ihnen verständlich gemacht werden können. Nicht aus einem sinnlosen Spiel der Assoziationen, sondern immer auf Grund bereits ausgebildeter zweckmäßiger Operationen sehen wir die neuen psychologischen Verhaltensweisen entstehen. (S 77).

Im Hinblick auf Poppers spätere wissenschaftstheoretische Überlegungen ist eine weitere Überlegung in der Dissertation wesentlich, in der er die Methode der wissenschaftlichen Forschung zu vorwissenschaftlichen Erkenntnisversuchen in Beziehung setzt und auch hier explizit den Ansatz von Otto Selz in der Denkpsychologie aufgreift. Aus diesem Grund soll im folgenden Abschnitt ein kurzer Überblick über die Theorie von Selz eingefügt werden.

3 Otto Selz als Vertreter der Denkpsychologie

Biographischer Hintergrund

Otto Selz (1881-1943) studierte Rechtswissenschaften, Psychologie und Philosophie. Er schrieb seine philosophische Dissertation 1909 bei Theodor Lipps und habilitierte sich 1912 bei Oswald Külpe in Bonn, wo er bis 1921 auch als Privatdozent lehrte. Ab 1923 war er Professor an der Handelshochschule Mannheim (heute trägt das Institut für angewandte Psychologie der Universität Mannheim den Namen „Otto Selz Institut“). Hier beschäftige er sich ausführlich mit den praktischen Implikationen seiner Denktheorie in pädagogischen Kontexten. Ab 1933 war er verschiedenen nationalsozialistischen Repressalien wegen seiner jüdischen Abstammung ausgesetzt und wurde schließlich 1943 in Auschwitz ermordet.

1913 erschien seine Habilitation „Über die Gesetze des geordneten Denkverlaufs. Eine experimentelle Untersuchung“, die Denkprozesse einerseits in der Tradition der Würzburger Schule untersuchte, andererseits unterscheidet sich Selz‘ Ansatz aber in zwei wesentlichen Aspekten von dieser:

Selz betrachtete als erster die *Prozesse des Denkens* und nicht die Denkinhalte als den zentralen Gegenstand der Psychologie, die es zu erklären galt. Weiterhin lehnt er assoziationistische Überlegungen als Grundlage für Denkprozesse grundsätzlich ab und legt in seiner Habilitation die Grundzüge für eine nicht assoziationistische Denktheorie.

Denkprozesse bestehen danach aus einer Reihe von kognitiven Operationen, die dazu eingesetzt werden, bestimmte kognitive oder motorische Komplexe zu vervollständigen. Unter Wissen versteht Selz folglich eine mehr oder weniger vollständige Struktur (Wissenskomplex). Mit dem zentralen Prozess der *Komplexergänzung* werden Lücken in dieser bereits bestehenden Struktur überbrückt und gefüllt. Selz unterscheidet dabei zwei Formen von Denkproblemen: Reproduktives Denken ist gekennzeichnet durch das Zurückgreifen auf einen bereits existierenden Wissenskomplex. Dabei ist eine Neukonstruktion in der Wissensstruktur nicht notwendig. Dörner (1975) spricht in seinem Lehrbuch „Denken als Informationsverarbeitung“ hier von „Aufgaben“. Beim produktiven Denken zur Lösung neuer Probleme werden *„Lösungsmethoden“* notwendig, durch die die Leerstellen (*„Blankette“*) ergänzt werden: Entweder werden bereits vertraute Methoden auf einen neuen Problemfall angewandt, oder es werden neue Methoden auf der Basis der bereits bekannten weiter entwickelt. Sowohl beim reproduktiven als auch beim produktiven Denken postuliert Selz, dass diese Komplexergänzung durch *„probierendes Verhalten“* erreicht wird, das als internes Probehandeln beschrieben werden kann, bei dem schematische Antizipationen einer möglichen Lösung leitend sind. Diese *„schematischen Antizipationen“* fungieren als eine Art Hypothesen, die sich aus den bereits vorhandenen Wissenskomplexen ergeben und genutzt werden, um eine Lösung zu finden. Dabei ist im Zielbewusstsein das Denkziel schematisch erfasst und setzt einen streng determinierten Denkprozess in Gang, bei dem das Vorhergehende als spezifischer Reiz das Nachfolgende als spezifische Reaktion bedingt.

Seltz‘ Überlegungen können heute als wichtige Vorläufer der modernen Kognitionspsychologie eingeschätzt werden, die weit vor der Computermetapher der 70er Jahre die Konzepte des Problemraumes, der Ziel-Mittel-Analyse, der kognitiven Operationen und die Grundstruktur der Produktionssysteme (vgl. Newell & Simon, 1972) skizzierte. In Selz‘ Theorie der schematischen Antizipation werden Menschen (und Tiere) als aktive kognitive Subjekte gesehen, die fortwährend probeweise Vorschläge oder Hypothesen formulieren und über das probierende Verhalten zu weiteren Erkenntnissen gelangen.

Auch seine methodischen Weiterentwicklungen erlangten in der Denkpsychologie wesentliche Bedeutung: so untersuchte er die Introspektion unter experimentellen Bedingungen, indem er eine systematische Variation von Aufgabenmerkmalen, Abfrageart und Protokollierung einführte, um (die auch von Popper später erwähnten) Probleme der Introspektionsmethode zu kontrollieren.

4 Denkpsychologie als Modell für den wissenschaftlichen Erkenntnisgewinn

Bei der Diskussion der Denkpsychologie unter dem Aspekt der „objektiven geistigen Gebilde" nimmt Popper noch einmal sehr ausführlich auf Selz Bezug. Als kulturellen Ausdruck des Denkens sieht Popper die wissenschaftliche Erkenntnis, die er sowohl hinsichtlich ihrer Ergebnisse („Darstellungsseite") als auch hinsichtlich der Erkenntniswege („Forschungsseite") betrachtet. Er stellt dabei folgende Vermutung an (S. 69): „Vielleicht gibt es gewichtige Parallelen in den Methoden und Operationen der wissenschaftlichen und der ‚vor-wissenschaftlichen' Induktion?" und bezieht sich dann explizit auf Selz (S. 69):

> Um nur auf ein Beispiel hinzuweisen: Der Selzsche Begriff des ‚probierenden Verhaltens' scheint mir in objektiven Betreib der Wissenschaft auffällige Parallelen zu haben. Die Wissenschaft probiert auch ihre Theorien, ihre ‚Modelle' (wie Bühler sagt) aus, und zwar in einer Weise, die dem Selzschen Schema vollständig entspricht. Die tatsächlichen Forschungswege der Wissenschaft entsprechen ja bekanntlich in keiner Weise den logischen Prinzipien der Darstellung; ebenso wenig, als die von Selz beschriebenen ‚Operationen' den objektiven logischen ‚Operationen' entsprechen. Trotzdem ist der Wissenschaftsbetrieb auf die Dauer deutlich 'aufgabengesteuert', die ‚determinierende Tendenzen' heben sich deutlich heraus.

Weiter führt Popper dann aus, dass auch schon Selz den wissenschaftlichen Erkenntnisprozess beispielhaft denkpsychologisch analysiert habe. Popper selbst allerdings hält es für sinnvoller, den „objektiven Wissenschaftsbetrieb" und nicht individuelle wissenschaftliche Erkenntnisprozesse zu betrachten und zu vergleichen.

An dieser Stelle wird deutlich, dass sich Popper schon in seiner Dissertation mit der Frage der Natur wissenschaftlicher Erkenntnisse auseinander setzte und sich dabei weniger auf Bühler sondern explizit auf Selz beruft. Obwohl seine Überlegungen sich eindeutig aus der Beschäftigung mit der Denkpsychologie von Selz ergeben, betont Popper schon hier, dass ein Vergleich wissenschaftlicher und vorwissenschaftlicher Erkenntnisprozess eine „scharfe Abgrenzung des Erkenntnistheoretischen vom Psychologischen“ (S. 70) erfordere.

Die Ähnlichkeit zwischen der von Popper fast 10 Jahre später formulierten falsifikationistischen Methode der Wissenschaft und den Überlegungen von Selz sind in der Dissertation bereits angelegt, und Popper stellt in der „Logik der Forschung“ diese deduktive Methode als grundlegend für jede Wissenschaft heraus. So formuliert er in seiner „Logik der Forschung“:

> So ist die empirische Basis der objektiven Wissenschaft nichts *‚Absolutes'; die Wissenschaft baut nicht auf Felsengrund. Es ist eher eine* Sumpfland, über dem sich die kühnen Konstruktionen ihrer Theorien erhebt; sie ist ein Pfeilerbau, dessen Pfeiler sich von oben in den Sumpf senken – aber nicht bis zum natürlichen ‚gegebenen' Grund. Denn nicht deshalb hört man auf, die Pfeiler tiefer hineinzutreiben, weil man auf eine feste Schicht gestoßen ist: Wenn man hofft, dass sie das Gebäude tragen werden, beschließt man, sich vorläufig mit der Festigkeit der Pfeiler zu begnügen (1971, S. 75-76).

Auch der Vergleich individueller und wissenschaftlicher Erkenntniswege begleitet Poppers spätere wissenschaftstheoretische Analysen immer wieder.

5 Fazit

Betrachtet man die Ausgangspunkte und Ergebnisse von Poppers frühen Arbeiten zur Entwicklungspsychologie (1927) und zur Denkpsychologie (1928) wird deutlich, dass er in beiden Arbeiten wesentliche Ideen formuliert, die er später in seine wissenschaftstheoretischen Arbeiten zur Deduktion integriert und weiter differenziert.

In der pädagogischen Abschlussarbeit betont er die enge Verknüpfung von dogmatischem und kritischem Denken: Dogmatische Lehrsätze werden zunächst unhinterfragt hingenommen und festgehalten. Diese Lehrsätze werden erst in einer späteren Entwicklungsphase des Kindes in Frage gestellt und primär anhand der Erfahrung modifiziert oder verworfen. Diese Lehrsätze können im Prozess der wissenschaftlichen Erkenntnis nach der deduktionistischen Sichtweise als „Theoriekerne“ aufgefasst werden, die durch die empirische Erfahrung falsifiziert und anschließend verändert werden.

In der psychologischen Dissertation geht Popper auf die damals aktuelle Denkpsychologie ein und analysiert sie anhand der drei von Bühler vorgeschlagenen Aspekte. Dabei legt er den Schwerpunkt seiner Überlegungen auf die Bedeutung des Verhaltens (Benehmens) und der Ergebnisse (Produkte), [Popper legt also den Schwerpunkt der Denkentwicklung nach biologischen Prämissen und im Vergleich mit tierischen Reaktionen mehr auf das reaktive, an der 'sinnhaften' Situation (Komplexqualität) ausgerichtete 'zweckgesteuerte' Verhalten als an der introspektiven Methode der Grazer Gestaltpsychologie orientiert. In beiden Bereichen (dem pädagogischen und dem psychologisch) beruft er sich auf den Denkpsychologen Otto Selz, der, wie auch Popper, die Psychologie als eine an der Biologie orientierte Wissenschaft charakterisierte und darüber hinaus mit seinem wegweisenden Konzept des „probierenden Verhaltens" für Denkprozesse die Grundlage für die Betrachtung der wissenschaftlichen Erkenntnis als theoriegeleitete empirische Erfahrung in Poppers späteren Werken bereitstellte.

Umso erstaunlicher ist und veranlasst zu einer Frage, dass und warum Popper in seiner Autobiographie später die Bedeutung seiner beiden psychologischen Arbeiten so gering einschätzt.

Gibt Popper in seiner Biographie auf diese Frage aber nicht selbst eine introspektive Antwort, indem er ausführt:

> Ich stellte auch eine Ähnlichkeit meiner Ansichten mit denen von Oswald Külpe und seiner Schule (der Würzburger Schule) fest, besonders mit den Ansichten von Bühler und Otto Selz. Sie hatten entdeckt, dass wir nicht mit Hilfe von Bildern denken, sondern mit Hilfe von Problemen und Lösungsversuchen. Ich fand, dass einige meiner Ergebnisse von anderen, wie Otto Selz, vorweggenommen worden waren und das hat, wie ich vermute, eine gewisse Rolle bei meiner Abwendung von der Psychologie gespielt. (1979, S. 103)

Literatur

Dörner, D. (1975). *Problemlösen als Informationsverarbeitung.* Stuttgart: Kohlhammer.

Hume, D. (1973). *Ein Traktat über die menschliche Natur.* Hamburg: Felix Meiner.

Newell, A. & Simon, H.A. (1972). *Human problem solving.* Englewood Cliffs, N.J.: Prentice-Hall.

Popper, K.R. (1927). *'Gewohnheit' und 'Gesetzerlebnis' in der Erziehung: eine pädagogisch-strukturpsychologische Monographie.* In E. Toerls (Hg.) (2006), Gesammelte Werke Bd. 1 (S. 83-185). Tübingen: Mohr Siebeck Verlag.

Popper, K. R. (1928). *Zur Methodenfrage der Denkpsychologie.* Unveröffentlichte Dissertation, Universität Wien, Österreich.

Popper, K. R. (1971). *Logik der Forschung.* Tübingen: Mohr

Popper, K. R. (1979). *Ausgangspunkte Meine intellektuelle Entwicklung.* Hamburg: Hoffmann und Campe.

Selz, O. (1913). *Über die Gesetze des geordneten Denkverlaufes. Eine experimentelle Untersuchung.* Stuttgart: Verlag von W. Spemann.

Selz, O. (1922). *Zur Psychologie des produktiven Denkens und des Irrtums.* Bonn Verlag von Friedrich Cohen.

ter Hark, M. (2004). The Psychologyy of Thinking, Animal Psychology, and the Young Karl Popper. *Journal of the History of the Behavioural Sciences, Vol. 404 (4),* 375-392.

Zwei Grundprobleme psychologischer Modellbildung

Margret Kaiser-el-Safti

Zusammenfassung

Der Beitrag behandelt zwei theoretische Grundlagenprobleme der Psychologie aus der Sicht der Deskriptiven Psychologie und Phänomenologie Franz Brentanos und Carl Stumpfs. Die beiden Grundprobleme flankieren nicht nur das Konzept der Gestalt- und Ganzheitspsychologie, sondern auch jegliche Modellbildung der theoretischen Psychologie als empirische Wissenschaft. Sie betreffen zum einen das erkenntnistheoretisch relevante Problem der Bestimmung des psychologischen Gegenstandes bzw. die Frage nach dem Verhältnis von Wahrnehmung und Kognition in Bezug auf eine Neufassung des ‚alten' Seelenbegriffs, zum anderen tangieren sie das begriffliche Problem der Klassenbildung (Klassifikation) des Psychischen unter der Voraussetzung seiner einheitlichen Grundstruktur. Das Problem der Klassifikation ist keineswegs obsolet und als Relikt bloßer historischer Betrachtungsweise einzuschätzen; es beherrscht vielmehr bis heute mehr oder weniger unterschwellig die Diskussion über den Wissenschaftscharakter der Psychologie. Brentano und Stumpf hatten zur Lösung beider Grundlagenprobleme Pionierarbeit geleistet.

Abstract

This paper discusses two theoretical problems of Psychology regarding its foundations from the point of view of the Descriptive Psychology and the Phenomenology of Franz Brentano and Carl Stumpf. The two basic problems are not only related to the concept of the Psychology of 'Gestalt' and 'Holism', but also to any modeling of the theoretical Psychology as an empirical science. On the one hand, they concern the epistemologically relevant problem of the determination of the psychological object and the question on the relation of perception and cognition regarding a new conception of the 'old' concept of psyche, one the other hand, they affect the problem of the classification of the psychic under the assumption of a homogenous basic structure. The problem of the classification is not at all obsolete and should not be taken as a relict of a pure historical approach; rather till this day, it controls in a more or less subliminal way the discussion on the scientific character of Psychology. Brentano and Stumpf both accomplished pioneer work in order to solve the two basic problems.

1.1

Zwei Grundprobleme beschäftigen die deutsche theoretische Psychologie seit ihrer Pionierphase im 19. Jahrhundert bis heute; das erste betrifft den *Erfahrungsbegriff* einer empirischen Psychologie und die *erkenntnistheoretisch* zu behandelnde Frage nach ihrem genuinen *Gegenstand.* Wie soll ein seinem Wesen nach rein Geistiges (‚Seele') Gegenstand einer beobachtenden, eventuell messenden oder experimentierenden Disziplin sein können? Die Verabschiedung des ‚alten' metaphysischen Seelenbegriffs in der zweiten Hälfte des 19. Jahrhunderts durch Friedrich Albert Lange (vgl. Lange 1875/1974, S. 823 f.) hatte eine Lücke hinterlassen, die zu schließen nicht mehr gelang, weil kein allgemeiner Konsens darüber zustande kam, ob die empirische Psychologie denn *überhaupt* einen Gegenstand benötige.[1] Wie ließ sich dieser doch etwas sonderbar anmutende Sachverhalt rechtfertigen? Wohl so, dass weitgehend auf erkenntnistheoretische Reflexionen verzichtet wurde, ‚Erkenntnistheorie' inzwischen aus der Mode gekommen war, stattdessen *metatheoretische* Fragen ventiliert und diese wiederum im Kontext *diverser* Wissenschaftsauffassungen behandelt wurden. Vor diesem Hintergrund konnte sich keine Übereinstimmung in Bezug auf die Behandlung der Gegenstandsfrage bilden, wie der in den 1970er Jahren erschienene Sammelband mit der im Titel formulierten Frage: „Psychologie – Wissenschaft ohne Gegenstand?" (herausgegeben von Eberlein & Pieper) demonstriert.

Während im 19. Jahrhundert Erkenntnistheorie innerhalb der deutschen Philosophie Hochkonjunktur hatte (F. A. Lange sich auf die Kantische Erkenntnistheorie stützte und damit bis ins 20. Jahrhundert Schule machte), wenngleich noch mit weltanschaulichen und ontologisch-metaphysischen Reflexionen durchmischt, verlor Erkenntnistheorie nach dem Zweiten Weltkrieg an Bedeutung. Von den USA ausgehend setzte sich weitgehend die analytische Sprachphilosophie (der sogenannte Linguistic turn) durch respektive machte ‚Wissenschaftstheorie' von sich reden und zwar vornehmlich im Kontext naturwissenschaftlicher Methodologie. Die Psychologie hatte sich nach dem Zweiten Weltkrieg gänzlich von der älteren philosophischen Seelenlehre und deren erkenntnistheoretischen Diskussion verabschiedet und suchte Anschluss an diverse Wissenschaftsauffassungen wie Kritischer Rationalismus, Positivismus, Marxismus, Phänomenologie. Ob die Psychologie sich nun unter die Schirmherrschaft des „Kritischen Rationalismus" begab, der in Westdeutschland in den 1970erjahren tonangebend war oder sich mit einer anderen Wissenschaftstheorie befreundete – in jedem Fall wird die psychologische Forschung – implizit oder explizit auch mit Folgen für die Definition des psychologischen Gegenstandes – mit jeweils *anderen* Vorstellungen, Methoden und Zielsetzungen ausgestattet worden sein.

1 Eine weitgehende Übereinkunft besteht hinsichtlich der Verwendung der Begriffe ‚Verhalten', ‚Erleben', ‚Handeln', die jedoch ihrerseits häufig theorielos gebraucht werden, insofern nicht geklärt ist, welcher Begriff als Grundbegriff anzusehen ist und in welcher Relation die Begriffe zueinander stehen.

Theo Herrmann, Vertreter des durch Karl Popper initiierten „Kritischen Rationalismus“, hatte in dem erwähnten Band die Forderung nach einem allgemein verbindlichen psychologischen Gegenstand nicht mehr als verpflichtend angesehen, vielmehr energisch *verneint* und stattdessen für einen unbegrenzten Pluralismus psychologischer Theoriebildung votiert – mit Argumenten, die er durch den Popperschen Falsifikationismus gerechtfertigt sah, die hier im Einzelnen nicht aufgerollt oder mit Bezugnahme auf das inzwischen *veränderte* Psychologieverständnis von Karl Popper kritisch geprüft werden müssen.[2] Dagegen hatte Robert Kirchhoff sehr wohl die Bearbeitung der Gegenstandsfrage, wenn auch nur aus *Nützlichkeitserwägungen,* bejaht, u.a. um die Psychologie von *anderen* empirischen Wissenschaften abzugrenzen, was heute noch oder gerade heute wieder zur Konsolidierung genuin psychologischer Grundlagen in der Tat relevant sein dürfte.[3] Von der Notwendigkeit *erkenntnistheoretischer* Reflexionen scheint seinerzeit nur noch Werner Traxel überzeugt gewesen zu sein (vgl. 1976, S. 105 ff.).

---

2 Der Falsifikationismus fungiert a) metatheoretisch und in seiner eigentlichen Bedeutung als *Abgrenzungskriterium* gegen nicht falsifizierbare pseudo-wissenschaftliche Systeme, verwahrt sich b) gegen ‚Induktion‘ und betont c) den prinzipiell hypothetischen Charakter von Theorien, die nicht verifiziert, sondern lediglich falsifiziert werden können (vgl. Popper 1971). – In diesem Lichte konnte es eine psychologische Erkenntnis- oder Wissenschaftstheorie gar nicht geben, weil Psychologie sich nach Poppers Verständnis in *subjektiven* und seiner Meinung nach *irrationalen Wahrnehmungserlebnissen* erschöpft und jeder Geltungsanspruch auf ‚Objektivität‘ als „Psychologismus“ (und Pseudo-Wissenschaft ?) zu entlarven ist (Popper 1979, S. 120 f., 350 f., 438 f.). – In seinem letzten, mit dem Neurologen John Eccles verfassten Werk, „Das Ich und sein Gehirn“ (in deutscher Sprache 1981 erschienen) *änderte* Popper seine negative Einschätzung in ein positiveres Urteil über die Psychologie, zu dem wesentliche Erkenntnisse Carl Stumpfs beigetragen haben könnten (vgl. dazu Kaiser-el-Safti 2012, S. 37-56).

3 Nach Kirchhoff braucht die Psychologie „wie eine jede ordentliche Wissenschaft, einen (irgendwie) bestimmten Gegenstand, weil dies 1) intradisziplinär, 2) interdisziplinär, 3) außerdisziplinär unverzichtbar notwendig ist. Sie braucht einen möglichst wohlbestimmten Gegenstand, weil dies in allen drei Erstreckungen nützlich ist“ (1976: S. 72). Bei dem Kontrahenten Theo Herrmann stieß diese Argumentation jedoch nicht auf positive Resonanz.

Dass die Psychologie eine Gegenstandsbestimmung gerade heute in interdisziplinärer Perspektive benötigt, resultiert aus Entwicklungen der letzten zwanzig Jahre und zwar einerseits aus dem Vormarsch der Gehirnforschung, die mit ihrem Erklärungsansatz zunehmend psychologische Forschung als marginal, wenn nicht gar überflüssig erscheinen lässt, andererseits aus der innerhalb der ‚Philosophie des Geistes‘ behaupteten Identitätsthese des Psychischen mit dem Physischen und/oder der These des ‚Eliminativen Materialismus‘ mit den gleichen Konsequenzen für die Psychologie (vgl. Pauen 2001).

Der vor dem Zweiten Weltkrieg geführte Diskurs der Gestalt- und Ganzheitspsychologie über die empirischen Grundlagen der Psychologie hatte einen Rahmen abgesteckt, in dem akribisch und heute kaum noch nachvollziehbar die Grundlagen einer empirischen Psychologie erörtert wurden. In der Hauptsache galt es, erkenntnispsychologisch das Verhältnis von sinnlicher Wahrnehmung und kognitiven Vorgaben und/oder kognitiver Verarbeitung – Gestalt und Gestaltung – zu klären, *ohne* von außer-empirischen (metaphysischen, transzendentalen) Vorgaben Gebrauch zu machen. Zu einer *einheitlichen* Konzeption war man innerhalb dieser, vielleicht bedeutendsten psychologischen Grundlagendebatte jedoch nicht gelangt (vgl. hierzu und für das Folgende meine historischen Rekonstruktionen „Erkenntnistheoretische Grundlagen der Gestalt- und Ganzheitspsychologie in interdisziplinärer Perspektive" am Ende des Bandes).

Es scheint so, als würden sich „Krisen" bezüglich psychologischer Grundlagen, insbesondere Gegenstandsbestimmung, regelmäßig und sogar zwangsläufig wiederholen, nämlich immer dann, wenn ein folgenträchtiger Paradigmenwechsel in einer *anderen* Wissenschaft (Physik, Physiologie, Biologie) oder eine neue, Allgemeingültigkeit heischende Wissenschaftsauffassung von sich reden macht. Derzeit imponiert die Gehirnwissenschaft – *anstelle* von Erkenntnis- oder Wissenschaftstheorie – mit einem Allerklärunganspruch, der nicht nur für Neurologie, Physiologie, Psychiatrie und Psychologie, sondern auch noch für sämtliche kulturellen (‚geisteswissenschaftlichen') Gebiete wie Ethik, Religion, Kunstwissenschaft, Pädagogik anleitend sein will (vgl. dazu D. B. Linke 2001, 2006). Gerade was letztere Entwicklung anbelangt, stellt sich für die theoretische Psychologie nun unter verschärften Bedingungen hinsichtlich der Abgrenzung gegen andere Wissenschaften das Problem, das F. A. Lange offenbar noch *nicht* als bestandsbedrohend einschätzte, nämlich dass sich die Psychologie auch ohne Seelenbegriff als eigenständige Disziplin durchsetzen würde, „solange es hier irgendetwas zu tun gibt, was nicht von einer anderen Wissenschaft vollständig mit besorgt wird" (ebd., S. 823). Was Lange seinerzeit noch als gegeben ansah, scheint heute, jedenfalls dem neurologischen Anspruch nach, nicht mehr der Fall zu sein.[4]

Sollte sich die einst von Franz Brentano in seiner epochalen „Psychologie vom empirischen Standpunkt" geforderte *eine* Psychologie statt der *vielen* Psychologien als „Dogma" (nach Th. Hermanns Prämissen in 1976, 37 f. und 75 f.) oder als prinzipiell unrealisierbare Illusion erweisen? Kann der heute nicht nur

4 Jedenfalls behauptet das Paul Churchland, Vertreter des Eliminativen Materialismus', der erlebte innere Zustände „durch unsere neuro-pharmakologischen Zustände und die neuronale Aktivität in bestimmten anatomischen Arealen" faktisch und in der Terminologie respektive der sprachlichen Kommunikation *über* diese Zustände ersetzen will (vgl. Churchland in Avanessian 2013, S.187).

tolerierte, sondern sogar erwünschte *Pluralismus* psychologischer Theorie- und Modellbildung auf Dauer eine akzeptable Grundlage sein für eine sich als *empirisch* oder sogar als ‚naturwissenschaftlich' definierende Disziplin? *Formalen* Wissenschaften wie Mathematik und Logik sind bezüglich Modellbildung freilich keine Grenzen gesetzt, aber eine ‚echte' Naturwissenschaft wie die Physik ringt infolge brisanter Paradigmenwechsel in Grundlagenfragen seit ihrem Bestehen als wissenschaftliche Disziplin um eine *einheitliche* Theoriebildung. Modellbildung in den Wirklichkeitswissenschaften macht ja nur dann Sinn, wenn sie sich in einer erkennbar bedeutsamen und kontrollierbaren Weise der lebensweltlichen Wirklichkeit annähert, und dazu gehören nicht nur gemeinsam kommunizierbare Grundbegriffe und für alle nachvollziehbare logische Operationen, sondern auch die Bestimmung des Gegenstandes.

Das neben der *erkenntnistheoretischen* Thematik zweite, vielleicht noch grundlegendere *methodologische* Problem der Psychologie betrifft die wissenschaftliche *Analyse* des Psychischen. Nach der Lehre Stumpfs wird hier ein in der biologischen Evolution entstandenes und kulturell weiterentwickeltes mentales *Ganzes,* als Bewusstseinseinheit sich *durchdringender* Teile (psychischer Akte oder Funktionen) angenommen. Methodologisch gefordert sind einerseits Entscheidungen hinsichtlich der *Anzahl* dieser ‚Teile' (Akte, Funktionen), andererseits ist die *Schlüssigkeit* von Grundbegriffen respektive Klassifikationen und *vorläufige* Definitionen dessen beizubringen, was psychologisch unter *basalen* psychischen Funktionen wie beispielsweise ‚Denken', ‚Fühlen', ‚Wollen' zu verstehen ist, was freilich von der Behandlung des ersten Grundlagenproblems nicht rigide zu trennen ist.[5] Man könnte das erste Problem dem Radius „äußere Wahrnehmung" und das zweite dem der „inneren Wahrnehmung" unterstellen. Indes würde die Gegenüberstellung dieser in der Psychologie umstrittenen Termini wieder mit weiteren erkenntnistheoretischen und methodologischen Problemen konfrontieren. Hier wird ein anderer Weg gewählt, der die beiden Grundlagenprobleme sowohl in historischer als auch in aktueller Perspektive erörtert und infolge ihrer engen theoretischen Verzahnung wechselseitig aufeinander bezieht.

---

5 Wenn hier nur von *vorläufigen* Definitionen die Rede ist, folgt das der Methodologie Stumpfs, nach der Wissenschaft einerseits allgemein kommunizierbare Begriffe benötigt, diese aber nicht im Voraus festzuschreiben, sondern im Prozess empirischer Forschung nach kontrollierbaren Verfahrensweisen zu suchen sind.

1.2

Offenbar hat sich das Problem der Klassifikation und einer abgrenzbaren Bedeutung der jeweiligen Funktionen gegeneinander auch in der ‚moderneren' Umbenennung der älteren psychologischen Begriffe ‚Denken', ‚Fühlen', ‚Wollen' in ‚Kognition', ‚Emotion', ‚Motivation' bis heute nicht erledigt, was sich an dem begrifflichen Desaster innerhalb der Emotionspsychologie und deren Verlegenheit aufzeigen lässt bezüglich dessen, *was* sie eigentlich behandelt und *wovon* sie handelt. Offenbar hatte William James auf seine 1884 formulierte Frage: „What is an emotion?" doch noch keine, auf Dauer zufriedenstellende Antwort gegeben. Anscheinend weiß man nämlich derzeit, obwohl die Emotionspsychologie nun schon seit Jahrzehnten boomt, immer noch nicht oder nicht mehr, wovon man „eigentlich" spricht, oder was man erforscht. Inwieweit die Gehirnforschung, die sich in den letzten Jahrzehnten besonders mit dieser Thematik beschäftigte, in die ohnehin komplexe Situation noch etwas mehr Verwirrung hineingetragen hat, sei hier dahingestellt. Jedenfalls beklagt eine Autorin, die sich über den derzeitigen neuropsychologischen Forschungsstand informiert hat: „Wenn man sich näher mit Emotionen befasst, wird bald deutlich, wie schwierig es ist, eine Einigkeit darüber herzustellen, wovon man spricht. Was ist eine Emotion? Eigentlich meint ein jeder das genau zu wissen, doch sobald man Emotionen definieren will, begibt man sich sozusagen mit der Lupe in den Wald" (Wassmann 2008, S. 12).

Die derzeitige Schwierigkeit, Einheit oder Einigkeit in der Begrifflichkeit herzustellen, resultiert m.E. nur oberflächlich betrachtet aus Definitionsschwierigkeiten, die ja stets das Ergebnis unzureichend reflektierter Theorien und Modelle sind.[6] De facto dürfte die Unkenntnis der vielschichtigen Hintergründe –

6 Vgl. dazu Schmidt-Atzert: „Die zahlreichen Theorien auf dem Gebiet der Emotionspsychologie stehen in einem schlechten Verhältnis zur empirischen Forschung. Die Konzepte sind meist nicht gut definiert. Deshalb ist es oft nicht klar, welche Hypothesen aus dieser Theorie abgeleitet werden können. Werden dann zur Überprüfung einer Hypothese empirische Daten erhoben, erweisen sie sich in der Regel als widersprüchlich." Der Autor hebt einen seiner Meinung nach besonders kritikwürdigen Punkt hervor: „Die unkritische Gleichsetzung von Verhalten und Erleben ist äußerst problematisch" (1981, S. 98). 15 Jahre später schreibt derselbe Autor: „Bislang ist kein Konsens festzustellen, was man unter einer Emotion zu verstehen hat.[…] Wenn es nicht gelingt, einen Konsens herzustellen, so hat das enorme Auswirkungen auf die Forschung und dem damit verbundenen Erkenntnisgewinn" (1996, S. 18 – 19). Die von Schmidt-Atzert vorgeschlagene „Arbeitsdefinition" (als bloße Nominaldefinition) hilft zum *Verständnis* des Wesens der Emotion (worauf Stumpf Wert legte) aber auch nicht weiter: *„Eine Emotion ist ein qualitativ näher bestimmbarer Zustand, der mit Veränderungen auf einer oder mehreren der folgenden Ebenen einhergeht: Gefühl, körperlicher Zustand und Ausdruck"* (S. 21).

speziell der Emotionsproblematik und generell der Klassifikationsfrage –, die William James zwar noch bekannt waren, die er aber im Zuge seiner, philosophischen Aufwand einsparenden pragmatistischen Lehre durch einen radikalen Aderlass an theoretischer Subtilität zu ‚gesunden' suchte, die Ursache für die derzeitige Verwirrung sein. Wohl angeregt durch Charles Darwins evolutionistische Behandlung des Emotionsthemas (in Darwins Arbeit über den „Ausdruck der Gemütsbewegungen bei den Menschen und den Tieren", 1872 erstmals erschienen) suchte James die Vielschichtigkeit des Emotionalen in der menschlichen Psyche durch die Erforschung der körperlichen Begleiterscheinungen und, im Anschluss an Darwin, des Gefühls*ausdrucks* mit einer, die Komplexität des Phänomens verfehlenden einseitigen *Außenperspektive* zu ersetzen.[7]

Das Problem muss m.E. *neu* gestellt und sodann dahingehend weitergetrieben werden, dass, wer die *eine* psychische Funktion (Emotion) zu erfassen und zu erforschen sucht, nur dann theoretisch an Boden gewinnen wird, wenn er sie unter Einbeziehung der *anderen* psychischen Funktionen (Kognition, Motivation), also in *Zusammenhang* mit dem *spezifischen* Ganzheitscharakter des seelischen Gefüges, erörtert und analysiert. In diesem Lichte erhält der funktionspsychologische Ganzheitsaspekt methodologisch noch eine andere Bedeutung und erfordert andere (deskriptive) Maßnahmen als die phänomenologische Behandlung des sinnlichen (Erscheinungs-) Ganzen.[8] Auf Letztere kann beispielsweise ohne Weiteres das Experiment Anwendung finden, auf Erstere eher nicht, jedenfalls nicht ohne besondere Vorkehrungen, auf die hier nicht eingegangen werden kann.

Es war Franz Brentano, der an Stelle des Seelenbegriffs terminologisch die *Einheit des Bewusstseins* zur Geltung brachte und ins Zentrum seiner „Psychologie vom empirischen Standpunkt" rückte, ‚Einheit' freilich nicht als ‚Einfachheit' begriff, sondern als „Einheitlichkeit" des Psychischen, an dem diversere ‚Teile' zu unterscheiden und zu analysieren sind – in Brentanos Termi-

---

7 Nach Ansicht des Historikers Jan Plamper müsste der Definitionsfrage grundsätzlich noch eine andere *vorgeordnet* werden, nämlich „wer eigentlich [welche Disziplin] definiert, was Emotionen sind" (2012, S. 20).

8 Leider wird in der psychologischen Literatur häufig ‚phänomenologisch' mit ‚deskriptiv' *gleichgesetzt*, was darauf hindeutet, dass die unterschiedlichen Sinngehalte, die Stumpf und Husserl mit ihren Bezeichnungen „Phänomenologie" (als Erscheinungslehre und als Bedeutungslehre) verbanden, missachtet werden. Kurt Blaukopf hat dagegen unmissverständlich auf Fehldeutungen in Bezug auf Stumpfs Begriff ‚Phänomenologie' aufmerksam gemacht, „den Stumpf ganz anders auffasste als Husserl mit seiner als ‚Wesensschau' bezeichneten Bedeutungs- und Sinnerforschung. Für Stumpf war Phänomenologie die Untersuchung der sinnlichen Erscheinungen und diese sei im Grunde nicht Psychologie, sondern Phänomenologie, eine von Physikern, Physiologen und Psychologen gemeinsam betriebene ‚Vorwissenschaft'" (2003, S. 113).

nologie *ihrem Wesen nach verschiedene intentionale Akte des Vorstellens, Urteilens und Wertschätzens* (vgl. Brentano 1973 und 1971). Aus der notwendigen Bestimmung des *Akt*charakters des Psychischen, seiner *Intentionalität*, leitete Brentano die *Wesenseigenschaften* der Akte und den Gesetzescharakter der Psychologie ab. Auf der einen Seite ist der Akt des Vorstellens in *anderer Weise* auf seinen ‚immanenten Vorstellungs-Gegenstand' gerichtet als der Akt des Urteilens und der Akt des Wertschätzens; auf der anderen Seite, meinte Brentano, bauen die Akte hierarchisch in der angedeuteten Reihenfolge aufeinander auf.[9] Neben der Intentionalität als bedeutende Neuerung einer *positiven* Kennzeichnung des Psychischen änderte Brentano zwar nicht die *Anzahl* der Akte, wohl aber ihre *Einteilung* gegenüber der traditionellen Behandlung der Frage: Vorstellung und Urteil bilden nach Brentano, der ein besonderes Erkenntnisinteresse an der Klasse der *Urteile* nahm, zwei zu unterscheidende Klassen. Gefühl und Willen fasst Brentano entgegen der traditionellen Einteilung mit weitreichenden Folgen für die Psychologie in *eine* Klasse zusammen. Die postulierte Einheit kann also weder hinsichtlich des Aktcharakters noch des Aufbaus des Psychischen (des Ordnungsgefüges) *willkürlich* fingiert werden, wenn die Psychologie als Wissenschaft Gesetzescharakter erlangen will.

Bedeutende Unterschiede in der psychologischen Modellbildung ergaben sich in der Geschichte der Psychologie am auffälligsten durch die Benennung und Nobilitierung der einen oder anderen *Grundklasse* – ob Vorstellen, Urteilen, Fühlen, Wertschätzen oder Wollen zur *Basis* des Psychischen erklärt wurde – woraus sich dann ein Rationalismus, Logizismus, Emotionalismus oder Voluntarismus ableiten ließ und jeder der Ismen als theoretischer Missgriff der je anders begriffenen Grundlage desavouiert werden konnte.[10]

Carl Stumpf setzte in lebenslanger Forscherarbeit frühe Intentionen seines Lehrers fort, allerdings auch mit bemerkenswerten Abweichungen von Brentanos klassifikatorischen Prämissen. Noch in einer seiner letzten Arbeiten stellt Stumpf ein auf das begrifflich Notwendigste verdichtetes Modell vor, das die Komplexität der „schwierigen Frage" der Klassifikation auf der Grundlage empirischer Forschung exemplarisch an der Kategorie ‚Gefühl' beleuchtet, und zwar mit der Einführung eines Terminus – „Gefühlsempfindung" – der erhebli-

9 Ob das erstmals von Brentano ausgezeichnete *positive* Kriterium des Psychischen, seine *Intentionalität*, tatsächlich als *empirisches* Kriterium gelten kann oder vielmehr dem *metaphysischen* Kontext angehört, ist hier nicht zu erörtern. Auch die Frage, ob die verschiedenen Akte logisch-notwendig *auseinander* abgeleitet werden können, muss bei späterer Gelegenheit erörtert werden. Onto- und Phylogenese dürften dagegen sprechen.

10 Offenbar hatte man sich im abgelaufenen Jahrhundert daran gewöhnt, dass mal die eine, mal die andere psychische Klasse bevorzugt wurde oder gar ausschließlich Interesse erregte.

che Neuerungen für das Klassifikationsproblem *insgesamt*, aber hauptsächlich für den Willensbegriff, nach sich zog (vgl. Stumpfs Einleitung in „Gefühl und Gefühlsempfindung" 1928); warum gerade der Wille noch am meisten Heterogenität in der Diskussion erzeugte, wird weiter unten in historischer Perspektive zu erörtern sein.

Anders als Brentano, der sich nach einer Zeit intensiver Beschäftigung mit psychologischen Grundlagenfragen wieder vornehmlich metaphysischen Fragestellungen zuwandte,[11] hielt Stumpf an der Frage nach dem *Geltungscharakter* der empirischen Psychologie fest und widmete in diesem Kontext den *beiden* Grundlagenproblemen der Psychologie, der ganzheitlichen, *relational* gedeuteten Struktur der sinnlichen Wahrnehmung und der Struktur (Wesen und Aufbau) der Klassifikation der psychischen Funktionen, lebenslang Aufmerksamkeit. Nach Stumpf muss immer wieder erneut über die Grundlagen der noch jungen Wissenschaft Psychologie *nachgedacht* werden, wenn sich das Menschenbild infolge von Wissenszuwachs und -wandel nachhaltig ändert. Es wäre im Übrigen anmaßend, die angedeutete Problemstellung hier in *einem* Beitrag und zugleich erschöpfend darstellen zu wollen; ich werde mich im Folgenden auf eine bloße Skizze und einige wesentliche Aspekte beschränken und zwar auf solche, die auch heute noch oder heute wieder virulent sind.

1.3

In beiden Grundproblemen stellt sich einerseits die Frage nach der für menschliches Erleben charakteristischen *Einheit* der zahlreichen Wahrnehmungs- und Bewusstseinserlebnisse, das heißt den Identitätsaspekt des Seelischen betreffend, andererseits konfrontiert die vorauszusetzende Einheit mit der *wissenschaftlich verwendbaren Trennbarkeit* (Analysierbarkeit) der Teile. Für beide Analyseebenen (Phänomenologie und Funktionspsychologie) gilt die Theorie des *Ganzen und der Teile* unter Berücksichtigung der Unterscheidung abtrennbarer und unabtrennbarer Teile.[12] Die Konzeption der *ab*trennbaren Teile wird methodologisch in der Regel für physische Dinge (Aggregate) mit abtrennbaren

11 Brentano hat weder die für Stumpfs Erkenntnistheorie grundlegende Unterscheidung in ‚Phänomenologie' und ‚Funktionspsychologie' mitgetragen, noch Stumpfs Votum für strukturelle *Unterschiede* der Sinne Sehen und Hören, ein wichtiger Bestandteil von Stumpfs Phänomenologie, akzeptiert. Auch bezüglich der Klassifikationsfrage stellte sich zuletzt aus theorieimmanenten Gründen mehr Dissens als Konsens zwischen Stumpf und Brentano her.

12 Die Theorie geht in letzter Instanz auf Reflexionen Aristoteles' zurück (in De Anima, 1. Buch, 1. Kapitel); auch Brentano erwähnt sie noch in seinem psychologischen Hauptwerk, macht aber kaum Gebrauch von ihr.

Stücken in Anspruch genommen; Stumpf verwendet sie aber auch phänomenologisch in Bezug auf die Abtrennbarkeit und differenzierte Analyse der einzelnen Sinne (beispielsweise Hören und Sehen) im Unterschied zur Unabtrennbarkeit der *Attribute* (Merkmale) der sinnlichen Erscheinungen (wie Farbe und Ausdehnung an der visuellen Empfindung, Tonhöhe, Lautstärke und Klangfarbe an der akustischen Empfindung, vgl. Stumpf 1873, S. 106 f.). Die zwar *unterscheidbaren* (analysierbaren), aber *nicht* real abtrennbaren, also *un*abtrennbaren psychischen Akte oder Funktionen werden in *Analogie* zu den *Attributen* der Empfindungen (wie Intensität und Ausdehnung einer Farbe) gesehen; denn sowohl mehrere Funktionen als auch mehrere sinnliche Attribute *durchdringen* sich zu einem *Ganzen* – haben Bedeutung sowohl für das Einheits- oder Identitätserleben als auch für die Analyse der menschlichen Bewusstseins- und Erkenntniseinheit. Das Konzept des Ganzen und der Teile setzt sich a) erkenntnistheoretisch gegen ontologisch-metaphysisch fundierte Theorien ab, die weder mit dem Begriff, noch mit dem Aufgabenbereich einer empirischen Psychologie kompatibel sind; es vertritt b) eine erweiterte Relationstheorie gegen die zu enge Subjekt-Objekt-Relation; es will c) methodologisch die Konfrontation naturwissenschaftlicher und geisteswissenschaftlicher Standpunkte, also den erkenntnistheoretisch mangelhaft reflektierten Dualismus einer erklärenden und verstehenden Psychologie überwinden.

Die ältere deutsche Psychologie machte auf der einen Seite Anleihen bei Philosophen metaphysischer oder transzendentaler Vorgaben, die eine empirisch-psychologische Behandlung *vorab* ausschlossen, wie insbesondere die Philosophie des Deutschen Idealismus in der Nachfolge Kants (in mehr oder weniger ausdrücklich formulierter antipsychologischer Ausprägung). Auf der anderen Seite wollten die gleichen Vertreter (wie beispielsweise G. T. Fechner und W. Wundt) durch die Einführung des Experiments und mathematisch-statistischer Verfahren eine neue empirische, wenn nicht gar ‚naturwissenschaftliche' Grundlage anstelle der mental-metaphysischen Seelenlehren schaffen. Offenbar glaubte man, zugunsten methodischer Verfahren die erkenntnistheoretisch relevante Frage nach dem genuin psychologischen Gegenstand *marginalisieren* zu können, das hieß, dass schon zu dieser Zeit der Frage nach der *Methode* die theoretisch größere Gewichtung als der Gegenstandsfrage erteilt wurde. Zugleich machte man aber in kompilatorischer Verwendungsweise metaphysische ‚Anleihen' in Bezug auf das *Wesen* des Seelischen (vgl. diesbezüglich Arnolds Kritik an Wundts philosophischem Idealismus und Synkretismus 1980, S. 264 f.).[13]

Der ab dem letzten Drittel des 19. Jahrhunderts innerhalb der deutschen Psychologie tonangebende „Psychophysische Parallelismus" ist ein Beispiel für jenes, zu dieser Zeit typische Zwitterwesen eines experimentell-naturwissenschaftlichen und metaphysischen Amalgams. Die Empfehlung, sich metaphysischer Vorannahmen zu enthalten, *bevor* man die erkenntnistheoretischen Grundlagen der empirischen Psychologie geklärt hat, verordnete freilich kein Gesetz, *prinzipiell* auf philosophische Beiträge zu einer Theorie des Psychischen verzichten zu müssen. Die Vorzüglichkeit der Erfahrungsphilosophie Stumpfs liegt gerade in der mit Akribie vorangetriebenen Differenzierung des psychologisch vertretbaren Empirischen, allerdings unter Berücksichtigung möglichst aller, seinen Ansatz stützender philosophisch-historischer und logisch-erkenntnistheoretischer Quellen.[14] Eine *Vorzugsstellung* der Psychologie der Philosophie gegenüber ist daraus, wie seinerzeit Wilhelm Wundt meinte, aber nicht abzuleiten, denn Stumpf verstand sich in erster Instanz und lebenslang als *Philosoph*, der auch zu Fragen der Metaphysik differenziert Stellung bezog.[15]

Stumpfs Erkenntnisinteresse bewegte sich *wissenschaftstheoretisch* über das *rein* psychologische Terrain hinaus, weil Psychisches immer in enger Verbindung mit seiner sinnlich-biologisch organisierten Wahrnehmungsquelle zu sehen ist und in diesem Kontext, *erkenntnistheoretisch* an die britischen Erfahrungsphilosophen des 17. und 18. Jahrhunderts anschließend, zu vertreten ist, dass

13 Man muss nicht der marxistischen Ideologie und Wissenschaftstheorie zustimmen, um dennoch Arnolds, um Unparteilichkeit bemühtes ablehnendes Urteil über Wundts philosophischen Eklektizismus als begründet zu akzeptieren. –.
Wenn Abraham Lichtenstein (1900) in seiner Studie über die philosophischen Grundlagen Lotzes und Wundts Lotze als an metaphysischen Prämissen festhaltend darstellt, weil Lotze den Substanzbegriff beibehalten habe, während Wundt sich allein an der Erfahrung ausgerichtet und den *Substanzbegriff* durch die *Aktualitätstheorie* ersetzt hätte, enthält Wundts *Aktualitätstheorie* nicht weniger an metaphysischen Annahmen, hauptsächlich den mit ihr zusammenhängenden *Willensbegriff* betreffend, als Lotzes Substanztheorie.

14 Die in diesem erkenntnistheoretischen *und* wissenschaftstheoretischen Kontext wichtigste Frage ist die nach der Bedeutung der „regionalen Axiome" als apriorische Grundlagen der letzten Strukturgesetze der sinnlichen und der „übersinnlichen" psychisch-funktionellen Anschauungen (vgl. Stumpf 1939/2011, S. 168 ff.).

15 Stumpf nimmt 1907 b in „Zur Einteilung der Wissenschaften" zum Verhältnis von Metaphysik und Erfahrungswissenschaft Stellung. Er lehnt ‚Metaphysik' als ein „a priori konstruierter, mit einem Wurf vollendeter Bau" ab und plädiert für eine „Erfahrungsmetaphysik, wie sie jede Wissenschaft als relativen Abschluß ihres Wissens braucht." Jede Umwälzung größerer Wissenschaftsgebiete bedeute für die Metaphysik nicht nur eine neue Herausforderung, sondern auch Förderung (1907 b, S. 43).

jegliche Begrifflichkeit in innerer (psychischer) oder äußerer (dinglicher) Wahrnehmung fundiert ist. Während die innere Wahrnehmung unmittelbar zugänglich und selbstevident ist (wenngleich nicht in einem logischen Sinn wahrheitsbegründend), ist die Erforschung der ‚äußeren Wahrnehmung' an die *Physiologie* der Wahrnehmungs*organe* gebunden, *erschöpft* sich aber nicht in ihr. Stumpfs Analyse des Empfindungsganzen, hauptsächlich der visuellen und der akustischen Erscheinungen (Empfindungen), präsentiert sich unter dem Namen der Phänomenologie, die Stumpf *wissenschaftstheoretisch* als *Propädeutik* für Natur- *und* Geisteswissenschaft auszeichnet, zugleich aber auch ausdrücklich von der *rein* naturwissenschaftlich betriebenen, *erkenntnistheoretisch* zum Teil recht fragwürdig fundierten, weil mangelhaft reflektierten Sinnesphysiologie der damaligen Zeit, Abstand nimmt.[16]

Stumpfs Konzeption hat vielfach zu Missverständnissen Anlass gegeben, zumal Brentanos und Stumpfs Schüler Edmund Husserl die Bezeichnung „Phänomenologie" ja in einer ganz anderen Weise verwendete. Husserl formulierte in dieser *anderen* Perspektive eine der Sache nach unangemessene Kritik an Stumpfs Phänomenologie im Sinne einer ‚niederen Stofflehre' (vgl. dazu meinen Beitrag im 2. Band der „Schriften", 2012, S. 205 f.). Um es überdeutlich zu machen, wie Stumpfs Begriff ‚Phänomenologie' zu verstehen ist: Er grenzt sich einerseits von Husserls „Transzendentaler Phänomenologie" ab, aber *zugleich* auch von der zu seiner Zeit prosperierenden Sinnesphysiologie, mit der Husserl und andere wie beispielsweise der Neukantianer Paul Natorp (in der Rezension von „Tonpsychologie" I, 1866, S. 173) und in letzterer Zeit wieder Th. Herrmann Stumpfs Lehre *identifizieren* wollten (vgl. Herrmann 1973, S. 483; vgl. auch Felix Wörners Beitrag in diesem Band, dagegen den Beitrag von Martin Ebeling).[17] Diesen Interpretationen wird freilich Tür und Tor geöffnet, wenn das

16 Vgl. insbesondere Stumpfs Kritik an Hermann von Helmholtz' Erkenntnistheorie als *Zeichentheorie*, die in ihrem referentiellen Bezug sinnvoll nur auf *visuelle* Objekte, aber nicht auf *akustische* verweist (*Töne*, im Unterschied zu Geräuschen, verweisen als Zeichen, wie Phoneme, nur systemimmanent *aufeinander*, aber nicht *auf etwas anderes*) (1890, S. 70 f.).

17 Man wird sich wohl noch einige Zeit auf heterogene Interpretationen über das Verhältnis von Phänomenologie und Funktionspsychologie und die von beiden abgeleitete Tonpsychologie einstellen müssen. Die ärgste Fehlinterpretation der Phänomenologie Stumpfs (wenn sie nicht bloße Invektive sein wollte) leistete sich Wilhelm Wundt in seiner Autobiographie:

„Die neuesten Gestaltungen dieser jede wirkliche Psychologie zerstörenden nominalistischen Entartung hoben sich offenbar in dem dunklen Bewußtsein, daß sie in gewissem Sinne Zersetzungsprodukte der Hegelschen Phänomenologie des Geistes sind, selbst mit dem Namen Phänomenologie getauft, freilich mit Rücksicht auf die philosophische Bedeutung des Hegelschen Originals mit Unrecht. In ihrem wirklichen Rückgang auf das

Verhältnis zwischen Physiologie, Phänomenologie und Funktionspsychologie keine, seiner epistemischen Komplexität angemessene Klärung erfährt. Stumpf ließ es nicht an einer derartigen Klärung fehlen, scheint sie aber nicht oft genug wiederholt zu haben. Unzweideutig kommt sie in dem bis heute anscheinend übersehenen Zitat aus dem 1. Band der „Tonpsychologie“ zum Ausdruck:

> Mit der physikalisch-physiologischen Akustik hat die psychologische das Material gemein, die Tonempfindungen. Aber erstere untersucht die Antecedentien, letztere die Folgen der Empfindungen (1883, VI).

1.4

Stumpf rekurriert mit diesem Zitat gewissermaßen auf eine methodologisch relevante ‚Dreifaltigkeit‘ (Triade). Das Material der Farb- und Tonempfindungen steht *in der Mitte,* ihm vorgeordnet sind die physikalisch-physiologischen Antezedenzien, das heißt, die physikalischen und neuronalen Prozesse als *vorausgehende* Ursachen. Mit dem Material *befassen* sich, diesem im wissenschaftlichen Procedere zeitlich, aber nicht erkenntnistheoretisch *nachgeordnet*, die psychischen Funktionen des Bemerkens, Unterscheidens, Analysierens, Fühlen, Wertens usw. in *unmittelbarer* Verbindung mit dem Material, den Empfindungen, *nicht* jedoch mit deren Antezedenzien, den physikalisch-physiologischen Ursachen.[18] Die psychischen Funktionen sind also nicht durch die physiologisch-neuronalen Antezedenzien *verursacht*, sondern stehen in *Wechselwirkung* mit den Empfindungen, dem *Material* des unter der Bezeichnung „Phänomenologie“ zusammengefassten Bereichs. Aus Stumpfs Ansatz folgt – für die heutige Leib-Seele Diskussion relevant –, dass sich wohl die Gesichts- und Gehörsempfin-

---

Werk eines echten Nominalisten, Bernard Bolzano, tragen sie ihre geschichtliche Deszendenz deutlich genug an der Stirne. Ich lasse diese späteren Nachwirkungen des Scholastizismus in der Psychologie hier außer Betracht, weil sie auf die Entwicklung der Psychologie keinen nennenswerten Einfluß ausgeübt haben und nach meiner Überzeugung als philosophische Strömungen für die Geschichte der Wissenschaft keine bleibende Bedeutung besitzen“ (Wundt 1920, S. 188).

18 Vielleicht hätte Stumpf öfter auf das komplizierte Verhältnis hinweisen müssen, um eklatanten Verkürzungen zuvorzukommen. Im 2. Band der „Tonpsychologie“ finden sich noch folgende Erläuterungen:
„Die psychologische Theorie der Empfindungen stützt sich zunächst mit Überspringen der Nervenprocesse direct auf die genaue Betrachtung der Wahrnehmungen, die wir durch äussere Reize erhalten. Die Ergebnisse bilden dann ebenso viele Postulate, welche zusammen mit anatomischen Daten die physiologischen Bedingungen der Empfindung erschliessen helfen. Ist das bis zu einem gewissen Grade geschehen, so kann aus den so gebildeten Vorstellungen über die nervösen Grundlagen hie und da auch deductiv Einiges über die Natur der Empfindungen erschlossen werden.“ (1890, S. 86)

dungen, die ‚Qualia', (als ‚letzte' Wirkungen von Licht- oder Schallwellen) bis zu einem gewissen Grad, weil sie sich in ihrer *spezifischen* Reizbeschaffenheit physiologisch und neurologisch untersuchen, mittels moderner bildgebender Verfahrensweise ‚repräsentieren' und nach diesem Verfahren auch ‚lokalisieren' lassen. Das gilt indes *nicht* für die psychischen Funktionen, *den genuinen Gegenstand der Psychologie.* Die Funktionen in ihrer *relativen* Abhängigkeit von den sinnlichen Erscheinungen, die, obwohl ihre chemisch-physikalische *Reizgrundlage* bereits durch zum Teil *noch unerforschte* physiologisch-neuronale Mechanismen verarbeitet wurden, infolge ihrer *Reizspezifität*, ‚repräsentierbar' sind, gilt Gleiches deshalb nicht für die Funktionen, weil sie auf experimentellem Weg nicht *spezifisch* gegeneinander ‚abgebildet' werden können. Das gibt zu der Vermutung Anlass, dass die psychischen Funktionen, wenngleich nicht *unabhängig* vom Gehirn, über das *ganze Gehirn* flottieren.

Man kann in der älteren Terminologie der deutschen Sinnesphysiologie zwar von einer „spezifischen Sinnesenergie"[19] und entsprechender physiologischer oder neuronaler Lokalisierung der Qualia, jedoch nicht ohne Weiteres (jedenfalls derzeit noch nicht, vielleicht nie) von einer *spezifischen* Denk- oder Gefühlsenergie geschweige denn von konkreten Denk- und Gefühls*inhalten* und deren Lokalisierung sprechen.[20] In neurologischer Perspektive plädiert Stumpf durchaus dafür, dass es letztlich keine von der Gehirnaktivität unabhängigen psychischen Funktionen des Erkennens oder Wertschätzens gäbe; er betont aber ebenso, dass die psychischen Funktionen insgesamt und *im Unterschied* zu den sinnlichen Empfindungen, nicht *lokalisierbar* sind, vielmehr das *gesamte* Gehirn in Anspruch nehmen (1940/ 2011, S. 806), was mit der Auffassung derzeitiger Neurologen übereinstimmt, die sich inzwischen von der Modularisierbarkeit *bestimmter* psychischer Aktivitäten distanzieren. Nachdem anfangs, hauptsächlich

19 Die deutsche Sinnespsychologie befasste sich im Rahmen der Lehre von der „spezifischen Sinnesenergie" (Johannes Müller) und ihrer Weiterentwicklung wesentlich differenzierter mit dem Reiz-Reaktionsverhältnis der *verschiedenen* Sinne als etwa die behavioristische Reiz-Reaktionsforschung. Dass und warum der akustische Sinn (im Unterschied zum visuellen Sinn) besser geeignet ist, das *qualitative* Moment für Erkenntnistheorie und Psychologie genauer zu bezeichnen, demonstriert Stumpf in Tonpsychologie II, 1890, S. 124; (vgl. dazu auch Kaiser-el-Safti 2011, S. 144).

20 Hermann Lotze drückt den Tatbestand 1852 in seiner „Medicinischen Psychologie oder Physiologie der Seele" folgendermaßen aus: Schon bei der *Empfindung* entspreche ihr *qualitativer* Inhalt ja nicht dem äußeren Reiz (der Licht- und Schallwellen). Ebenso liege im Gefühl (der Lust oder Unlust) keine anschauliche Erkenntnis der Übereinstimmung des Reizes mit den Bedingungen der Existenz. „Wie die Empfindungen, so sind auch die Gefühle keine Abbildungen der Processe, deren Folgen sie sind" (1852, S. 236). – Dieses Argument wäre noch heute der Repräsentationstheorie der Gefühle in der amerikanischen Psychologie, z.B. Antonio Damasio, entgegenzuhalten.

in den Medien und in populärwissenschaftlichen Publikationen, suggeriert wurde, man könnte das Denken, das Fühlen oder Wollen an bestimmten Stellen im Gehirn lokalisieren (um es demnächst auch dort beobachten und manipulieren zu können), konstatiert man nun, dass jeweils an der Wirkweise der psychischen Funktionen des ‚Denkens', ‚Fühlens' und ‚Wollens' nicht *ein* bestimmter neurologisch identifizierbarer Bereich, sondern stets *mehrere* und im Einzelnen noch *keineswegs exakt eingrenzbare* Bereiche beteiligt sind.[21]

Stumpf betont an der angezogenen Stelle in der „Erkenntnislehre", dass in diesem Kontext die Annahme einer *ausgedehnten Seele* (in älterer metaphysischer Denkweise eine ‚contradictio in adiecto') nicht abzuweisen sei, dies jedoch keinesfalls im Sinne des Psychophysischen Parallelismus verstanden werden dürfte, vielmehr nur mit der Annahme einer psycho-physiologischen oder psycho-biologischen Wechselwirkung verträglich sei (ebd., S. 806), wofür Stumpf auch schon 1896 votiert hatte (vgl. 1896 in 1910). Stumpf schreibt in Erinnerung an scholastische Vorstellungen zum Verhältnis Seele-Gehirn: „Unter entsprechender Umformung einer alten Formel würden wir sagen: die Seele ist ganz in der ganzen Hirnrinde und ganz in jedem Teil" (1940, S. 809).22 An eine unmittelbar kausal zu interpretierende Verbindung zwischen physiologisch-neuronalem Geschehen und einzelnen psychischen Funktionen ist demnach nicht zu denken, wohl aber kann eine empirisch begehbare, introspektiv und experimentell zu eruierende *Brücke* zwischen spezifischer Sinnesenergie, spezifischen Gefühlsempfindungen und psychischen Funktionen erwogen werden, die, für eine *psychologische Ästhetik* verwendbar, Stumpf bereits 1907 ins Auge gefasst, 1928 bekräftigt hatte und auf deren Relevanz in einem anderen Zusammenhang detailliert zurückzukommen sein wird. Hier sei nur so viel angedeutet, dass Stumpf mit dem Konzept der ‚Gefühlsempfindung' den Hiatus zu überwinden suchte, der sich in der deutschen Gefühlspsychologie zwischen den ‚niederen' und den ‚höheren' Gefühlen, den „sensualistischen" und den „intellektualistischen" Gefühlstheorien aufgetan hatte.

---

21 Was auch durch die Unmöglichkeit bestätigt wird, durch Medikation *bestimmte* psychische Erkrankungen (z.B. Depression) neuronal *ortsspezifisch* behandeln zu wollen; das Medikament greift *unspezifisch* in das gesamte neuronale Geschehen ein.
Jan Plamper referiert informiert und erfreulich unpolemisch, aber auch unbeeindruckt über die „Grenzen der bildgebenden Verfahren" in 2012, S. 244 f.

22 In philosophischer Perspektive votiert heute wieder Jean-Luc Nancy für die Annahme einer ausgedehnten Seele. (Vgl. „Ausdehnung der Seele", 2010, besonders S. 73 ff).

1.5

Letzterer Erklärungsansatz konnte allerdings erst Bedeutung erlangen, als der inneren Verwandtschaft der *erkenntnistheoretisch-kognitiven* Seite der sinnlichen Wahrnehmung *zugleich mit* ihrer *ästhetisch-qualitativen* (*neben* jener *und* der bio-physiologischen Forschung) stärker Aufmerksamkeit geschenkt wurde, und zwar besonders in *tonpsychologischen* Analysen und entgegen idealistisch-metaphysischer Interpretationen des ästhetischen Wertschätzens, aber auch entgegen rein empiristisch-experimenteller Forschungsansätze auf der Basis des Psychophysischen Parallelismus. Innerhalb der deutschen Psychologie erlangte die Tonlehre, hauptsächlich in Zusammenhang mit *werttheoretischen* Fragen, eine bis heute nicht gewürdigte Besonderheit. Die bahnbrechende Intention, der *Wahrnehmung des Wertvollen* und dem *Akt des Wertschätzens* – ein von Ethik, Ästhetik und Metaphysik traditionell kontrovers behandelter Komplex – nun *anstelle* philosophisch-metaphysischer Annahmen eine empirisch-psychologische Grundlage zu verschaffen, ging von J. F. Herbart aus und zwar in Zusammenhang mit seiner Initialzündung einer wissenschaftlichen, auch rechnenden Psychologie. Herbarts Initiative zu einer Tonlehre sollte die *Basis* für eine empirische Psychologie bereitstellen, weil Musik über eine Gesetzesgrundlage verfügt, die sich entgegen anderer sinnlicher Phänomene (wie Farbe, Geruch, Geschmack, Getast) in einfache Töne, die in bestimmten *Verhältnissen* (Abständen) zu stehen kommen, auflösen lässt. Töne mit berechenbarer Intensität (Lautstärke) und berechenbaren Abständen (Distanzen) erregen *im* Hörerenden Vorstellungen und Gemütszustände, die ihrerseits, wenngleich nicht gemessen, so doch geschätzt werden können (vgl. Herbart 1811, SW, Bd. 3, S. 99 ff). Dass damit der entscheidende Anstoß zu den Schwellenuntersuchungen der deutschen Sinnespsychologie geliefert wurde (Weber, Fechner, Wundt, Stumpf), lässt sich auch heute noch nachvollziehen; die dort *allgemein* verwendete Schwellenformel wurde nämlich schon Jahrzehnte vor der Werber-Fechnerschen experimentellen Initiative erstmals von Herbart erwähnt (vgl. Herbart 1837, dazu Kaiser-el-Safti 2002)). Größere Schwierigkeiten dürfte Herbarts *wertästhetisches* Anliegen dem heutigen Verständnis bereiten.[23] Letzterem standen nämlich sowohl

---

23 Leider wird innerhalb der Pädagogik wie innerhalb der Psychologie seit zwei Jahrhunderten notorisch übersehen, was Herbart an hervorragender Stelle 1808 als Fazit seiner „Hauptpuncte der Metaphysik" über die Psychologie und „vielleicht die größte aller psychologischen Aufgaben" – die Aufklärung des *Geschmacks- oder Werturteils* – geschrieben hatte (Bd. 2, S. 213). Herbart war sich allerdings auch im Klaren darüber (wie nach ihm Stumpf), dass dieser ‚Aufgabe' nur mit einem veränderten Philosophieverständnis anstelle des vom Idealismus geprägten philosophischen Zeitgeistes und einem *großen Aufwand an theoretischer Reflexion* beizukommen war.

‚ältere' metaphysische als auch dem Datum nach ‚jüngere' erkenntnistheoretisch relevante Gründe im Wege, die im Folgenden angedeutet werden sollen.

a) Der *Wertbegriff* wurde in der älteren Geschichte der Philosophie in der Regel als wissenschaftstranszendent und häufig mit Reflexion auf einen ‚höchsten' metaphysischen Wert (ein höchstes Gut, Gott) erörtert. Wie Herbart dazu gelangte, anstelle von ‚Wert' und ‚höchstem Gut' nach dem *psychischen Akt des Wertschätzens, -wählens und -vorziehens* zu forschen und deren Analyse mit dem gehaltvollen Anspruch einer empirischen Psychologie zu verbinden, wird noch zur Sprache kommen. Insbesondere Hermann Lotze griff Herbarts ‚Anregung' auf und wurde nach Herbart zu einem wichtigen Inspirator deutscher Musikpsychologie (vgl. Lotze 1852, 1868) und Werttheorie (vgl. Wolfradt in diesem Band).
b) Psychologisch bedeutsam wurde das Ansinnen Gustav Theodor Fechners, nun auch einer *experimentellen* Ästhetik zum Durchbruch zu verhelfen (während Herbart sich noch gegen das psychologische Experiment ausgesprochen hatte). Fechner profilierte sich einerseits als fabelhafter Experimentator seiner Zeit, imponierte aber auch durch metaphysische Spekulationen und war dafür desinteressiert an Erkenntnistheorie. Gewissermaßen im Anschluss an Herbart und Lotze, aber auf der Basis des Psychophysischen Parallelismus (Herbart und Lotze zählten wie Brentano und Stumpf zu den Vertretern der Wechselwirkungstheorie) warb Fechner für eine „Ästhetik von unten", die, wenngleich infolge ihrer experimentellen Basis Eindruck machte, jedoch dem kreativen Aktivitäts- und *Gestaltungscharakter* des Psychischen und Ästhetischen nicht gerecht werden konnte.
c) Das *wesentliche* erkenntnistheoretische Hindernis resultierte letztlich aus der von *philosophischer* Seite traditionell bevorzugten Wort- und Begriffsanalyse unter Vernachlässigung der häufig für irrational oder minderwertig gehaltenen *Wahrnehmungsanalyse*.[24] Anstelle Letzterer inthronisierte Edmund Husserl im Hinblick auf seine *transzendentale* Phänomenologie eine *höhere* Art von Wahrnehmung, nämlich eine intellektuelle oder „kategoriale Anschauung" respektive „Wesensschau" von Begriffsbedeutungen.[25] Während die Theorie des ‚Psychophysischen Parallelis-

24 Auf die Wertphilosophie des südwestdeutschen Neukantianismus (Rickert, Windelbandt), der die Wertfrage ausdrücklich von empirisch-psychologischer Perspektive abgrenzte, muss hier nicht eingegangen werden.

25 Stumpf macht eine interessante Bemerkung über das Wesen von ‚Wesensschau' in seiner Kritik der Husserlschen Wesensschau, die es nach Stumpf nur im Bereich wesensmäßig unveränderlicher letzter Bausteine der sinnlichen Wahrnehmung, sogenannter „Urphänomene" oder „regionaler Axiome" geben könnte, nicht jedoch auf der Ebene von be-

mus' über kein erkenntnistheoretisch und methodologisch überzeugendes Kriterium verfügt, zwischen gefühlsmäßig *indifferenter* Wahrnehmung (bloßer Empfindung) und *ästhetischer* Wahrnehmung, die einen *gefühlsmäßig* wertenden oder wertschätzenden (emotional zustimmenden oder missbilligenden) *Akt* impliziert, zu trennen, unterscheidet Husserls Theorem der „kategorialen Anschauung" letztlich nicht zwischen (sinnlich-) anschaulicher und begrifflicher Erfassung des Gegenständlichen. Der *ästhetischen* Valenz der Wahrnehmung schien Husserl allem Anschein nach kein Interesse abgewinnen zu können.[26] Wie entscheidend im Ganzen innerhalb der mit großer Intensität geführten Debatte über die theoretische Konsolidierung einer wissenschaftlichen Psychologie sich gerade die Kategorie des emotionalen *Wertschätzens* oder *Werturteils* erweisen sollte, wird später detaillierter darzustellen sein.

1.6

Die weiter oben angesprochene, von Stumpf betonte methodologisch bedeutsame *dreifaltige Verhältnismäßigkeit* (Triade) kann in folgendem Schema (mit Martin Ebeling anlässlich des Kongresses der DGPs 2012 in Bielefeld hergestellt) veranschaulicht werden:

---

grifflichen Gebilden oder *Bedeutungen*, die mit dem Fortschritt des Wissens dem *Wandel* unterworfen sind (vgl. 1939/2011, S. 188 f.).

26 Bemerkenswerter Weise setzte sich eine philosophisch fundierte Wahrnehmungsforschung in Frankreich – durch den Philosophen Maurice Merleau-Ponty initiiert – nicht mit der Phänomenologie und Funktionspsychologie Carl Stumpfs auseinander, sondern schloss sich an die Phänomenologie Husserls an. Merleau-Ponty nahm zwar Abstand von der *transzendentalen* Version der Husserlschen Phänomenologie, inspirierte aber dennoch in Anlehnung an Husserl zu einer ‚phänomenologischen Ästhetik', während nach Stumpfs phänomenologischen Prämissen zu dem Konzept einer phänomenologischen Ästhetik die *Funktionspsychologie* nicht hätte fehlen dürfen. Dass dennoch wenigstens ein gewisser Konsens herzustellen ist, zeigt der Beitrag von Christian Allesch in diesem Band.

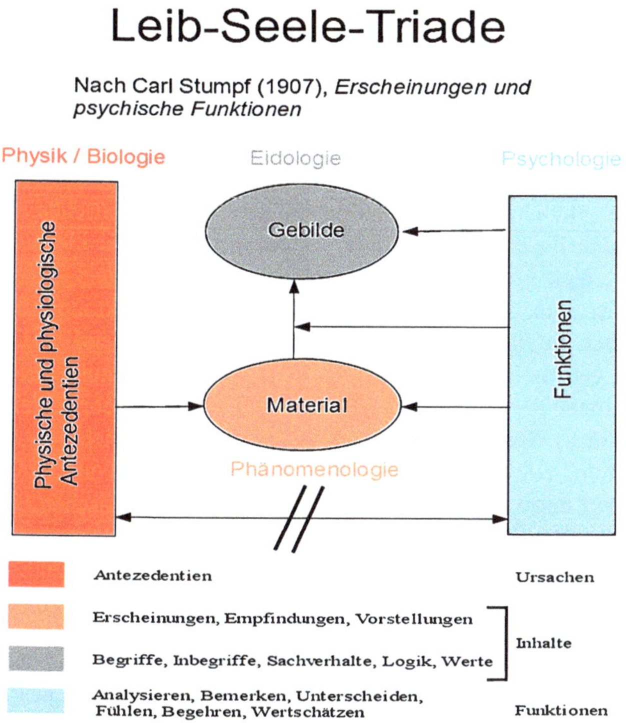

Das Schema ist als der ‚springende Punkt' in Stumpfs Annäherung an das Leib-Seele-Problem, seine *spezifische* Verwendung der Wechselwirkungslehre anstelle des Psychophysischen Parallelismus und seine Abgrenzung gegen Letzteren in Anspruch zu nehmen. Nicht das Psychische und das Physische stehen in Parallelität *oder* Wechselwirkung, sondern die auf präpsychischer, biologisch-physiologischer Ebene entstandenen Empfindungen oder sinnlichen Erscheinungen (das ‚Material' der Phänomenologie) und das genuin Psychische, die psychische Aktivität (der Gegenstand der Funktionspsychologie). Diese Version ist m.E. anderen vorzuziehen, die über Parallelismus oder Wechselwirkung des Physischen mit dem Psychischen stritten und auch derzeit noch streiten wie letztlich Karl Poppers und John Eccles' kritische Auseinandersetzung mit dem Psychophysischen Parallelismus in beider gemeinsam verfassten Arbeit „Das Ich und sein Gehirn". In diesem Werk wird Stumpf bezüglich zweier wichtiger Theoreme von Popper als „Vorläufer" erwähnt – als Vertreter der Wechselwirkungstheorie und als Befürworter einer biologisch fundierten Emergenzlehre in Bezug auf eine Definition des Psychischen (vgl. Popper 1982, S. 64, 628, 629).

Stumpf wird mit seinem Ansatz sowohl der Bedeutung des Biologischen als auch dem Verhältnis des Sinnlichen (der sinnlichen Wahrnehmung) zum Geistigen oder Funktionellen gerechter als die derzeitige, sowohl von Gehirnforschern als auch von Philosophen geführte monistische, dualistische oder gar *pluralistisch* orientierte Debatte über das Leib-Seele-Problem. Stumpfs *methodologische* Dreifaltigkeit (Triade) ist jedoch nicht zu verwechseln mit der philosophischen Konzeption einer Drei-Welten-Theorie, die neben dem Physischen und den Psychischen noch für eine fragwürdige, an die metaphysische Ideenlehre Platons erinnernde „Welt 3" idealer theoretischer und *wertrelevanter* Gegenstände votiert, mit der sich auch Popper in dem erwähnten Werk identifiziert.[27]Nach Stumpf führen die *Inhalte* der „Welt 3" – Sachverhalte, Inbegriffe, Urteile, Werte – kein Eigendasein, werden vielmehr unter der Bezeichnung „Eidologie" als von der Aktivität der psychischen Funktionen *abhängige* Gebilde deklariert (vgl. 1907 b, S. 32 f.). Stumpf räumt an dieser Stelle ein, dass sich die Untersuchungen der Eidologie in der Tat mit denjenigen deckten, „die Platon im Sinne hatte und in Angriff nahm, wenngleich nicht mit seinen metaphysischen Folgerungen" (S. 33).[28]

Hinsichtlich der Emergenz ist noch eine kurze Erläuterung zu Stumpfs Auffassung nachzuliefern. In der Tat hatte Stumpf das Psychische aus seinem metaphysischen Kontext gelöst und als Resultat eines langen biologischen Evolutionsprozesses charakterisiert und zwar vermutlich in Folge eines *Zuwachses an spezifischer Sinnesqualität,* wie das Hinzutreten des Hörens zum Sehen in der tier-menschlichen Entwicklungsgeschichte (vgl. Stumpf 1899, S. 54 ff.). Allerdings erschöpft sich nach Stumpf die menschliche Entwicklung keineswegs in der biologischen Evolution. Gerade die reiche Entfaltung der Musik zeugt mit oder neben der Sprache von einem zutiefst menschlichen *kreativen* Faktor, der mit guten Gründen nicht durch biologische, der Tierwelt nahestehende, *nur* le-

27 Vgl. Popper 1982, S. 61 ff. Als Gewährsmann oder theoretischer Vorläufer der Drei-Welten-Theorie nennt Popper den Theologen, Mathematiker und Logiker (Mereologen) Bernard Bolzano; die Theorie hatte um die Wende vom 19. zum 20. Jahrhundert durch einen Anhänger der Lehre Bolzanos, K. Twardowski, für Aufsehen und eine lebhafte Diskussion gesorgt, an der sich seinerzeit Schüler Brentanos, aber nicht Carl Stumpf beteiligten (vgl. Twardowski 1894; dazu P. F. Linkes zusammenfassende Darstellung 1929, S. 79 ff.).

28 Wenn Stumpf in der „Selbstdarstellung" erwähnt, er sei in Grunde immer Platoniker geblieben (1924, S. 3,) ist das im Sinne seiner Auffassung von „Eidologie" zu verstehen – nämlich wissenschaftlich-akribisch die Erkenntnisgründe zu durchpflügen, um dem Wertvollen als Schätzenswertes noch eine *andere* als metaphysische Basis zu verschaffen.

bens- und arterhaltende oder Nützlichkeitserwägungen anderer Art dienend erklärt werden kann (vgl. Stumpf 1911).

2.1

Für das zweite Grundlagenproblem psychologischer Forschung, das Problem der Klassifizierung des Psychischen, ist folgende Bemerkung in Stumpfs „Erkenntnislehre“ von prinzipieller Bedeutung:

> Niemals kann man psychische Funktionen für sich, sondern immer nur als Betätigung an irgendeinem Material wahrnehmen, kann sie daher auch nicht abgesondert von allem Material vorstellen (1939/2011, S. 34).

Damit ist zum einen dem Psychischen der metaphysische Stachel gezogen, denn wie soll ein seinem Wesen nach Nicht-Materielles, *rein* Mentales, ein Psychisches *an sich, unmittelbar* Gegenstand der Beobachtung *empirischer* Forschung sein können? Zum anderen wurde – vermutlich durch Stumpfs Trennung von Akt und Inhalt begünstigt – das Modell der *Bindestrich-Psychologien* auf den Weg gebracht, wie Ton- oder Musik-Psychologie.

Vor- und Nachteile der Bindestrich-Psychologie (auch Sprach-Psychologie oder Moral-Psychologie) sollen hier nur kurz Erwähnung finden (Stumpf verwendet diese Bezeichnung nicht): Zu Unrecht entweder als bloße *Hilfswissenschaften* oder von ihren erkenntnistheoretischen Prämissen her als „psychologistisch“ diskreditiert, vermeiden sie in zweifacher Hinsicht den metaphysischen Kontext, indem sie a) darauf abheben, dass ein *rein* Psychisches nicht Gegenstand einer Erfahrungswissenschaft sein kann, und b), dass kulturelle Errungenschaften wie Sprache und Musik als Erzeugnisse, Gebilde (Hinterlassenschaften) des menschlichen Geistes anzusehen sind, nicht dagegen als für sich existierende ideale Gegenstände eines ‚objektiven Geistes‘ in einer Dritten (Über-)Welt; sie zeugen neben der biologischen Evolution von einer *kulturellen* Evolution, deren genuin psychologischer Motor noch zu entdecken ist. Sie erfordern allerdings auch die Kenntnis der Gebiete, auf die sie referieren (wie beispielsweise musikwissenschaftliche oder sprachwissenschaftliche Grundlagen). Musikwissenschaft und Sprachwissenschaft erteilen ihrerseits von sich aus keine Auskunft oder Belehrung über die Frage, in welcher *performativen* Weise ihr Gegenstandsbereich und sein Gesetzes- oder Regelwerk erfasst wird respektive die Analyse psychischer Funktionen zu bewerkstelligen wäre. Anders ausgedrückt: Die sich als Kompetenzwissenschaften verstehenden Bereiche öffnen sich nicht von sich aus – der behaupteten Unvereinbarkeit von Geltungs- und Entstehungszusammenhang geschuldet – psychologischen Fragestellungen. Eine Lösung in der Frage der Analysierbarkeit und Identifizierung einzelner psychischer Funktionen ist also von ihnen, den Geistes- oder Kulturwissenschaften, eben so wenig wie von der Gehirnwissenschaft zu erwarten, sondern vielmehr von einer sie alle übergreifenden Erkenntnislehre zu fordern.

Wie prinzipiell mit der Analyse der sogenannten *höheren* psychischen Grundfunktionen wie Vorstellen, Urteilen, Wertschätzen, Fühlen, Wollen verfahren werden könnte, war schon in der Pionierphase der wissenschaftlichen Psychologie umstritten – nur introspektiv und deskriptiv oder auch experimentell? Wilhelm Wundt lehnte das Experiment für die höheren psychischen Funktionen ab, wollte es nur für die Wahrnehmungspsychologie beanspruchen, während in der Ägide der Würzburger Schule sehr wohl derartige Möglichkeiten realisiert wurden. Stumpfs tonpsychologische Untersuchungen dienten in letzter Instanz dazu, diese Grundproblematik theoretisch und methodisch weiter zu treiben, indem er die Frage, wie sich die Funktionen und *Akte*, als *Tätigkeit*, *Fähigkeit*, *Vermögen* des Empfindens, Wahrnehmens, Unterscheidens, Beurteilens, Aufmerkens und Erinnerns *sowohl* introspektiv und deskriptiv, *als auch* experimentell und statistisch *am Material von Tönen und Klängen* beobachten, beschreiben und weiterentwickeln lassen. In diesem Sinne zeichnet er die Tonpsychologie im Vorwort des ersten Bandes als besonders geeignet aus, *sämtlichen* psychologisch relevanten Methoden *als Material* zu dienen (1883, S. VI).

Allerdings trat Stumpf nicht bloß von außen und mit dem Ehrgeiz, die psychologischen Methoden zu verfeinern, an das Problem heran. Der Philosoph war sich darüber im Klaren, dass man in der *Geschichte der Philosophie* bereits vor Jahrhunderten prinzipiell mit dem Problem der seelischen Aktivitäten, Fähigkeiten, ihrer Unterscheidbarkeit und Trennbarkeit befasst war, wie man mit diesem Problem gerungen hatte, welche Schwierigkeiten dabei zu Tage getreten waren, und welche Konsequenzen sich aus eben diesen Fragen für die ganze nachfolgende abendländische Philosophie und Psychologie ergeben hatten. Auf diesen *philosophiehistorischen* Aspekt der Klassifikationsproblematik ist wegen seiner heute anscheinend unterschätzten Bedeutung weiter unten zurückzukommen; es handelt sich nämlich keineswegs um eine randständige Thematik, sondern im Gegenteil erzeugt gerade sie das eigentliche Grundproblem in Bezug auf das Verhältnis von Philosophie (Metaphysik) und empirischer Psychologie, Deskriptiver und experimenteller Psychologie.

Bemerkenswerter Weise zögerte Stumpf, mit den besten Voraussetzungen zur Lösung des Problems ausgestattet, mit seiner Entscheidung in einer *bestimmten* Frage, nämlich wie mit dem ‚Willen' im *Ganzen* der psychischen Funktionen zu verfahren sei. Ist ‚Wille' als eigene Kategorie zu betrachten oder gehört Wille mit Gefühl *in eine Klasse,* wofür sein Lehrer Brentano votiert hatte und woran Stumpf, trotz Änderung in wichtigen Details, auch festhielt. Die philosophische Tradition hatte bezüglich der metaphysischen Valenz dieser Frage kontrovers entschieden; aber das deutsche Wort ‚Wohlwollen' deutet an, dass psychologische Gründe für eine Zusammenfassung von ‚Wille' und ‚Gefühl' in *eine* Klasse plädieren könnten.[29] Stumpf war sich aber auch bewusst, dass dem ‚Willen' gerade innerhalb der deutschen Philosophie und Psychologie, beispielsweise bei Leibniz, Kant, Schopenhauer, Nietzsche und Wundt, eine herausragende, wenngleich nicht eindeutige und übereinstimmende Bedeutung erteilt worden war. Bevor auf die Hintergründe für die besondere Nobilitierung des Willens eingegangen wird, ist im Folgenden auf die Konsequenzen eines ahistorischen Philosophierens in Bezug auf das Verkennen oder Unterschätzen des Spielraums psychologischer Theoriebildung aufmerksam zu machen.[30]

2. 2 „Mereologischer Fehlschluss"

Seit einiger Zeit findet eine lebhafte Debatte zwischen Philosophen und Naturwissenschaftlern statt, (vgl. Janich 2009, Bennett & Hacker 2010, 2012, Falkenburg 2012), die von naturwissenschaftlicher *und* philosophischer Seite vor der behaupteten Reichweite neurologischer Forschungsergebnisse *warnt*; gemeint ist die häufig reduktionistisch verfahrende Behandlung von Themen, die traditionell als philosophische (geisteswissenschaftliche) angesehen wurden. Kritisch hinterfragt wird die neurologisch beanspruchte und behauptete Erklärungskraft in Bezug auf das Körper-Geist-Verhältnis, Kausal- und Reiz-Reaktionsverhältnisse, die neurologische Verortung und Lokalisierung psychischer ‚Vermögen' wie Fühlen, Wollen, Entscheidungs- und Wertprozesse – ehemals zentrale Sujets nicht nur philosophischer sondern auch psychologischer Forschung, der in diesem Kontext aber keine Beachtung geschenkt wird.

---

29 Die Besonderheit der Kategorie des Willens ist sowohl im Kontext der Abgrenzung gegen andere psychische Funktionen als auch in der Frage nach Freiheit/Unfreiheit des Willens zu ventilieren; sie berührt aber auch die metaphysische Frage der „Theodiziee" (Leibniz), d. h. die Frage nach der Erklärbarkeit der Herkunft des Bösen in einer von Gott *geschaffenen* (gewollten) Welt.– Das Problem, wie das Wahre und das Gute, das allmächtige (vorhersehende) Wissen und das *Wohlwollen* respektive *Wertschätzen* im höchsten göttlichen Wesen vereinigt sind und bei der Schaffung der (endlichen) Welt zusammengewirkt haben sollen, beschäftigte schon den jungen Carl Stumpf in seiner Dissertation „Verhältniß des platonischen Gottes zur Idee des Guten"(1868) und ließ ihn, wie seine Briefen an Brentano zeigen, zeitlebens nicht mehr los.

30 Peter Janisch bemerkt in seiner kritischen Auseinandersetzung mit den zu weitgehenden Ansprüchen der Gehirnforschung, dass *philosophiehistorische* Forschung zwar gelegentlich Kritik formuliert hätte, von der aber „keine konkrete Hilfe für ‚die' Hirnforschung'" erfolgte und zu erwarten gewesen sei (2009, S.122). Von *philosophie*geschichtlicher Reflexion *allein* dürfte in der Tat keine diesbezügliche Hilfe kommen.

An vorderster Front steht der Diskurs über den freien Willen. Nach neurologischen Vorstellungen soll sowohl ‚Geist' als auch ‚freier Wille' durch Vorgänge im Gehirn erklärt respektive ‚Geist' oder ‚freier Wille' aus der wissenschaftlichen Nomenklatur gestrichen werden. Nur *ein* Aspekt im vielstimmigen Diskurs soll hier näher beleuchtet werden, weil er das Thema der Tagung berührt: Gegen reduktionistisch verfahrende neurologische Erklärungsansätze wird eingewendet, sie seien aus methodologischen Gründen abzulehnen, weil sie auf einem „mereologischen Fehlschluss" basierten (vgl. Bennett & Hacker 2010, Vorwort; Falkenburg 2012, S. 208; vgl. dagegen Lüdmann in diesem Band).

„Mereologie" als Lehre von den Ganzen und diversen Teil-Verhältnissen wird in diesem Kontext in einem engeren Verständnis verwendet als in der europäischen Philosophie seit Aristoteles bis zu Carl Stumpf Usus war. Während Aristoteles erstmals eine *ganzheitliche* Erkenntnisbasis im Rahmen seiner Seelenlehre und Substanzphilosophie entwickelte – und zwar in Abgrenzung zur Zwei-Welten-Theorie seines Lehrers Platon –, entzog ihr Immanuel Kant den Boden, indem er sich wieder für eine, dem Platonismus verwandte Zwei-Welten-Theorie einsetzte. Die kritische Reaktion auf Kant von philosophischer wie psychologischer Seite und die konstruktiven Erwiderungen auf Kant zugunsten einer *umfassenderen Relationslehre* (vgl. Kaiser-el-Safti 2001) ist den Autoren offenbar nicht bekannt (ich verweise hier bezüglich weiterer Details auf meine historisch-erkenntnistheoretischen Recherchen am Ende des Bandes); sie vertreten eine Auffassung, die im Unterschied zur Bewusstseinseinheit und -ganzheit *allein* eine äußere *Ding-Ontologie* berücksichtigt.

Sie verbinden ihre mereologische Version mit dem naturwissenschaftlich-experimentellen Procedere der Isolierung von Teilen im Sinne von *Stücken*, die, wie groß oder klein diese auch sein mögen, angeblich prinzipiell getrennt und experimentell manipuliert werden können. In Abgrenzung zu diesem Verfahren wollen sie demonstrieren, dass mit geisteswissenschaftlichen oder psychischen ‚Gegenständen' auf diese Weise natürlich nicht verfahren werden könnte. Falkenburg exemplifiziert dies an den Experimenten Benjamin Libets über Freiheit oder Unfreiheit des Willens (2012, S. 181, 183). Libet habe, so argumentiert die Autorin zu Recht, trotz einwandfreier experimenteller Anordnung, die Komplexität der Bewusstseinszustände seiner Probanden, wenn nicht gänzlich übersehen, so doch gehörig unterschätzt. An der Willensentscheidung seien unterschiedliche psychische Fähigkeiten und Aktivitäten beteiligt, die nicht wie naturwissenschaftliche Gegenstände (wie chemische Elemente, Gene, Neuronen, oder Elementarteilchen) experimentell isoliert und als solche im Einzelnen untersucht werden könnten, und also durch das Experiment auch prinzipiell nicht entscheidbar sei, *was* man eigentlich untersucht und gefunden hätte und was nicht.

Falkenburg bemüht noch ein weiteres Argument, das auch Bennett & Hacker gegen die unzulässige Übertragung naturwissenschaftlicher Verfahren auf geisteswissenschaftliche Erklärungsansätze ins Feld führen: die Verwendung des Kausalbegriffs auf menschliche Verhaltensweisen, die fälschlicherweise an Gehirnprozessen festgemacht würden. Statt kausal das Gehirn als *Teil* des Menschen zur Erklärung seiner Verhaltensweisen heranzuziehen, müsste nach *Gründen* geforscht werden, welche *die ganze Person* in den Blick nähmen. Falkenburg bleibt bei dieser Argumentation, die auch Hacker & Bennett verwenden, nicht stehen, sondern sucht mit einer generellen Kritik am Kausalitätsbegriff nachzuweisen, dass er weder von Philosophen noch von Physikern jemals erschöpfend analysiert worden sei. Infolgedessen hätte man sich, weil der begriffliche Horizont nicht hinreichend ausgeleuchtet wurde, prinzipiell in Bezug auf die Frage nach Freiheit oder Unfreiheit des Willens mit kausalen Erklärungen zurückzuhalten. Falkenburg empfiehlt, sich stattdessen mit einer auf Immanuel Kant rekurrierenden Interpretation des *Kausalbegriffs als bloße regulative Idee* zufrieden zu geben – mit Konsequenzen für die Psychologie, die von der Autorin aber nicht in den Blick genommen oder nicht für relevant erachtet werden.

Der Verweis auf Kant dient der Autorin zur Rettung der Freiheit des Willens und soll wohl nahelegen, dass wir außer der experimentellen Physik und der Freiheitsphilosophie Kants keiner weiteren wissenschaftlichen Aktivitäten mehr bedürfen, um uns dem Verstehen des Menscheins und menschlichen Handelns im einzelnen zu nähern. Kant selbst begriff ‚Kausalität' allerdings nicht, wie die Autorin behauptet, als „regulativen Grundsatz" (Falkenburg 2012, S. 27), sondern als konstitutiven Begriff und Kategorie („Denkform a priori") seiner „transzendentalen Deduktion", das heißt, als *notwendige* Grundlage der *phänomenal verstandenen* Naturwissenschaft, die sich im Übrigen kaum mit einer modernen Auffassung von Wirklichkeitswissenschaft vertragen dürfte.[31] Das zweifellos verdienstvolle Werk der Autorin, „Mythos Determinismus", ignoriert, dass Kant Kausalität *a priori* auf die Erscheinungswelt *begrenzte*, während im „Ding an sich", jenem *mystischen* Kern in der Tiefe der menschlichen Person, eine raum-, zeit und kausalitätsfreie intelligible Zone zu reservieren sei. Diese soll dem Menschen *absolute* Freiheit verbürgen, *ohne vorauszusetzende Ursachen und Gründe* Handlungen jederzeit von selbst und aus dem Nichts anfangen zu können. Kants Freiheitsbegriff verpflichtet auf moralisches Handeln (den

31 Falkenburg teilt offenbar Karl Poppers „unorthodoxe" Inanspruchnahme der Kantischen Philosophie, wobei Popper aber noch zu erkennen gibt, dass er Kants „transzendentale Deduktion" für ein „Mißverständnis seiner eigenen [Kants] Entdeckung" hielt; Poppers „hypothetischer Deduktionismus" und seine Philosophie des „Als Ob" weichen weit von Kants originären wissenschaftstheoretischen Prämissen ab (vgl. dazu Popper 1979, S, 77 f.).

‚kategorischen Imperativ'), hält dafür die Hoffnung auf eine zweite jenseitige, moralisch bessere Welt offen. Kant hat wiederholt betont, dass seine metaphysische Morallehre sich der Wissenschaft entziehe und aus diesem Grund auch den Gedanken an eine wissenschaftliche Psychologie, *weil diese als Wissenschaft ja den Kausalbegriff verwendet,* strikte in Abrede gestellt. Diesem Urteil scheint die Physikerin und Philosophin sich anzuschließen. Es trifft auch nicht zu, dass der in der Tat vieldeutige Kausalitätsbegriff nie eine hinreichend logisch-begriffliche Analyse erfahren hätte; Stumpfs „Erkenntnislehre" handelt kapitelweise über den Kausalbegriff, auch über das Verhältnis von Kausalität und Freiheit (vgl. Stumpf 1939/40/2011, S. 41-57; S. 714-855).

Falkenburgs warnender Hinweis bezüglich der Komplexität der Bewusstseinszustände von Probanden bei experimentellen Untersuchungen ist zweifellos richtig und wichtig, aber die *erkenntnistheoretisch* an die erste Stelle zu setzende Analyse des Bewusstseins impliziert zunächst weder eine Frage nach Gründen noch nach Kausalität, sondern ist logische *Voraussetzung* derartiger Fragen. Stumpf hat verschiedentlich auf den methodologisch relevanten Unterschied kausaler und strukturell *erweiterter relationaler* Analysen hingewiesen (vgl. Stumpf 1907 b), auch den Begriff „Determinismus" als *logischen* Begriff – in Anlehnung an Leibniz – gegen den Kausalbegriff abgegrenzt, während Falkenburg „Determination" und „Kausalität" wie synonyme Ausdrücke behandelt.[32] Die Argumentation mit „mereologischer Fehlschluss" ist nicht geeignet, die Konsequenzen unangemessener reduktionistischer Verfahren in der Neurologie, die es ja zweifellos gibt, zu entlarven, während er, offenbar zugunsten eines ethisch-moralischen Diskurses in Anspruch genommen wird, was der psychologischen Forschung die Basis entzieht. Der Physiker und Neuroakustiker Gerald Langner hat m.E. mit einem wichtigen Hinweis in Bezug auf die Verteidigung angeblich *absoluter* Freiheit gegeben, indem er in die Waagschale wirft, dass sich die Freiheitsfrage nach *naturwissenschaftlichen* Prämissen „aufgrund der Chaostheorie und der Unbestimmtheit der Quantenmechanik [...] grundsätzlich weder verifizieren noch falsifizieren" lässt und *in diesem Lichte* für eine *bedingte* Freiheit votiert, deren Begründungsprocedere er offen lässt (2012, S. 93).

32 Vgl. Stumpf 2011, S. 853 zu „Kausalität" und „Determination": „Sind die Willensakte und Willenshandlungen durch bestimmte, ihnen unmittelbar vorausgehende Zustände des Individuums determiniert, so folgen sie auch mit kausaler Notwendigkeit. Beides ist begrifflich nicht dasselbe. Determiniert ist auch das Frühere durch das Spätere, verursacht nur dieses durch jenes; Determination ist ein logischer, Verursachung ein realer Sachverhalt." Stumpf unterscheidet wie Leibniz, ‚Determination' von ‚Notwendigkeit' und ‚Zwang': Leibniz habe, so Stumpf, „die Notwenigkeit der Willensakte und-handlungen als eine s e h e n d e Notwendigkeit von der blinden oder dem Zwang" unterschieden (vgl. auch meinen Text am Ende des Bandes 3. 2.).

3.1

Was die Analyse des Terminus ‚Wille' anbelangt, scheint keiner der heutigen Autoren, die für oder gegen *Willensfreiheit* stimmen, sich daran zu erinnern, dass der *Begriff* schon vor mehr als 300 Jahren von dem britischen Philosophen John Locke hinsichtlich seiner fragwürdigen Semantik als psychische Entität oder seelisches Vermögen entlarvt wurde – *mit erheblichen Konsequenzen für das Verhältnis von Metaphysik und Psychologie,* die hier vorzüglich interessieren. In Bezug auf den jungen Stumpf scheint die im Folgenden zu schildernde Auseinandersetzung zu der entscheidenden Distanz zu seinem verehrten Lehrer Brentano und zur empirischen Fundierung seines eigenen phänomenologisch-funktionspsychologischen Ansatzes inspiriert zu haben.

In seinem epochalen Werk „Versuch über den menschlichen Verstand" (1690 erschienen), das erstmals für eine *metaphysikfreie* Analyse der menschlichen Erkenntnis *auf psychologischer Basis* eintrat, machte der britische Erfahrungsphilosoph John Locke (1632-1704) deutlich, dass man schlechterdings Unsinn rede, wenn man, nach rein logisch-syntaktischen Kriterien, Formulierungen wie „Freiheit des Willens" verwende. Ein Hauptargument Lockes galt einem falschen Verständnis von Psychologie und der Kampfansage an die Vermögenspsychologie (die später noch schärfer von Johann Friedrich Herbart fortgesetzt wurde), nämlich für *Dinge* zu halten, was als *Relationen* der Abstraktion und Analyse des Psychischen bessere Dienste leistet.

Locke war der erste Philosoph, der in Fragen der Erkenntnis die Bedeutung der Reflexion, der psychologischen Selbstbeobachtung, hervorhob und sie in schwierigen Fragen sogar der von ihm meisterlich beherrschten Sprachkritik vorzog. Im zweiten Band seines Hauptwerkes befasst Locke sich mit den „Modi" des Denkens, Fühlens und Wollens; während die Modi „Freude und Schmerz" nur kurz gestreift werden, widmet Locke der Abhandlung des Willens im 21. Kapitel des ersten Buches unter der Fragestellung ‚Freiheit/Unfreiheit des Willens' ein Vielfaches an analysierendem Aufwand und betont die außerordentliche Komplexität des aufzuklärenden Sachverhalts. Locke trat mit dieser seiner Stellungnahme eine Lawine los, die in der deutschen Philosophie und Psychologie weitreichende Konsequenzen nach sich zog. Ich verkürze meine Ausführungen auf das für diesen Kontext Wesentliche.

Anstelle zahlreicher Seelenvermögen oder -kräfte plädiert Locke grundsätzlich für eine *ganzheitliche* Betrachtung und *eine* seelische Kraft, in geistigen Dingen etwas in Bewegung zu setzen – *das Denken.* Andere sogenannte seelische Vermögen sind nur Derivate dieser einen Kraft. Oder anders gesagt: Der Geist wirkt *als Ganzes* und entfaltet Kräfte oder Bewegungen, die lediglich *Relationen* in Bezug auf das Ganze sind, aber keine Entitäten (‚Vermögen') darstellen. Locke sperrte sich aber nicht dagegen, dass man weiterhin *umgangssprachlich* Worte verwendet wie Wollen, Urteilen, Wählen, Bevorzugen, Begehren, wenn man sich der Gefahr der Verdinglichung bewusst ist. Eine derartige entsteht aber, wenn man den Willen zu einer *besonderen* Kraft neben anderen oder gar als Kraft *an* anderen Kräften wie Handlungsweisen, verdinglicht.[33]

Die Frage nach der Freiheit des Willens sei falsch gestellt und ebenso sinnlos wie Fragen, ob der Schlaf geschwind oder die Tugend viereckig sei. Man müsste einsehen, „daß die Freiheit, die nur eine Kraft ist, die lediglich handelnden Wesen zukommt und nicht ein Attribut des Willens sein kann, der gleichfalls nur eine Kraft ist" (287). Eine Kraft besitze nicht eine andere Kraft, eine Fähigkeit nicht eine andere Fähigkeit. Kräfte kämen nur handelnden Wesen zu, seien ausschließlich Attribute von Substanzen, nicht von anderen Kräften. Wille sei die Kraft, über seine Handlungen *nachzudenken, sie zu erwägen und abzuwägen* und zuletzt eine Ausführung *oder* eine Unterlassung des Überlegten *vorzuziehen.* Freiheit sei dagegen die Macht oder die Kraft, eine bestimmte Handlung *zu tun oder zu unterlassen.*

Der Mensch hat also nicht die Freiheit, etwas, das in seiner Macht steht, *worauf er erst einmal sein Denken gerichtet und gewählt hat,* zu wollen oder nicht zu wollen, denn „die Freiheit besteht in der Kraft zu handeln, und zwar nur darin" (294). Der Wille ist also nicht frei, sondern determiniert durch das vorausgegangene Denken und die getroffene Wahl; die Handlung ist frei, insofern sie ausgeführt oder unterlassen werden kann. In diesem Sinne deklariert Locke sich als Determinist in Bezug auf den Willen, aber nicht in Bezug auf die Freiheit, wie nach ihm auf gleicher argumentativer Basis Johann Friedrich Herbart und Carl Stumpf.

Der folgende Punkt war – jedenfalls was *die deutsche philosophische Reaktion* anbelangt – vermutlich der brisanteste. Wenn Locke wiederum nach dem Grund oder dem *Verhältnis* fragt, welches Denken, Vorziehen und Handeln *in Bewegung setzt,* dann bestreitet er gegen die christliche und die idealistisch-philosophische Tradition, dass *ursprünglich* ein Streben nach höheren Zielen, gar nach einem höchsten Gut, Gott oder der ewigen Seligkeit, als eigentliches Handlungsmotiv in Frage käme. Der Beweggrund, überhaupt etwas *verändern* zu wollen, ist in unvoreingenommener *psychologischer* Perspektive offenbar trivialer, nämlich stets ein momentanes emotionales *Unbehagen*, ein Mangelerlebnis, eine Störung, eine Beunruhigung des Körpers oder des Geistes, durch ein *abwesendes* Gut und also ein *Begehren*, dem aktuellen Unbehagen Befriedigung

---

33 Mit „Kraft" meint Locke ausdrücklich nicht eine der physischen Kraft analoge, sondern das Denken als die ‚Kraft', Psychisches in Bewegung zu bringen und in qualitativ Relevantem Veränderungen herbeizuführen.

zu verschaffen, um das seelische *Gleichgewicht* für eine gewisse Zeit wieder zu erlangen. Locke bestreitet nicht, dass im Laufe des Lebens auch höhere Handlungsziele und Motive in Frage kommen könnten und sollten; aber normalerweise würden die Forderungen des Alltags überwiegen, und wer sich von diesen zu distanzieren dächte, benötigte sowohl viel Zeit als auch die *Fähigkeit der Betrachtung,* das heißt sein derzeitiges Begehren aufzuschieben und sich höhere Ziele vor Augen zu führen, sich *vorzustellen.*

Locke setzte mit seiner Auffassung von menschlicher Grundbegehrlichkeit ein Fanal, dem ein bedeutendes Echo in der europäischen Philosophie und Psychologie beschieden war, und das bis in die heutige Zeit fort- und nachwirkt, wiederholt neue interpretatorische Varianten entzündete, wie über das Zusammenwirken von Unruhezuständen, Unbehagen, Begehren, Triebhaftigkeit und Urteilstätigkeit zu denken sei, und wie zuletzt eine nicht nur *zufällige* und nur momentan vorhaltende *lustvolle* Befriedigung anstelle des in weite Ferne gerückten *höchsten Guts* zu erreichen sei. In dieser Version Lockes stellt sich die Klassifikationsfrage als die Entscheidung darüber dar, was Menschsein *an sich, ursprünglich,* seinem Wesen, seiner Grundnatur und seiner Entwicklungsmöglichkeit nach *überhaupt* begründet.

3.2

Der deutsche Philosoph Gottfried Wilhelm Leibniz (1646-1716) erkannte wohl als erster die Sprengkraft von Lockes psychologischer Interpretation menschlich-psychischer Grundbefindlichkeit und Grundbedürftigkeit. Das in der europäischen Philosophie einmalige Ereignis, dass ein Philosoph einem anderen Philosophen mit einer neuen Stellungnahme zum selben Thema, Kapitel für Kapitel, Argument für Argument, sowohl zustimmend als kritisierend und korrigierend, folgt, könnte hauptsächlich durch den Inhalt von Lockes Willenskapitel ausgelöst worden sein.

Leibniz‘ „Neue Abhandlungen über den menschlichen Verstand“ (1704/ 1985) rühmt Lockes „Abhandlung“ als „eines der schönsten und geschätztesten Werke unserer Zeit“ (1985, Vorwort S. VII), um dann in Dialogform mittels zweier fingierter Kontrahenten mit bezeichnender Namensgebung („Philalethes“ als Vertreter von Lockes Gedanken, „Theophilus“ als Vertreter von Leibniz‘ Ideen) zu sämtlichen Kapiteln Lockes Stellung zu beziehen. Leibniz räumt ein, dass das Kapitel, in dem Locke das *Unbehagen* oder die *innere Unruhe,* wie Leibniz sich lieber ausdrücken möchte, behandelt, die „wichtigsten und schwierigsten“ Probleme des ganzen Buches enthielte, an deren differenzierter Behandlung der Autor „seinen durchdringenden und tiefschürfenden Geist bewiesen“

habe (229). Leibniz geht in diesem Kontext auch auf die für die *psychologische* Behandlung wesentlichsten Fragen ein, nämlich ob es denn „eine wirkliche Unterscheidung zwischen der Seele und ihren Vermögen gebe, und ob ein Vermögen von dem anderen wirklich unterschieden sei", ja ob es denn letztlich „wirklich nötig ist, diese Frage hier zu entscheiden und in dieses Dornengestrüpp einzudringen". Für ein Dornengestrüpp könnte man es schon halten, meint Leibniz, weil von manchen angenommen würde, „man könnte die Freiheit des Menschen nicht aufrecht erhalten, wenn die Seelenvermögen wirkliche Seiende wären" (253), was wohl heißen soll: Wenn sie als Entitäten miteinander und gegeneinander in Streit geraten und freiheitliche Entscheidungen schon *von innen heraus* und noch jenseits von Nötigung oder äußerem Zwang verunmöglichen würden.

Um Letzteres zu vermeiden, kommt Leibniz den angedeuteten Konsequenzen zuvor: Mit äußerstem Scharfsinn behandelt er Lockes Erörterungen über den *Begriff* der Freiheit, und drängt auf „Genauigkeit des Ausdrucks", während der „Sprachgebrauch weit davon entfernt" sei. (259) In diesem Lichte empfiehlt er u.a. ‚Notwendigkeit', ‚Zwang' und ‚Kontingenz' nicht mit ‚*Determination*' (Bestimmtheit) zu verwechseln, „denn es gibt nicht weniger Zusammenhang oder Bestimmung unter den Gedanken als unter den Bewegungen (da Bestimmtheit etwas ganz anderes ist als mit Zwang genötigt oder gestoßen zu werden)" (S. 263). Das bedeutete, dass der *Rationalist* Leibniz, wenn er nicht behaupteten will, dass ein Denken ohne Zusammenhang überhaupt noch als ‚Denken' zu bezeichnen wäre, einem *Determinismus* das Wort reden *muss;* Leibniz will ‚Determinismus' aber entschieden von ‚Notwenigkeit', ‚Zwang' und ‚Kontingenz' unterschieden haben und *getrennt* auffassen.

Unter *psychologischer* Fragestellung und in Bezug auf das spätere Schicksal der wissenschaftlichen Psychologie ist vielleicht mehr noch von Bedeutung, wie Leibniz das von Locke gewertete „Unbehagen" als emotionale Grundbefindlichkeit in „Unruhe" umformuliert und *uminterpretiert.* Um Leibniz' Gründe nachvollziehen zu können, muss freilich die der Erfahrungsphilosophie Lockes diametral entgegengesetzte Leibnizsche *Metaphysik* (dicht zusammengefasst in den beiden Schriften von 1714/1982), wenngleich hier nur kursorisch aufgelistet, angesprochen werden. Mit Leibniz' Grundannahmen – wie die Lehre des „Satzes vom Grund", die „Kontinuumslehre" (‚die Natur macht keine Sprünge'), die fluide (stetige, nicht atomisierte) Materie, die Verteidigung des Unendlichen als das Absolute, die „prästabilierten Harmonie" und die optimistische Auffassung der „besten, weil von Gott geschaffenen aller möglichen Welten", die Körper-Seele-Parallelität, die Unsterblichkeit der Seele – wird wieder der unendliche Schöpfergott zum höchsten Gut, *zur letzten Instanz für den menschlichen Ver-*

stand, für menschliches Erkennen, Denken und menschliches Handeln, a priori inthronisiert.

Als eine für die Zukunft der Psychologie sehr einflussreiche *psychologische* Basis verteidigt Leibniz erstmals in der Geschichte der Metaphysik energisch das *Unbewusste* im Sinne einer unbewussten Wahrnehmung kleinster mentaler Partikelchen, unendlich kleiner psychischer Seelenteile (Monaden) und verwendet sie als Brückenschlag oder gar als Lösung zu allem, was in der Philosophie an Antinomien erzeugendem Gegensätzlichen, Disparaten – wie Himmel und Erde, Unendlichkeit und Endlichkeit, Gott und Mensch, Seele und Körper – aufgetaucht ist, während Locke sich *gegen* ein unbewusstes Seelisches ausgesprochen hatte, weil es der Erfahrung nicht zugänglich ist. Leibniz gibt im Vorwort seiner „Neuen Abhandlungen" zu verstehen, dass die Lehre von den „petites perceptions" in der Tat als der *Schlüssel* zu seiner Metaphysik *und* Psychologie zu begreifen sei. Die unendlich kleinen, also *unbewussten* Perzeptionen sollen für die Geisteslehre von ebenso großem Nutzen sein wie die Korpuskeln in der Physik (S. XXVII). Als unbewusste versieht Leibniz sie mit folgender Bedeutung: „Sie bilden das ‚Ich-weiß-nicht was', diesen Geschmack nach etwas, diese Vorstellungsbilder von sinnlichen Qualitäten, welche alle in ihrem Zusammensein klar, jedoch in ihren einzelnen Teilen verworren sind" (1985 XXV).[34] Sie sind nach Leibniz auch die *positive* Ursache des von Locke zu Unrecht als *Unbehagen* bezeichneten Zustandes; sie sind vielmehr als *Unruhe* aufzufassende psychischer Zustände, „die, wie ich zeige, in einem Phänomen besteht, dass sich vom Schmerz nur wie das Kleine vom Großen [also nur quantitativ?] unterscheidet, und die doch oft unser Verlangen, ja unsere Lust ausmacht, indem sie dieser gleichsam das Salz und die Würze gibt" (XXVII).

Die psychologischen Konsequenzen dieser Gefühlstheorie, die nur *dem Grad nach,* aber *nicht prinzipiell* zwischen Schmerz und Lust, *negativen und positiven* Gefühlen differenzieren will oder kann, weil sie den Unterschied in der inneren Bewegtheit *rein quantitativ* zu fassen sucht und zu einem psychologi-

34 Mit der Theorie der „unbewussten Perzeptionen" steht die für die spätere Wahrnehmungs- und Erkenntnispsychologie wichtige Theorie der von Locke vertretenen primären und sekundären Qualitäten in Verbindung, gegen die Leibniz opponierte. Lockes Postulat, dass nur auf die primären Qualitäten (Ausdehnung, Gestalt, Festigkeit, Bewegung, Zahl) das *Unendliche* anwendbar wäre und sie deshalb einen höheren Rang beanspruchen könnten als die sekundären Qualitäten (Ton, Farbe, Geruch etc., die später sogenannten ‚Qualia'), auf die das *nicht* zutreffe, ist unter anderem zu entgegnen, dass, wie Herbart und Stumpf wiederholt geltend gemacht haben, die Reihe der Töne als ebenso *unendlich* anzunehmen (wenngleich nicht wahrzunehmen) ist wie die unendliche Reihe der Zahlen, die ja auch nur *anzunehmen,* aber nicht *wahrzunehmen* ist (vgl. dazu Kaiser-el-Safti 2001, S. 51 f.).

schen *Gleichgewichtsmodell* inspiriert, muss an anderer Stelle detailliert aufgerollt werden; offenbar wurde zu Gunsten metaphysischer Erklärung eine psychologische Grundsatzerklärung angeboten, die auf ein Gleichgewicht (eine, wie G. Th. Fechner vertrat, „Tendenz zur Stabilität“) rekurrierte, das aber gerade nicht geeignet ist, das Erleben *genuin positiver* Gefühlszustände zu erhellen.[35]

Jedoch erschien nun im Lichte der Uminterpretation das von Locke postulierte *Unbehagen* in der Tat kein Mangelerlebnis mehr zu sein, sondern konnte als beständiger *Antrieb* und offenbar als positives *Begehren*, zuletzt dann als unentwegtes *Streben* nach Klarheit, nach Schönheit, nach Vollkommenheit *umgedeutet werden*. Diese *metaphysische* Fassung des Emotionsproblems wirkte sich dann günstiger auf das Freiheitsproblem aus. Aus der Sicht der Leibnizschen Metaphysik muss Freiheit in einem *absoluten* Sinn, das heißt im Sinne der Kontingenz, der Willkür und des grundlosen Beginnens einer Handlung, zwar abgelehnt werden; eine *metaphysische* Beunruhigung ist damit jedoch mit Blick auf das höchste Wesen nicht zu verbinden, denn nach dem ‚Satz vom Grund‘ ist jegliches endliche Geschehen in Gottes unendlicher Allmacht gegründet und befriedet und infolge seiner Urheberschaft auch als schön, gut und wahr zu begreifen. Der menschliche Verstand *würde* das auch jeder Zeit erkennen können, wenn er seine unbewussten Perzeptionen zu voller Klarheit steigern würde.

Ich habe an anderer Stelle Kants Auseinandersetzung mit Leibniz‘ Metaphysik, Monadologie und Psychologie eingehend dargestellt, besonders Kants strikte Ablehnung im vorkritischen Werk, als er noch gegen den Leibnizschen Panpsychismus, gegen Teleologie und gegen die Lehre von der „prästabilierten Harmonie“ eiferte, stattdessen mit einer materialistischen Metaphysik sympathisierte (vgl. Kaiser-el-Safti 2001, S. 230-244). Dass und warum Kant sich weder mit Leibniz‘ noch mit Lockes Psychologie befreunden konnte, muss hier also nicht nochmals detailliert aufgerollt werden; hervorzuheben ist lediglich, dass der Transzendentalphilosoph jegliche Determination in moralischen Entscheidungen *durch innere psychische Zustände* wie Vorstellungen, Unbehagen, Lust-

35 Robert Jourdain (1997, S. 384 f.) macht in seiner lesenswerten musikpsychologischen Arbeit zur Frage der Gefühle in der Musik darauf aufmerksam, dass weder das psychologische Gleichgewichtsmodell, das *positive* Gefühle im Grunde nur *negativ* als *Aufhebung* von Unlustzuständen im Sinne von Ungleichgewichtszuständen erklärt, und das neurologische Modell der Ausschüttung von Endorphinen „gänzlich ungeeignet“ wären, die durch Musik erregten Gefühle zu erklären. Für die psychologische Fragestellung nach der Erklärung positiver Gefühle wie beispielsweise „Freude“ , die von dem bloß Angenehmen, Lustvollen oder Euphorischen noch zu unterscheiden ist, gäb es keine körperlichen Korrelate. – Diese Erkenntnis ist freilich viel älteren Datums und wurde zuerst akribisch von Hermann Lotze in seinem Gefühlskapitel, auch hier schon in Zusammenhang mit dem Erleben von Musik, behandelt (1852, S. 233 f.).

Unlust- oder andere *innere Gemütsbewegungen* als ebenso verwerflich für eine moralisch zu rechtfertigende Freiheitslehre von sich wies, wie äußerer, Freiheit verhindernder Zwang. Kants Urteil über die sogenannte psychologische oder „spirituale Freiheit" Leibniz', ist vernichtend; sie betrifft sowohl Leibniz' als Lockes Psychologie; sie würde nach Kants Worten nämlich „im Grunde nichts besser, als die Freiheit eines Bratenwenders sein, der auch, wenn er einmal aufgezogen worden, von selbst seine Bewegungen verrichtet" (Kant 1788/1968, Bd. 6, S. 222). Diese Einschätzung bringt das entscheidende Motiv für Kants antipsychologische Einstellung auf den Punkt. Anstelle dieser, durch innere *psychische* Zustände angeblich gehemmten und ‚bedingten' Freiheit verteidigte Kant einen *absolut freien Willen* und zwar einen von *aller,* auch psychischen Ursächlichkeit entbundenen *Willen an sich.*

Es war Kant, der mit seiner, auch politisch nachhaltigen Resonanz im deutschsprachigen Raum den Willen wieder zum „Ding an sich" hypostasierte; ihm folgten in der zweiten Hälfte des 19. Jahrhunderts, wenngleich mit ganz anderen als ethischen Implikationen und Intentionen, Arthur Schopenhauers Willensphilosophie und Friedrich Nietzsche als Befürworter eines ursprünglichen „Willens zur Macht". Für Wilhelm Wundts Befürwortung des *Voluntarismus* als Grundlage seiner Psychologie muss wohl, wie immer, ein Amalgam unterschiedlicher Einflüsse angenommen werden (vgl. Arnold 1980, S. 93 ff.). Was Kant davor bewahrte, mit der deutschen Willenstradition identifiziert zu werden, war, dass er in seinem letzten Werk auch noch für einen, „angeborenen" radikal *bösen* Wille *in* der menschlichen Seele glaubte eintreten zu müssen (vgl. Kant 1793/1968, Bd. 7, S. 680 f.).

3.3

Nicht dagegen ist im Zuge der – durch die Philosophie des Deutschen Idealismus inspirierten – deutschen Wegfindung zu einer empirischen Psychologie Johann Friedrich Herbart zu verorten (1776-1841). Als Anwalt einer *realistischen* Philosophie und auf dieser Basis erster Initiator einer *wissenschaftlichen* Psychologe kritisierte Herbart zu Beginn des 19. Jahrhunderts die Kantische Freiheitslehre im Sinne absoluter Freiheit, weil sie weder in der empirischen Welt Fuß fassen und also auch nicht als Grundlage einer wissenschaftlich fundierten Erziehungslehre dienen könnte, noch eine ethisch überzeugende Definition anstelle des durch Locke angeblich trivialisierten höchsten Guts geliefert hätte. Als nach Herbarts Tod in der zweiten Hälfte des 19. Jahrhunderts in Deutschland der Ruf erschollen war, „es muss auf Kant zurückgegangen werden" (vgl. Liebmann 1865), wurde Herbarts Lehre wegen der kantkritischen Psychologie von Seiten des Neukantianismus mit einer an Beschimpfung streifenden Polemik bestraft, die in Deutschland *zu dieser Zeit* und in Gegensatz zur weltweiten Würdigung der Lehre Lockes (vgl. Specht 1998, S.185 f.) in gleichem Maße nur noch das philosophische Werk John Lockes zu erregen vermochte. Dass in diesem Kontext auch deutschnationale Zwischen- und Untertöne zu vernehmen waren, sollte nicht verschwiegen werden, da sie offenbar Einfluss auf das Klassifikationsproblem nahmen. Die deutsche Philosophie und Psychologie tat sich vor und nach dem Ersten Weltkrieg – mit Ausnahme der Brentanoschule – mit einer Verurteilung der englischen Philosophie hervor, die an Verachtung grenzte und glaubte Leibniz sowohl als geistigen Vater des Deutschen Idealismus als auch der deutschen Psychologie in Anspruch nehmen zu können.][36]

Herbart bekannte sich, *sowohl* durch John Locke *als auch* durch Leibniz angeregt, zu einer deterministischen (begrenzten) Freiheitsauffassung, weil nur sie im Rahmen einer wissenschaftlichen Psychologie und Pädagogik der Aufgabe, junge Menschen zu Selbstbeherrschung, Selbstverantwortung, Selbsterziehung, Urteils-und Wahlfähigkeit *anzuleiten,* Grund und Halt verleihen könnte. Als oberstes (ethisches) Erziehungsziel galt Herbart die *Urteilsbildung*, und diese kann im Kind und jungen Menschen weder ganz von selbst entstehen, dem Zufall überlassen oder aufoktroyiert, noch kann zu ihr moralisch verpflichtet werden. Herbart hat diesen, die Bedeutung der *Urteils- und Wertbildung* betonenden Standpunkt in zahlreichen philosophischen, psychologischen und pädagogischen Schriften vertreten. Die in Briefform abgefasste späte Schrift „Zur Lehre von der Freyheit des menschlichen Willens" (1836 in SW Bd. 10) und das bewunderungswürdige Buch „Gespräche über das Böse" (1817, SW Bd. 3) zeugen von einer Menschlichkeit, die durchaus ‚anfällig' ist für große und ideale Ziele, in der psychologischen Behandlung jedoch jegliches moralisch gedeutete *Über-*

---

36 Natorp geht grundsätzlich davon aus, dass „überhaupt die Psychologie nicht die primären Grundlagen der Pädagogik zu liefern vermag", diese vielmehr sich in erster Linie auf die Philosophie des Willens Kantischer Prägung zu stützen hätte (1899, S. 11 ff.;). Für die Invektive gegen Locke respektive die englische Philosophie vgl. man die ‚Kritik' zweier Vertreter deutscher Willensphilosophie: Friedrich Nietzsche und Wilhelm Wundt.
Nietzsche in „Jenseits von Gut und Böse" über „die Engländer" :„Hume und Locke eine Erniedrigung und Werth-Minderung des Begriffs ‚Philosophie' für mehr als ein Jahrhundert. Gegen Hume erhob und hob sich Kant; Locke war es, von dem Schelling sagen durfte: ‚je méprise Locke'; […]" (KS, Bd. 5, S. 195).
Wundt macht in den letzten Kapiteln seiner 1920 erschienenen Autobiographie angesichts des verlorenen Ersten Weltkrieges Front gegen die Verballhornung der seiner Meinung nach weltweit führenden Philosophie des Deutschen Idealismus und der Kantischen Metaphysik der Ethik. Mit einem Seitenhieb gegen den „minderwertigen egoistischen" britischen Utilitarismus brandmarkt er einen Enkelschüler Brentanos – Oskar Krauss – ‚der sich erdreistet hätte, die „Superiorität" der britischen Ethik gegen Kant ins Feld zu führen (1920, S. 340).

menschliche, im Guten wie im Bösen, beiseitelassen will. Sowohl absolute Freiheit wie ein ‚angeborenes' absolutes Böses werden strikte abgelehnt. Das Böse ist als etwas psychologisch Erklärbares zu behandeln, allerdings müsste die Psychologie dann als eine höhere Art von Wissenschaft angesehen werden „als wofür wir in der Kantischen Schule sie gelten zu lassen gewohnt sind" (Herbert, 4. Band, S. 508).[37]

Psychologisch folgenreich befürwortete Herbart auch Lockes Verwerfung der Seelenvermögen, ohne diesen seinen Standpunkt jedoch in seinem Werk auch konsequent durchzuhalten.[38] Herbart trat wie Locke für *eine* seelische Kraft ein, die er nicht Denken, sondern *Vorstellungskraft* nannte, von der sollten alle seelischen Erscheinungen abgeleitet werden. Herbart akzeptiert den ursprünglichen Zustand des Begehrens, aber weder als Mangelzustand noch als ein unbewusstes Streben nach dem höchsten Gut, sondern als die natürliche Folge unterschiedlicher Vorstellungsmassen in jedem Individuum, das bemüht ist, Störungen und Spannungen, durch disparate Vorstellungen von Außen (der Dynamik der Gesellschaft) und von Innen (der Seelendynamik) erregt, auf der Basis von Urteilsprozessen das seelische Gleichgewicht wieder herzustellen. Der Begriff ‚Spannung' ist von wesentlicher Bedeutung in Herbarts dynamischem Vorstellungsmodell und für weitere in der Geschichte der Psychologie nachfolgende Gleichgewichtsmodelle (vgl. dazu Kaiser-el-Safti 1995). Nicht ein ominöses Willensvermögen, sondern die sich allmählich entwickelnden, durch Erziehung und Selbsterziehung zu fördernde *Wahlfähigkeit* und *Urteilstätigkeit* bahnen den Weg zum einem das Selbst und die Gesellschaft förderndes Erleben, Wirken und Handeln *in der Welt*.

Herbart profilierte sich besonders im zweiten Teil seines Hauptwerkes (vgl. SW, Bd. 6, § 106-108) als Psychologe durch eine scharfsinnige Analyse der zahlreichen emotionalen Implikate des sogenannten Willens,– beginnend bei der Analyse des Begehrens und seiner Unterscheidung von den Lust-

37 Vgl. Herbart: „Gespräche über das Böse" (1817) Es gibt kein angeborenes oder metaphysisches (teuflisches) Böses; das Böse kann nur in den Seelen der Menschen *entstehen*. „In diesen muß erst aus Vorstellungen sich Begierde erzeugen, und die Begierde muß in irgendwelche Missverhältnisse geraten, wenn ein böser Keim entstehen soll." (SW Bd.3, S. 501) Der Keim *entsteht* also erst, und zwar *aus* Begierden, die ihn selbst aber *nicht* eigentlich enthalten, sondern erst in Missverhältnisse oder Streit *geraten* müssen.

38 In seinem „Lehrbuch zur Psychologie", 1816 einige Jahre vor dem Hauptwerk erschienen (wieder herausgegeben und mit einer Einleitung versehen 2003 von Kaiser-el-Safti), verwendet Herbart durchaus noch die alten Begriffe „Gefühlsvermögen", „Begehrungsvermögen", weil das Buch auf ein größeres Publikum zielte, von dem Herbart nicht erwarten konnte, dass es sich mit dem Modell einer Statik und Dynamik der Vorstellungen und einer rechnenden Psychologie vertraut machen würde.

Unlusterlebnissen, charakterisierte und sonderte Herbart diese wiederum von den Gefühlen des Unangenehmen und Angenehmen, um zuletzt bei den *ästhetischen* Werterlebnissen anzulangen, die sich aus einem unmittelbaren Zustimmen oder Missbilligen bei der Betrachtung ästhetischer Verhältnisse im Kunstwerk bis zu einem *vollendeten Vorstellen* dieser Verhältnisse zu steigern vermögen. Das Ideale ist also nicht in einer anderen Welt, einer Überwelt (Metaphysik), sondern in der kreativen menschlichen Vorstellungskraft und Urteilsfähigkeit zu suchen respektive in Hinterlassenschaften der menschlichen Kultur, die zu Vorstellungs- und Urteilsbildung Anlass geben.

Herbart wurde zu Unrecht in der Sekundärliteratur als bloßer „Formalist" oder auch – wegen der Inanspruchnahme des dynamischen psychologischen Gleichgewichtsmodells – als „elementaristischer", „assoziationistischer", oder „mechanistischer" Psychologe diskreditiert;[39] dennoch wirkten Herbarts profunde psychologische Analysen innerhalb der deutschen Psychologie unterschwellig weiter und selbst sein ärgster Feind (Paul Natorp) hob Herbarts außergewöhnliche Befähigung zu psychologischer Analyse hervor. Deren Kraft verdankte sich nicht zuletzt der Zurücknahme *theologischer* oder anderer weltanschaulicher, *metaphysisch-wertender* Vorurteile über eine gute oder schlechte Welt, über ein angeborenes Gutes oder Böses im Menschen und trat stattdessen dafür ein, nach Gründen für unser Glücklich- oder Unglücklichsein *in dieser Welt* zu forschen. In Herbarts Psychologie spielte Leibnizsches Gedankengut (‚vollendetes Vorstellen') keine geringe Rolle, wie Herbart auch das Unbewusste nolens volens in die wissenschaftliche Psychologie einführte (vgl. Kaiser-el-Safti 2001 a); aber Herbart akzeptierte als Psychologe nicht die metaphysischen Folgerungen Leibniz'. Nicht auf ein höchstes Wesen, Gott oder das Absolute,

---

39 Die Kritik am Herbarts missverständlichem Dynamikmodell wurde u.a. durch Lotzes Kritik an Herbarts Ästhetik angeregt (vgl. Lotze 1868). Die Bezeichnungen „elementaristisch" und „assoziationistisch" (vgl. Sachs-Hombach 2004, S. 217) resultieren aus einem Missverständnis von Herbarts tonpsychologischen Grundlagen, die einfache Töne als Grundlage einer rechnenden Psychologie postulierten. Dass dieses Postulat innerhalb der akustischen Wahrnehmung in der Tat Sinn macht, hat Stumpf später an der Existenz einfacher (aus dem Obertonspektrum isolierter) Töne nachgewiesen. Eine angemessene Rezeption Herbarts steht und fällt auch heute noch mit der Informiertheit über die tonpsychologischen Grundlagen. Auch die Bezeichnung „Assoziationist" ist in Anbetracht von Herbarts Beitrag zur Urteilslehre unzutreffend.
Im Übrigen ist zu ergänzen, dass Herbart, der sich äußerst kritisch über psychologische Selbstbeobachtung ausließ, diese in Bezug auf die Analyse der Gefühle ausdrücklich empfahl. Was das Fühlen betrifft, „muß aber vorausgesetzt werden, daß der Leser sich in die Beobachtung seiner selbst versenke; das Fühlen ist seine eigene Sache; und nur zur Reflexion darüber, zur Sonderung des sehr verwickelten Mannigfaltigen, welches er finden wird, kann die Theorie ihn leiten" (SW, Bd. 6, § 105, S. 62).

wollte er verweisen, sondern – was die Grundlage und Wirkung idealer Verhältnisse und ein vollendetes Vorstellen anbelangt, vermag *und zu psychologischer Forschung auffordert,* – auf die Musik!

3.4

Warum auf die Musik? Mit dieser Frage ist der Punkt erreicht, der es anscheinend so schwer macht – ähnlich wie im Fall Stumpfs – die allgemeinpsychologisch relevanten und in diesem Kontext verwertbaren *musikalischen* Intentionen zu würdigen. Sowohl die psychologische Beschäftigung mit der Jahrtausende alten *musikalisch-mathematischen* Gesetzmäßigkeit als auch die *emotionale* Wirkmächtigkeit der Musik soll Herbart das Rätsel lösen, wie aus Denken *und* Fühlen das *Wertschätzen*, das Evidenzgefühl,[40] das seinem Wesen nach aus kognitiven und emotionalen Anteilen zusammengesetzte Geschmacks- oder Werturteil, zustande kommt. Man muss Herbart, trotz seiner Polemik gegen die Seelenvermögen, sehr wohl unterstellen (und findet im Werk genügend Anhaltspunkte dafür), dass gerade er, unter Einbeziehung dieser an menschlicher Kreativität überreichen musikalischen Hinterlassenschaft, das größte Interesse daran hatte, die sinnliche, die gefühlsmäßige und die intellektuelle Seite des Erlebens genauer zu analysieren und zu separieren, was in der Literatur über Herbart häufig übersehen oder zu einseitig dargestellt wird (vgl. dagegen Kaiser-el-Safti, 2001, „Appendix (J. F. Herbart)“, S. 267-307).

Das hat dazu geführt, dass auf der einen Seite die heutige Musikpsychologie vergessen zu haben scheint, wem und welchen psychologischen Grundlagen sie ihren wissenschaftlichen Ursprung verdankt; auf der anderen Seite ist die Emotionspsychologie nicht mehr darüber informiert und anscheinend auch nicht daran interessiert, vor welchem *kulturhistorischen* Hintergrund die deutsche Gefühlspsychologie ihren *besonderen Kurs* aufnahm, und wie sich nach Herbarts

40 Herbart hat gelegentlich den musikalischen Grundverhältnissen (den konsonanten Intervallen) als die *evidenten Geschmacksurteile* die Bedeutung verliehen, die Kant für seine *transzendentalen* „synthetischen Urteile a priori“ reservierte. Im Rahmen des „vollendeten Vorstellens“ ähneln die „evidenten Geschmacksurteile“ oder das „Evidenzgefühl“ aber auch der *psychologisch-empirischen* Erklärung David Humes, der geometrische und musikalische Grundlagen nach dem gleichen Phantasieverfahren eines zur Vollendung strebenden Vorstellens behandelte (vgl. meine Ausführungen am Ende des Bandes 1. 3. a). Allerdings klärte Herbart nicht ganz zufriedenstellend das Zusammenwirken von ‚musikalischem Denken‘ und ‚musikalischem Gefühl‘. – Brentano beruft sich 1889 sowohl auf Herbart als auch auf Hume in seiner Behandlung eines *evidenten Liebens und Hassens* (als Grundlage der Ethik und *in Analogie* zu den evidenten logischen Urteilen als Grundlage der Wahrheitstheorie Brentanos) (vgl. Brentano 1889 in 1969, S. 72).

Tod und in Auseinandersetzung mit der Gefühlspsychologie die deutsche Musikpsychologie weiter entwickelte. Erst wenn dieses Kapitel deutscher Psychologie aufgearbeitet sein wird, kann auch durchsichtiger werden, welchem Hinter- und Untergrund das psychologische Klassifikationskapitel und in dessen Rahmen die Gefühlslehre in Deutschland ihre Problematik und ihren Konfliktstoff verdanken. Der Widerstand gegen Herbarts Psychologie und zuletzt auch gegen Carl Stumpf – das wird bei späterer Gelegenheit ausführlicher zu verhandeln sein –, könnte sich aus einem Verdacht gespeist haben, sie hätten beabsichtigt – anstelle der im Schwinden begriffenen christlichen Dogmatik, einer zunehmend wirklichkeitsfernen und -fremden idealistischen Philosophie und deren ‚feindliche Übernahme' durch eine materialistisch-szientistische Weltanschauung – die Musik zum Ersatz für Verlorenes inthronisieren zu wollen. Vielleicht ist daran ein Körnchen Wahrheit und vermutlich sogar mehr als nur ein Körnchen.

Eine ihrem Wesen nach zutiefst spirituell-religiös veranlagte Persönlichkeit wie die des amerikanischen pragmatistischen Philosophen, Gottsuchers und Psychologen William James (vgl. dazu Blum 2007), über lange Zeit ein guter Freund von Carl Stumpf, mag zuletzt eine Gefühlstheorie, die sich in Deutschland auch nach Herbart noch an der Musik orientierte, wie Hermann Lotzes bedeutendes Kapitel über die Gefühle in seiner „Medizinischen Psychologie und Physiologie der Seele" unter Beweis stellt (1852, S. 233 ff.), zutiefst suspekt gewesen sein. An Musik konnte und wollte James, der sich in einem Brief an Stumpf als „musikalischen Barbaren" bezeichnet hatte, offenbar kein Interesse nehmen (vgl. Stumpf 1928). Möglicherweise hielt er die *ästhetische* Gewichtung der Psychologie, angesichts des durch Charles Darwins Evolutionstheorie erschütterten Glaubens an den Schöpfergott, wie später auch sein Landsmann Stanley Hall, für moralisch verwerflich. Aus ähnlichen Gründen stieß Stumpf mit seiner „Tonpsychologie" auch bei seinem ehemaligen Lehrer Brentano auf Ablehnung der für das tonpsychologische Werk grundlegenden Verschmelzungstheorie Stumpfs (vgl. dazu Kaiser-el-Safti 2009, S. 143 ff.).

Aus einer anti-ästhetischen Grundhaltung heraus ist jedenfalls die historisch und sachlich fehlgehende, absurde Darstellung des Amerikaners Stanley Hall, Hermann Lotze betreffend, zu interpretieren. Lotze wäre in Deutschland, behauptete Hall in seiner Rückschau auf die „Begründer der modernen Psychologie", wegen „seines verfeinerten und subtilen Hedonismus […] sowohl Vernachlässigung als auch Verachtung zuteil" geworden (1914, S. 47). Diese ‚Kritik' ist völlig aus der Luft gegriffen; Hall selbst erwähnt an anderer Stelle, dass einer der angesehensten deutschen Naturwissenschaftler, Hermann von Helmholtz, sich „durch eifrige Fürsprache" für Lotzes Berufung nach Berlin noch kurz vor Lotzes Tod eingesetzt habe (1914, S. 3).[41] Das wäre wohl kaum erfolgt, wenn Lotze „Vernachlässigung" und „Verachtung" erfahren hätte. Aber zweifellos wirft diese kritische Stellungnahme ein Licht auf die amerikanische Psychologie und die ihrer Meinung nach allzu eng mit der Musik verbandelten deutschen Gefühlspsychologie.

Stumpf greift in die rege deutsche Gefühlsdebatte des 19. Jahrhunderts recht spät (1999) ein, und er äußert sich in seinen Arbeiten lange bemerkenswert zurückhaltend zur Klassifikationsproblematik; aber als die sogenannte James-Lange-Theorie (gemeinsam von dem Dänen Carl Lange und William James vertreten) die deutsche Diskussion über die Klassifikation der Gefühle mit einem bis heute nachhallenden Donnerschlag beendete, greift Stumpf ein. Die sensualistische, einseitig auf Körperempfinden („Gänsehaut") und Körperausdruck *reduzierte* Gefühlstheorie ebnete die Vielfalt der Gefühle – die sinnlichen, die intellektuellen oder kognitiven, die ästhetischen und ethischen Gefühle – reduktionistisch ein und identifizierte Gefühle schlechterdings mit der Wahrnehmung körperlicher Veränderungen. Das bedeutete freilich, sowohl die Klassifikationsproblematik für obsolet zu erklären als auch von der Erforschung der *Erlebnisbasis* der Gefühle Abstand zu nehmen und allein auf den Gefühls*ausdruck* zu fokussieren.[42] Erst zu diesem Zeitpunkt, am Ende des 19. Jahrhunderts, kontert Stumpf mit einer akribischen, begrifflich ausgefeilten, logisch und empirisch wohl ausgewogenen Argumentation zugunsten einer *kognitiven* Emotionstheorie (vgl. Stumpf 1899), der weitere Arbeiten folgten (1907 c, 1916), auf die sein Freund James aber zeitlebens nicht reagierte.

1992 wurde Stumpfs kognitive Emotionstheorie von dem Psychologen Rainer Reisenzein akribisch mit dem 1990er Stand der Emotionsforschung (also hundert Jahre später) verglichen und ausdrücklich gewürdigt, dass Stumpfs Theorie „klarer formuliert und plausibler ist als viele heutige Varianten dieser Theorie" (1992, S. 130). Bemerkenswerterweise berücksichtigt Reisenzein in seinem

41 Nach Halls moralischem Standpunkt hat Lotze sich dadurch an der deutschen notleidenden Bevölkerung vergangen, weil er „das Recht der Menschen auf Glückseligkeit verteidigte". „Das aber halten wir für unmoralisch und für unsozial in seinen Folgen". Nach Halls pädagogischen Intentionen tut vor allen Dingen Not, „das Wesen und die Beschaffenheit der Pflicht kennen zu lernen" (1914, S. 46-47).

42 Die auch heute noch auf Gesichts- und Körperausdruck fokussierende amerikanische Emotionspsychologie in ihrer Suche nach universellen Gesichtsausdrücken für angeblich biologisch verankerte universelle Grundemotionen macht sich anscheinend die Mehrdeutigkeit des Terminus ‚Ausdruck' nicht hinreichend klar; anders der amerikanische Philosoph Nelson Goodman; er weist einerseits nach, dass „Ausdruck" anders als „Bild" oder „Repräsentation" zu verstehen ist, weil ‚Ausdruck' mehr *andeutet* als abbildet, repräsentiert oder nachahmt; andererseits mit trefflichen Beispielen verdeutlicht, inwieweit Sitte und Kultur diesbezüglich mitspielen (vgl. Goodman 1995, S. 53 f.).

ausgezeichneten Artikel aber nicht den Zusammenhang zwischen Stumpfs Emotionspsychologie und den musikpsychologischen und musikästhetischen Intentionen, die m.E. aber erst zu einem vollen Verständnis der Gefühlslehre Stumpfs verhelfen.[43]

4 Fazit

Ich habe einen weiten Bogen geschlagen, um die erkenntnistheoretische Frage der Gegenstandsbestimmung im Rahmen der Phänomenologie Stumpfs und mehr noch die theoretische Problematik psychologischer Kategorienbildung (Klassifikation) – m.E. das Kernproblem der Funktionspsychologie – so gut wie es in diesem Rahmen möglich war, vorzustellen, ohne den Lösungsversucht, zu dem Stumpf mit der Einführung der „Gefühlsempfindung" vorgedrungen war, in seiner Bedeutung für das Gefühlsthema im Ganzen zu würdigen. Man kann Stumpfs schwierige Behandlung der Positionierung der Gefühle in seiner Lehre vom Ganzen und den Teilen nicht wirklich nachvollziehen, bevor nicht a) die volle Bedeutung der Tonpsychologie rekapituliert wird, und man wird b) nicht verstehen können, warum Stumpf sich lebenslang wiederholt in seinen Lehrveranstaltungen, aber auch in Akademiebeiträgen und in seinen Briefen an Brentano, mit der Willensproblematik befasste, aber weder die in der Berliner Akademie der Wissenschaften vorgetragenen Aufsätze noch den Briefwechsel mit Brentano veröffentlichte. Warum Stumpf zuletzt, als achtzigjähriger Forscher, anstelle der nach Kant und Brentano üblichen drei Klassen, schließlich in seinem Vorwort zu „Gefühl und Gefühlsempfindung" prinzipiell für *zwei* psychologische Klassen votierte, für intellektuelle und für emotionale, letztere in aktive und passive unterteilte (vgl. Stumpf 1828), wird erst nach weiteren Arbeiten über dieses in der Tat „schwierige Problem" klarer zu Tage treten können. Der

43 Von erkenntnistheoretischen Differenzen zwischen Reisenzeins sorgfältiger Analyse und Stumpfs Epistemologie abgesehen, die aus der Nichtbeachtung der Epistemologie des Hörens rühren, überschätzt Reisenzein m. E. die Nähe Stumpfs zu Brentanos Psychologie. Gerade in Bezug auf die Gefühlstheorie und die mit ihr zusammenhängenden tonpsychologischen Untersuchungen brachte sich erheblicher Dissens zwischen Stumpf und Brentano in dessen empörter brieflicher Reaktion auf Stumpfs Emotionsarbeit von 1899 zum Ausdruck , die nicht nur die Gefühlstheorie, sondern das Klassifikationsproblem im Ganzen betraf (vgl. Brentano 1989, S. 115 ff). – Der gleiche Einwand wäre der kürzlich erschienenen Arbeit von Denis Fisette „Love and Hate: Brentano and Stumpf on Emotions and Sense Feeling" (2009) zu machen; zwar stellt Fisette ausdrücklich zur Diskussion, ob sich aus Anlass der Diskussion über den Stellenwert der Gefühlstheorie die Wege Brentanos und Stumpfs getrennt hätten, verneint jedoch. Auch in Fisettes Analyse wird die Bedeutung der Musik (vgl. Anm. 42) *nicht* miteinbezogen.

‚Wille' kommt in Stumpfs Einführung (1928) nur noch in uneigentlicher Rede vor, als psychische Klasse ist er zu dieser Zeit für Stumpf anscheinend nicht mehr opportun. Zwar greift Stumpf die Willens- und Freiheitsproblematik nochmals in seiner letzten Arbeit, der „Erkenntnislehre", auf, offenbar weil er sich darüber verwundert, dass sie im Rahmen der Diskussion über die Quantenphysik und die Heisenbergsche Unschärferelation wieder aufgetaucht war und von sich reden machte (vgl. Stumpf 1940/2011, S. 835 f.). Er betont an dieser Stelle, dass die Erkenntnistheorie in der Frage der Willensfreiheit wohl weniger auf einen Paradigmenwechsel in der Physik, als vielmehr auf tiefer schürfende ethische Reflexionen *und auf die Psychologie angewiesen sei* (S. 835).

Ich möchte aber meinen Beitrag nicht schließen, ohne wenigstens die *Richtung* anzugeben, die Stumpf, durchaus in Bezug auf eine psychologische Fundierung der *Ästhetik*, eingeschlagen hatte: Was die Aufklärung des trivial anmutenden Terminus „Gefühlsempfindung" im Titel der Arbeit von 1928 anbelangt, enthält er Stumpfs Versuch, die schon von Herbart und Lotze gesuchte inhaltliche und experimentell zu erhärtende leib-seelische *Verbindung* zwischen den rein sinnlichen (körperlichen) ‚niederen' Empfindungen zu den ‚höheren' ästhetischen Gefühlen nachzuweisen. Schon für Herbart und Lotze und wieder für Stumpf hatte gegolten, dass Letztere keinesfalls in ein unreflektiertes Reiz-Reaktions-Modell gepresst, als ‚sublimiert' oder sonstwie unmittelbar aus den sinnlichen Empfindungen ‚abgeleitet' werden könnten (wie die sensualistische Gefühlstheorie Ribots postulierte), vielmehr mussten zum Verständnis der eigentlichen Gefühle (Gemütsbewegungen) und der ästhetischen Gefühle zusätzlich begriffliche Akte und Urteilstätigkeit angenommen werden. Die Lösung bestand darin, dass für *alle* Sinne, für die ‚niederen' (Hautsinn, Geschmacks- und Geruchssinn), aber auch für die ‚höheren' Sinne, (Sehen und Hören) *spezifische* Gefühlsempfindungen (zusätzlich zu der spezifischen Sinnesenergie) auszumachen und sowohl introspektiv als auch experimentell nachzuweisen waren. Waren es für den Hautsinn Schmerz, Kitzel und sexuelle Empfindungen (für die körperliche, auf Nervenerregung basierende Grundlagen nachzuweisen sind), so war es für den Gehörssinn *die spezifisch physiologische Grundlage* des Harmonie- und Konsonanzerlebens.[44]

Der harmonische, auf einfachen Zahlenverhältnissen beruhende Zusammenklang zweier Töne hatte seit der Antike *Interesse* evoziert und sich, historisch nachweisbar, im Laufe von Jahrhunderten zu einem Wohl*empfinden*, zuletzt

44 Stumpf spricht in Bezug auf das Hören, weil ‚Konsonanz' sich ja aus *zwei* oder mehreren Tönen zusammensetzt, von einer „spezifischen Synergie höherer Ordnung", die aber mit der „spezifischen Energie" erster Ordnung „unmittelbar verbunden" sein muss (1890, S. 214).

auch zu einem Wohl*gefallen* und Missfallen – also ein mit *Urteilstätigkeit* verbundenes wertschätzendes Fühlen – weiterentwickelt. Auf *diesem* Fundament (nicht auf der Basis unspezifischer Lust-Unlust-Empfindungen) konnte sich die Musik in relativ kurzer Zeit zu einem komplexen Gebäude entfalten. In diesem Lichte war das Konsonanzempfinden exemplarisch als *empirische* Grundlage eines *positiven* Gefühlserlebens (mit der sich die heutige neurologische Forschung ja bemerkenswert schwer tut) in Anspruch zu nehmen.[45] Innerhalb der musikalischen Perzeption ließ sich *Freude an der Musik*, einerseits im Unterschied zu unspezifischem Wohlbehagen, zu unspezifischer sinnlicher Lust wie zu Euphorie abgrenzen, andererseits *ohne metaphysische Verortung* auszeichnen.[46] Für Stumpf beinhaltete dies und wird bei nächster Gelegenheit zu vertiefen sein, in einen metaphysikfreien, empirisch zu bearbeitenden Boden die Saat für eine psychologische Musikästhetik und für ein außermetaphysisch begründetes Wertschätzen (Werturteil) einzulassen.

Um letzteren Aspekt nachvollziehen zu können, muss einerseits der historische Kontext – auch in seiner metaphysischen Dimension – berücksichtigt werden, andererseits wieder etwas subtilere Strategien verwendet und noch andere Forschungswege gesucht werden als die heute üblichen, selbst „wenn sie zunächst auch etwas außen herum führen" sollten, wie Stumpf in seiner notorisch zu Bescheidenheit und Untertreibung neigenden Ausdrucksweise zu bedenken gab (vgl. Stumpf 1907, S. 48). Zum Schluss wäre daran zu erinnern, dass so hoch die tonpsychologischen Untersuchungen für das Verständnis dieses großen Forschers zu veranschlagen sind, er sie ja nicht primär ihrer selbst wegen durchführte, sondern um eine sowohl empirische als *gehaltvolle* Psychologie zu initiieren, die an Sinn- und Wertperspektiven der älteren metaphysischen Seelenlehre nicht nachsteht.

---

45 Vgl. die Anmerkung 31.

46 In diesem Kontext wäre Stumpfs Verschmelzungslehre zur Sprache zu bringen, die zur Aufklärung des angedeuteten Punktes den ganzen 2. Band der „Tonpsychologie" in Anspruch nimmt. Hier muss der Hinweis genügen, dass einerseits die musikalische Harmonie auf *physiologischen* Grundlagen aufbaut (der Versuch, eine *psychologische* Grundlage beizubringen, war wiederholt gescheitert) und nicht mit den physikalischen Grundlagen identisch ist, andererseits die Verschmelzungslehre in ihren *Folgerungen* weit über das Physiologische hinausführt. Sie ist phänomenologisch sowohl das Paradebeispiel eines Ganzen, an dem unabtrennbare Teile *zu bemerken* sind, als sie auch in den „weiten Rahmen einer allgemeinen Verhältnislehre [gehört], die zu den dringendsten Bedürfnissen der philosophischen Wissenschaft" zählt (1890, S. 128). – Freilich wusste Stumpf, dass sich an den Verschmelzungsbegriff zahlreiche Missverständnisse (auch das seines Lehrers Brentano) heften würden: „Er gehört ja zu den psychologischen Ausdrücken, die am meisten missbraucht worden sind, an die sich die unmöglichsten Vorstellungen und ganze fictive Theorien angeknüpft haben" (Vgl. „Tonpsychologie" II, 1890, S. 129).

Literatur in:

Erkenntnistheoretische Grundlagen der Gestalt- und Ganzheitspsychologie in historischer Perspektive (am Ende des Bandes).

Ganzheiten als Fundament der Erkenntnis? Der Wiener Kreis und die Gestaltpsychologie

Steffen Kluck

Zusammenfassung

Der Beitrag möchte von einer vergessen Entwicklung berichten, die ein Schlaglicht wirft auf eine der wichtigsten intellektuellen Phasen des 20. Jahrhunderts. In der Zeit um 1920/1930 fanden zahlreiche wegweisende Weichenstellungen im Denken statt – im Positiven wie Negativen. Etliche inzwischen kanonisch gewordene Arbeiten entstehen. Auch das, was man „analytische Philosophie" zu nennen pflegt, hat in diesen Jahren eine entscheidende Prägungsphase. Der wirkmächtige Lesezirkel um Moritz Schlick bildet dabei eine wesentliche Keimzelle.

Zumeist rekurriert man auf die wichtige Rolle, die die Naturwissenschaften bei der Entwicklung dieser Philosophie gespielt haben. Gerade die Rolle der Physik ist immer betont worden. In dem Beitrag soll es jedoch darum gehen, das Augenmerk auf eine weitere Einflussquelle zu legen, die oft übersehen wird. Denn zumindest zeitweise konnte auch die Gestaltpsychologie Einfluss gewinnen auf das Denken einiger Vertreter des Wiener Kreises, der prominenten Geburtsstätte zentraler Motive der vermeintlich „antipsychologischen" analytischen Philosophie. Besonders ab den Jahren von etwa 1921 an wurde im Umfeld des Wiener Kreises gestaltpsychologisches Denken produktiv intensiv rezipiert. Diesen Zusammenhängen widmet sich hinführend der Aufsatz.

Abstract

The contribution reports a forgotten part of history that sheds light on one of the most important intellectual phases of the 20th Century. In the period from 1920 to 1930, there were numerous landmark decisions in thinking – both positive and negative. Many of today's canonical works were created. Also what is usually called "analytic philosophy" has had its formative years in those days, especially the groundbreaking reading circle involving Moritz Schlick.

Usually people only refer back to the important role played by the natural sciences in the development of that philosophy. Especially the role of physics has always been emphasized. In the article, it will be shown that it is necessary to put the focus on another source of influence that is often overlooked. Because, at least temporarily, the Gestalt psychology could gain influence on the thinking of some members of the Vienna Circle, the birthplace of prominent central motifs of the supposedly "anti-psychological" analytic philosophy. Particularly since 1921 members of the Vienna Circle productively assimilated Gestalt psychology. These developments shall be explored in the essay.

1 Einleitung

Im Folgenden möchte ich einen kleinen Ausschnitt einer „Geschichte" erzählen, die ein interessantes Licht wirft auf eine der spannendsten intellektuellen Phasen des 20. Jahrhunderts.[1] In der Zeit von 1910-1930 fanden zahlreiche für uns Heutige noch wegweisende Weichenstellungen im Denken statt. Besonders das, was man „analytische Philosophie“ zu nennen pflegt, hat in diesen Jahren eine entscheidende Prägungsphase. Der common-sense-Begriff von „analytischer Philosophie“ rekurriert häufig auf die Merkmale der antimetaphysischen Grundeinstellung, des positivistischen Ideals und der Orientierung an sprachlogischen, formalen Methoden. Dieses Bild, so ungenau es sein mag, verweist auf eine weithin bekannte Tatsache – die wichtige Rolle, die die Naturwissenschaften bei dieser Entwicklung der Philosophie gespielt haben. Gerade die Rolle der Physik ist häufig betont worden. Mir soll es jedoch darum gehen, das Augenmerk auf eine scheinbar nur marginale Einflussquelle zu legen, die oft übersehen wird. Denn zumindest zeitweise konnte auch die Gestaltpsychologie Einfluss gewinnen im Denken einiger Vertreter des Wiener Kreises, der prominenten Geburtsstätte zentraler Motive der analytischen Philosophie.

Ich werde daher im Folgenden einige Abschnitte aus dem intellektuellen Werdegang von Moritz Schlick berichten, dem Mit-Begründer der Zusammenkünfte, die den Namen „Wiener Kreis“ erhielten. Dieser Fokus auf Schlick ist sicher insgesamt zu eng – besonders auch Rudolf Carnap verdiente breitere Erwähnung –, ist jedoch zur Einführung in die Sachlage sinnvoll. An Schlicks Werdegang will ich exemplarisch die von mir behauptete Beziehung in historischer Hinsicht verdeutlichen. Von diesen Erörterungen aus werde ich versuchen zu zeigen, wie im Umfeld des Wiener Kreises gestaltpsychologisches Denken systematisch produktiv rezipiert wurde, um anschließend einen nur kursorischen Blick auf den Einfluss Carl Stumpfs zu werfen.

Die eingenommene Perspektive auf die Wurzel einiger heutiger „analytischer“ Denktraditionen liegt in derselben Richtung, in der der amerikanische Philosoph Michael Friedman jüngst argumentiert hat. Er untersuchte die Umstände und Folgen der berühmten Davoser Hochschultage 1929 mit den Diskussionen zwischen Ernst Cassirer und Martin Heidegger, bei denen unter anderen Carnap als Zuhörer zugegen war. Dabei kam er zu der These:

> Vor diesem Treffen gab es, zumindest in der deutschsprachigen intellektuellen Welt, keinen […] Bruch. Vielmehr waren logischer Empirismus, husserlsche Phänomenologie, Neukantianismus und Heideggers neue ‚existenzial-hermeneutische' Variante der Phänomenologie in eine faszinierende Reihe philosophischer Debatten und Kämpfe verwickelt […]. (Friedman 2000, S. 11)

Meine folgenden Bemerkungen wollen diese These insofern stützen, als nicht nur die Gestaltpsychologie, die später auch in der vermeintlich „kontinentalphi-

---

1 Dieser Aufsatz ist hervorgegangen aus umfangreicheren Überlegungen, die sich in Kluck 2008 finden.

losophischen“ Phänomenologie wirkmächtig wurde, fruchtbare Beziehungen zum Wiener Kreis unterhielt, sondern generell die Gräben zwischen Philosophie und Psychologie weniger ausgeprägt waren, als es im Rückblick oft behauptet wird.

2 Historische Hintergründe

Moritz Schlick hatte zunächst in den Jahren von 1900 bis 1905 in Berlin und andernorts primär Physik studiert. Seine wichtigsten akademischen Lehrer waren Max Planck und Emil Warburg. Zu dieser Zeit hielten sich Schlicks philosophische Interessen noch in Grenzen. Er besuchte zwar eine Veranstaltung bei Wilhelm Dilthey und einige bei Friedrich Paulsen und Carl Stumpf, jedoch ohne systematische Interessen. Auch seine Begeisterung für Psychologie war wenig ausgeprägt, was zeituntypisch war. Man bedenke etwa, dass die Zahl der Hörer der Vorlesungen Stumpfs rasant von nur 50 im Jahre 1897 auf 250 im Jahre 1907 stieg (vgl. dazu Ash 1998, S. 33). Erst nach dem Beginn seiner postdoktoralen Arbeiten auf dem Gebiet der Physik kam Schlick zu der Einsicht, sich womöglich auf dem falschen Wissenschaftsfeld zu bewegen. Zur Verbesserung seiner philosophischen Ausbildung unternahm er es nun allerdings nicht, verstärkt die Klassiker zu studieren oder ähnliches, sondern er betrieb psychologische Studien.[2] Dabei traf er auf Gustav Störring und gewann Einblicke sowohl in die theoretischen wie praktischen Grundlagen der Psychologie. So war er im Rahmen von Untersuchungen über gültige Schlüsse Proband Störrings sowie eifriger Student zahlreicher Werke zu einschlägigen psychologischen Themen. Es ist wichtig, diesen Fakt zu kennen, um Schlicks spätere Affinitäten zu psychologischen Strömungen nachvollziehen zu können. Im Anschluss an diese Studien wandte sich Schlick ab 1910 ganz der Philosophie zu. Insbesondere aber die Jahre von 1919 an stellen für ihn insofern einen Wendepunkt dar, als er auf verschiedenen Wegen direkten Kontakt mit den Gestaltpsychologen bekommt. Diese Entwicklungen haben eine entscheidende Wirkung auf seine Arbeit. Wie aber kam es dazu?

Während Schlicks Zeit in Rostock wird David Katz als Ordinarius dorthin berufen. Katz zählt zwar nicht zu den Mitgliedern der Berliner Schule, aber zu deren bedeutendsten Rezipienten. Er stand sowohl mit Wertheimer als auch

2 Schlick schreibt rückblickend: „Meine Beschäftigung galt hier [in Zürich; S.K.] hauptsächlich dem Studium der Psychologie, dessen Notwendigkeit ich so deutlich empfunden hatte.“ (Schlick-Nachlass Sign. C.2b, Mappe 82)

Köhler in regem Austausch[3] und hat sich explizit zur Gestaltpsychologie bekannt. Seine Berufung nach Rostock ist deshalb von Belang, weil Schlick zu Katz ein enges Verhältnis aufbaute. Es ist nicht unwahrscheinlich, dass es Katz war, der gleichsam als Vermittler beim Aufbau der Beziehungen zwischen Schlick und der Berliner Schule, vor allem natürlich zu Köhler, gewirkt hat.

Eine zweite Möglichkeit, wie es zu Kontakten von Schlick mit Mitgliedern der Berliner Schule gekommen sein könnte, sind Treffen mit Albert Einstein. Schlick war bis Ende November 1918 zum Kriegsdienst in Berlin-Adlershof verpflichtet. In dieser Zeit hat er Einstein persönlich kennengelernt. Interessant ist nun, dass auch Wertheimer zu dieser Zeit in Berlin war und sich des Öfteren mit Einstein und Max Born, zu dem Schlick brieflich Kontakt hielt, traf. Es ist somit zeitlich möglich, dass Schlick Wertheimer über Einstein kennengelernt hat. Später noch hat Einstein per Brief Schlick um sein Engagement für die Berufung Wertheimers auf Schlicks ehemaligen Lehrstuhl in Kiel angeschrieben.

Wie auch immer aber der Kontakt zu Stande kam, nach seinem Beginn um 1920 ist die Verbindung Schlicks zu den Gestaltpsychologen von einem hohen Intensitätsgrad gekennzeichnet. Dafür sind die zahlreichen Briefe Köhlers ein Beleg, aber auch die mögliche Berufung Wertheimers nach Kiel. Schlick wird um Wertheimer willen angesprochen, und tatsächlich ist das Werben nicht vergeblich. In seinem für das Berufungsverfahren angefertigten, durchweg lobenden Gutachten über Wertheimer heißt es unter anderem:

> Obgleich seine Arbeiten – mit Ausnahme der Abhandlung über Schlussprozesse im produktiven Denken – wesentlich psychologische Themata behandeln, wird er doch für die rein philosophische Kieler Professur […] vorgeschlagen, weil seine Hauptleistung, die Herausarbeitung der Gestaltprobleme, durchaus als eine philosophische Leistung gewertet werden muß […]. (Schlick-Nachlass Sign. A. 83, Mappe 21, Blatt 10)

Es entwickelte sich außerdem ein gemeinsames Projekt von Schlick und den Gestaltpsychologen. Man wollte zusammen die Herausgabe einer Zeitschrift übernehmen. Der Plan geht vor allem auf Kurt Lewin und Hans Reichenbach zurück. Neben Einstein sollten Bertrand Russell sowie Köhler und Wertheimer als Mitarbeiter gewonnen werden. Die prinzipielle Bereitschaft für eine engere Zusammenarbeit ist deutlich erkennbar. Aus verschiedenen Gründen kommt das Projekt zwar letztlich nicht über die Vorbereitungsphase hinaus (vgl. dazu

---

3 Manfred Berger hält fest: „Beziehungen [d.i. des Ehepaars Katz; S.K.] bestanden […] zu Charlotte und Karl Bühler, Jean Piaget, William Stern, Kurt Lewin, Max Wertheimer, Wolfgang Köhler, Otto Klingenberg, Edgar Rubin und anderen. Einige der genannten Personen waren auch häufig in der vornehmen Rostocker Wohnung der Familie Katz zu Gast.“ (Berger 2002, S. 75)

Wittmann 1998, S. 135-140), trotzdem verfasste Schlick noch im Jahr 1923 einen Brief an Russell, in welchem er auf Köhler zu sprechen kommt:

> As to Koehler, you have probably heard of his work on the psychology of monkeys, which he did at Teneriffe. His book 'Die physischen Gestalten' is a philosophical contribution to science of great originality and suggestive power. (Brief Moritz Schlicks an Betrand Russell, 1923)

Eine positivere Bewertung hätte man Köhler kaum aussprechen können.

Die Jahre ab 1919 sind also nachweislich durch eine vielschichtige Interaktion zwischen Schlick und den Vertretern der Berliner Schule der Gestaltpsychologie geprägt. Von besonderer Bedeutung ist dabei der Briefwechsel zwischen ihm und Köhler, der dezidiert einzelne Aspekte der „Allgemeinen Erkenntnislehre" Schlicks verhandelt und von dem teilweise wörtlich Passagen in die Neuauflage eingehen. Die gegenseitige Wertschätzung lässt sich schon in den ersten erhaltenen Briefen aufzeigen:

> Ich gebe zu, dass mir nicht alle Positionen Ihres Werkes gesichert erscheinen. Aber mir ist Ihre Art Physiker-Ehrlichkeit und Klarheit, der Widerwille gegen philosophisches Herumreden und der Wunsch, Bestimmtes zu sagen, so ungemein wohltätig und so vorbildlich für die Hörer, dass ich – ganz abgesehen vom Speziellen des Inhalts – diese Einführung glaubte andern vorziehen zu sollen. (Brief Wolfgang Köhlers an Moritz Schlick, 18.5.1921)

> Gewiß werden Ihre Bedenken in bezug auf die besprochenen Punkte durchaus nicht alle beseitigt sein, aber ich hoffe doch, daß unsere Ansichten jetzt weniger entgegengesetzt erscheinen als vorher. Es würde mich wirklich außerordentlich freuen, wenn Sie mir später einmal diesen Eindruck bestätigen würden. [...] Höchst wertvoll wäre es mir natürlich auch, Herrn Wertheimers Meinung über die Dinge zu erfahren. Es wäre sehr schön, wenn einmal eine Gelegenheit zu mündlichem Verhandeln käme. (Brief Moritz Schlicks an Wolfgang Köhler, 5.6.1921)

Gleichwohl bleibt die Zusammenarbeit keineswegs auf Dauer harmonisch. Speziell nach Schlicks Berufung an die Universität Wien und der Etablierung des Wiener Kreises zeigen sich Differenzen. Pointiert schreibt in diesem Sinne Köhler mit feinfühligem Auge für die theorieimmanenten Dissonanzen:

> Uns trennt Manches in der Philosophie, in der Hauptsache eine verschiedene Gesamttendenz. Die Ihrige geht auf ein Minimum von Grundsätzen und eine bestimmte Art der Klarheit, die meinige auf Klarheit gewiss auch, aber mit einem ausgeprägten Wunsch, der Fülle der Erfahrung jedenfalls gerecht zu werden, und mir scheint nicht, dass – in der Gegenwart – dabei mit wenig einfach Hinzunehmendem auszukommen ist. (Brief Wolfgang Köhlers an Moritz Schlick, 27.4.1934)[4]

---

4 Der Kontext dieser Briefstelle ist wie folgt: Köhler war von Schlick eingeladen worden, im Rahmen der Reihe „Schriften zur wissenschaftlichen Weltauffassung" eine Monographie zur Gestaltpsychologie zu schreiben (vgl. Brief Moritz Schlicks an Wolfgang Köh-

Wie kommt es aber zu dieser Dissonanz trotz anfänglicher gegenseitiger Sympathien? Um diese Frage zu beantworten, ist ein Blick auf die systematischen Bezüge notwendig.

3 Systematische Bezüge

Schon im Jahr 1910 verfasste Schlick einen für sein gesamtes Denken wegweisenden Aufsatz über das Problem der Begriffsbildung in den Wissenschaften. Bedingt durch

> die übergrosse Verschiedenheit der Ergebnisse und Methoden [in der Psychologie; S.K.], die sich bei vergleichender Lektüre der Standardwerke aufdrängte", erhielt er „[...] den Anstoss zur Ausbildung bestimmter Ueberzeugungen von der Rolle und Brauchbarkeit der Begriffe verschiedener Wissenschaftsklassen zur Bezeichnung der Wirklichkeit. (Schlick-Nachlass Sign. C.2b, Mappe 82)

Somit wendet er sich der Frage zu, von welcher Art die Begriffsbildung in den Wissenschaften sei und welche Rolle der Philosophie in diesem Zusammenhang zukomme. Das grundsätzliche Ziel dabei ist,

> die strenge, endgültige Grenze zwischen der philosophischen und der mathematisch-naturwissenschaftlichen Begriffsbildung festzustellen, die sich dann als die einzige schlechthin unaufhebbare Trennungslinie menschlicher Erkenntnisweisen und Wissensgebiete überhaupt erweisen wird und eine prägnante Definition der Philosophie selber ermöglicht. (Schlick 1910, S. 122)

Es wird im Fortgang der Argumentation herausgestellt, dass einerseits das naturwissenschaftliche Erkennen „darin besteht, Qualitäten möglichst zu eliminieren und alle qualitativen Beziehungen auf rein quantitative, mathematisch formulierbare zurückzuführen" , andererseits, dass das philosophische Erkennen notwendig die „*Lehre von den Qualitäten*" ist (Schlick 1910, S. 127, 130). Dieses Konzept bleibt für Schlick zeitlebens relevant und findet seine grundlegendste Ausarbeitung in seinem erkenntnistheoretischen Hauptwerk, der „Allgemeinen Erkenntnislehre". Man muss festhalten, dass es die Psychologie, nicht die Physik ist, die ihn auf entscheidende Zusammenhänge zwischen Wissenschaftspraxis und Begriff stößt und ihn zu wissenschaftstheoretischen Überlegungen ermutigt. In seinem frühen Aufsatz finden sich auch Hinweise darauf, dass Schlick meint, die Psychologie sei nicht endgültig in die Sphäre der Naturwissenschaften zu überführen:

---

ler, 13.3.1934). Köhler lehnt ab – vornehmlich aus Gründen des Zeitmangels und der durch die aktuelle politische Lage in Deutschland bedingten Probleme (so hatte etwa Wertheimer bereits emigrieren müssen).

> So besteht denn eine prinzipielle Unmöglichkeit, das psychische Geschehen jemals der exakt-naturwissenschaftlichen Begriffsbildung zu unterwerfen. Seine Gesetze sind rein qualitativer Natur und fallen damit für immer der philosophischen Denkmethode zur Behandlung zu. (Schlick 1910, S. 137)

Einen echten Reduktionismus gibt es demgemäß für Schlick zumindest 1910 noch nicht. Allerdings läuft diese Feststellung dem konstatierten grundlegenden Gang der Wissenschaften zuwider, der dahin gehe, die Anzahl der unzurückführbaren Qualitäten zu verringern. Gibt Schlick damit zu, dass die Psychologie „die Aufgabe [hat], die gesetzlichen Verknüpfungen zwischen den ursprünglichsten, unmittelbar gegebenen Qualitäten, den psychischen, zu ermitteln“ (Schlick 1910, S. 131), dann liegt neben den Qualitäten von Raum und Zeit mindestens eine weitere vor, die die allgemeine Entwicklung der Wissenschaften hindert. Psychologie bleibt demnach eine uneliminierbare Wissenschaft, auch wenn das Ideal einer Einheitswissenschaft implizit schon am Horizont aufleuchtet.

Dem Ideal der weitgehenden Zurückführung aller Begriffe aufeinander unter Ausnutzung möglichst weniger Fundamentalbegriffe ist Schlick zeitlebens treu geblieben. Dabei hat die Psychologie eine exemplarische Rolle gespielt. In den Jahren von 1910 bis etwa 1916 verfasst er dann seine „Allgemeine Erkenntnislehre“, die für eine Analyse der systematischen Beziehungen besonders geeignet ist und deswegen in den Fokus rückt. Die erste Auflage entsteht vor der genaueren Beschäftigung Schlicks mit der Gestaltpsychologie, während die zweite Auflage von 1925 entsprechende Umarbeitungen zeigt. Diese Differenzen gestatten es, den systematischen Einfluss des Gestaltdenkens nachzuvollziehen und zugleich gegen die spätere Entwicklung im Wiener Kreis abzugrenzen.

Schlick ist in einem wissenschaftlichen Kontext sozialisiert worden, der eine gewisse Tendenz zu ganzheitlichen Betrachtungsweisen besaß, was sich etwa auch bei Planck zeigen lässt:

> Wir sind in der Physik gewöhnt, die Erklärung für einen Naturvorgang zu suchen auf dem Wege einer Zerlegung des Vorganges in die Elemente. Wir betrachten jeden verwickelten Prozeß als zusammengesetzt aus einfachen Elementarprozessen und suchen ihn zu analysieren, indem wir uns das Ganze als Summe der Teile denken. Diese Methode hat aber zur Voraussetzung, daß durch diese Teilung der Charakter des Ganzen nicht verändert wird [...].“ Es gibt aber Fälle“, so Planck weiter, „wo jene Voraussetzung nicht erfüllt ist und wo ein direkter Schluß von den Teilen auf das Ganze zu ganz falschen Resultaten führt. [...] Mir scheint, als ob eine ähnliche Schwierigkeit bei den meisten Problemen des geistigen Lebens vorliegt“. (Planck 1910, S. 97)

Im Laufe seiner Auseinandersetzung mit psychologischen Theorien, die spätestens seit den Züricher Studienjahren intensiv stattgefunden haben muss, hat sich

Schlick von der Richtigkeit oder zumindest Plausibilität solcher Ansätze überzeugen lassen. So heißt es schon in der ersten Auflage der „Allgemeinen Erkenntnislehre“:

> Das Streben, in verschiedenen psychischen Gebilden dieselben Elemente unverändert wiederzufinden, […] ist wohl noch ein Überrest atomistischer Denkweise in der Psychologie, in welche selbst Denker verfallen, die sie sonst ausdrücklich verurteilen. Wir können nur sagen: der als Einheit gehörte Dreiklang ist etwas anderes als der analysierte; sobald wir behaupten, der erstere sei aus denselben Empfindungen zusammengesetzt wie der letztere, sind wir in den psychologischen Atomismus verfallen, welcher in der Tat eine ‚unerlaubte Verdinglichung' begeht, indem er verschiedene Bewußtseinsgebilde ansieht als mosaikartig aus unveränderten Elementen zusammengesetzt. (Schlick 1918/1925/2009, A 136/B 143)[5]

Diese Aussage ist in mehrfacher Hinsicht bemerkenswert. Zum einen belegt sie eindeutig seine Detailkenntnis der Psychologie und seine Eingebundenheit in den damals aktuellen psychologischen Diskurs. Darüber hinaus aber ist diese Stelle nicht nur als Beleg für Psychologie-Kenntnisse Schlicks relevant, sondern auch für seine inhaltliche Affinität zu den Ansichten des Gestaltdenkens im Allgemeinen. Unabhängig von den noch bevorstehenden Interaktionen mit den Vertretern der Berliner Schule war Schlick, wohl unter dem Einfluss der Lektüre einschlägiger gestalttheoretischer Schriften und des brieflichen Kontakts mit Emil Witasek, dazu gekommen, das Gestaltdenken in seine Erkenntnistheorie zu integrieren.

Es finden sich jedoch ebenso zahlreiche Passagen, in denen Schlick trotz der angeführten Kritik an einer atomistischen Psychologie tendenziell für den psychologischen Elementarismus argumentiert. So heißt es über ein konkretes Beispiel aus der Wahrnehmung:

> Wenn ich meinen Bleistift von verschiedenen Seiten betrachte, so ist […] kein einziger der Elementenkomplexe, die ich dabei erlebe, selber der Bleistift […]. Alle jene Komplexe, von Beleuchtung, Entfernung usw. abhängig, repräsentieren mir nur den Gegenstand, d.h. sie sind ihm zugeordnet. (Schlick 1918/1925/2009, A 234/B 149f.)

Das Erleben entpuppt sich nach diesen Worten als durch Elemente und deren Zusammenschlüsse bedingt – ein Rückfall in den Atomismus Machs.

In gestalttheoretisch-psychologischer Hinsicht ist die erste Auflage der „Allgemeinen Erkenntnislehre“ letztlich also uneindeutig. Schlicks Beschäftigung mit der Psychologie kam aber auch nach Fertigstellung dieses Werkes nicht zu einem Ende, sondern nahm durch persönliche Interaktion mit führenden

---

5 Die Seitenangaben beziehen sich mit der Sigle A auf die erste, mit der Sigle B auf die zweite Auflage, wie sie in der Werksausgabe angegeben sind.

Psychologen seiner Zeit vielmehr an Intensität zu. Besonders der Austausch mit Wolfgang Köhler führte zu Modifikationen, denn dieser hatte doch Kritik an bestimmten Theoremen Schlicks geäußert.

Worin liegen die von Köhler angesprochenen Differenzen? Es sind vor allem zwei Aspekte, die beachtenswert scheinen. Zum einen der Streit um die „Realität" der Beziehungen und zum anderen die Frage nach den sachlichen Bezügen der Erkenntnisbestandteile. Beide Motive sind eng miteinander verbunden, drehen sich nämlich letztlich um die Unterscheidung von Begriffsebene (reine Zuordnung; konventionell; implizite Definition) und Tatsachenebene (Fundamentalurteile). Sie wurden von Köhler im Briefwechsel herausgestellt, und Schlick hat dezidiert dazu Stellung bezogen.

Der Streit um die Realität der Beziehungen entzündet sich über anscheinend widersprüchliche Aussagen Schlicks. So sagt er einmal, dass Erkennen das Schaffen einer Beziehung zwischen den Erkenntnisgegenständen sei, ein anderes Mal aber: „Erkenntnis bedeutet Aufdeckung einer Beziehung zwischen Gegenständen [...]." (Schlick 1918/1925/2009, A 46/B 46) Köhler kritisiert Schlick diesbezüglich in einem Brief:

> Erkennen legen Sie fest als *reines Zuordnen*, die einfachste aller Relationen, wobei dann noch die Begriffe gewissen Bedingungen des Ineinandergreifens genügen sollen – aber auch als Wiedererkennen – und endlich hin und wieder als Feststellung von Zusammenhängen. Mir scheint es wesentlich, hier eine Entscheidung zu treffen und danach *überall* zu verfahren. (Brief Wolfgang Köhlers an Moritz Schlick, 18.5.1921)

Köhler will Schlick gerade darauf hinweisen, dass Ordnung und Beziehung nicht etwas primär Produziertes, sondern Gegebenes ist. Dieser antwortet auf Köhlers Einwand wie folgt:

> [Die] primitivste Art des Erkennens ergibt noch kein eigentliches *System*, sondern nur eine Menge von unabhängigen Einzelzuordnungen [...] – wenn nicht noch eine andere Bedingung erfüllt wäre. Sie besteht darin, daß die Erkenntnisgegenstände nicht von vornherein bestimmte fest abgegrenzte Einheiten sind, sondern daß es von den Umständen abhängt, welche Elemente der Erlebnismannigfaltigkeit gerade zu ‚einem' Gegenstande zusammengefaßt sind (hier ist es wohl, wo die *Gestalten* in erster Linie hineinspielen). (Brief Moritz Schlicks an Wolfgang Köhler, 5.6.1921)

Gestalten sichern also den kontinuierlichen Gegenstands-Begriffs-Bezug. Prinzipiell ist dieser Gedanke Schlicks der Auffassung der Gestaltpsychologie ähnlich, die auch für die Bedeutung der Gestalten hinsichtlich einer Strukturstiftung argumentiert hat. Vor diesem Hintergrund meint Köhler, eine Übereinstimmung seiner Gedanken mit denen Schlicks festzustellen:

> Sehen Sie genau zu, so werden Sie finden, dass mich (und Wertheimer) [...] eine gestalttheoretische Auffassung des Erkennens leitet. Aber auch, dass dergleichen

> vielleicht in konsequenter Entwicklung aus Ihrer Position hervorgehen kann. (Brief Wolfgang Köhlers an Moritz Schlick, 18.5.1921)

Der zweite Kerngedanke der brieflichen Einwände Köhlers ist sein Insistieren auf dem Vorrang der sachlichen Bezogenheit vor der beliebigen Zuordnung. An Schlicks Erkenntnistheorie beanstandet Köhler die Missachtung sachgebotener Ordnung:

> Nun giebt [sic!] es eine Reihe von Stellen in Ihrem Buch, wo das Erkennen als *reines* Zuordnen definiert wird. [...] [Es] sind mir diese Stellen sehr aufgefallen, da mir scheint, dass sie sich mit den andern Stellen, nach welchen Erkennen ein Wiederfinden des einen im anderen ist, schlechterdings nicht vertragen. Denn ein solches Wiederfinden beruht ja ganz auf sachlichen Beziehungen, ist keineswegs reine Zuordnung. (Brief Wolfgang Köhlers an Moritz Schlick, 22.5.1921)

Statt also eine Konventionalität der Herstellbarkeit von Relationen und Strukturen anzunehmen, geht die Gestaltpsychologie von einer durch sachliche Aspekte der Gegenstände selbst bedingten Gliederung aus. Augenscheinlich hat eine reine Zuordnung nur wenig Sinn, insofern z. B. schon durch das Wahrnehmen Zuordnungen vollzogen sind. Nun argumentiert Schlick vor allem auf der begrifflichen Ebene, wo eine solche reine Zuordnung stattfinden soll; dennoch ist der Einwand, dass die reine Zuordnung sich nach sachlichen Beziehungen zu richten hat, durchaus berechtigt. Gerade eine Ähnlichkeit von erstellter begrifflicher Ordnung und Struktur des Gegebenen wird von der Gestaltpsychologie gefordert, weshalb die Diskrepanz an diesem Punkt von so eminenter Bedeutung ist. Es wird sich zeigen, dass die späteren Differenzen zwischen dem Wiener Kreis und der Berliner Schule vor allem mit diesem umstrittenen Sachverhalt – dem Bestehen oder Nicht-Bestehen von realen, nicht-konventionellen Zusammenhängen – zu tun haben.

Der Briefwechsel, der sich weiter fortsetzte, bot Schlick die Möglichkeit zu Revisionen seiner eigenen erkenntnistheoretischen Positionen. 1925 bat ihn sein Verleger, eine Neuauflage der „Allgemeinen Erkenntnislehre" vorzubereiten. Im Zuge dieser Arbeiten veränderte Schlick Teile seiner Argumentation. Hier zeigt sich in aller Klarheit, dass er der Gestaltpsychologie dabei entscheidende Impulse verdankt. Zwei Stellen möchte ich besonders hervorheben, nämlich zum einen die Einfügungen hinsichtlich des psychophysischen Problems und zum anderen diejenigen, die aus dem dargelegten Briefverkehr mit Köhler hervorgegangen sind.

Schlick hatte – wie gezeigt – bereits 1910 eine allgemeine Entwicklung der Wissenschaften dahingehend beobachtet, dass die Qualitäten in Quantitäten aufgelöst werden. Hinsichtlich des Verhältnisses von Psychischem und Physischem aber war er gezwungen, einen Parallelismus zu vertreten, da eine Reduktion nicht möglich schien. Im Jahr 1920 wurde Köhlers vielbeachtetes Buch „Die physischen Gestalten" veröffentlicht, welches es sich zum Ziel gesetzt hatte, den Gestaltbegriff auch auf das Gebiet der Physik zu übertragen. Seine Untersuchung, die an bestimmten physikalischen Systemen Gestalteigenschaften nachzuweisen suchte, gipfelte schließlich in der Feststellung:

> Aktuelles Bewußtsein ist in jedem Falle zugehörigem psychophysischen Geschehen den (phänomenal und physisch) realen Struktureigenschaften nach verwandt, nicht sachlich sinnlos nur zwangsläufig daran gebunden. (Köhler 1924, S. 193)

Es ist vom Standpunkt der Schlickschen Erkenntnistheorie aus nur zu verständlich, dass die Untersuchungen Köhlers positiv gewürdigt wurden. Es zeichnete sich nämlich eine Möglichkeit ab, psychische Gestalten auf physiologische zurückzuführen. Fest steht, dass Schlick Köhlers Buch sehr geschätzt hat, wie der schon zitierte Brief an Russell belegt. In die zweite Auflage der „Allgemeinen Erkenntnislehre" fügt Schlick vor diesem Hintergrund Verweise auf das Werk und auf entsprechende Artikel Köhlers ein (vgl. Schlick 1925/2009, B 292f.). Die Hinwendung zum Reduktionismus (wie besonders später im Wiener Kreis) ist also (mindestens teilweise) vor dem Hintergrund der Gestaltpsychologierezeption zu sehen.

Auf die zitierten Einwände von Köhler, wonach eine bloß konventionelle Zuordnung sinnlos wäre, es vielmehr einer Fundierung der Relationen in sachlichen Zusammenhängen bedürfe, reagiert Schlick ebenfalls mit einer Ergänzung in der zweiten Auflage seiner Erkenntnistheorie. Er übernimmt Teile eines Antwortbriefes wörtlich in das Werk (vgl. Schlick 1925/2009, B 63f.), was belegt, wie wichtig ihm die Abwehr solcher oder ähnlich gelagerter Einwände war. Die Relevanz der Gestaltpsychologie belegt nicht zuletzt die 1925 neu formulierte Generalthese: „Den Gestalten kommt bei der Beschreibung des unmittelbar Gegebenen eine schlechthin fundamentale Rolle zu." (Schlick 1925/2009, B 63) Vor dem Hintergrund der später im Wiener Kreis favorisierten atomistischen Basis (vor allem unter dem Einfluss von Wittgensteins „Tractatus") wirkt diese Stelle umso beeindruckender.

Es hat sich damit exemplarisch gezeigt, inwiefern Schlick und die Gestaltpsychologie nach dem Erscheinen der ersten Auflage der „Allgemeinen Erkenntnislehre" inhaltliche Beziehungen eingegangen sind. Da die Ausgabe des Werkes von 1925 schon gänzlich in Wien entstanden ist, kann es als sicher gelten, dass Schlick auch in den Wiener Kreis seine Affinität zu den Ansichten der Berliner Schule eingebracht hat. Die Diskussionen im Wiener Kreis führen jedoch zu erheblichen Modifikationen des Theoriegebäudes, was im Folgenden im Ansatz thematisiert werden soll.

Als erster Anhaltspunkt für die veränderten Ansichten Schlicks kann sein 1926 veröffentlichter Aufsatz „Erleben, Erkennen, Metaphysik" gelten. Er neigt nun offen dazu, Erkennen als einen stark formalen Produktionsakt zu fassen, bei dem inhaltliche Bestimmungen eine marginale Rolle spielen (vgl. Schlick 1926, S. 149). Dazu korrespondierend wird Erkennen gar nicht mehr als ein mögliches Konstatieren von bestimmten sachhaltigen Strukturen aufgefasst, sondern als ein Herstellen von Zusammenhängen:

> Die rein formale Aufgabe und Funktion der Erkenntnis wird vielleicht am besten ausgedrückt, indem man sagt: alles Erkennen ist stets ein Ordnen und Berechnen, niemals ein Schauen und Erleben der Dinge. (Schlick 1926, S. 151)

Man muss feststellen, dass Schlick eine Theorie vertritt, in der allein die sprachliche Form entscheidend wird. Für gestaltpsychologische Überlegungen scheint kein Raum mehr zu sein.

Dennoch hat Schlick sich in einem Seminar explizit mit der Philosophie der Psychologie beschäftigt (vgl. Schlick/Steinhardt 1987). Es besteht demnach kein Zweifel an einer fortgesetzten inhaltlichen Auseinandersetzung zwischen ihm und der Gestaltpsychologie. Andere Mitglieder und Freunde des Wiener Kreises fochten ebenso ähnliche gedankliche Kontroversen aus. Neben insbesondere Carnap –

> Zuerst machte ich eine Analyse der üblichen Art, von komplexen zu immer kleineren Bestandteilen fortschreitend […]. Diese Analyse führte so zu dem, was Ernst Mach die Elemente nannte. […] Ein Wandel in diesem Ansatz kam, als mir unter dem Einfluß der Gestaltpsychologie von Wertheimer und Köhler klar wurde, daß die übliche Methode der Zerlegung materieller Dinge in einzelne Sinnesdaten unzureichend war. […] Deshalb nahm ich als Elemente Elementarerlebnisse statt einzelner Sinnesdaten. (Carnap 1999, S. 26f.)

– ist hier auch die Dissertation Karl Poppers zu nennen, der sich unter anderem einem Vergleich zwischen Schlicks Ansichten und denjenigen Köhlers gewidmet hat:

> Dieser [d.i. Köhlers; S.K.] Standpunkt ist in dem *methodologisch wichtigsten* Punkt dem Schlickschen gerade entgegengesetzt. Ja, es ist vom Schlickschen Standpunkt aus *nicht abzusehen, warum das Zeichen dem Bezeichneten in irgend einer Hinsicht ähnlich oder verwandt sein sollte.* (Popper 1928, S. 22)

Gleichwohl muss man sagen, dass Schlick den Gestaltbegriff in seiner vollen Radikalität nicht mehr akzeptierte. Er glaubte weiterhin, die ganzheitlichen Phänomene durch Rückgriff auf deren Bestandteile und Relationen zwischen diesen erklären zu können:

> Wenn die Gesetzmäßigkeit der Teile durch die des Ganzen ausgedrückt wird, so ist stets auch das Umgekehrte der Fall; es handelt sich um einen bloßen Unterschied der Schreibweise. Der Laie wird dies am leichtesten erkennen, wenn er darauf aufmerksam gemacht wird, daß das Ganze nur dann vorhanden ist, wenn all seine Teile vor-

> handen sind, daß daher die Aussage, irgendein Geschehen werde durch das Ganze bestimmt, gleichbedeutend ist mit der Aussage, es werde durch alle seine Teile und deren Beziehungen untereinander bestimmt. (Schlick 1938, S. 260)

Spätestens hier ist der Bruch zwischen dem Wiener Kreis und der Berliner Schule offensichtlich. Begriffskonventionalismus und Gestaltdenken entzweien sich. Trotz alledem blieb allerdings eine rudimentäre Affinität zur Gestaltpsychologie im Wiener Kreis erhalten, sowohl bei Schlick selbst, aber auch bei Carnap, Otto Neurath und schließlich auch 1937, fast als ein letztes Lebenszeichen des Kreises, bei Kurt Grelling und Paul Oppenheim (vgl. Grelling/Oppenheim 1937/38).

4 Carl Stumpf und die „Allgemeine Erkenntnislehre"

Diese zugegebenermaßen nur kursorischen Einblicke in gewisse Motive der Diskussionen zwischen Schlick als Vertreter des Wiener Kreises und den Gestaltpsychologen belegen die Möglichkeit fruchtbarer Interaktion zwischen Philosophie und Psychologie, wenn auch am Ende eine echte Synthese gleichwohl nicht gelang. In den Kontext dieser Interaktion gehört auch Schlicks Stumpf-Rezeption, auf die hier abschließend knapp hingewiesen sein soll. Sie beschränkt sich in der Erkenntnislehre allerdings nur auf die Akademie-Schrift von 1906. Stumpf wird hier nicht als Gestaltdenker betrachtet, sondern vor allem in zweierlei Hinsicht thematisiert: als Verfechter der Möglichkeit unbemerkter Bewusstseinsinhalte und als Vertreter einer psychophysischen Wechselwirkungslehre. Das Ausbleiben der Einordnung Stumpfs in den Gestaltdiskurs ist nicht ohne weiteres zu erklären, hier liegt vermutlich schlicht eine Nachlässigkeit Schlicks vor. Interessant ist allerdings die Differenz hinsichtlich des Verhältnisses von Psychischem zu Physischem. Schlick lehnte die Wechselwirkungslehre, die er bei Stumpf zu finden meint, ab und favorisiert einen psychophysischen Parallelismus, der aber letztlich, wie er selbst zugibt, auf eine „Gehirnphysiologie" und damit auf einen Reduktionismus hinausläuft. Dies zeigt sich dann im späteren Wiener Kreis viel deutlicher. Stumpf, der von Schlick bereits sehr früh ein gewidmetes Exemplar der Erkenntnislehre zugeschickt bekommt, hält denn auch in seinem Dankschreiben den Parallelismus Schlicks für die größte sachliche Differenz beider:

> Durch vielfache Arbeit bisher verhindert, komme ich erst heute dazu, Ihnen für die freundliche Zusendung Ihrer ‚Allgem. Erkenntnislehre' meinen besten Dank zu sagen. Ich kann zwar nicht in allem darin zustimmen, so z. B. dem Parallelismus, aber ich erkenne vollkommen die ernste umfassende Arbeit an, die Sie den Problemen gewidmet haben. (Brief Carl Stumpfs an Moritz Schlick, 23.2.1919)

Auch hier aber, ohne die inhaltlichen Differenzen weiter zu erläutern, bleibt die Grundthese bestehen, dass sich Philosophie und Psychologie durchaus „etwas zu sagen“ hatten. Leider hat Stumpf die späteren Umarbeitungen Schlicks unter dem Eindruck der Berliner Schule nicht mehr rezipiert, jedenfalls greift er in seiner eigenen „Erkenntnislehre“ nur auf die erste Auflage zurück. Die weiteren Entwicklungen des logischen Positivismus mussten Stumpf – wie auch Köhler – allerdings vor Augen geführt haben, dass die einmal greifbare Nähe von Teilansichten im Laufe der 30er Jahre schwindet. Die Wiederaufnahme solcher Diskurse ist seitdem größtenteils Desiderat geblieben.

Literatur

Ash, M. G. (1998). *Gestalt psychology in german culture 1890-1967. Holism and the question? for objectivity*. Cambridge: Cambridge University Press.

Berger, M. (2002). David Katz (1884-1953) – Leben und Werk des international bedeutenden Gelehrten und ersten Rostocker Professors für Psychologie und Pädagogik (1919-1933). *Zeitgeschichte regional. Mitteilungen aus Mecklenburg-Vorpommern 6* (S. 71-78).

Carnap, R. (1999). *Mein Weg in die Philosophie*. Übers. v. W. Hochkeppel. Stuttgart: Reclam.

Friedman, M. (2000). *Carnap, Cassirer, Heidegger. Geteilte Wege*. Frankfurt a.M.: Fischer.

Grelling, K., Oppenheim, P. (1937/38). Der Gestaltbegriff im Lichte der neuen Logik. *Erkenntnis 7*, 211-225.

Kluck, S. (2008). *Gestaltpsychologie und Wiener Kreis. Stationen einer bedeutsamen Beziehung*. Freiburg, München: Karl Alber.

Köhler, W. (1924). *Die physischen Gestalten in Ruhe und im stationären Zustand. Eine naturphilosophische Untersuchung*. Erlangen: Verlag der philosophischen Akademie.

Planck, M. (1910). *Acht Vorlesungen über Theoretische Physik gehalten an der Columbia University in the City of New York im Frühjahr 1909*. Leipzig: Hirzel.

Popper, K. (1928). *Zur Methodenfrage der Denkpsychologie*. Dissertation Sommersemester 1928, Universitätsarchiv Wien (inzwischen publiziert in Popper Gesammelte Werke).

Schlick, M. (1910). Die Grenze der naturwissenschaftlichen und philosophischen Begriffsbildung. *Vierteljahrsschrift für wissenschaftliche Philosophie und Soziologie 34*, 121-142.

Schlick, M. (1918/1925/2009). *Allgemeine Erkenntnislehre*. Hrsg. v. H. J. Wendel & O. Engler. Wien, New York: Springer.

Schlick, M. (1926). Erleben, Erkennen, Metaphysik. *Kant-Studien 31*, 146-158.

Schlick, M. (1938). Über den Begriff der Ganzheit, in: *Gesammelte Aufsätze 1926-1936*. Hrsg. v. F. Waismann. Wien: Gerold & Co. (S. 251-266).

Schlick, M., Steinhardt, K. (1987). Gestaltpsychologie. Autorisiertes Manuskript. Hrsg. v. F. Stadler. *Conceptus 21*, 127-142.

Wittmann, S. (1998). *Das Frühwerk Kurt Lewins. Zu den Quellen sozialpsychologischer Ansätze in Feldkonzept und Wissenschaftstheorie*. Frankfurt a.M.: Lang.

Alle zitierten Briefe sowie Nachlass-Schriftstücke befinden sich im Rijksarchief Noord-Holland in Haarlem (Niederlande).

Repräsentation und Architektur des Psychischen. Eine Synthese der Gedanken Gustav Theodor Fechners und Carl Stumpfs zur (Auf-)Lösung des Leib-Seele-Problems

Mike Lüdmann

Zusammenfassung

Ausgangspunkt des Aufsatzes ist die derzeitige Debatte innerhalb der Psychologie um die Biologisierung des Faches. Um der (vermeintlichen) Gefahr neuroreduktionistischer Strategien zu entgehen, wird häufig bereits aus der phänomenalen Differenz zwischen psychischen und neuronalen Aspekten abgeleitet, dass es sich hierbei um zwei verschiedene Wirklichkeitsbereiche handelt. Allerdings hat bereits Gustav Theodor Fechner eine gehaltvolle Position entwickelt, die das *Problem der phänomenalen Differenz* aufzulösen vermag. Der Grundgedanke ist, dass wir ein und denselben Wirklichkeitsausschnitt unterschiedlich *repräsentieren* und es so überhaupt erst zur Gehirn-Geist-Differenz kommt. Insbesondere Carl Stumpf hat den Fechnerschen Ansatz aber stark kritisiert und betont vor allem die Teil-Ganzes-Beziehung als entscheidende erkenntnistheoretische Relation. Es lässt sich nun zeigen, dass sich die Gedanken Fechners und Stumpfs einerseits in der aktuellen philosophischen Diskussion widerspiegeln und dass in der Synthese ihrer Gedanken andererseits ein großes Potential liegt, eine (Auf-)Lösung des Leib-Seele-Problems voranzubringen. Trotz der Möglichkeit zur Annahme einer psychophysischen Koextensivität oder gar Identität besteht keine Gefahr für den Status der Psychologie als Wissenschaft oder des Psychischen als einer realen und wissenschaftlich akzeptablen Größe.

Abstract

The central point of this essay is the current debate within psychology on its biologisation. In order to avoid neuroreductionist approaches, a dualistic ontology is often deduced from the phenomenological differences of psychological and neurological aspects. However, Gustav Theodor Fechner has already developed a promising position that may resolve the *Problem of Phenomenonal Difference*. The basic idea is, that we *represent* identical aspects of reality differently, which does then result in the mind-brain difference. Especially Carl Stumpf has strongly critized Fechner's approach and emphasized the part-whole relationship as the relevant epistemological relation. It is possible to show that Fechner's and Stumpf's ideas are represented in the contemporary philosophical discussion of the mind-body problem and that the synthesis of their ideas bears great potential for contributing to a solution. Despite the possibility to assume psycho-physical coextensiveness or even identity, neither the status of psychology as a science nor psychological phenomena as real and scientifically accessable entities are at stake.

1 Die gegenwärtige Debatte in der Psychologie

Mit dem Aufkommen der kognitiven Neurowissenschaften und der damit verbundenen Erforschung der neuronalen Grundlagen des menschlichen Verhaltens und Erlebens ist ein Dogma der Psychologie, das sich in der zweiten Hälfte des 20. Jahrhunderts etabliert hatte, endgültig gefallen: Eine Beschäftigung mit dem Leib-Seele-Problem galt als überflüssig, es sei ein für die empirische Forschung unerhebliches Thema. Wenn nun aber auch Biologen und Mediziner sich mit der Erforschung von Kognitionen oder Emotionen beschäftigen, wird offenkundig, dass der Frage nach dem Status des Psychischen nicht länger ausgewichen werden kann. Es wird der heutigen Psychologie geradezu schmerzlich bewusst, dass die jahrzehntelange Vernachlässigung der Beschäftigung mit begrifflich-konzeptuellen Belangen das Fundament der Psychologie zunehmend ausgedünnt haben, sodass heute kaum noch jemand die Frage beantworten kann, was denn überhaupt den namensgebenden Gegenstand der Psychologie, sprich: die Psyche, ausmacht. Es scheint also eine Aufgabe von fachlich-historischer Bedeutsamkeit zu sein, die vormals bereits in Ansätzen gut etablierte *Theoretische Psychologie* wiederzubeleben.

Die Psychologische Rundschau, als Organ der Deutschen Gesellschaft für Psychologie, hat im Jahr 2010 ein ganzes Themenheft hierzu unter dem Titel „Wie viel Biologie braucht die Psychologie?" veröffentlicht, was die aktuelle Brisanz dieses Themas in der Psychologie unterstreicht. Die Autoren sind mehr oder weniger stark über die oben skizzierten Zusammenhänge besorgt. Mancher nimmt bereits Auflösungserscheinungen des ganzen Faches wahr, mancher sieht den aktuellen Entwicklungen eher gelassen entgegen und setzt auf die Entlarvung der Schwämme an neuronal begründeten Pseudo-Erklärungen psychologischer Forschungsgegenstände (vgl. Jäncke & Petermann, 2010; Strack, 2010) und einer damit einhergehenden Rückbesinnung auf die „klassischen" psychologischen Forschungsmethoden und -modelle.

In den Texten zeichnen sich drei aufschlussreiche Charakteristika ab. *Erstens* zeichnet sich eine Tendenz ab, die spätestens seit dem Aufkommen der kognitiven Neurowissenschaften zum (stillschweigenden) Allgemeingut innerhalb der Psychologie gehört: Nämlich wird, wenn von einer Bestimmung des Verhältnisses der Forschungsgegenstände bzw. Theorien von benachbarten wissenschaftlichen Disziplinen die Rede ist, von *Ebenen* gesprochen. So wird begrifflich *unisono* eine psychologische Ebene von einer biologischen Ebene unterschieden und z.B. gefragt, ob und inwieweit man „mit den neuen biologischen Methoden psychologische Fragestellungen auf einer anderen Ebene bearbeiten [kann]" (Jäncke & Petermann, 2010, S. 176). Die Biologie und die Psychologie beschäftigen sich also offenbar mit ein und denselben Bezugsgegenständen, untersuchen diese jedoch auf unterschiedlichen *Analyseebenen* bzw. entwerfen „ebenenspezifische" Theorien und Modelle. An anderen Stellen ist aber auch von etwas die Rede, was man wohl am besten als natürliche *Organisationsebenen* bezeichnen kann. So besitzen wir nach Mausfeld (2010) noch keine „theoretische Konzeption darüber, auf welcher *physikalischen Ebene der Organisation des Gehirns* die für eine Erklärung mentaler Phänomene relevanten Prinzipien verankert sind" (S. 181; Hervorh.: M.L.). Während also mit den Analyseebenen die fachspezifischen modellhaften Vorstellungen und Theorien zu einem Gegenstandsbereich verbunden sind, scheint der Begriff der Organisationsebene zu implizieren, dass wir es hier mit einer echten (ebenenspezifischen) strukturellen Beschaffenheit (eines Gegenstandes) zu tun zu haben. Die Wirklichkeit selbst (und nicht nur ihre Repräsentation in wissenschaftlichen Modellen) wird als geschichtet aufgefasst.

Mit dem Begriff der Ebene geht außerdem die Vorstellung einher, dass es eine Manifestation von unterschiedlichen Eigenschaften auf den einzelnen Ebenen gibt. So ist die Rede von höherstufigen Eigenschaften oder *Makroeigenschaften* eines Systems, die von Spezialwissenschaften wie der Psychologie untersucht werden, gegenüber niederstufigen Eigenschaften oder *Mikroeigenschaften*, die von den Naturwissenschaften erforscht werden.

In diesem Zusammenhang kann die eingangs aufgeworfene Frage nach dem Status des Psychischen präzisiert werden, denn die Frage ist nun, ob es eine *natürliche Organisationsebene des Psychischen* gibt. Konstituiert das Psychische, dessen Erforschung wir uns als Psychologen verschrieben haben, eine eigene höherstufige Komplexitätsebene?

Zweitens – und dies ist der brisanteste und gleichzeitig Dreh- und Angelpunkt der Debatte – wird behauptet, dass *neuroreduktionistische Positionen* derzeit einen (ungünstig) starken Einfluss auf die Psychologie hätten. Die Frage nach der Beziehung zwischen den Ebenen würde von den Neurowissenschaften so beantwortet werden, dass sie ihre Forschungsebene als die eigentlich wissenschaftlich respektable Erklärungsebene ansähen, während psychologische Theorien nur den Status von temporären Hilfskonstruktionen zugewiesen bekämen:

> Warum rückt aber dann das Thema der Beziehung von Psychologie und Biologie gegenwärtig wieder in den Focus des Interesses? Der Grund liegt in dem in neurowissenschaftlichen orientierten Bereichen geäußerten Anspruch, dass die ‚eigentliche' Erklärung psychologischer Phänomene auf einer ganz spezifischen Analyseebene der Biologie, nämlich der Ebene neuronaler Prozesse, zu suchen sei und dass psychologische Theorien bestenfalls vorrübergehende Hilfskonstruktionen seien, bis man auf neuraler Ebene die ‚eigentliche' Erklärung für die betrachteten psychologischen Phänomene gefunden habe. (Mausfeld, 2010, S. 181)

Es wird – über ein solches von den Naturwissenschaften beanspruchtes Erklärungsprimat noch hinausgehend – unterstellt, dass die Neurowissenschaften eine Reduktion der höherstufigen mentalen Eigenschaften selbst auf die niederstufigen neuronalen Eigenschaften als möglich erachten. Es gilt daher einerseits zunächst zu klären, ob eine Reduktion der höherstufigen Theorien der Psychologie auf die niederstufigen Theorien der Biologie überhaupt prinzipiell möglich ist (*Theoriereduktion*). Andererseits muss geklärt werden, inwieweit eine Reduktion der mentalen Eigenschaften selbst auf physikalische bzw. neuronale Eigenschaften möglich ist. Lassen sich psychische Vorgänge tatsächlich auf Vorgänge in unserem Gehirn zurückführen (*Entitäts-* oder *Eigenschaftsreduktion*)? Ist der Reduktionismus wirklich das vielfach heraufbeschworene Schreckgespenst, das letzten Endes die akademische Psychologie oder vielleicht sogar die Postulierung mentaler Phänomene überflüssig machen wird?

Drittens lässt sich an verschiedensten Stellen die Tendenz ausfindig machen, der (vermeintlichen) reduktionistischen Bedrohung dadurch zu begegnen, dass man eine solche allein schon aufgrund der offenkundigen qualitativen Verschiedenheit neuronaler und psychischer Gegebenheiten ausschließt. Pauen (2001) hat dies als das *Problem der phänomenalen Differenz* bezeichnet, das von allen nicht-dualistischen Leib-Seele-Theorien gelöst werden muss. Denn wenn man – vielleicht sogar aus guten Gründen, wie wir sehen werden – annimmt, dass sich Psychologie und (Neuro-)Biologie letztendlich auf denselben Forschungsgegenstand beziehen, scheint ein zentraler Einwand gegen eine solche Vorstellung zu sein, dass unklar bleibt, warum zwei in unserer Wahrnehmung so verschiedene Dinge wie ein Vorgang in unserem Gehirn und ein bewusstes Erlebnis ein und dasselbe sein sollen. So sagt wiederum Mausfeld (2010):

> Wie genau wir das Gehirn auch anschauen – sei es durch ein Mikroskop, durch moderne bildgebende Geräte oder zukünftig vielleicht mit noch genaueren Verfahren – wir finden stets nur physikalische Objekte der üblichen Art: Neuronen und Synapsen, Neurotransmitter, Ionen, Elektronen und Protonen. (S. 181)

Das Gehirn und seine strukturellen Einheiten weisen offenbar nichts auf, was in irgendeiner Hinsicht Eigenschaften hat, wie sie für unseren geistigen Raum charakteristisch sind (wie z.B. die spezifische Qualität von Gefühlen, Schmerzen etc.). In ähnlicher Form drückt es Lockwood (1993) aus: „For if the immediate objects of introspective awareness just are states of, or events within, the brain, seen as they are themselves, why do they *appear to be* so radically different from anything that a knowledge of the physiology of the brain would lead one to expect?" (S. 273f; Hervorh. im Orig.).

2 Fechners Lösung des Problems der phänomenalen Differenz

Soweit die – nach meinem Eindruck – Kernpunkte der gegenwärtigen Debatte um den Status des Psychischen. Was bei der Diskussion in der Regel außer Acht gelassen wird, ist, dass die aufgeworfenen Fragen größtenteils bereits im 19. Jahrhundert angestrengt diskutiert wurden, wobei insbesondere Gustav Theodor Fechner (1801–1887) eine gewinnbringende Position vertreten hat. Bekannt geworden ist diese Position unter dem Namen ‚Psychophysischer Parallelismus', obwohl dies genau genommen eine irreführende Bezeichnung ist, da Fechner im Kern keine Parallelität zweier Entitätsbereiche postuliert, sondern nur eine Parallelität der *Erscheinungsweise* (und damit einen ontologischen Monismus/eine psychophysische *Identität*). Auch wurde Fechners ‚Zweiperspektivenlehre' von vielen späteren Interpreten als eine bloße Metapher missverstanden (im Sinne von zwei Seiten einer Medaille o. Ä.) und dabei ihr empirischer Gehalt übersehen.

Der von Fechner selbst als *Identitätsansicht* bezeichnete Ansatz wird aus den Wahrnehmungsperspektiven, die zwei Menschen zueinander einnehmen, entwickelt. Der Grundgedanke hierbei ist, dass es in Abhängigkeit von der einem Gegenstand gegenüber eingenommenen Perspektive zu einer qualitativ höchst unterschiedlichen Repräsentation ein und desselben Wahrnehmungsgegenstandes kommen kann. Dies ist mitunter – wenn man sich innerhalb der Naturwissenschaften bewegt – zunächst ein ziemlich trivialer Fakt. So hängt es vom Grad der optischen Auflösung bzw. Vergrößerung ab, ob man z.B. bestimmte Teile des menschlichen Körpers als Organe, wie Herz, Niere oder Leber, identifiziert oder, ob man mit Geweben oder Zellen konfrontiert wird oder – bei noch größerer Auflösung bzw. bei der Anwendung von Verfahren, die sich eines indirekten Nachweises bedienen – auf Atome und Elementarteilchen, stößt'.

Wie verhält es sich aber, wenn man das Verhältnis von neuronaler und mentaler Ebene in den Blick nimmt? Hier liegt offensichtlich ein ganz besonderer Fall vor, da wir nicht wie in den zuvor genannten Fällen äußere Wahrnehmungsgegenstände haben, die in unterschiedlicher Form mental repräsentiert werden, sondern es geht um die Ebene des Mentalen selbst, deren Bezug zu der mit ihr korrelierenden neuronalen Ebene untersucht werden soll. Gegenstand ist hier also das Verhältnis der so genannten *Erste-Person-Perspektive* gegenüber der *Dritte-Person-Perspektive*. Nichtsdestotrotz kann auch hier zunächst argumentiert werden, dass sich die Verschiedenheit neuronaler und mentaler Eigenschaften aus der von der Perspektive abhängigen unterschiedlichen Repräsentation ein und derselben Vorgänge ergibt. Die Position Fechners hebt also die besondere Bedeutung des ‚Standpunktes des Betrachters' bei der Beantwortung der Leib-Seele-Frage hervor. Mit einem einfachen Bild lässt sich jedenfalls nachzeichnen, dass sich ein und derselbe Vorgang, der sich aus der Sicht eines Neurowissenschaftlers, der heutzutage mit bestimmten Verfahren wie fMRI oder EEG auf das Gehirn zugreift, als Zunahme von Aktivitäten in bestimmten Gehirnregionen präsentiert, für den untersuchten Probanden als z.B. eine sensorische Empfindung darstellen kann.

Fechner (1922) beschreibt diese Zusammenhänge im ‚Zend-Avesta' von 1851 in sehr anschaulicher Form:

> Vergegenwärtigen wir uns nun einen Menschen, dessen Geist in irgendeiner Weise beschäftigt ist; er mag sehen, hören, denken. Man weiß, daß bei der geistigen Tätigkeit in seinen Augen, Ohren, Nerven, seinem Gehirn sich gewisse Veränderungen vollziehen. Die körperlichen Erscheinungen würde ein anderer, der von außen in jenen hineinblicken könnte, unter geeigneten Umständen wohl beobachten können; er würde dabei aber nichts von den Empfindungen und Gedanken wahrzunehmen imstande sein, die in der Seele der ersteren vorhanden sind. Dieser spürt aber umgekehrt nichts von den körperlichen Vorgängen, obwohl sie in ihm selbst vonstatten gehen. Er fühlt nichts von den Bewegungsvorgängen in seinen Nerven, seinem Gehirn; für ihn ist alles nur Sehen, Hören, Denken, d.h. ausschließlich geistiges Erleben. Wohl empfindet ein jeder seine Nerven, sein Gehirn mit allen darin verlaufenden Vorgängen, aber empfindet sie nicht als Nerven, als Gehirn, sondern als Sinnesempfindung, als Sehen, Hören, kurz als Geist. (ebd., S. 112f)

Wenn Fechner darauf sagt, dass erst ein anderer kommen muss, „um das, was jenem als geistiges Erleben erscheint, als materiellen Körper und als materielle Vorgänge darin festzustellen" (ebd., S. 113), dann zeigt sich darin ganz die fundamentale Bedeutung einer dyadischen Beziehung für die Begründung der Identitätsansicht. Aber auch jeder Mensch für sich genommen hat eine Art doppelten Zugang zu sich selbst. Was nun aber in der Selbstbezugnahme nicht möglich ist, ist, dass man genau diejenigen (materiellen) Prozesse in den Blick bekommt, denen die zeitgleich verlaufenden geistigen Vorgänge entsprechen, denn wie vorher schon herausgestellt, fühlt die betreffende Person durchaus ihr gerade ‚aktives Nervensystem', nur nimmt sie es nicht als solches wahr, sondern als Gedanken, Wahrnehmungen, Stimmungen usw. Unser Denken und Empfinden ist unter normalen Umständen nämlich *transparent* (vgl. Metzinger, 2005, S. 25ff) für die (repräsentationalen) neurophysiologischen Vorgänge und Gehirnstrukturen, die mit ihm assoziiert sind, man schaut in einem gewissen Sinne ‚durch sie hindurch'.

Ich denke, es wird deutlich, dass Fechner das Problem der phänomenalen Differenz sehr elegant zu lösen vermag, indem er einen ontologischen Monismus und nichtsdestotrotz einen (zumindest epistemischen) Eigenschaftsdualismus vertritt. Der Dualismus der Eigenschaften verdankt sich zum einen der geschilderten Transparenz mentaler Zustände (gegenüber ihren repräsentationalen, physischen Bedingungen) und zum anderen dem „doppelte[n] Standpunkt der Betrachtung“ (Fechner, 1922, S. 263) bzw. wie Heidelberger (2000) es ausdrückt, „der Dualität der Perspektive“ (S. 54). Hier kommt also ganz besonders die Bedeutung des Aspektes der Perspektivität (Fechner spricht hier von Standpunkt) zum Vorschein. Es gibt – wie in der Tradition Descartes‘ – keine zwei Substanzen, die nun irgendwie aufeinander bezogen werden müssen, sondern letztendlich gibt es auch im Falle des Menschen nur ein eingestaltiges Sein, das sich in Abhängigkeit von unserer ‚arteigenen’ Betrachtungs- bzw. Zugangsweise zum einen als ein geistiges zeigt, wenn man es aus der Perspektive des eigenen Bewusstseins erfährt, und das sich als physisch manifestiert, wenn man sich ihm „von außen beobachtend“ (z.B. als Hirnforscher) nähert. In Fechners (1922) eigenen Worten: „Wir erklären uns die Verschiedenheit der Erscheinungsweise damit, daß sie von der Verschiedenheit des Standpunktes herrührt, den der Beobachter dazu einnimmt. Als etwas Geistiges erscheint der Vorgang von einem innerlichen Standpunkte aus, als etwas Leibliches von einem äußerlichen Standpunkte“ (S. 113f).

Durch die Voraussetzungen der Identitätsansicht kann es nach Fechner eine kausale Einwirkung weder in die eine noch in die andere Richtung geben. Denn wenn Leib und Seele letztendlich nur perspektivische Erscheinungsformen ein und desselben Dinges sind, dann kann es nicht sein, dass sich Veränderungen in der einen Repräsentationsform ursächlich aus der anderen Repräsentationsform ergeben, schließlich handelt es sich *de facto* nur um einen einzigen Vorgang. Anstatt eines kausalen Verhältnisses bestehe zwischen Körper und Geist eine funktionelle Beziehung, für die Fechner ein allgemeines Kriterium formuliert: „Allgemein nennen wir das Psychische Function des Physischen, davon abhängig und umgekehrt, insofern eine derartige constante oder gesetzliche Beziehung zwischen beiden besteht, dass von dem Dasein und den Veränderungen des Einen auf die des Anderen geschlossen werden kann“ (Fechner, 1964, S. 8).

3 Grenzen des Ansatzes und mereologische Überlegungen Stumpfs

Zunächst ist festzustellen, dass die Arbeit Fechners zum Leib-Seele-Problem einen großen Einfluss auf nachfolgende Denker genommen hat und nach Heidelberger (1993) „auf vielen verschlungenen historischen Wegen bis weit in die heutige Wissenschaftstheorie, Philosophie und Naturwissenschaft hinein[reicht]“ (S. 17). In unmittelbarer Weise hat Fechner besonders Ernst Mach und Wilhelm Wundt, die ihm auch persönlich sehr nahe standen, beeinflusst.

Nichtsdestotrotz weist der Ansatz Fechners eine Reihe von Problemen auf. So stellt sich die Frage, wo die Grenze zwischen physischen Vorgängen gezogen werden sollte, die – wie Fechner sich häufig ausdrückt – Träger von psychischen Erscheinungen sind, und solchen physischen Vorgängen, die dies nicht sind, oder ob eine solche Grenzziehung womöglich unangebracht ist. Wenn diese ‚Trägerschaft' nur dem Nervensystem oder Teilen von diesem zukommen sollte, was macht dann deren Besonderheit gegenüber anderen physischen oder allgemein physikalischen Strukturen aus? Fechner hat diese Schwierigkeit, solch eine Grenze bzw. solch ein Kriterium anzugeben, gesehen und versucht, sie zu umgehen, indem er dazu übergeht, den ganzen menschlichen Körper und in späteren Abhandlungen die materiellen Gegenstände insgesamt (also auch Anorganisches) als Träger von Seelischem zu betrachten. Diese Hinwendung zum *Panpsychismus* dürfte einer der Hauptgründe für die allmähliche Ablehnung des „Psychophysischen Parallelismus" sein.

Andere, wie Wilhelm Dilthey, William James und eben auch Carl Stumpf, haben Fechner wiederum vorgeworfen, dass seine Identitätsansicht einen unhaltbaren Reduktionismus oder Epiphänomenalismus implizieren würde (vgl. Heidelberger, 2002). Denn wenn Gehirn und Geist letztendlich perspektivische Erscheinungsformen ein und desselben zugrunde liegenden Wirklichkeitsausschnittes sind und man hierbei nicht von einem dubiosen zugrunde liegenden „Dritten" sprechen möchte, dann kann die These der Identitätsansicht schnell so verstanden werden, dass alles geistige Geschehen letztendlich *nichts anderes als* neuronales Geschehen ist und das die eigentliche Wirkmächtigkeit von Gedanken und Gefühlen letztendlich nur auf die Wirkmächtigkeit der neuronalen Strukturen zurückgeht, mit denen sie identisch sind. Stumpf sprach sich bei seiner Eröffnungsrede als Präsident des dritten Kongresses für Psychologie 1896 in München für einen interaktionistischen Dualismus aus, vor allem deshalb, weil – da im Angesicht der Evolutionstheorie Darwins alles Existierende auch kausal wirksam ist – auch das Psychische eine (eigene) kausale Wirkkraft haben müsse, die der „Psychophysische Parallelismus" in seinen Augen nicht gewährleisten kann (vgl. ebd.1997; Heidelberger, 2002).

Obgleich diese Kritik an Fechner offenkundig überzogen ist, beinhaltet sie doch einen wichtigen Gedanken: Die Mannigfaltigkeit unserer Erfahrungswelt scheint unter den hier getroffenen Voraussetzungen lediglich *subjektiver* Art zu sein. Nach den Bestimmungen Fechners scheint es sich nämlich in der Tat so zu verhalten, dass die Vielfalt an Erscheinungsformen der Welt nur auf unser Wahrnehmungssystem selbst zurückgeht und sich *de facto* auf eine an sich undifferenzierte Wirklichkeit bezieht. Denn wenn die Verschiedenheit von Gehirn und Geist letztendlich nur auf den divergierenden Zugriff auf ein und denselben Wirklichkeitsausschnitt zurückgeht, scheint diese Divergenz eben nur ein Produkt unserer Wahrnehmung oder unserer „arteigenen“ Auffassung dieses Wirklichkeitsausschnittes zu sein. Wenn man dies akzeptiert, wie verhält es sich dann aber mit der Divergenz zwischen Zellen, Molekülen und Atomen? Handelt es sich hierbei auch nur um ein Artefakt unserer Wahrnehmung? Dass die phänomenale Differenz zwischen Atomen, Molekülen und Zellen bei der Betrachtung ein und desselben Objektes nur auf uns selbst zurückgeht, während das betrachtete Objekt selbst keine solche Strukturgliederung aufweist, wird man wohl kaum zu akzeptieren bereit sein.

Das Problem, das sich hier abzeichnet, geht vor allem darauf zurück, dass sich Fechner kaum mit der Teil-Ganzes-Beziehung auseinander gesetzt hat. Fechner scheint es zwar ein abwegiger Gedanke zu sein, einem psychischen Zustand einen ganz bestimmten Punkt im Nervensystem zuordnen zu wollen und vertritt hier sozusagen eine „Einheit-Vielheits-Korrespondenz“, formuliert diesen Ansatz aber nicht explizit unter Berücksichtigung der Teil-Ganzes-Beziehung aus. So sagt er: „Die Erfahrung zeigt, daß oft eine Vielheit des Körperlichen zu einer Einheit des Geistigen zusammenstimmt; viele Nervenschwingungen gehören zu einer einzelnen Empfindung, sehr verwickelte Gehirnbewegungen zu einem einzigen Gedanken, beide Gehirnhemisphären zu einem Denken“ (Fechner, 1922, S. 268). In der heute gängigen Terminologie formuliert könnte man sagen, dass einem in unserer Wahrnehmung einheitlichen Erlebniszustand ein weit verzweigtes neuronales Netzwerk zugrunde liegen kann. Auch wenn Fechner so den vermeintlichen Widerspruch zwischen Vielheit (auf der neuronalen Seite) und Einheit (auf der mentalen Seite) zu überbrücken versucht, nimmt er keine eindeutigen Ableitungen vor, die in der *Beziehung* zwischen dem Psychischen und seinen neuronalen Grundlagen *selbst* ein mereologisches Verhältnis ausfindig machen. Insofern haben seine Kritiker nicht Unrecht, wenn sie darlegen, dass das Psychische unter seinen Voraussetzungen von einer kausalen Wirkungslosigkeit und einem nur sekundären, abgeleiteten Realitätsstatus bedroht ist. Anders formuliert könnte man sagen, dass das Psychische bei Fechner allem Anschein nach keine eigene Ebene einer natürlichen Organisation der Wirklichkeit konstituiert. Überhaupt hat der Begriff der Ebene für Fechner offenbar noch keine Bedeutung gehabt.

Dass mereologische Überlegungen nur von untergeordneter Bedeutung sind, ist nicht nur für Fechner symptomatisch. Wie Kaiser-el-Safti (2001 und in diesem Band) nachweist, hat dies eine Tradition, die vor allem auf Kant zurückgeht, der die Subjekt-Objekt-Beziehung anstatt der Teil-Ganzes-Beziehung zur entscheidenden erkenntnistheoretischen Position gemacht hat. Die Teil-Ganzes-Beziehung spielte auch in der (analytischen) Philosophie des Geistes, im Rahmen derer gegenwärtig primär die Besprechung des Leib-Seele-Problems verortet ist, bis vor Kurzem keine nennenswerte Rolle.

Carl Stumpf (1848-1936) hingegen war sich der Bedeutung der Teil-Ganzes-Beziehung bewusst. Insbesondere relativiert er in seiner *Erkenntnislehre* die Aussage Leibniz', dass man einen menschlichen Körper nicht zugleich als Ding (ein Ganzes) und gleichzeitig auch dessen Atome so bezeichnen kann:

> „Aber es ist ja nicht das Nämliche zugleich eines und vieles, sondern das Eine ist ein *Ganzding*, die anderen sind die ihm untergeordneten *Teildinge*, jedes in seiner Art und an seinem Platze. So kann sehr wohl ein Ding andere einschließen, die dabei doch ihren Charakter als Träger von Eigenschaften [...] beibehalten. [...] Was man zu einem Ding zu rechnen pflegt, gehört doch irgendwie zusammen, wenn es auch nicht immer ein räumliches Kontinuum bildet. [...] Das zusammenhaltende Band ist in diesen Fällen [z.B. bei einer Lokomotive, einem Organismus oder einer Schafherde; M.L.] sehr verschieden, es ist vielfach nur ein ideales oder geistiges, aber es ist unabhängig von dem individuellen Belieben des Urteilenden, ist in der Sache begründet und insofern objektiv gegeben". (ebd., 1939, S. 20; Hervorh. im Orig.)

Obgleich Stumpf selbst die Teil-Ganzes-Beziehung in weiteren Ausführungen eher für „innerpsychische" Relationen heranzieht (die dann auch maßgeblich für die Gestaltpsychologie wurden), sind diese Gedanken Stumpfs hervorragend dazu geeignet, einen wichtigen Beitrag zur (Auf-)Lösung des Leib-Seele-Problems zu leisten. Teil-Ganzes-Beziehungen können verständlich machen, wie die Vielheit an unterschiedlichen Repräsentationen eines Objektes trotz dessen substantieller Einheit zustande kommt. Wenn wir wiederum das Problem der Beziehung zwischen Zellen, Molekülen und Atomen aufgreifen, lässt sich sagen, dass ein Lebewesen oder auch ein Organ wie das Gehirn aus einer Anzahl von Zellen besteht, die ihrerseits aus Molekülen zusammengesetzt sind und von denen sich wiederum jedes einzelne Molekül in Atome zerlegen lässt. Diese Strukturgliederung ist hierbei nicht einfach auf unsere Wahrnehmung oder Repräsentation des Gegenstandes zurückzuführen, sondern sie ist – wie Stumpf sagt – *in der Sache selbst* begründet. Der Gegenstand selbst weist eine natürliche Gliederung auf, die sich aus der Teil-Ganzes-Relation herleitet.

4 Widerspiegelung im mereologisch-mechanistischen Ansatz

Eine sich primär aus der Wissenschaftstheorie speisende Entwicklung zu einer verstärkten Berücksichtigung der Teil-Ganzes-Beziehung hat sich in der Philosophie in den letzten Jahren abgezeichnet. Hierbei werden – größtenteils mechanistisch konzipierte – Teil-Ganzes-Relationen zur Erklärung der Beziehung zwischen den verschiedenen Forschungsebenen des menschlichen Geistes herangezogen (vgl. Craver, 2007; Bechtel 2008).

Eine anschauliche Beschreibung des allgemeinen mereologischen Prinzips liefert Lycan (2007):

> *Zellen* [...] setzen sich aus kooperierenden Gruppen kleinerer Einheiten zusammen, zu denen u.a. die Membran, der Zellkern und die Mitochondrien gehören: Diese Einheiten selbst sind *Systeme* noch kleinerer, ebenfalls kooperierender Bestandteile. Wenn wir schon mal dabei sind, gibt es darunter noch zahlreiche und deutlich unterscheidbare Ordnungsebenen der Natur: die chemische, die molekulare, die atomare sowie die (traditionelle) subatomare, oder mikrophysikalische Ebene. Diese Ebenen bestehen aus Geflechten interessanter gesetzesartiger Verallgemeinerungen und werden nach den Typen der betreffenden Generalisierungen individuiert. Verfolgt man die Hierarchie jedoch wieder aufwärts, gruppieren sich die Zellen zu Geweben, aus denen sich Organe zusammensetzen, die sich wiederum zu Organsystemen anordnen, die – auf wunderbare Weise – zusammenwirken, um ganze Organ*ismen* wie etwa menschliche Lebewesen zu bilden. (S. 433f; Hervorh. im Orig.)

Die Teil-Ganzes-Beziehung liefert damit auch eine plausible Erklärung dessen, was unter Ebenen im Sinne eines natürlichen Ordnungsprinzips verstanden werden kann. Immer wenn sich ein mereologisches Verhältnis zwischen Entitäten ausfindig machen lässt, liegt ein hinreichender Grund vor, von einer natürlichen organisatorischen Ordnung eines Gegenstandes zu sprechen. Da sich eine Zelle (prinzipiell) in Moleküle und diese sich wiederum in Atome zerlegen lassen, liegt ein hinreichender Grund vor, in diesem Fall drei natürliche Organisationsebenen als gegeben anzunehmen: die atomare Ebene, die molekulare und die zelluläre Ebene.

Wie bereits von Stumpf herausgestellt, liefern mereologische Verhältnisse damit die gesuchte Antwort auf die Frage nach der Möglichkeit einer Vermittlung zwischen der Akzeptanz der substantiellen Einheit eines Gegenstandes und der nichtsdestotrotz vorhandenen Pluralität seiner Erscheinungsweise (im Sinne divergierender Repräsentationsformate). Man kann daher durchaus Substanzmonist sein, ohne die offenkundige Vielfalt leugnen bzw. nur auf unsere subjektive Auffassung des betreffenden Gegenstandes zurückführen zu müssen, da über eine Teil-Ganzes-Beziehung, die zwischen Entitäten besteht, eine natürliche Gliederung von Objekten angenommen werden kann. Wenn sich also ein Gehirn auf der Ebene neuronaler Netzwerke, auf der zellulären oder vielleicht auch auf der molekularen Ebene untersuchen lässt, dann können diese Ebenen als natürliche Gliederungen des Gehirns angesehen werden, da sie in einem mereologischen Verhältnis zueinander stehen.

Eine relevante Implikation mereologischer Beziehungen ist, dass zwischen dem Ganzen und seinen Teilen ein Verhältnis besteht, das man am besten wohl als *Koextensivität* bezeichnen kann, d.h., dass beide das gleiche räumlich-zeitliche „Feld" einnehmen. Dies ergibt sich aus der Lokalität kompositorischer Prinzipien zur Individuation von Ebenen. Es ist *ein und derselbe* Gegenstand (Lebewesen, Organ...), der durch eine bestimmte Anzahl von mereologischen Ebenen gekennzeichnet ist und im Hinblick auf diese „zerlegt" werden kann.

Ein Herz und die Gefäße, Zellen, Moleküle oder Atome, aus denen dieses Organ besteht, nehmen daher mit Notwendigkeit den gleichen Platz in der Welt ein. Die Annahme eines Teils, das außerhalb des räumlichen Feldes des Ganzen vorkommt, ist kein kohärenter Gedanke. Ebenso wäre es unsinnig anzunehmen, dass etwas Teil eines Ganzes sein kann, obwohl es nicht zur gleichen Zeit wie das Ganze existiert.

Mechanistische Ebenen können als ein prozess- oder kausalitätsbezogener Spezialfall von mereologischen Ebenen verstanden werden. Es handelt sich hier nicht um Ebenen von ineinander zerlegbaren (statischen) Objekten, sondern um Ebenen kausal agierender Entitäten:

> Levels of mechanisms are levels of composition, but the composition relation is not, at base, spatial or material. In levels of mechanisms, the relata are behaving mechanisms at higher levels and their components at lower levels. These relata are properly conceived neither as entities nor as activities; rather, they should be understood as *acting entities*. (Craver, 2007, S. 189; Hervorh.: M.L.)

Diese agierenden Entitäten sind durch eine bestimmte Organisation gekennzeichnet. So haben die Komponenten des Mechanismus bestimmte räumliche (Position, Größe, Form und Bewegung), zeitliche (Reihenfolge, Frequenz und Dauer) und aktivitätsbezogene (z.B. Rückkopplungseffekte) Beziehungen untereinander, um ein Phänomen zu realisieren.

Die von Craver als Beispiel herangezogenen Ebenen des räumlichen Gedächtnisses (siehe Abb. 1) lassen sich seiner Meinung nach nur adäquat als Ebenen von Mechanismen auffassen. Auf der obersten Ebene, der psychischen Ebene, haben wir eine Maus, die mittels ihres räumlichen Gedächtnisses versucht, einen Ausweg aus einem Labyrinth zu finden, in das sie gesetzt wurde. Um verschiedene Formen des räumlichen Gedächtnisses zu testen, können die Forscher verschiedene Variablen manipulieren (z.B. den Ort, wo sie die Maus ins Labyrinth setzen, Umgebungsvariablen usw.) (vgl. ebd., S. 167). Auf der neuronalen Ebene findet die neuronal realisierte Informationsverarbeitung statt, bei der u.a. im Hippocampus eine Art räumlicher Karte generiert wird (vgl. ebd.).Wenn man sich nun fragt, wie der Hippocampus dies bewerkstelligt, muss man die Antwort auf der nächsten Ebene, der elektrophysiologischen Ebene, suchen. Ein entscheidender Prozess dürfte hierbei die so genannte Langzeitpotenzierung (LTP) sein, bei der es aufgrund bestimmter (wiederholter) Erfahrungen, zu einer dauerhaften Verstärkung der postsynaptischen Antwort bei einem konstanten präsynaptischen Signal kommt (vgl. ebd.).

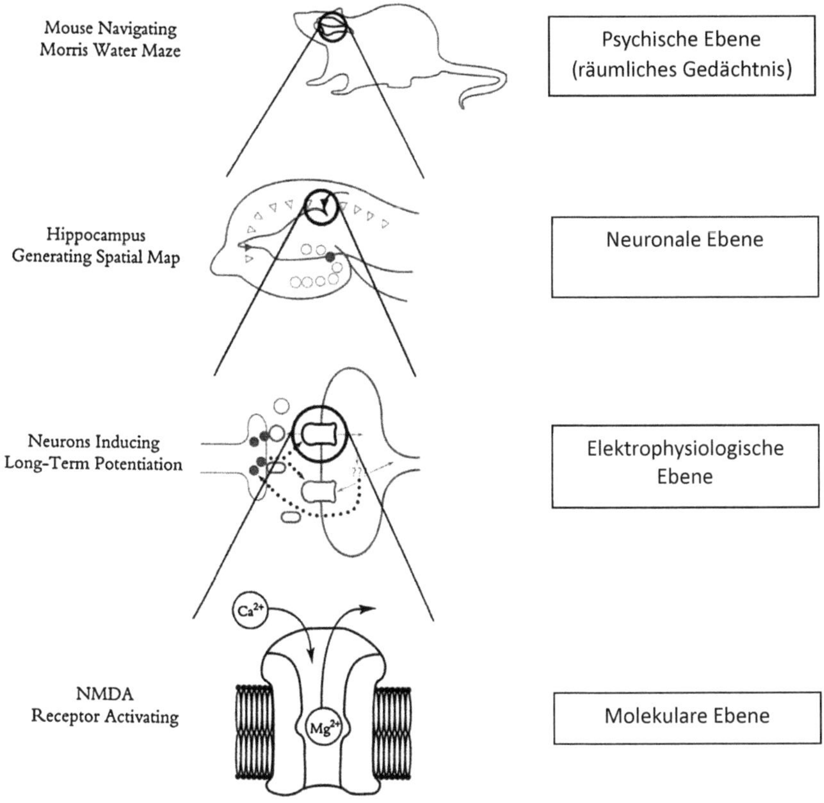

Abb. 1: Mechanistische Ebenen des räumlichen Gedächtnisses (nach Craver, 2007, S. 166)

Und schließlich gibt es noch die „molekulare Ebene", die aus den molekularen Mechanismen besteht, die wiederum die elektrochemischen Aktivitäten der nächsthöheren Ebene überhaupt erst ermöglichen. Ein Beispiel wäre die hier dargestellte Blockade eines NMDA-Rezeptors durch Magnesium-Ionen. Bei einer Depolarisation der postsynaptischen Zelle wird dieses aus dem Kanal gepresst und Calcium-Ionen können in die Zelle einströmen (vgl. ebd., S. 169).

Auch in Bezug auf die agierenden Entitäten der verschiedenen Ebenen eines Mechanismus gilt das Koextensivitätsprinzip, sodass auch in einer solchen kompositorisch begründeten Hierarchie, wie sie der mechanistische Ansatz in eng umrissenen Wirklichkeitsausschnitten nachweist, ein höherstufiges Ganzes gibt, das dasselbe räumlich-zeitliche Feld einnimmt wie seine Komponenten, die wiederum ein koextensives Ganzes gegenüber ihren eigenen Komponenten darstellen usw.

5 Gibt es eine natürliche Organisationsebene des Psychischen?

Im Folgenden soll der eingangs aufgeworfenen Frage nach dem *Status* des Psychischen nachgegangen werden. Was macht also den Gegenstand der Psychologie nun aus? Konstituiert das Psychische einen eigenen Wirklichkeitsbereich bzw. kann man mit guten Gründen sagen, dass es ein *natürliches* Phänomen ist, das gleichberechtigt neben den Phänomenen steht, die die Naturwissenschaften, insbesondere die Biologie, untersuchen? Oder haben am Ende doch diejenigen Recht, die dem Psychischen bzw. der Psychologie gegenüber den klassischen Naturwissenschaften und ihren Gegenständen nur eine geringere Bedeutung zusprechen, z.B. in dem Sinne, dass die von der Psychologie postulierten Entitäten (wie Gedanken, Gefühle, Stimmungen, Motivation…) einen fragwürdigen (minderwertigen) Realitätsstatus aufweisen?

Es muss daher geklärt werden, inwiefern unter der Heranziehung der kompositorischen (mereologisch-mechanistischen) Individuationsbedingungen natürlicher Ordnungsebenen eine *Individuation* des Geistes als einer natürlichen Organisationsebene gewährleistet werden kann. Für die folgende Erörterung soll die Farbwahrnehmung als zentrales Beispiel herangezogen werden.

Gemäß der aktuellen neurowissenschaftlichen Forschungslage werden Farbinformationen im Cortex durch so genannte doppelte Gegenfarbenzellen in den „Blob-Regionen“ des visuellen Cortex im Okzipitallappen verarbeitet (vgl. Gegenfurtner, 2003, S. 16ff ; Tessier-Lavigne & Gouras, 1996, S. 468ff). Insbesondere das so genannte Areal V4 zeigt hierbei eine farbsensitive Aktivierung (vgl. Zeki, 1990; Engel, Zhang & Wandell, 1997). Auf die empirischen Details soll es an dieser Stelle allerdings nicht so sehr ankommen. Wichtig ist lediglich, dass wir ein funktionales System der Informationsverarbeitung als neuronales Korrelat der Farbwahrnehmung vorliegen haben, was aus Gründen der Einfachheit als V_{COR} bezeichnet werden soll.

Ich denke, es liegt auf der Hand, dass die Funktionseinheit V_{COR} als ein Ganzes gegenüber den Funktionseinheiten einer niederen Stufe, in erster Linie also den Neuronen und synaptischen Verbindungen, aus denen der Cortex in diesem Bereich bzw. Netzwerk besteht, angesehen werden kann. Es kann hier also insofern von einem mereologischen Verhältnis gesprochen werden, als dass V_{COR} die Ebene des Ganzen konstituiert und die hier angesiedelten Neurone die Teile dieses Ganzen sind. Damit wäre zunächst einmal eine Individuation von zwei natürlichen Ebenen gegeben: V_{COR} lässt sich als höhere Ebene und die es konstituierenden Zellen als niedrigere Ebene ansehen. Ein neuronales Netzwerk wie V_{COR} stellt des Weiteren gegenüber den einzelnen Neuronen, aus denen es besteht, insofern eine höherstufige Organisationsebene dar, als dass auf dieser neue (i.e. mentale) Eigenschaften hervorgebracht werden, die seine einzelnen Komponenten nicht aufweisen. Wenn nun gelten soll, dass die Farbempfindung selbst in einem kompositorischen Verhältnis zu ihren neuronalen Grundlagen steht, müssen die Farbempfindung und das V_{COR}-konstituierende neuronale Netzwerk gemäß den obigen Ableitungen denselben räumlich-zeitlichen Bereich in der Welt einnehmen, sie müssen *koextensiv* sein.

Inwieweit kann man aber überhaupt sagen, dass eine Farbempfindung etwas ist, dass aus Teilen *zusammengesetzt* ist? Liegt hier nicht bereits ein Kategorienfehler in dem Sinne vor, dass man zwar von materiellen Dingen sagen kann, dass sie aus Teilen bestehen, während wir bei mentalen Zuständen und hier gerade bei solchen phänomenaler Art wie Farbempfindungen nicht-aufspaltbare Einheiten haben (im Sinne von so etwas wie phänomenalen „Atomen“, also nicht-teilbare Entitäten). Natürlich wurde und wird von vielen Philosophen in genau diesem Sinne argumentiert, was ich für nicht statthaft halte. Erstens hat man hiermit von vornherein einen problematischen (substantiellen) Dualismus festzementiert. Denn genau solche Intuitionen waren es, die u.a. Descartes dazu bewogen haben, von einer klaren Trennung einer körperlichen und geistigen Substanz auszugehen. Zweitens scheint es allgemein keine sinnvolle Strategie zu sein, von der Art des Erlebens darauf zu schließen, was dieses Erleben genau ist bzw. was es nicht sein kann. Sellars (1971) nennt dies den *Mythos des Gegebenen.* Wir haben den Eindruck, dass uns unsere mentalen Zustände unmittelbar gegeben sind, sodass wir, wenn wir sie genau beobachten, unmittelbar wissen, *was* sie sind. Dabei hat die wissenschaftliche Erforschung des Geistes immer wieder gezeigt, dass sich unsere gewöhnlichen Meinungen über die Natur mentaler Phänomene als falsch herausstellen können. So muss die Modularität bei der Verarbeitung und „(Re-)Konstruktion“ kognitiver, aber auch phänomenaler Zustände als neurowissenschaftlich gesicherter Fakt angesehen werden, auch wenn dies der erlebten „Einheit der Wahrnehmung“ oder „Einheit des Ichs“ vermeintlich entgegenstehen mag. Wie Roth (1994) treffend schreibt: „Dem rein reflektierenden Geist sind die eigenen neuronalen Grundlagen völlig verborgen. Man könnte meinen, der Anschein der völligen Andersartigkeit der Gehirnprozesse im Vergleich zur phänomenalen Welt, die ja aus diesen hervorgeht, sei vom Gehirn zur Irreführung des Geistes hervorgebracht“ (S. 87).

Auch wenn eine Zerlegbarkeit eines mentalen Zustandes (bedingt durch die Zerlegbarkeit der mit ihm koextensiven physischen Struktur) also kontraintuitiv sein mag, heißt es also nicht, dass eine solche unmöglich ist. Zumal zeugen eine Vielzahl neuropsychologischer Störungsbilder wie Agnosien oder Neglekte von der Möglichkeit eines hoch selektiven Ausfalls bestimmter phänomenaler oder kognitiver Elemente bei komplexeren mentalen Zuständen (also solchen, die selbst aus verschiedenen mentalen Teilkomponenten wie z.B. Farb-, Geruchs-, Sprach- oder räumlichen Aspekten *zusammengesetzt* sind).

Wenn man eine kompositorische Individuation des Psychischen also begrifflich zulässt, stellt sich nun die Frage, welche weiteren Bedingungen erfüllt sein müssen, damit man im Hinblick auf die als Beispiel herangezogene *Farbempfindung* mit Berechtigung von einem Ganzen (gegenüber seinen neuronalen Grundlagen) sprechen kann? Eine hilfreiche Analyse von Minimalanforderungen an ein Ganzes findet sich bei Rescher und Oppenheim (1955):

1. Das Ganze muss ein besonderes Merkmal aufweisen, mittels dessen es als ein Ganzes verstanden werden kann.
2. Die Teile des Ganzen müssen in einer besonderen und charakteristischen Abhängigkeitsbeziehung zueinander stehen; sie müssen eine spezifische Beschaffenheit aufweisen, mittels derer sie ihren Status als Teil erfüllen.
3. Das Ganze muss eine gewisse *Struktur* besitzen, kraft derer es spezifische Strukturcharakteristika besitzt. (vgl. ebd., S. 90)

Die erste Bedingung kann als klar erfüllt betrachtet werden. Denn die neuronale Funktionseinheit wird genau genommen erst zu einer „Einheit“, indem sie durch eine bestimmte „Funktion“ oder Aufgabe gekennzeichnet ist. Erst durch die Hervorbringung einer z.B. phänomenalen Röte kann man im Hinblick auf das undifferenzierte Geflecht zellulärer Gegebenheiten, die unser Gehirn ausmachen, ein Teilnetzwerk oder „Bereich“ herausgreifen und als Einheit verstehen. Demnach begründet die Farbempfindung überhaupt erst den Funktionsbereich V_{COR} und kann demnach aus guten Gründen als ein „Ganzes“ verstanden werden (das mit V_{COR} und dessen Komponenten koextensiv ist).

In ähnlicher Weise wird auch die zweite Bedingung erfüllt. Denn die Teile des Ganzen stehen insofern in einer besonderen und charakteristischen Abhängigkeitsbeziehung zueinander, als dass sie ein neuronales Netzwerk mit einer speziellen Funktion mit kausalen Verflechtungen zwischen den Elementen dieses Netzwerkes bilden. Jedes Neuron in diesem Netzwerk ist durch seine spezifische funktionale Rolle an der Hervorbringung der Farbempfindung beteiligt.

Der dritte Punkt ist nicht ganz so eindeutig. Gemeint ist hiermit, dass es eine zentrale Bedeutungsfacette eines Ganzen ist, dass ein Ganzes mit einer strukturierten Organisation von Elementen zusammenhängt. „A structured whole in this sense involves three things:

(1) its *parts*,
(2) a domain of 'positions' which these parts 'occupy' (this need not necessarily be spatial or temporal, but may have any kind of topological structure whatever), and
(3) an assignment specifying which part occupies each of the positions of the domain". (Rescher & Oppenheim, 1955, S. 100; Hervorh. im Orig.)

Ein klassisches Beispiel hierfür ist nach Ansicht der Autoren die Darbietung einer Musikkomposition: „the time-interval of the performance serves as the *domain of positions*, the various tones (as characterised by their pitch, volume, and duration) which are played throughout the performance are the *parts*, and the score which fixes the distribution of these notes throughout the performance is the *assignment*" (ebd., Hervorh. im Orig.).

Lässt sich dies auf das Beispiel der Farbempfindung übertragen? (1) und (2) dürfte man nunmehr relativ problemlos zustimmen können. Wie oben aufgezeigt, ist es prinzipiell möglich, dass eine Farbempfindung etwas ist, das sich aufgrund der Koextensivitätsannahme aus Teilen (einem neuronalen Netzwerk V_{COR}) zusammensetzt. V_{COR} wäre die in (2) geforderte topologische „domain of positions". Schwieriger könnte der dritte Aspekt sein, denn ist es wirklich so, dass man von den Komponenten von V_{COR} (sprich: den Neuronen) sagen kann, dass sie eine ganz bestimmte Position in dem Funktionsbereich einnehmen? Es könnte aufgrund der neuronalen Plastizität zumindest schwierig sein, eine solche Aussage bezüglich des mentalen *Typs* oder der mentalen *Eigenschaft* von Farbempfindungen treffen zu wollen. Im Hinblick auf lokale Einzelfälle (*token*), sollte es dagegen schon möglich sein, für jeden Teil des neuronalen Netzes eine konkrete Position zu bestimmen. Letztendlich ist dies aber eine Frage, die die empirische Forschung *en détail* beantworten muss, für die es *prima facie* keine prinzipiellen Hinderungsgründe geben sollte.

Somit lässt sich festhalten, dass das Psychische durchaus eine eigene natürliche Organisationsebene konstituiert und auf der Grundlage der gleichen mereologisch-mechanistischen Bedingungen individuiert werden kann, die auch für die Individuation der „klassischen" naturwissenschaftlichen Entitäten gelten. Entgegen der lange Zeit angenommenen Prämisse der Nicht-Lokalisierbarkeit mentaler Gegebenheiten, die sich ausschließlich aus „phänomenologischen Gewissheiten" ergab, ist ein psychischer Prozess damit klar in der Welt verortet: Akzeptiert man die Möglichkeit einer mereologisch-mechanistischen Individuation des Psychischen, impliziert dies notwendigerweise eine räumlich-zeitliche Koextensivität des Psychischen mit seinen physischen Grundlagen. Ein psychischer Prozess – als eine höherstufige Ganzheit – nimmt daher zu einem gegebenen Zeitpunkt exakt den räumlichen Bereich ein, den auch seine physischen Realisierungsgrößen, also in einer Aktivität befindlichen Neurone – als seine Teile –, einnehmen (wobei es sich keineswegs um einen bestimmten, abgrenzbaren Gehirnbereich handeln muss, sondern dies können durchaus auch weit verzweigte neuronale Aktivitäten – im Sinne von *acting entities* – sein).

6 Gefährdung der Psychologie durch einen Neuroreduktionismus?

Abschließend soll die eingangs aufgeworfene Frage beleuchtet werden, ob es tatsächlich eine Gefahr für die Psychologie durch neuroreduktionistische Erwägungen gibt. Auch wenn es – wie aufgezeigt wurde – durchaus gute Gründe dafür gibt, dass die hier thematisierte Koextensivität, die für die (agierenden) Entitäten in Teil-Ganzes-Beziehungen gilt, auch im Falle des Verhältnisses von neuronalen und psychischen Prozessen greift, besteht hierdurch keineswegs eine Gefahr für den Eigenständigkeitsstatus der Psychologie als Wissenschaft oder des Psychischen als einer realen und wissenschaftlich respektablen Größe.

Es spricht viel dafür, dass die psychophysische Koextensivität eine zumindest *lokale Identität* begründet. Diese Art der Identität besagt aber keineswegs, dass ein mentaler Vorgang *nichts anderes als* ein Vorgang in unserem Gehirn ist. Diese Art der Identität besagt nur, dass ein ganz bestimmter mentaler Vorgang in ein Gefüge natürlicher Ordnungsebenen eingebettet ist, dessen (kausal agierende) Entitäten in einem mereologischen und damit koextensiven Verhältnis stehen. Betrachtet man einen ganz bestimmten mentalen Prozess, so gilt für diesen, dass er dasselbe räumlich-zeitliche Feld einnimmt wie seine physischen Grundlagen und deshalb auch koextensiv-identisch mit ebendiesen ist. Ein mentaler Prozess ist nicht ablösbar von seinen physischen Grundlagen und ist über die Teil-Ganzes-Beziehung fest in dieser Welt verortet. Er ist eben genau dort lokalisiert, wo seine neuronalen, mikrozellulären, molekularen, atomaren und subatomaren Komponenten existieren und eine Teil-Ganzes-Hierarchie bilden. Eine solche Teil-Ganzes-Hierarchie ist *ein* Gebilde, auf das wir mittels verschiedener wissenschaftlicher Techniken und Analysemethoden zugreifen können und dabei auf eine natürliche strukturelle Gliederung dieses *einen* Objektes stoßen.

Nichtsdestotrotz bleibt es dabei, dass ein mentaler Prozess auf einer eigenen höherstufigen Komplexitätsebene angesiedelt ist, von der nicht einfach gesagt werden kann, dass sich ihre Entitäten auf diejenigen der zugrunde liegenden Organisationsebenen im Sinne des „Nichts-anderes-als-Prinzips" reduzieren lassen. Auch wenn ein Molekül koextensiv-identisch mit den Atomen ist, aus denen es besteht, bedeutet dies nicht, dass ein Molekül *nichts anderes als* zwei Atome ist.

Es handelt sich um eine Entität von höherer Komplexität, die Eigenschaften aufweist, die einzelnen Atomen nicht zukommen. Und so ist auch die Existenz eines mentalen Vorgangs an das Vorliegen bestimmter physikalischer Größen gebunden, aus denen er sich zusammensetzt, wobei die neuronale Ebene, als die höchste zugrunde liegende physikalische Ebene, hierbei sicher eine entscheidende Rolle spielt. Nichtsdestotrotz erschöpft sich die Existenz eines bestimmten mentalen Prozesses nicht in seinen neuronalen Grundlagen. Er konstituiert vielmehr in einer Teil-Ganzes-Hierarchie eine eigene höherstufige Komplexitätsebene, ist aber gleichzeitig durch eben diese Teil-Ganzes-Relation mit den (kausal agierenden) Entitäten der neuronalen Ebene, aber auch mit denjenigen aller niedrigeren Ebenen koextensiv-identisch. Ein Farberlebnis hat phänomenale Eigenschaften, räumliche Orientierung hat repräsentationale/ kognitive Eigenschaften, die einzelne Neuronen nicht aufweisen. Nur in einer bestimmten Zusammensetzung/Konfiguration von Neuronen (respektive Molekülen respektive Atomen…) kommt es zur Ausbildung von phänomenalen oder kognitiven Eigenschaften, die ein solches System (als Ganzes) kennzeichnen. Mentale Eigenschaften sind damit etwas, das erst entstehen kann, wenn eine mereologische Hierarchie bis hin zur mentalen Ebene aufgespannt wird, was von der Komposition und Konfiguration der Entitäten der physikalischen Organisationsebenen abhängt.

Aus einer solchen Identitätsannahme und der damit eingeräumten Möglichkeit einer ontologischen „Reduktion" (es handelt sich um ein und denselben Wirklichkeitsausschnitt) folgt aber keineswegs, dass es einen Vorrang der biologischen Ebene gibt. Im Gegenteil: Eine Identität ist eine *neutrale* Relation. Wenn also gilt, dass die psychische Ebene auf die biologische Ebene reduziert werden kann, dann gilt genauso das Gegenteil: die biologische Ebene ist in genau diesen Fällen auf die psychische Ebene *reduzierbar*. Allerdings dürfte dabei die Irrelevanz der Möglichkeit einer Reduktion in solchen Fällen klar zum Vorschein kommen. Wir haben es hier mit unterschiedlichen Repräsentationsformaten ein und desselben Wirklichkeitsausschnittes zu tun, die auf verschiedenen Ebenen einer natürlichen Teil-Ganzes-Hierarchie ansetzen, sodass das, worauf sich diese Repräsentationsformate beziehen, natürlich aufeinander reduzierbar sein *muss*. Auch die sich aus der unterschiedlichen *Repräsentation* ergebende phänomenale Verschiedenheit neuronaler und psychischer Aspekte erweist sich so als schon fast trivialer Fakt.

Entgegen Ansätzen, die behaupten, dass das eigentliche Kausalgeschehen auf den biologischen oder gar (mikro-)physikalischen Ebenen stattfindet (vgl. Kim, 1998, 2005), kommt es durch die hier getätigten Annahmen nicht zu einem Abdriften der Kausalität auf immer niedrigere Ebenen (*causal drainage*; Block, 2003), sondern es kann aus gutem Grund behauptet werden, dass Kausalität auf allen an einem Vorgang beteiligten Ebenen *zugleich* stattfindet. Somit kann es – trotz aller Berechtigung und Bereicherung durch die biologische Forschung – aus *prinzipiellen* Gründen keinen Vorrang einer biologischen gegenüber einer psychologischen Beschreibung oder Erklärung eines Phänomens geben, da beide dieselben Phänomene auf unterschiedlichen (Struktur-)Ebenen zu erfassen suchen.

Und schließlich kann auch der Behauptung, dass die Biologie gehaltvollere oder exaktere Beschreibungen psychischer Prozesse vornimmt, hiermit widersprochen werden. Im Gegenteil: Ohne psychologische Begrifflichkeiten erweist sich das Gehirn als lediglich undifferenzierte „graue glitschige Masse“ (vgl. McGinn, 1989); erst der Blick durch die „begrifflich-semantische Brille“ der Psychologie ermöglicht sinnvolle Aussagen über Funktionen von Gehirnbereichen, kognitive Verarbeitungsnetzwerke, Wahrnehmungsmodalitäten etc. pp.

Zusammenfassend kann also festhalten werden: Mentale Prozesse sind natürliche Prozesse, die auf verschiedenen Ebenen untersucht und beschrieben werden können. Sie mögen ontologisch nichts sein, was gegenüber seinen neuronalen Grundlagen eine eigenständige Existenz hat, nichtsdestotrotz können die theoretischen Zugänge, die sich mit dem Mentalen beschäftigen, nicht einfach ineinander überführt oder aufeinander reduziert werden. Die „Sprache des Geistes“ kann nicht einfach in eine „Sprache des Gehirns“ übersetzt werden. Wenn es derzeit *de facto* eine Bevorzugung biologischer Beschreibungen und Erklärungen geben sollte, kann diese nicht auf Umstände zurückgeführt werden, die *der Sache nach* vorliegen, sondern muss mit institutionellen, wissenschaftspolitischen oder eben einem grundsätzlichen Missverständnis der Beziehung von psychologischen und biologischen Daten und Modellen in den Köpfen der verantwortlichen Entscheidungsträger in Verbindung gebracht werden. Insofern kann die eingangs aufgeworfene Frage folgendermaßen beantwortet werden: Es besteht *der Sache nach* kein Grund zur Sorge darüber, dass die Psychologie abschafft werden könnte. Sorgen muss man sich höchstens darüber, dass die für jede andere Wissenschaft selbstverständliche konzeptuelle Arbeit (z.B. im Sinne einer *Theoretischen Psychologie*), die das semantisch-begriffliche Fundament, auf dem die Psychologie steht, reflektiert, weiterhin verpönt bleibt und so eventuell folgenschwere Fehleinschätzungen getroffen werden.

Literatur

Bechtel, W. (2008). *Mental mechanisms: Philosophical perspectives on cognitive neuroscience*. London: Routledge.

Block, N. (2003). Do Causal Powers Drain Away? *Philosophy and Phenomenological Research, 67*, 133-150.

Craver, C. F. (2007). *Explaining the Brain. Mechanisms and the Mosaic Unity of Neuroscience*. Oxford: Clarendon Press.

Engel, S., Zhang, X. & Wandell, B. A. (1997). Color tuning in human visual cortex measured using functional magnetic resonance imaging. *Nature, 388*, 68-71.

Fechner, G. T. (1851/1922). *Zend-Avesta. Gedanken über die Dinge des Himmels und des Jenseits vom Standpunkte der Naturbetrachtung*. Leipzig: Insel

Fechner, G. T. (1860/1964). *Elemente der Psychophysik (Bd. 1)*. Amsterdam: Bonset.

Gegenfurtner, K. R. (2003). Farbwahrnehmung und ihre Störungen. In H.-O. Karnath & P. Thier (Hrsg.), *Neuropsychologie* (S. 11-20). Berlin: Springer.

Heidelberger, M. (1993). *Die innere Seite der Natur. Gustav Theodor Fechners wissenschaftlich-philosophische Weltauffassung*. Frankfurt a.M.: Klostermann.

Heidelberger, M. (2000). Fechner und Mach zum Leib-Seele-Problem. In A. Arndt & W. Jaeschke (Hrsg.), *Materialismus und Spiritualismus: Philosophie und Wissenschaften nach 1848* (S. 53–67). Hamburg: Meiner.

Heidelberger, M. (2002). Wie das Leib-Seele Problem in den Logischen Empirismus kam. In M. Pauen & A. Stephan (Hrsg.), *Phänomenales Bewusstsein – Rückkehr zur Identitätstheorie?* (S. 40–72). Paderborn: Mentis.

Jäncke, L. & Petermann, F. (2010). Wie viel Biologie braucht die Psychologie. *Psychologische Rundschau, 61*, 173-174.

Kaiser-el-Safti, M. (2001). *Die Idee der wissenschaftlichen Psychologie: Immanuel Kants Einwände und ihre konstruktive Widerlegung*. Würzburg: Königshausen & Neumann.

Kim, J. (1998). *Mind in a physical world*. Cambridge: MIT Press.

Kim, J. (2005). *Physicalism, or something near enough*. Princeton: Princeton University Press.

Lockwood, M. (1993). The Grain Problem. In H. Robinson (ed.), *Objections to Physicalism* (pp. 271-292). Oxford: Oxford University Press.

Lycan, W. (1987/2007). Die Kontinuität natürlicher Ordnungsebenen. In T. Metzinger (Hrsg.), *Grundkurs Philosophie des Geistes. Bd. 2: Das Leib-Seele-Problem* (S. 432-459). Paderborn: Mentis.

Mausfeld, R. (2010). Psychologie, Biologie, kognitive Neurowissenschaften. Zur gegenwärtigen Dominanz neuroreduktionistischer Positionen und ihren stillschweigenden Grundannahmen. *Psychologische Rundschau, 61*, 180-190.

McGinn, C. (1989). Can We Solve the Mind-Body Problem? In R. Warner & T. Szubka (eds.), *The Mind-Body Problem. A Guide to the Current Debate* (pp. 99-208). Oxford: Blackwell.

Metzinger, T. (2005). Einleitung: Das Problem des Bewußtseins. In T. Metzinger (Hrsg.), *Bewußtsein* (5. Aufl., S. 15–53). Paderborn: Schöningh.

Pauen, M. (1999/2001). *Das Rätsel des Bewusstseins. Eine Erklärungsstrategie*. Paderborn: Mentis.

Rescher, N. & Oppenheim, P. (1955). Logical Analysis of Gestalt Concepts. *British Journal for the Philosophy of Science, 6*, 89-106.

Roth, G. (1994). Braucht die Hirnforschung die Philosophie? In J. Fedrowitz (Hrsg.), *Neuroworlds: Gehirn – Geist – Kultur* (S. 81-92). Frankfurt a.M.: Campus Verlag.

Sellars, W. (1963/1971). *Science, Perception and Reality*. London: Routledge & Paul.

Stumpf, C. (1939/2011). *Erkenntnislehre*. Lengerich: Pabst.

Stumpf, C. (1910/1997). Leib und Seele. In H. Sprung (Hrsg.), *Carl Stumpf – Schriften zur Psychologie* (S. 151-182). Frankfurt a.M.: Lang.

Strack, F. (2010). Wo die Liebe wohnt. Überlegungen zur Bedeutung der bildgebenden Hirnforschung für die Psychologie. *Psychologische Rundschau, 61*, 203-205.

Tessier-Lavigne, M. & Gouras, P. (1996). Farbe. In E. R. Kandel, J. Schwartz & T. M. Jessell (1996), *Neurowissenschaften* (S. 459-475). Heidelberg: Spektrum.

Zeki, S. (1990). A Century of cerebral achromatopsia. *Brain, 113*, 1721-1777.

Carl Stumpf über den empirischen Ursprung des Substanzbegriffs

Paul Elvers

Zusammenfassung

Bei der Behandlung der Grundbegriffe in der *Erkenntnislehre* unternimmt Carl Stumpf den Versuch einen Sensualismus des Begriffserwerbs zu entwickeln. Als eine „heuristische Maxime" (Stumpf 1939: 123) gilt es ihm aufzuzeigen, dass alle Begriffe der Wahrnehmung entstammen, auch die Kategorien. Bei dem Ursprung des Substanzbegriffs ist dies allerdings bezweifelt worden: Nach Hume sind Substanzen eine Illusion und Dinge nichts anderes als *Bündel* von Eigenschaften. Kant bezeichnet sie als „apriorische Denkformen" (1939: 8, 26). Stumpf hingegen definiert Substanzen als „Ganzes von Eigenschaften" und da sie eine analoge Teil-Ganzes-Relation zu bestimmten Erscheinungen in der Sinneswahrnehmung aufweisen, lässt sich ihr empirischer Ursprung auf diese zurückführen. Daraus ergibt sich zwar für Stumpf ein Argument dafür, dass alle Begriffe aus der Wahrnehmung stammen, aber die Begriffsdefinition birgt eine Unverträglichkeit mit den von Stumpf entwickelten Kriterien der Substanz.

Abstract

In his prominent work "Erkenntnislehre" (1939) Carl Stumpf proposes a sensationalism concerning the acquisition of concepts. It is a heuristic dictum for him to show that the source of allconcepts can be found in perception, even if they are as fundamental as Kant's categories. This has been doubted concerning the notion of substance. For Hume substances are an illusion and things are nothing but heaps of ideas. Kant thought of substances as a priori concepts that belong to our mind. Stumpf takes a different approach by defining them as wholes of properties. As the relation between whole and part is analogue to certain kinds of sense impressions, the empirical source can be traced back to them. Against this backdrop, Stumpf develops an explanation in favour of an empirical source of this concept. Nevertheless the relation between his definition and criteria of substances bears some flaws.

1 Einleitung

Die *Erkenntnislehre* von Carl Stumpf ist ein Spätwerk. Ursprünglich war sie als Teil einer dreibändigen Enzyklopädie der Philosophie gedacht. Darin sollte „in volkstümlicher Form eine Gesamtdarstellung der Philosophie" gegeben werden, welche die drei Themenbereiche Erkenntnistheorie, Metaphysik und Ethik behandeln sollte (Felix Stumpf 1939, S. V). Als Stumpf allerdings feststellte, dass die anfangs auf einen allgemeinen Leserkreis abzielende Arbeit sich mehr und mehr mit den Detailfragen der Disziplin auseinandersetzte, beschloss er die mit zwei Bänden etwa 900 Seiten umfassende *Erkenntnislehre* als selbstständiges Werk zu veröffentlichen. Nur kurz nach Fertigstellung des Manuskripts ist Carl Stumpf im Dezember 1936 verstorben.

In Spätwerken werden oftmals Themen behandelt, die für die Autoren über einen langen Zeitraum eine besondere Herausforderung dargestellt haben. Man sieht dies beispielsweise in der Philosophie der Griechen: Platons kritische Auseinandersetzung mit den „Ideenfreunden" im *Sophistes* bezeugt, dass er seine eigene Theorie der Formen als nicht abgeschlossen erachtete (Platon 1988, 248a 4). Dasselbe erkennt man an Aristoteles inniger Auseinandersetzung mit dem Substanzbegriff (*ousia*) in der *Metaphysik* (vor allem die Bücher VII, VIII und IX), der schon in der Frühschrift über die Kategorien behandelt wurde, und hier wieder aufgegriffen und problematisiert wird (Aristoteles 2010). Auch für Stumpfs *Erkenntnislehre* gilt, dass es sich um eine Thematik handelt, die Stumpf sein Leben lang beschäftigt hat. Dies gilt für die Behandlung der Grundbegriffe und vor allem und in erster Linie für den Substanzbegriff. Stumpf bemerkt in einer Fußnote Folgendes über sein persönliches Verhältnis hierzu:

> Als Privatdozent brachte ich wohl ein Jahr mit den Vorarbeiten für eine kritische Geschichte der Substanzprobleme zu, die mir arges Kopfzerbrechen verursachte, bis ich mich statt dessen zu der Arbeit „Über den psychologischen Ursprung der Raumvorstellung" [1873] entschloß (Stumpf 1939, S. 24).

Die Substanzprobleme, die Stumpf als Privatdozent sichtlich überforderten, wurden, schlussendlich, fast 60 Jahre später doch noch veröffentlicht. Zwar nicht als eine direkt an dieses Thema gewendete Monographie, aber doch im Rahmen einer philosophischen Auseinandersetzung mit den Grundfragen des Erkennens. Warum aber entschließt sich Stumpf nach so einer langen Zeit doch noch zu einer Veröffentlichung über den Substanzbegriff? Welche neuen Erkenntnisse veranlassen ihn, dieses schwierige Thema doch noch einmal in Angriff zu nehmen? Dies zu beantworten soll das zentrale Anliegen dieses Aufsatzes sein. Ich denke, dass Stumpf guten Grund dazu hat, zu den Problemen des Substanzbegriffs Stellung zu beziehen, und dass sein Beitrag hierzu einen besonderen Wert besitzt. Was Stumpf auszeichnet, ist seine besondere Art, Erkenntnistheorie und Psychologie miteinander zu verbinden.

Dass seine psychologischen Arbeiten mit philosophischen Fragen in Zusammenhang stehen, darauf weist er in der *Erkenntnislehre* hin: Bereits seine Untersuchung *Über den psychologischen Ursprung der Raumvorstellung* ist mit den Subtanzproblemen verwandt (1939, S. 24, Fußnote 1). Stumpf fordert außerdem, dass „der Philosoph empirische, ja experimentelle Psychologie treiben oder wenigstens ihre Haupttatsachen sich aneignen muß" (1939, S. 24), besonders wenn er sich mit dem Substanzbegriff beschäftigen möchte.

Stumpf hat sich zeitlebens durch seine Interdisziplinarität ausgezeichnet, indem er sich als Wissenschaftler unter anderen mit musikalischen, psychologischen und philosophischen Fragestellungen beschäftigte. In der *Erkenntnistheorie* macht er sich seine Erfahrungen im Bereich der Psychologie zu Nutze, um die philosophischen Fragen zu beantworten, von denen er sich 60 Jahre zuvor abwendete.

Es ist Stumpfs Errungenschaft, erkenntnistheoretische Fragen, die traditionsgemäß der Philosophie zugerechnet werden, mit Hilfe psychologischer Erkenntnisse zu beantworten. Bei dieser „Psychologisierung" der Philosophie handelt es sich aber keineswegs um einen Psychologismus. Stumpf möchte keine Psychologie der Philosophie entwerfen, und jene auch nicht auf sie zurückführen oder reduzieren, sondern er behandelt beide Wissenschaften als zwei getrennte Bereiche, die sich methodologisch und in ihrem Gegenstandsbereich unterscheiden, aber dennoch gewisse Schnittmengen aufweisen, in welchen sie wechselseitig voneinander profitieren können.

2 Das Programm

Die Untersuchung des Ursprungs der Begriffe und der Erkenntnisse markieren den Grenzpunkt, an dem sich Psychologie und Philosophie begegnen: Während „die Frage nach dem Ursprung der Begriffe [...] eine psychologische Frage" ist (1939, S. 7), ist „die Frage nach dem Ursprung der Erkenntnisse [...] keine psychologische, sondern eine spezifisch erkenntnistheoretische" (1939, S. 7).

Begriffe sind nach Stumpf Vorstellungen und ihren Ursprung zu untersuchen, ist eine psychologische Angelegenheit (1939, S. 6, 7). Wie sich die Begriffsgenese vollzieht und aus Einzelvorstellungen ein allgemeiner Begriff gebildet wird, darauf geht Stumpf in der *Erkenntnislehre* nicht weiter ein, wichtig sei nur, dass „in entsprechenden Anschauungen die unentbehrliche Grundlage und das Material für die Begriffsbildung gegeben sei." (1939, S. 9) Wichtig ist, dass ohne die Anschauung die Begriffe nur noch sinnentleerte Worte wären, die nichts bedeuten. Erst „wenn wir in dieser Art den Ursprung eines Begriffes in und aus der Wahrnehmung aufzeigen, so erläutern wir damit zugleich seinen ursprünglichen Sinn." (1939, S. 9) Dies scheint einleuchtend, solange es sich um Eigennamen oder einfache Begriffe handelt, die auf konkretes Sinnlich-Wahrnehmbares verweisen: Ich kann erklären, was ich mit dem Wort „Peter" meine, wenn ich auf Peter zeigen kann und ebenso kann ich sagen, mit „Stuhl" meine ich diesen Stuhl dort. Es gibt zwar auch eine formale Definition dessen, was ich mit Peter meine – beispielsweise „mein Nachbar von Oben" – oder auch von dem Stuhl, dass er eine Sitzgelegenheit darstellt, aber diese sind nur abgeleitet von den Wahrnehmungen der Objekte und aus diesen entsprungen. Es wird mir schwerfallen, wenn nicht gar unmöglich sein zu sagen, was ein Stuhl ist, wenn ich niemals einen wahrgenommen habe.

Wie verhält es sich aber mit den abstrakten Grundbegriffen des Erkennens, wie Substanz, Kausalität, Wahrheit, Gleichheit oder Zahl? Sind diese auch aus der Wahrnehmung entsprungen? Lassen sich im Bereich der äußeren oder inneren Wahrnehmung irgendwelche Anhaltspunkte dafür finden, dass es sich hier auch um empirische Begriffe handelt, oder sind diese „Grundformen des Erkennens" von der Erfahrung unabhängig? Stumpf bemerkt zu dieser Frage folgendes: „Bei einer gewissen Zahl sehr allgemeiner Begriffe, mit denen Verhältnisse gedacht werden, wie eben dem Kausalitätsbegriff, kann der Ursprung fraglich erscheinen. Deren Untersuchung führt in die tiefsten Schächte des Seelenlebens." (1939, S. 7) Stumpf ist sich der Problematik dieser Fragestellung bewusst und betont die Vorläufigkeit seiner Ergebnisse: Es handelt sich bei seiner Untersuchung um „heuristische Maximen." (1939, S. 123)

Diese Offenheit gegenüber der Vorläufigkeit seiner eigenen Ergebnisse sollte allerdings keinesfalls als Schwäche oder Nachteil seiner Theoriebildung gewertet werden, sondern zeugt vielmehr von seiner realistischen Bewertung der Sachlage: Blickt man auf die Diskussion des Substanzbegriffs in der Philosophiegeschichte, lassen sich beinahe ebenso viele Meinungen finden wie Autoren, die dazu etwas geschrieben haben. Stumpf löst die Diskussion aus einer wissenschaftlichen Engstirnigkeit und betrachtet sie als Teil eines Diskurses, innerhalb dessen er seine eigene Position – kritisch reflexiv – als einen Beitrag zum Ganzen versteht. Stumpf bezieht selbst eine Position, aber versteht es mehr als einen Entwurf oder Vorschlag, ohne dabei absolute Gültigkeit und Wahrheit zu beanspruchen.

Als „heuristische Maxime" möchte Stumpf verstanden wissen, „die letzten Grundlagen der einfachen Begriffe, auch der Verhältnisbegriffe in der äußeren oder inneren Wahrnehmung aufzuzeigen, sie auf Anschauungen in diesem weiteren Sinne zurückzuführen" (1939, S. 123). Es ist daher Stumpfs Anliegen in der *Erkenntnislehre,* bei jedem einzelnen der sechzehn Grundbegriffe aufzuzeigen, wie sie sich auf einfache Formen der Wahrnehmung zurückführen lassen. Wenn man unter „Sensualismus" nichts anderes versteht als die Behauptung, dass alle Begriffe der Wahrnehmung entspringen, kann Stumpfs Anliegen zu Recht als Sensualismus bezeichnet werden, zumindest hinsichtlich des Erwerbs von Begriffen, nicht jedoch von Urteilen.

Stumpf behauptet, dass zwar Urteile und Erkenntnisse sowohl Apriori als auch Aposteriori sein können, der Ursprung der Begriffe allerdings vollkommen in der Wahrnehmung begründet sei. Urteile und Erkenntnisse fallen demnach nicht in den Bereich der Psychologie und sind nicht unmittelbar von der Wahrnehmung abhängig. Bei dieser Einteilung orientiert Stumpf sich an Locke, der eine ähnliche Position im Hinblick auf die Unterscheidung von Begriffen und Erkenntnissen vertrat (Locke 2008). Polemisch wendet Stumpf sich gegen Kant, der zu früh „die Flinte ins Korn geworfen hat“ (1939, S. 11), da er annahm, es würde sich bei dem Substanzbegriff um einen apriorischen Begriff, eine „bloße Denkform“ (1939, S. 18) handeln, dessen Herkunft von der Erfahrung unabhängig ist. Man müsse, auch wenn der Erfolg keinesfalls gesichert ist, „so lange nach einer einheitlichen Herleitung aller Begriffe [...] suchen, bis die Unmöglichkeit des Unternehmens überzeugend nachgewiesen ist, und das ist sie noch lange nicht.“ (1939, S. 11)

Stumpf unternimmt den Versuch einer Rehabilitierung des Substanzbegriffs, indem er sich gegen die Kritik der britischen Empiristen wendet. Interessanterweise verwendet Stumpf dazu allerdings dieselben Mittel: Denn wo jene gerade aus empirischen Gründen den Substanzbegriff in Frage stellten, ist es Stumpfs Absicht, den Ursprung des Substanzbegriffs als erfahrbaren Begriff aus der Wahrnehmung aufzuzeigen. Locke postuliert zwar die logische Notwendigkeit des Substanzbegriffs, aber er erhebt skeptizistische Einwände, die sich auf die Nicht-Erfahrbarkeit der Substanzen gründen: Gerade weil nichts außer den Eigenschaften wahrnehmbar ist, kann man nicht mit letzter Gewissheit behaupten, dass es *etwas* gibt außer den wahrnehmbaren Eigenschaften. Berkeley und Hume verfolgen eine ähnliche Argumentation (Hume 2000). Stumpf befürwortet es, den Ursprung aller Begriffe auf die Wahrnehmung zurückzuführen, auch wenn den britischen Empiristen dies bei der Substanz nicht gelungen ist und er möchte in der *Erkenntnislehre* diesen Ansatz fortführen:

> Ehe wir eine apriorische Denkform oder dergleichen statuieren, müssen wir versuchen, das weite Gebiet der Wahrnehmungen, das heute viel besser durchforscht ist als zu Humes Zeiten, noch einmal daraufhin abzusuchen, ob es nicht Quellen des Substanzbegriffes enthält, Inhalte oder Züge der äußeren oder inneren Wahrnehmung, die als konkret anschauliche Unterlagen dieses Begriffes oder seiner Merkmale herangezogen werden können (Stumpf 1939, S. 19).

Das „Gebiet der Wahrnehmungen“ ist vor allem von Stumpf selbst besser durchforstet worden: Die fundamentale Erkenntnis aus der Abhandlung *Über den psychologischen Ursprung der Raumvorstellung* ist die Entdeckung abhängiger psychologischer Teile, die nicht getrennt voneinander wahrgenommen werden können, wie beispielsweise die Farbqualität und die Ausdehnung der Farbe (Stumpf 1873). Auch wenn sich beispielsweise die *Farbe* einer Fläche von der *Gestalt* der Fläche unterscheidet, ist es dennoch nicht möglich, eine Ausdehnung ohne Farbe wahrzunehmen und ebenso eine Farbe, die nicht ausgedehnt ist. Auch bei der Tonwahrnehmung ist so ein Beispiel gegeben: Tonhöhe und Tonintensität (Lautstärke) sind zwar voneinander zu unterschieden, aber können dennoch nie getrennt voneinander erscheinen. Hinzu kommen die Erkenntnisse aus der *Tonpsychologie*, wo anhand des Verschmelzungsphänomens eine graduelle Abstufung des Abhängigkeitsverhältnisses von psychologischen Teilen aufgezeigt wird. Denn zwei Töne im Oktavabstand sind schwerer voneinander zu unterscheiden, als die zwei Töne einer kleinen Terz oder kleinen Sekunde (Stumpf 1883/1890).

Diese Phänomene, die Stumpf eingehend in seinen sinnespsychologischen Untersuchungen studiert hat, dienen ihm als Ausgangsmaterial bei der Bestimmung des Ursprungs der Begriffe. Die Erkenntnisse über die Verhältnisse von Teil und Ganzen in der Sinnespsychologie bilden dabei das Zentrum der Argumentation.[1]

3 Kriterien des Substanzbegriffs[2]

Um zu zeigen inwiefern der Begriff der Substanz auf bestimmte Phänomene der Wahrnehmung zurück zu führen ist, muss zunächst festgestellt werden, welche Merkmale ein Etwas aufweisen muss, um unter diesen Begriff zu fallen. Das heißt, es müssen die Kriterien benannt werden, die notwendigerweise von einer Substanz erfüllt sein müssen. Man kann hier auch von den notwendigen Bedingungen sprechen, unter denen etwas als Substanz bezeichnet werden kann. Im ersten Teil des Abschnitts über den Substanzbegriff ist Stumpf daher um eine Bestandsaufnahme des Substanzbegriffs bemüht. Dabei werden nicht nur verschiedene philosophiehistorische Positionen referiert, sondern auch verschiedene Verwendungsweisen des Begriffs im umgangssprachlichen und wissenschaftlichen Jargon reflektiert (1939, S. 13ff.).

Es gibt einige Begriffe aus dem philosophischen und wissenschaftlichen Sprachgebrauch, zu denen sich nicht unmittelbar ein Äquivalent in der Um-

---

1 Stumpf sah sich in dieser Position auch durch andere Philosophen seines Umfelds bestärkt. Brentano war es, der ihn auf den Zusammenhang der Substanzbegriffe mit der Sinnespsychologie hingewiesen hat und auf dessen Anraten Stumpf sich vermutlich für eine Abhandlung über den psychologischen Ursprung der Raumvorstellung entschied (Stumpf 1939, S. 24). Aber vor allem Husserl, der bei Stumpf promovierte, hat sich in seinen Logischen Untersuchungen mit dem Verhältnis von Teil und Ganzem wesentlich auf Grundlagen von Stumpfs Erkenntnissen aus der Sinnespsychologie auseinander gesetzt (Stumpf 1939, S. 24 u. Husserl 1993, S. 225ff.).

2 Je nachdem auf welches philosophische System man blicken möchte, sind für einen Atomisten die Atome die substantiellen Entitäten, für einen Phänomenologen die Phänomene, für David Hume hingegen wären es die „impressions“ und „ideas“ oder aber – in einer etwas anderen Weise – könnte man auch die platonischen Ideen als Substanzen bezeichnen, da die wahrnehmbaren Dinge nur durch die Teilhabe an ihnen existieren.

gangssprache finden lässt. Bei dem Substanzbegriff handelt es sich ebenfalls um ein solches „philosophisches Kunstwort". In unserem normalen Sprachgebrauch wird „Substanz" meist in einer abgewandelten Form verwendet: Sprechen wir beispielsweise von einer „substanziellen" Freundschaft, meinen wir eine besonders wichtige Beziehung zu einem Menschen oder auch ein besonders lang andauerndes Verhältnis. Oder aber wir reden von den chemischen „Substanzen" und meinen damit etwas Stoffliches, eine Art Grundbaustein, aus dem andere Körper zusammengesetzt sind. Was von diesen Verwendungsweisen dem philosophischen Substanzbegriff am nächsten kommt, sind die Bezeichnungen „Ding" oder „Etwas", im Gegensatz zu Eigenschaften oder Ereignissen.

Es gibt allgemein zwei verschiedene Weisen, den philosophischen *Terminus* der Substanz zu charakterisieren: Die erste orientiert sich an dem griechischen Begriff der *ousia* als der „Wesenheit" oder dem „Seienden", welches sich im Lateinischen zu *substantia* geformt hat, und so viel wie „dasjenige, woraus etwas besteht" bedeutet. In diesem Sinne bezeichnet „Substanz" die *fundamentalen Gegenstände der Wirklichkeit.*[3] Die zweite Weise ist spezifischer: Hiernach sind Substanzen eine *bestimmte Art von basalen Entitäten*, die im Zusammenhang mit ihren Qualitäten oder Attributen betrachtet werden. Diese Verwendung orientiert sich an dem intuitiven Begriff des *Subjekts*, des *Einzeldings* oder des *partikularen Objekts*. Substanzen sind demnach *Dinge*. Also so etwas wie ein Tisch, eine Torte oder ein Mensch. Diese werden unterschieden von Eigenschaften, zum Beispiel eckig zu sein, oder süß, rot, rund, usw.

Stumpf kommt zu dem Schluss, dass sich sowohl in der Geschichte der Philosophie als auch in der alltagsprachlichen Verwendung folgende drei Kriterien als grundlegend herausgestellt haben: „1. Das Ding oder die Substanz soll ein Einheitliches sein in einer Vielheit von Eigenschaften. 2. Es soll ein Beharrliches sein in ihrem Wechsel. 3. Es soll in irgendeinem Sinne Träger von Eigenschaften sein" (1939, S. 19). Bei den beiden ersten Kriterien handelt es sich um Kriterien der substantiellen Einheit: Das erste Kriterium bezeichnet die Einheit mehrerer Eigenschaften zu einem Zeitpunkt und das zweiten Kriterium die substantielle Einheit eines Objektes über die Zeit. Man könnte sie auch als vertikale und horizontale Einheit bezeichnen.

Es bedarf allerdings nur der ersten beiden Kriterien. Das „Träger-Kriterium" ist für Stumpf in mehreren Hinsichten problematisch: Er bezweifelt, dass mit dem „Träger" wirklich „etwas" gemeint sein kann, das die Eigenschaften trägt, also eine Entität, auf welche alle Eigenschaften zurück geführt werden. Für ihn

---

3 Stumpf verwendet den Ausdruck „Merkmal" statt Kriterium, ich werde allerdings im Folgenden den Ausdruck „Kriterium" vorziehen, da er die Funktion, welche die Merkmale bei Stumpf erfüllen, besser charakterisiert.

ist es offensichtlich, dass das „Tragen“ nur metaphorisch gemeint sein kann, es nichts gibt außer den Eigenschaften und es sich hiermit nur um ein Verhältnis handelt (1939, S. 19). Außerdem kann das dritte Kriterium durch die beiden ersten substituiert werden: „Es liegt auch nahe genug, das Einheitliche als Träger der Vielheit, das Bleibende als Träger des Wechselnden aufzufassen.“ (1939, S. 19) Wenn allerdings die ersten beiden das dritte substituieren, wird es dann überhaupt aufgegeben? Es scheint verwunderlich einerseits zu behaupten, als „Träger“ könne etwas nur metaphorisch bezeichnet werden und zugleich zu versichern, dass die anderen Kriterien das erste erfolgreich ersetzten. Wieso muss es dann überhaupt aufgegeben werden? Eine Antwort hierauf lässt sich nur finden, wenn der zugegebenermaßen vieldeutige Begriff des Trägers in diesem Zusammenhang genauer betrachtet wird.

Mit dem Träger-Kriterium soll gewährleistet werden, dass es sich bei der Substanz um eine ontologisch basale Entität handelt, auf die sich alle Eigenschaften zurückführen lassen. Dass es solche Entitäten gibt, und ob es sich dabei um real existierende Dinge oder um reine „Denkformen“ handelt, ist umstritten. Relativ eindeutig hingegen ist der Grundsatz, aus dem sie entspringt: Wenn man annimmt, dass Eigenschaften nicht einfach so existieren können, sondern immer nur die Eigenschaften *von* einem Objekt sein müssen, dann muss es notwendigerweise ein Objekt geben, auf das sich die Eigenschaften zurückführen lassen. Da diese Objekte wiederum nicht selbst Eigenschaften sein können (sonst würde sich ein Regress ergeben), müssen sie etwas Zugrundeliegendes sein. Daran schließt sich die Bedeutung von Substanz als eine irreduzible, ontologisch basale Entität, oder auch dem Verständnis von Substanzen als beharrlichem Substrat.

Dass es so eine Entität gibt und diese *in* den Dingen ist, oder auch die Gegenstände selbst *ist*, wurde allerdings in Frage gestellt. Die britischen Empiristen bezweifelten dies. Nach Hume sind Substanzen nichts weiter als Bündel von Eigenschaften, die sich „eher zufällig“ durch die bloße Assoziation der Wahrnehmungseindrücke (*impressions*) zusammenfügen.

Stumpf verneint zwar nicht explizit, dass es solche Entitäten gibt, aber indem er den Zusammenhalt verschiedener Eigenschaften eines Objektes auf ein „Verhältnis“ reduziert, wird impliziert, dass nichts *außer* den Eigenschaften existiert. Das Besondere aber ist nun, dass Stumpf Substanzen nicht im Sinne Humes als bloße *Bündel* von Eigenschaften versteht, sondern die Eigenschaften der Substanzen sich in einem ganz bestimmten Verhältnis zueinander befinden, indem sie nämlich Teil eines Ganzen sind. Aufgrund dieser konzeptionellen Errungenschaft behauptet Stumpf, dass Substanzen zwar *nur* Eigenschaften sind, aber aufgrund ihrer Zusammengehörigkeit zu einem Ganzen trotzdem den Kriterien genügen können.

4 Die empirische Begründung des Substanzbegriffs

Stumpf ebnet den Weg, um den Ursprung des Substanzbegriffs empirisch zu begründen, indem er ihn als einen Verhältnisbegriff auffasst und das Träger-Kriterium aufgibt. Das analoge Teil-Ganzes-Verhältnis zwischen Substanzen und bestimmten Phänomenen der Sinneswahrnehmung dient dabei als Ausgangspunkt (1939, S. 26).

Stumpf erklärt in dem Abschnitt über die Sinneswahrnehmung (1939, S. 207ff.), dass nicht nur absolute Inhalte (Töne, Farben, Gerüche, etc.) wahrgenommen werden können, sondern auch Verhältnisse zwischen diesen absoluten Inhalten. Um diese wahrzunehmen, müssen zwar bestimmte Grundbedingungen (Aufmerksamkeit, wesentlicher qualitativer Unterschied, etc.) erfüllt sein, wenn aber dies der Fall ist, dann werden uns von der „Beschaffenheit der absoluten Inhalte [...] ganz bestimmte Verhältnisse unweigerlich aufgedrängt“ (1939, S. 226). Die Verhältnisse, die zwischen den einzelnen absoluten Inhalten bestehen, sind keine „subjektiven“ Verhältnisse, sie sind nicht „vom Verstand in die Erscheinungen hineingetragen“, sondern gerade im Gegenteil „aus ihnen entnommen“ (1939, S. 226). Denn für Stumpf besteht kein prinzipieller Unterschied zwischen absoluten Inhalten und Verhältnissen. Beide fallen in den Bereich der Wahrnehmung. Der Unterschied besteht lediglich darin, dass es sich um zwei verschiedene Gegenstände handelt. Aber auch wenn Verhältnisse wahrgenommen werden, handelt es sich doch bei ihnen um eine besondere Form der Wahrnehmung:

> Als Ergebnis dieser Betrachtungen über das Wesen der Verhältniswahrnehmung stellen wir fest: man hört und sieht gewiß nicht die Gleichheit und Verschiedenheit, Mehrheit und Einheit, Ähnlichkeit und Unähnlichkeit – darin hat Platon recht –, aber man nimmt sie in dem Gehörten, Gesehen wahr. Es ist ein Mitwahrnehmen, wie das Wahrnehmen der Grenze zweier farbigen Felder gegeneinander, wie das Wahrnehmen der Ausdehnung in und mit der Farbe oder sonstigen Sinnesqualität (1939, S. 228).

Obwohl die Verhältnisse nicht an sich wahrgenommen werden können, werden sie nach Stumpf zusammen mit den absoluten Inhalten und an diesen erkannt: Wenn beispielsweise zwei Töne zugleich wahrgenommen werden, dann wird auch das Verhältnis zwischen den Tönen wahrgenommen. Es wird nicht nur ein *c* und ein *g* wahrgenommen, sondern auch die Quinte als Verhältnis, das zwischen diesen absoluten Inhalten besteht. Es müssen zwar die Rahmenbedingungen für so eine Verhältniswahrnehmung gegeben sein: Die Wahrnehmenden müssen über das nötige Maß an musikalischer Vorbildung verfügen und dem Schallereignis die nötige Aufmerksamkeit geben. Hierbei handelt es sich aber nur um die Rahmenbedingungen. Dass das Verhältnis selbst als ein zwischen diesen Tönen real bestehendes Verhältnis von uns so aufgefasst wird, ist für Stumpf gewiss. Stumpf weist bereits in der *Tonpsychologie* auf Folgendes hin:

> Alle Empfindungsqualitäten [hier: absolute Inhalte] treten, wenn sie aus aufeinanderfolgenden in gleichzeitige übergehen, ausser in dieses Verhältnis der Gleichzeitigkeit noch in ein anderes Verhältnis, dem zu Folge sie als Teile eines Empfindungsganzen erscheinen (1890, S. 64).

Das „Empfindungsganze" resultiert nach Stumpf in erster Linie aus der Gleichzeitigkeit der Empfindungen. Das Besondere hierbei ist, dass die Teile nicht wie bei der aufeinanderfolgenden Wahrnehmung eine Summe bilden, sondern ein Ganzes sind. Die „Summe" hingegen kann willkürlich verschiedene Dinge zusammenfassen (z.B. einen Affekt und einen Apfel), das „Ganze" aber nicht. Bilden zwei Teile zusammen ein Ganzes, so nähern sie sich stärker dem Eindruck der Einheit an, als wenn sie nur eine Summe bilden würden. Dinge, die ein Ganzes bilden, müssen eine Beschaffenheit aufweisen, dass sie zueinander passen. Diejenigen Entitäten, die sich zu einer Ganzheit zusammenfügen, weisen von sich aus bereits die Tendenz auf, sich mit den anderen Teilen zu einer Ganzheit zusammenzuschließen. Die Verbindung zwischen den Teilen ist daher besser ausgeprägt, sie fügen sich stärker zu einer Einheit zusammen. Diejenigen Teile, die in einer Summe zusammengenommen werden, weisen diese Eigenschaft nicht auf. Es handelt sich bei ihnen um bloße Aggregate von Gegenständen, die keine interne Beziehung zueinander aufweisen.

Im Bereich der Wahrnehmung gibt es verschiedene Arten der Ganzheitsbeziehung, die verschieden stark ausgeprägt sein kann: Die Einheit zwischen den nicht abtrennbaren psychologischen Teilen (z.B. der Farbqualität und der Ausdehnung) stellt die engste Form der Einheit dar, während die Einheit der Teile bei der Tonverschmelzung graduell abgestuft ist und von dem Intervall abhängt. Wichtig ist, dass an all diesen Komplexen das Verhältnis von Teil und Ganzen sinnlich-wahrnehmbar gegeben ist. Dies sind die evidenten Erkenntnisse, „aus denen man den Begriff des Ganzen, zum Unterschied vom Begriff einer bloßen Summe, eines Bündels nach Humes Ausdruck, gewinnen und an denen man ihn leicht jedem verdeutlichen kann" (1939, S. 23). Und hierbei handelt es sich nicht um eine Leistung des Verstandes, der die Teile zu einem Ganzen ordnet, sondern um eine objektive Einheit, die uns „durch die Natur der Empfindungen aufgedrängt" wird (1939, S. 23). Im Hinblick auf die Relation zwischen den verschiedenen Kriterien des Substanzbegriffs kommt Stumpf zu folgendem Schluss:

> Der Begriff des einheitlichen Trägers der Eigenschaften ist tatsächlich in den Wahrnehmungen aufzeigbar: das Ganze ist eben Träger aller der Eigenschaften, die wir darin vereinigt denken; und was es heißt so vereinigt zu sein, das ist nicht mehr durchaus undefinierbar, sondern uns wenigstens in gewissen Grunderscheinungen

> [...] anschaulich gegeben. Ein ‚Ding' besteht in der Tat *nur* aus den Eigenschaften [...], aber diese sind nicht ein Bündel, sondern ein Ganzes (Stumpf 1939, S. 28)

Es gibt etwas, das zugleich Träger der Eigenschaften ist und einheitsstiftendes Moment im Hinblick auf die Teile der Substanz. Dieses ist das Ganze. Indem das Ganze ein Verhältnisbegriff darstellt, behauptet Stumpf nun, dass ein Ding – eine Substanz – *nur* aus Eigenschaften besteht. Er kann auf die Annahme einer metaphysischen, nicht-wahrnehmbaren Substanz verzichten. Für Hume folgte aber hieraus, dass es keine Substanz hinter den Eigenschaften gibt, dass Substanzen ansich eine Illusion sind und es sich dabei nur um Bündel von Eigenschaften handelt. Aber auch gegenüber dieser Annahme sieht sich Stumpf erhaben: Denn ein Ganzes ist nicht nur ein Bündel oder ein Haufen von Eigenschaften, sondern es ist ein in bestimmter Weise strukturierter Komplex, der nur aufgrund der eigentümlichen Verhältnisse zwischen den Inhalten als ein zusammengehöriges Ganzes erkannt wird.

Durch die Einführung der Teil-Ganzes Semantik betrachtet Stumpf aber nicht nur die Frage nach dem Träger der Eigenschaften als gelöst, sondern vor allem sieht er hierin die Basis für eine empirische Begründung des Substanzbegriffs gegeben. Da es sich allerdings bei den Erscheinungen der Sinnespsychologie und denjenigen Dingen, die als Substanzen bezeichnet werden, um zwei sehr heterogene Bereichen handelt, spricht Stumpf, wie bereits oben erwähnt, von einer Strukturanalogie zwischen diesen beiden Bereichen:

> Es handelt sich also hier um die Übertragung eines durch die Sinneswahrnehmung [...] an einfachen Erscheinungen oder Erlebnissen gewonnen Begriffes auf ganze Gruppen von Erscheinungen oder Erlebnissen, die wir vermittelst dieses Begriffes in Zusammenhang setzen. (1939, S. 26)

Stumpf bezweifelt nicht, dass es sich bei den Substanzen auch um Denkformen handelt, mit deren Hilfe wir verschiedene Eigenschaften einem Gegenstand zuordnen, aber er sieht eben in den einfachen Formen der Sinneswahrnehmung den Ursprung dieses Begriffes gegeben. Die Denkform ist nicht Apriori, sondern „ein aus der Wahrnehmung abgezogener Verhältnisbegriff" (1939, S. 26).

5 Die Substanz als Ganzes von Eigenschaften

Nach Stumpf ist eine Substanz dadurch bestimmt, dass sie ein Verhältnis zwischen Eigenschaften darstellt und zwar ein bestimmtes Verhältnis, nämlich das zwischen einem Ganzen und seinen Teilen. Stumpf spricht sich dagegen aus, dass es eine Substanz als Träger im Sinne einer metaphysischen Entität gibt, aber auch dagegen, dass es sich bei der Substanz um ein bloßes Bündel von Eigenschaften handelt. Denn, indem die Substanz als ein „Ganzes von Eigenschaften definiert“ (1939, S. 39) werden kann, betrachtet Stumpf das Problem der substantiellen Einheit als gelöst.[4] Allerdings ergeben sich aus dieser Definition einige konzeptionelle Probleme:

Das Ganze ist nicht ontologisch basal, sondern es ist abhängig von den Inhalten und verändert sich mit jeder Veränderung seiner Teile. Das heißt, die Teile sind gegenüber dem Ganzen primär. Im Bereich der Sinneswahrnehmung bedeutet dies, dass wenn sich ein Teilinhalt einer komplexen Empfindung verändert, der gesamte Komplex davon beeinträchtigt wird:

> Wir bezeichnen ein Ganzes [...] von Sinnesinhalten (Erscheinungen) als einen Komplex [...]. Ein Komplex ändert sich mit jeder Veränderung von Teilinhalten, mögen sämtliche Teile oder nur einige oder einer davon betroffen werden (1939, S. 230).

Für Stumpfs Substanzbegriff droht damit die Konsequenz, dass es sich bei Substanzen nicht mehr um ontologisch basale Gegenstände handeln kann und dieses Kriterium aufgegeben werden muss. Für Stumpfs eigene Theorie ist dies unproblematisch, da er nie ein solches Kriterium für Substanzen vertreten hat (1939, S. 39). Er distanziert sich damit aber deutlich von einem traditionellen, aristotelischen Substanzbegriff, wonach die Subtanzen sowohl diejenigen Dinge sind, von denen alle Eigenschaften ausgesagt werden als auch diejenigen Dinge, ohne die nichts anderes existieren würde, da alle anderen Dinge ontologisch von ihnen abhängig sind (Aristoteles 2006). Ebenso verabschiedet er sich von dem intuitiven Verständnis der Substanz als Ding, das Eigenschaften *hat*, anders gesagt: von der Substanz als Zugrundeliegendes, als Substrat. Es ist daher fraglich, inwiefern Stumpf mit dem Begriff des Ganzen über eine Bündel-Theorie hinaus kommt, die ja ebenfalls besagt, dass eine Substanz nichts anderes ist außer den Eigenschaften. Auch wenn die Eigenschaften nach Stumpf als Ganzes eine Einheit bilden, ergibt sich daraus nicht, dass das Ganze gegenüber seinen Teilen als ontologisch basal und somit als Substrat gegenüber den Eigenschaften betrachtet werden kann.

Ein weiteres Problem ist, dass die Definition der Substanz als Ganzes den anderen Kriterien des Substanzbegriffs nicht gerecht werden kann. Obwohl Stumpf das Kriterium der Substanz als Träger der Eigenschaften verabschiedete und somit nur zwei Kriterien übrig blieben, nämlich Substanz als Einheit in der Vielheit der Eigenschaften und Substanz als Beharrliches gegenüber dem Wechsel, tritt nun ein neues Kriterium hinzu, wonach er Substanz als „das Wesentliche an einem Ding“ (1939, S. 39) bezeichnet. Somit handelt es sich letztendlich

---

4 Es muss allerdings ergänzt werden, dass Stumpfs Begriff des „Ganzen“ sicherlich nicht nur ein Verhältnis bezeichnet, sondern auch dessen Inhalte. Denn es soll ja nicht nur das Verhältnis zwischen den Eigenschaften, sondern auch die Eigenschaften selbst als Substanz bezeichnet werden.

doch um drei Kriterien. Stumpf weist zwar darauf hin, dass sich nicht nur für die Substanz als Einheit Beispiele in der Wahrnehmung finden lassen, sondern auch im Falle der anderen Kriterien exemplarische Impressionen zu finden sind, aber über das Verhältnis der Definition zu diesen Kriterien äußert sich Stumpf nicht (1939, S. 39f.).

Mit dem Kriterium, wonach die Substanz etwas Beharrliches in ihrem Wechsel sein soll, ist Folgendes gemeint: Wenn sich ein Teil einer Substanz verändert, ändert sich nicht gleich die Substanz, sondern sie beharrt in diesem Wechsel. Ein Tisch beispielsweise bleibt ein Tisch, auch wenn ich Teile von ihm wegnehme oder verändere. Ich könnte ihn neu lackieren, oder die Tischbeine ein Stück kürzer machen. Der Tisch würde zwar eine andere Farbe besitzen oder zehn Zentimeter kleiner sein, und somit würden sich Eigenschaften von ihm verändern, dass der Tisch ein Tisch ist, ändert sich allerdings nicht. Wenn nun aber die Substanz als ein Ganzes von Eigenschaften definiert ist, und das Ganze nicht grundlegend gegenüber seinen Teilen ist, dann geht, wie Stumpf es selbst ganz richtig bemerkt hat, mit jeder Veränderung eines Teilinhalts, eine Veränderung des Ganzen einher. Wenn also eine Substanz, in diesem Falle der Stuhl, ein Ganzes von Eigenschaften ausmachen soll, dann muss man zugestehen, dass die Substanz sich verändert, sobald sich ein Teil von ihr verändert. Wenn die Substanz ein Ganzes ist, dann kann man zwar sagen, dass bestimmte Eigenschaften von ihr beharrlich bleiben, die Substanz selbst aber ist nicht beharrlich, sondern nach jeder Veränderung eine andere ist. Wenn ein Tisch als Ganzheit seiner Eigenschaften bezeichnet werden würde, dann ist der Tisch jedes Mal ein anderer, wenn sich eine seiner Eigenschaften verändern würde. Sollte der Substanzbegriff also wirklich als Ganzes der Eigenschaften definiert werden, scheint es nicht möglich zu sein, dass dieses Ganze gegenüber dem Wechsel seiner Eigenschaften sich beharrlich verhält.

Aber auch das Kriterium, wonach die Substanz das Wesentliche an einem Ding bezeichnen soll, kollidiert mit der Definition der Substanz als Ganzes von Eigenschaften: Denn mit der wesentlichen Eigenschaft soll eben nur *ein Teil* der Eigenschaften des Dinges oder auch nur eine einzige Haupteigenschaft bezeichnet werden, die sich von den anderen (akzidentellen) Eigenschaften unterscheidet, indem sie für das Bestehen des Dinges notwendig ist. Ein Tisch hört demnach zwar nicht auf ein Tisch zu sein, wenn man die Tischbeine kürzen würde oder ihn neu lackiert, sondern nur dann, wenn er in seinen wesentlichen Funktionen und Eigenschaften grundlegend beeinträchtigt würde. Was genau die wesentlichen Eigenschaften eines Dinges sind, ist allerdings oft kontrovers. Stumpf bemerkt zwar, dass dieser Sinn des Substanzbegriffs sehr wichtig ist, möchte ihn aber nicht in seine Definition mit aufnehmen:

> Wir ziehen es gleichwohl vor, um nicht zu präjudizieren und schon durch die Definition eines Ausdruckes in schwierige Fragen über das Wesentliche an einem Ding verwickelt zu werden, nicht die Haupteigenschaft eines Dinges, sondern das Ding selbst in seiner Ganzheit als Substanz zu bezeichnen. (1939, S. 39)

Stumpf schien sich den Problemen bewusst gewesen zu sein, die sich aus der Spannung zwischen der Substanz als das Wesentliche und als Ganzes eines Dinges ergeben: Da mit dem Wesentlichen immer nur ein Teil der Eigenschaften beschrieben wird und das Ganze hingegen ja die Gesamtheit der Eigenschaften meint, widersprechen sich diese beiden Annahmen. Es würde keinen Sinn machen zu behaupten, die Substanz sei das „Ding in seiner Ganzheit" und zugleich das Wesentliche des Dinges. Da Stumpfs Bemühungen aber besonders darauf abzielen, dass es sich bei „Substanz" um einen Begriff handelt, welcher der Wahrnehmung entsprungen ist, möchte er an der Definition als Ganzheit der Eigenschaften festhalten und lässt die Frage, ob es sich bei der Substanz um das Wesen handelt, offen.

6 Schlussbemerkung

Ich hoffe mit dieser Arbeit eine grobe Skizze von Stumpfs Behandlung des Substanzbegriffs gemacht zu haben. Von besonderem Interesse war es, Stumpfs Grundintention bei der Behandlung der Kategorien aufzuzeigen und in welcher Rolle er sich selbst im Hinblick auf andere Autoren sieht. Dabei kann gar nicht genug betont werden, wie wichtig die Verbindung von Psychologie und Philosophie für Stumpf ist. Denn auch in der *Erkenntnislehre* versucht Stumpf sich die Synergie dieser beiden Disziplinen zunutze zu machen. Die *Erkenntnislehre* zeugt aber auch von einem Aneignungsprozess der Psychologie, die sich zunehmend – historisch betrachtet – mit philosophischen Fragestellungen beschäftigt, wie beispielsweise der Erwerb von Begriffen.

Blickt man allerdings auf die logisch-begriffliche Bestimmung der Substanz und den damit verbunden Problemen, lässt Stumpf viele Fragen offen, besonders solche über den Zusammenhang zwischen der Substanz als Ganzes und den Kriterien der Beharrlichkeit und Wesenhaftigkeit. Mit der Bestimmung der Substanz als Ganzes von Eigenschaften entwickelt Stumpf zwar einen sehr eigenständigen Ansatz, der seine Stärke besonders in dem Analogieschluss zur Wahrnehmung besitzt. Allerdings bleibt es fraglich, ob dieses Argument für den empirischen Ursprung des Substanzbegriffs überzeugend ist.

Literatur

Aristoteles (2006). *Kategorien*. (Übers.) K. Oehler. Oldenbourg: Akademie Verlag.

Aristoteles (2010). *Metaphysik*. (Übers.) H. Bonitz. Reinbek: Rowohlt.

Hume, D. / Norton, D. F. & Norton, M. J. (2000). *A Treatise of Human Nature*. Oxford: University Press.

Husserl, E. (1993). *Logische Untersuchungen*, Bd. II, Teil 1. Tübingen: Niemeyer.

Locke, J. (2008). *An Essay Concerning Human Understanding*. Oxford: University Press.

Platon (1988). *Sophistes*. (Übers.) O. Apelt. Leipzig: Meiner.

Stumpf, C. (1873). *Über den psychologischen Ursprung der Raumvorstellung*. Leipzig: Hirtzel.

Stumpf, C. (1939). *Erkenntnislehre*. Leipzig: Johann Ambrosius Barth.

Stumpf, C. (1883/1890/1965). *Tonpsychologie*. Amsterdam: Knuf / Bonset.

Gestaltwahrnehmung als Strukturbildung. Über die Wurzeln einer phänomenologischen Ästhetik in der Erkenntnislehre von Carl Stumpf.

Christian G. Allesch

Zusammenfassung

Ausgehend von der Feststellung Carl Stumpfs (1939/2011, S. 242), nicht „der konkrete, gestaltete Eindruck“ sei „das Wesen der Gestalt“, sondern „jenes abstrakte Netz an Beziehungen“, das die Denkpsychologie in unseren Gestaltaussagen aufzeigen könne, soll auf jene Forschungsansätze der damaligen Zeit verwiesen werden, die – ähnlich wie Stumpf – Gestaltwahrnehmung als prozesshaftes, in seiner Zeitcharakteristik erfassbares Geschehen aufgefasst haben. Dazu gehört vor allem der in der 2. Leipziger Schule entwickelte Begriff der ‚Aktualgenese‘. In der Tradition der phänomenologischen Psychologie hat vor allem Maurice Merleau-Ponty in seiner *Phänomenologie der Wahrnehmung* (1945/ 1966) anschauliche Beispiele für Gestaltbildungsprozesse in der Wahrnehmung dargestellt. Aus derartigen Ansätzen lassen sich auch Implikationen für eine phänomenologische Ästhetik ableiten, die im Rückbezug auf Carl Stumpfs *Erkenntnislehre* diskutiert werden sollen.

Abstract

In his *Erkenntnislehre* (1939/2011), Carl Stumpf stated that it was not “the concrete, formal impression” which formed “the essence of ‘Gestalt’”, but “that abstract net of relations” which can be demonstrated by the psychology of the psychology of thought processes. Starting from this statement of Stumpf, we will take a look on those scientific approaches of his time that similar to him conceived Gestalt perception as a process, which can be conceived by its temporal characteristic. An example for these approaches was the concept of ‘Aktualgenese’, as developed in the 2nd Leipzig school. In the tradition of phenomenological psychology, Maurice Merleau-Ponty, in his *Phenomenology of Perception*, presented concrete examples for the process of Gestalt formation in perception. From those approaches implications for a phenomenological aesthetics can be derived, which shall be discussed with regard to Carl Stumpf's *Erkenntnislehre*.

1 Stumpfs Kritik an der Gestaltpsychologie

Carl Stumpf gilt heute als wichtiger Wegbereiter der Berliner Gestaltpsychologie, jedoch nicht als Gestaltpsychologe im engeren Sinn, und er hat sich wohl auch selbst nicht als solchen gesehen. Helga und Lothar Sprung (1997, 25 ff.) argumentieren zwar mit Recht, mit Stumpf sei jenes „ganzheitliche und gestalthafte Denken“ nach Berlin gekommen, vor dessen Hintergrund sich die später so genannte „Berliner Schule“ entfalten konnte, doch finden sich in den Schriften

Stumpfs auch viele kritische Anmerkungen zu den theoretischen Konzepten dieser Schule. Dies weist darauf hin, dass das Konzept „Gestalt" in der ersten Hälfte des 20. Jahrhunderts keineswegs ein festumrissener Begriff war, sondern eher ein konzeptueller Denkanstoß, der von einzelnen Forschern durchaus unterschiedlich aufgefasst und weiterentwickelt wurde.

In seiner *Erkenntnislehre* (1939/2011, S. 242) hat sich Carl Stumpf aus dem Rückblick der 1930er Jahre kritisch mit der Gestaltpsychologie auseinandergesetzt. Er sieht in ihr einerseits eine erfolgreiche und notwendige Richtung, die wesentliche Lücken in der Wahrnehmungslehre erkannt und ausgefüllt hat, wirft ihr aber eine Reihe von Einseitigkeiten vor. Nicht zuletzt auch die ausufernde Verwendung des Gestaltbegriffes motiviert Stumpf in seiner *Erkenntnislehre*, zu einer „Verständigung über den wahren Sinn des Gestaltbegriffes und die allgemeinsten Bestimmungen der Gestaltwahrnehmung" aufzurufen (ebd., S. 243).

Stumpf bestreitet in diesem Zusammenhang auch, dass die früheren psychologischen Wahrnehmungstheorien durchwegs dem „Summationsdenken" der Assoziationstheorie gefolgt seien. Der analytische „Weg vom Ganzen zu den Teilen" sei „tatsächlich allezeit und überall der Beginn der wissenschaftlichen Forschung gewesen" (ebd., S. 244). Stumpf sieht auch im Gestaltprinzip keinen bloßen Wahrnehmungsmechanismus oder eine Eigenschaft von Objekten, sondern einen „Inbegriff von Verhältnissen" (ebd., S. 242), der eine Strukturierungsleistung des menschlichen Denkens zum Ausdruck bringt. Gestaltwahrnehmung ist damit nicht als reine Rezeptionsleistung aufzufassen sondern als Ergebnis produktiver Denkvorgänge, die etwa auch Urteile mit einbeziehen. Vor diesem Hintergrund wird die mehrfach zitierte Aussage Stumpfs verständlich, nicht „der konkrete, gestaltete Eindruck" sei „das Wesen der Gestalt", sondern „jenes abstrakte Netz an Beziehungen", das die Denkpsychologie in unseren Gestaltaussagen aufzeigen könne.

Man könnte das, worauf Stumpfs Auffassung, „nicht der konkrete gestaltete Eindruck", sondern das vom Denken hergestellte „abstrakte Netz an Beziehungen" mache das Wesen des Gestaltkonzepts aus, abzielt, mit einem lateinischen Wortspiel einfangen. Der Begriff ‚Gestalt' verwiese demnach, wenn man die Aussage Stumpfs aufgreift, nicht auf ein ‚formatum', einen konkreten, gestalteten Ausdruck als Endprodukt eines Formbildungsprozesses, sondern auf die ‚formatio', den gestaltbildenden Prozess selbst. In dieser Hinsicht lassen sich einige interessante Querverbindungen zur Erkenntnistheorie und Ästhetik Kants herstellen, und ich möchte diesen Parallelen zunächst ein Stück weit nachgehen, zumal Kant in der Kritik der Urteilskraft auch ausdrücklich den Begriff der ‚Gestalt' verwendet.

2 Die Begriffe ‚Form' und ‚Gestalt bei Kant

Ausgehend von der These, dass „schön" dasjenige sei, „was ohne Begriff allgemein gefällt" (S. 32), isoliert Kant zunächst das „reine Geschmacksurteil" als eines, das ohne Zutun von „Reiz und Rührung" zustande kommt, und definiert es als ein Urteil, welches „bloß die Zweckmäßigkeit der Form zum Bestimmungsgrunde hat" (S. 38). „Schönheit" ist demnach „Form der Zweckmäßigkeit eines Gegenstands, sofern sie, ohne Vorstellung eines Zwecks, an ihm wahrgenommen wird" (S. 61). Kant macht etwa auch ausdrücklich die „schönen Formen der Natur" für die Naturschönheit verantwortlich und nicht die damit verbundenen sinnlichen „Reize" (S. 166). Das erinnert sehr an Herbart, der den „kalten Kennerblick" für das Zustandekommen ästhetischer Urteile als erforderlich und jede ungebührliche Einmischung des Gefühls als abträglich bezeichnet hatte (Herbart, 1850, § 109). Der ästhetische Formalismus, wie er etwa in der 2. Hälfte des 19. Jahrhunderts vor allem durch den einflussreichen Wiener Ordinarius Robert Zimmermann vertreten wurde, hat denn auch Kant ausdrücklich für seine Position vereinnahmt. Kant führt aber ästhetische Wirkungen keineswegs in einem kausalen Sinne auf die Form des Wahrnehmungsgegenstandes zurück. Wäre die Form tatsächlich der entscheidende Auslöser, argumentiert Kant, so müssten künstliche Blumen die gleiche ästhetische Wirkung auslösen wie echte, selbst dann, wenn man den „Betrug" entdeckte (S. 167). Die Form des schönen Gegenstands hat also keinen konstitutiven Einfluss auf das Geschmacksurteil; vielmehr ist es umgekehrt so, dass das Wesen des Geschmacksurteils gerade darin liegt, dass es die ästhetische Valenz bestimmter Gegenstände oder Prozesse begründet. Der bedeutende Ästhetikhistoriker Władysław Tatarkiewicz hat dies in seiner Studie über die historische Entwicklung des Begriffs ‚Form' in der Ästhetik (1980, S. 221 u. 236 ff.) sehr treffend formuliert, wenn er schreibt, dass ‚Form' bei Kant „den Beitrag des Verstandes zum wahrgenommenen Objekt" („the contribution of the mind to the perceived object") meint und daher im Sinne von ‚Formung' (also einer *Aktivität*) zu verstehen ist und nicht als gegebene ‚Form'. Eben dies wollte ich mit dem lateinischen Wortspiel ausdrücken, dass ‚Gestalt' vielleicht eher mit ‚formatio' zu übersetzen sei als mit ‚formatum'.

Der Bezug auf Kant ist auch deshalb interessant, weil Kant explizit die zeitliche Dimension der ästhetischen Wahrnehmung mit einbezieht. Nach Kant ist „alle Form der Gegenstände der Sinne (der äußern sowohl als mittelbar auch der innern) [...] entweder Gestalt, oder Spiel", wobei Spiel „...entweder Spiel der Gestalten (im Raume, die Mimik und der Tanz); oder bloßes Spiel der Empfindungen (in der Zeit)" sein kann (S. 42). Kant interpretiert den Gestaltbegriff also im Sinne eines sich im Zeitverlauf konstituierenden Produkts der Einbildungskraft, die im Akt der Wahrnehmung den Sinnesdaten Kontur und Bedeutung verleiht, und zwar in einer Weise, die es uns ermöglicht, die Übereinstimmung der Form mit dem intendierten Gehalt als ‚Schönheit' wahrzunehmen, wobei sich diese ästhetische Erfahrung sowohl auf die ‚Gestalt' als ‚Momentaufnahme' dieses Konstitutionsprozesses beziehen kann als auch auf das ‚Spiel' der äußeren Gestalten und ihrer durch den inneren Sinn erfahrbaren Repräsentationen.

Schon bei Kant verweist der Begriff ‚Gestalt' also auf einen zugrunde liegenden Prozess und nicht auf eine rein formal beschreibbare ‚Reizgrundlage'. Carl Stumpf scheint diese Intention Kants sehr wohl erkannt zu haben, wenn er in seiner *Erkenntnislehre* (1939/2011, S. 285) schreibt, Kant habe „nicht unrecht" gehabt, „die Zeit als eine ‚*Anschauungsform*' zu bezeichnen", er habe sie allerdings zu Unrecht nur dem inneren Sinn zugeschrieben. Kant habe aber richtig gesehen, dass „es sich bei dieser Forterhaltung und Zeitverschiebung des augenblicklich Gegebenen um eine dem Bewusstsein eigentümliche Zutat handelt" (ebd. S. 284 f.). In ähnlicher Weise hat etwa auch die ‚Produktionstheorie' der Grazer gestaltpsychologischen Schule um Alexius von Meinong ‚Gestalten' im Sinne einer ‚formatio' und nicht eines ‚formatum' interpretiert.

Die Konzeption des Gestaltbegriffs als einer Schlüsselmetapher für die dynamische Gestaltungsfunktion des Bewusstseins – auch hier kann man unmittelbar am Kant'schen Begriff der „Einbildungskraft" anknüpfen – lag also gewissermaßen in der Luft und hat zweifellos eine Reihe theoretischer Konzeptionen im ersten Drittel des 20. Jahrhunderts beeinflusst. Einen besonders eindrücklichen Niederschlag haben diese Überlegungen im Konzept der „Aktualgenese" gefunden, das von der 2. Leipziger Schule entwickelt wurde und im Wesentlichen Friedrich Sander zugeschrieben wird – diesbezüglich hat es einige sehr kuriose Prioritätsstreitigkeiten gegeben, aber auf die möchte ich heute nicht eingehen. Tatsächlich war es Sanders' Schüler Erich Wohlfahrt, der in den späten 1920er Jahren systematische Versuche zum Zustandekommen von Wahrnehmungseindrücken durchgeführt hat. Der Kerngedanke dieses Ansatzes war, dass Wahrnehmungseindrücke Ergebnis eines diffizilen Gestaltbildungsprozesses sind, der, ausgehend von einem durch die Sinnesdaten repräsentierten „Wahrnehmungsgerüst" über „diffuse Vorgestalten" oder „Gestaltkeime" zu einer konkreten und präzisen Wahrnehmung führt. Die empirische Bestätigung dieses Ansatzes hatte allerdings naturgemäß damit zu kämpfen, dass die enorme Geschwindigkeit, mit der sich derartige Gestaltbildungsprozesse in der Wahrnehmung vollziehen, einen experimentellen Ansatz in der damaligen Zeit vor nahezu unlösbare Probleme stellte, und daran hat sich auch bis heute kaum etwas geändert.

3 Gestaltbildung in der Wahrnehmungstheorie von M. Merleau-Ponty

Eine sehr zentrale Rolle haben derartige Überlegungen auch in der phänomenologischen Tradition gespielt. Insbesondere Maurice Merleau-Ponty hat in seiner *Phänomenologie der Wahrnehmung* (1945/1966) derartige Gestaltbildungsvorgänge in eindrucksvoller Weise beschrieben. Ich möchte eines dieser Beispiele darstellen:

> Ich gehe am Strand auf ein am Ufer gescheitertes Schiff zu, der Schornstein oder Mast des Schiffs verfließt mit den Zweigen und Stämmen eines Gehölzes am Rande der Dünen; plötzlich aber verbindet er sich aufs deutlichste mit dem Schiff und verwächst mit ihm zu einem Ganzen. Während ich mich näherte, wurde ich der Ähnlichkeits- und Nähebeziehungen nicht gewahr, die schließlich ein zusammenhängendes Bild der Aufbauten des Schiffs ergeben hätten. Ich fühlte nur, dass der Anblick der Dinge plötzlich sich wandeln würde, die Spannung auf etwas, das bevorstand, sich anzeigend wie ein Gewitter in den Wolken. Und plötzlich wandelte sich denn auch die Sicht meine unbestimmten Erwartungen rechtfertigend. Und nachträglich erkenne ich auch den ‚Grund' der Verwandlung des Bildes in der Ähnlichkeit und Kontiguität dessen, was ‚Reiz' heißt – d.h. auf kurzen Abstand begegnende bestimmteste Phänomene, aus denen ich meine ‚wahre' Welt aufbaue. ‚Wie konnte ich übersehen, dass diese Holzteile zu dem Schiff gehörten? Haben sie doch die gleiche Farbe, passen sie doch genau in seine Aufbauten.' Doch diese Gründe richtiger Wahrnehmung waren der richtigen Wahrnehmung selbst zuvor nicht als Gründe gegeben. Die Einheit eines Gegenstandes gründet sich auf ein Vorgefühl einer bevorstehenden Synthesis, die mit einem Schlage auf zuvor in der Umgebung nur latent sich stellende Fragen die Antwort gibt und ein Problem auflöst, das sich nur stellte in Form einer unbestimmten Unruhe; sie fügte Elemente zusammen, die zuvor sozusagen nicht ein und derselben Welt zugehörten und darum, wie Kants Tiefblick erkannte, der Assoziation nicht fähig waren. Indem sie sich endlich allererst auf ein und denselben Boden stellt – den des *einen* Gegenstands – ermöglicht die Synopsis erst Kontiguität und Ähnlichkeit zwischen ihnen; niemals vermag eine Impression von sich aus einer anderen Impression sich zu assoziieren. (ebd., S. 36 f.).

Merleau-Pontys radikale Absage an jede Form mechanischer Assoziation widersetzt sich von vornherein jedem Versuch, Gestaltbildung in der Wahrnehmung als durch formale Reizmerkmale determinierten Prozess zu verstehen. „Empfindungen und Bilder", so formuliert er es in einer zentralen Passage seiner *Phänomenologie der Wahrnehmung* (ebd., S. 35), „die angeblich Anfang und Ende aller Erkenntnis sind, treten in Wahrheit je schon in einem Sinnhorizont auf, die Bedeutsamkeit des Wahrgenommenen, anstatt aus Assoziationen zu resultieren, liegt in Wahrheit jeder Assoziation schon zugrunde, handle es sich um die Synopsis einer gegenwärtigen Gestalt oder um die Erinnerung einstiger Erfahrungen". ‚Wahrnehmung' ist für Merleau-Ponty „nicht das Erleben einer Mannigfaltigkeit von Impressionen, die zu ihrer Ergänzung geeignete Erinnerungen nach sich ziehen, sondern die Erfahrung des Entspringens eines immanenten Sinnes aus einer Konstellation von Gegebenheiten, ohne den überhaupt ein Verweis auf Erinnerungen nicht möglich wäre“ (ebd., S. 42). Erinnerung vollzieht sich also nicht in der Weise, dass aufgrund struktureller Merkmale sensorischer Sinnesdaten, die bestimmte physiologische Reaktionsmuster in der Retina oder im Cortischen Organ hervorrufen, bestimmte im Langzeitgedächtnis mehr oder weniger abbildhaft gespeicherte Fakten und Episoden als Interpretationshintergrund abgerufen und gleichsam auf den aktuellen Wahrnehmungsinhalt ‚projiziert‘ würden, sondern die Erinnerung als schöpferischer Prozess konstruiert aus strukturellen Aspekten der aktuellen Wahrnehmung und aus strukturellen Aspekten erinnerter Ereignisse gleichsam ein neues Bild eines Geschehensverlaufes, der Vergangenes und Gegenwärtiges zu einem kongruenten Ganzen vereint.

Bemerkenswerterweise verzichtet die *Phänomenologie der Wahrnehmung* Merleau-Pontys völlig auf den Begriff der ‚Struktur‘. Dies hat wohl damit zu tun, dass Merleau-Ponty Strukturbildung in einem evolutionistischen Sinne verstand: Strukturbildung ist bei ihm weitgehend äquivok mit dem Begriff der Emergenz, also mit der Entwicklung neuer Eigenschaften durch zunehmende Komplexität der beteiligten Prozesse. Die Vielfalt der Varianten des Strukturbegriffs übertrifft in der Tat noch die Vielfalt der damals gängigen Verwendungen des Gestaltbegriffs. Insofern mag es vielleicht auch nicht unproblematisch erscheinen, dass ich meinen Beitrag unter den Titel „Gestaltwahrnehmung als Strukturbildung“ gestellt habe. Die entscheidenden Anstöße für die Verwendung des Strukturbegriffs in der Psychologie sind wohl von Wilhelm Dilthey ausgegangen, der ‚Struktur‘ in einer „inneren erlebbaren Beziehung“ psychischer Tatsachen begründet sieht (Dilthey, 1894/1924, S. 66 / S. 204;). Eine besonders zentrale Rolle nimmt der Begriff ‚Struktur‘ in der Psychologie Felix Krügers ein, bezieht sich aber dort nicht auf einen wahrnehmbaren Tatbestand, sondern auf die zeitliche Dynamik der Selbsterfahrung (siehe dazu den Beitrag von Wolfradt in diesem Band). Holzkamp (1981, S. 180 f.) spricht aber wohl mit Recht von unterschiedlichen „Versionen“ des Strukturbegriffs bei Krüger, die auch mit unterschiedlichen erkenntnistheoretischen Implikationen verbunden sind.

Carl Stumpf hat die mit dem Strukturbegriff verbundenen Probleme zwar immer wieder angesprochen – etwa in seiner Unterscheidung von Strukturgesetzen und Kausalgesetzen in seiner *Einteilung der Wissenschaften* (1907, S. 61 f.) –, hat aber den Begriff ‚Struktur‘ weder in diesem Zusammenhang noch in seiner späteren *Erkenntnislehre* explizit diskutiert. Allerdings wird sein Verständnis dieses Begriffs doch deutlich, wenn er dort (2011, S. 162 f.) „phänomenologische“ Axiome, „die sich auf die Strukturverhältnisse sinnlicher Erscheinungen beziehen“, „psychologische“ Axiome, „die sich auf die Strukturverhältnisse elementarer psychischer Funktionen beziehen“ und „eidologische“ Axiome unterscheidet, „die von den Strukturverhältnissen elementarer psychischer Gebilde handeln“. Bemerkenswerterweise taucht im (sehr umfangreichen) Namen- und Sachverzeichnis der *Erkenntnislehre* weder der Begriff ‚Struktur’ noch der Name Krueger auf. Man gewinnt fast den Eindruck, dass Stumpf den zur damaligen Zeit und insbesondere in der „Strukturpsychologie“ Kruegers mit vielen metaphysischen Implikationen belasteten Strukturbegriff in ähnlicher Weise bewusst vermieden hat wie den Begriff der „Wahrnehmung“. Wo es um „ein Ganzes (einen Inbegriff) von Sinnesinhalten (Erscheinungen)“ geht, spricht Stumpf in der Erkenntnislehre (1939/2011, S. 229) – ähnlich wie schon in den früheren Akademieschriften (Stumpf, 1917, 1918) – sehr viel weniger ontologisch anspruchsvoll von einem „Komplex“. Erst wenn man sich nicht bloß auf das Ganze der Sinnesinhalte, sondern auf das Ganze der Verhältnisse zwischen Sinnesinhalten bezieht, spricht Stumpf von „Gestalt“. Dieses Ganze der Verhältnisse zwischen Sinnesinhalten ist aber nicht das Ergebnis mechanistisch ablaufender Assoziation sondern kreativer Interpretation des im Wahrnehmungsfeld Vorgefundenen. Genau hier liegt die Intention der Kritik Stumpfs an der Gestaltpsychologie, dass „in unseren Gestaltaussagen“ immer „etwas Denkpsychologisches enthalten“ sei (ebd., S. 242). In dieser Hinsicht lässt sich tatsächlich eine Linie korrespondierender Denkfiguren herausarbeiten, die von Kant über Brentano und Stumpf bis zu Merleau-Ponty reicht.

4 Weiterwirkung in der psychologischen und phänomenologischen Ästhetik

Was die psychologische Ästhetik angeht, so ist dieser Denkansatz insbesondere von Rudolf Arnheim weitergeführt worden, der 1928 bei Max Wertheimer promoviert hat und insofern der Berliner Schule der Gestaltpsychologie zugerechnet werden kann, deren Ideen aber im amerikanischen Exil in durchaus eigenständiger Weise weitergeführt hat. Für Arnheim stellen gestaltschaffende künstlerische Aktivitäten wie Malen, Dichten, Komponieren oder Tanzen keine „reproduktiven“ Tätigkeiten dar, sondern ein „Denken mit den Sinnen“ (Arnheim, 2001, S. 9). Es ist also durchaus kein Zufall, dass Arnheim hier in ähnlicher Weise auf den ‚denkpsychologischen‘ Charakter der Gestaltwahrnehmung verweist wie Carl Stumpf. In seiner Schrift *Anschauliches Denken: Zur Einheit von Bild und Begriff*, erstmals 1969 erschienen, hat Arnheim diese „denkpsychologische“ Herangehensweise an die ästhetische Wahrnehmung besonders eindrücklich zum Ausdruck gebracht und versucht, gegen die „Trennung des Schauens vom Denken“ zu argumentieren. Er beklagt, dass nicht nur der deutsche Begriff der ‚Wahrnehmung‘ sondern auch der englische Begriff ‚perception‘ viel zu eng gefasst würde, nämlich beschränkt auf „das, was die Sinne in dem Augenblick empfangen, wenn sie von der physischen Außenwelt gereizt werden“. Während aber Arnheim seinen Blick eher auf das Faktum der Vernachlässigung des Zusammenhangs von Denken und sinnlicher Erfahrung und auf die daraus abzuleitenden pädagogischen Konsequenzen richtet, hat die phänomenologische Tradition stärker auch den wissenschaftsgeschichtlichen Hintergrund dieser Fehlentwicklung artikuliert: Neben Merleau-Ponty war es vor allem der ebenfalls aus der Berliner Gestaltpsychologie stammende Psychiater und Psychologe Erwin Straus, der die Wurzeln dieser Fehlentwicklung in der radikalen Trennung zwischen Leib und Seele in der Philosophie René Descartes‘ aufgezeigt hat. Die aus der Denkweise Descartes‘ erwachsene psychologische Wahrnehmungslehre habe, so schreibt er in seinem Buch *Vom Sinn der Sinne* (1956), „zum Subjekt des Empfindens ein Bewusstsein“ gemacht, „das Empfindungen als vereinzelte in sich hat, die vereinzelten durch einen Prozess des Denkens vereinigt oder das Getrennte durch das Bindemittel der Gewohnheit zusammenkittet und schließlich das so Vereinigte denkend aus sich heraussetzt“.

Gerade bei Merleau-Ponty und Straus ist allerdings der anticartesianische Reflex so ausgeprägt, dass er gleichsam in einer Identitätshypothese mündet: Denken und Empfinden werden praktisch in eins gesetzt und der Empfindungsbegriff nur mehr im Sinne einer wissenschaftlichen Abstraktion zugelassen. Das ist eine Position, die Stumpf wohl eher nicht mitgetragen hätte. Dennoch zeigt sich ein gewisser Gleichklang, was die Kritik an bestimmten Entwicklungen der Gestaltpsychologie angeht, und das ist zumindest ideengeschichtlich von Interesse.

Stärker noch als bei Merleau-Ponty und bei Straus lassen sich diese Übereinstimmungen bei den frühen Vertretern der phänomenologischen Ästhetik aufzeigen, etwa bei Moritz Geiger, der als Schüler von Theodor Lipps auch Zugang zum Münchener Phänomenologenkreis hatte. Bei Geiger finden wir in einem umfangreichen Stichwortartikel über Ästhetik, den er 1921 für die Enzyklopädie *Kultur der Gegenwart* verfasst hat, eine Kritik, die den Mangel an ganzheitlichem Denken nicht nur in der experimentell orientierten Psychologie beklagt, sondern auch ausdrücklich auf die psychologische Ästhetik extrapoliert. Geiger schreibt:

> In der Zeit, in der die psychologische Ästhetik entstand, war innerhalb der allgemeinen Psychologie jene naturalistische Richtung herrschend, die nach dem Vorbild der exakten Naturwissenschaft das seelische Leben in Elemente zerlegte, die Gesetzmäßigkeiten des Seelischen denen der Natur analogisierte usw. Die psychologische Äs-

> thetik hat sich naturgemäß von diesem allgemein anerkannten Zug der psychologischen Wissenschaft weder freihalten können, noch freihalten wollen (Geiger, 1921, S. 347).

Allerdings, so fährt Geiger fort, sei bereits „eine andersgeartete Psychologie im Werden, die mehr die konkreten, komplexen Zusammenhänge berücksichtigt, als dass sie auf Zerlegung in Elemente ausgeht, eine Form der Psychologie, die das Einzelne weniger in Erlebnisabfolgen einordnet, als auf das Ganze des Menschseins bezieht“ (ebd.). Aus dem historischen Kontext dieser Äußerungen, aber auch aus den verbalen Anspielungen geht eindeutig hervor, dass Geiger dabei jene antielementaristischen Tendenzen dieser Zeit im Auge hatte, denen sowohl die Gestaltpsychologie als auch die erkenntnistheoretische Position Stumpfs zuzurechnen ist. Mit welchen dieser Positionen er sich primär identifiziert, darüber hält sich Geiger weitgehend bedeckt. Wenn er allerdings davon spricht, ein „großer Teil der psychologischen Ästhetik“ fasse „das Kunstwerk als einen Komplex von Vorstellungen auf, das Gemälde etwa als eine Zusammenfügung von Farbempfindungen, Formeindrücken, Assoziationen und Verschmelzungen von Eindrücken“, so bewegt er sich doch weniger auf der Ebene der immer wieder doch zum Formalismus neigenden Berliner Gestalttheorie, sondern deckt sich eher mit der Position von Stumpf, der in seiner Kritik der Gestalttheorie anmerkt, es sehe „in den Darstellungen der Gestalttheoretiker oft so aus, als gäbe es überhaupt keine Farben und Töne, kein Absolutes mehr in unseren Sinneswahrnehmungen, sondern lediglich Gestalten (1939, S. 242). Ganz ähnlich Geiger, der in Fortführung der vorhin zitierten Textstelle die Reduktion des Kunstwerks auf einen Komplex von Empfindungen, Assoziationen und Verschmelzungen mit der Feststellung kommentiert, damit habe man „die Phänomene aufgegeben. Gegeben sind keine Empfindungen, keine Assoziationen und keine Verschmelzungen – gegeben sind vielmehr Objekte: dargestellte Landschaften, Melodien, Menschen usw.“. Und er zieht daraus den Schluss: „Rein durch Rückgang auf die das Kunstwerk als *Phänomen* aufbauenden Momente sind also die Fragen der Ästhetik als Einzelwissenschaft lösbar“ (Geiger, 1976, S. 275 f.).

Auch in weiterer Folge hat die phänomenologische Ästhetik den ‚denkpsychologischen‘, um nicht zu sagen ‚konstruktivistischen‘ Charakter ästhetischer Erfahrungen betont. So hat etwa Roman Ingarden 1937 in einem Vortrag den ‚ästhetischen Gegenstand‘ dahingehend charakterisiert, dass er „mit demjenigen Realen, dessen Wahrnehmung gegebenenfalls den ersten Impuls zur Entfaltung des ästhetischen Erlebnisses“ gegeben haben möge, „nicht zu identifizieren“ sei. Das ästhetische Erlebnis sei vielmehr etwas, das sich in einer „Mannigfaltigkeit von Phasen“ aufbaue und damit erst „zur Konstituierung und unmittelbaren Erfassung des ästhetischen Gegenstandes führt“ (Ingarden, 1937/1969, S. 3).

Es ist hier nicht der Ort, alle Übereinstimmungen und Unterschiede zu diskutieren, die sich zwischen der Erkenntnislehre Carl Stumpfs und den Auffassungen der neueren gestaltpsychologischen und phänomenologischen Ästhetik feststellen lassen. Generell habe ich allerdings den Eindruck, dass sich in der Interpretation der Gestaltwahrnehmung als prozesshaftes, in seiner Zeitcharakteristik erfassbares Geschehen bemerkenswerte Übereinstimmungen feststellen lassen. In beiden Ansätzen ist ‚Gestalt' ein dynamischer, prozesshafter Bewusstseinsinhalt im Sinne von ‚formatio' und kein ‚formatum', keine feste physische Struktur im Sinne einer zwingenden ‚Reizgrundlage', die im Bewusstsein lediglich abgebildet würde. Es ist allerdings nicht davon auszugehen, dass hier eine direkte Rezeption vorläge: Merleau-Ponty zitiert Stumpf in seiner *Phänomenologie der Wahrnehmung* nur zweimal, davon einmal nach einer Schrift von Adhémar Gelb, wie überhaupt die Arbeiten von Adhémar Gelb und Kurt Goldstein die zentrale Quelle Merleau-Pontys für seine – durchaus kritische – Auseinandersetzung mit der Gestaltpsychologie bilden. Ein wesentlicher Unterschied liegt darin, dass Merleau-Ponty den Empfindungsbegriff – so wie auch Erwin Straus – radikal kritisiert und sogar ablehnt, während Carl Stumpf in seiner *Erkenntnislehre* (S. 250 ff.) die These, „dass es *ungestaltete, ‚reine' Empfindungen* überhaupt nicht gäbe", ausdrücklich bestreitet und davon ausgeht, dass zumindest „die absolut ersten Empfindungen jedes individuellen Bewusstseins" bzw. „auch die relativ ersten bei Wiedererwachen aus einem traumlosen Schlaf … zunächst isolierte Empfindungen sind". Sie stellen aber – und hier sieht sich Stumpf selbst im Gegensatz zur Gestalttheorie – noch keine Gestalten dar; sie bilden allenfalls das, was man in der Theorie der Aktualgenese der 2. Leipziger Schule als ‚Gestaltkeime' oder ‚Vorgestalten' bezeichnet hätte. Stumpf selbst verwendet diese Begriffe allerdings nicht. Für ihn führt erst der psychische Prozess, der daran ansetzt, zum Aufbau mentaler Repräsentationen der Verhältnisse zwischen den Empfindungsdaten, und erst hier ist es nach Stumpf zulässig, von ‚Gestalten' zu sprechen. Was hierbei vorgeht, setzt nach Stumpf „die beiden intellektuellen Funktionen des *Unterscheidens und des Zusammenfassens*" voraus (S.233) und kann dabei die Form des Urteils annehmen. Vor diesem Hintergrund wäre es interessant zu wissen, wie Stumpf wohl die Arnheim'sche Formel kommentiert hätte, Wahrnehmen sei ein „Denken mit dem Sinnen". Aber dies muss Spekulation bleiben und lässt sich auch bei einer genauen Lektüre der Stumpf'schen *Erkenntnislehre* nicht eindeutig rekonstruieren.

So ist denn auch insgesamt festzuhalten, dass es zwischen den Gedankengängen der Erkenntnislehre und jenen der neueren gestaltpsychologischen und phänomenologischen Ästhetik interessante Parallelen gibt, aber Hinweise auf direkte Rezeption weitgehend fehlen. Dies hat wohl nicht zuletzt mit der in diesem Kontext schon mehrfach diskutierten Tatsache zu tun, dass Stumpf kein systematisches Werk zur psychologischen Ästhetik verfasst hat und daher von jenen Forschern, die primär an den Grundfragen ästhetischer Wahrnehmung interessiert waren, kaum rezipiert oder zumindest kaum zitiert wurde. Gleichwohl hat es aber sehr wohl Entwicklungen in der psychologischen Ästhetik nach Stumpf gegeben, die durchaus mit zentralen Fragestellungen von Stumpfs *Erkenntnislehre* in Verbindung gebracht werden können.

Literatur

Allesch, C. G. (1987). *Geschichte der psychologischen Ästhetik*. Göttingen: Hogrefe.

Arnheim, R. (2001). *Anschauliches Denken*. Köln: DuMont.

Dilthey, W. (1894/1924). Ideen über eine beschreibende und zergliedernde Psychologie. In W. Dilthey (Hrsg.), *Gesammelte Schriften*, Bd. V (S. 139-240). Leipzig: Teubner.

Geiger, M. (1921). Ästhetik. In P. Hinneberg (Hrsg.), *Systematische Philosophie (= Die Kultur der Gegenwart, Teil I, Abt. 6)*, 3. Aufl., S. (S. 311–351). Leipzig: Teubner. (Nachdruck in Geiger, 1976, S. 84–124).

Geiger, M. (1976). *Die Bedeutung der Kunst. Zugänge zu einer materialen Wertästhetik. Gesammelte, aus dem Nachlass ergänzte Schriften zur Ästhetik*. Hrsg. v. K. Berger & W. Henckmann. München: Fink.

Herbart, J. F. (1850). *Lehrbuch zur Einleitung in die Philosophie*, 5. Aufl. Leipzig: Voss.

Holzkamp, K. (1981). *Theorie und Experiment in der Psychologie*. 2. Aufl. Berlin: de Gruyter.

Ingarden, R. (1969). *Erlebnis, Kunstwerk und Wert. Vorträge zur Ästhetik 1937-1967*. Tübingen: Niemeyer.

Kant, I. (1793). *Critik der Urtheilskraft*. 2. Aufl. Berlin: Lagarde.

Merleau-Ponty, M. (1966). *Phänomenologie der Wahrnehmung*. Berlin: de Gruyter.

Sprung, H. & Sprung, L. (Hrsg. / 1997). *Carl Stumpf: Schriften zur Psychologie*. Frankfurt a.M.: Lang.

Straus, E. (1978). *Vom Sinn der Sinne*. Reprint der 2. Aufl. 1956. Berlin: Springer.

Stumpf, C. (1907). *Zur Einteilung der Wissenschaften*. Berlin: Verlag der Königlichen Akademie der Wissenschaften.

Stumpf, C. (1917). *Die Attribute der Gesichtsempfindung*. Berlin: Verlag der Königlichen Akademie der Wissenschaften.

Stumpf, C. (1918). *Empfindung und Vorstellung*. Berlin: Verlag der Königlichen Akademie der Wissenschaften.

Stumpf, C. (1939/2011). *Erkenntnislehre*, Bd. I. Reprint Lengerich: Pabst.

Tatarkiewicz, W. (1980). *A History of Six Ideas. An Essay in Aesthetics*. Den Haag: Nijhoff.

Ganzheit und Erkenntnis: Zum Strukturbegriff bei Wilhelm Dilthey, Felix Krueger und William Stern

Uwe Wolfradt

Zusammenfassung

Im vorliegenden Beitrag wird die Beziehung zwischen Ganzheit und Struktur innerhalb der Psychologie untersucht. An den Strukturkonzeptionen von Wilhelm Dilthey, Felix Krueger und William Stern werden Unterschiede im Verständnis von Ganzheit und Erkenntnis verdeutlicht. Struktur wird als eine psychologische Kategorie verstanden, welche den dispositionellen Gehalt des Gefühlserlebens systematisiert und hilft, den Gesamtcharakter des Verhaltens zu determinieren. Die Begriffe Struktur und Ganzheit müssen auf dem wissenschaftshistorischen Hintergrund des 20. Jahrhunderts verstanden werden.

Abstract

In the following contribution the relationship between Ganzheit and structure in psychology will be investigated. The differences in the understanding of Ganzheit and epistemology will be clarified in the conceptions of structure of Wilhelm Dilthey, Felix Krueger und William. Structure can be characterized as a psychological category, which can systematize the dispositional content of emotional experience and helps to determine the total character of behavior. The notions of structure and Ganzheit must be understood under the scientific historical background of the 20th century.

1 Einleitung

Struktur, Ganzheit und Gestalt sind grundlegende Begrifflichkeiten der Psychologie, die in ihrer Verwendung unterschiedliche erkenntnistheoretische Positionen widerspiegeln (vgl. Metzger, 1986). Dem Strukturproblem galt hierbei die Frage, ob es eine innere Ordnung des Psychischen gibt und ob der Mensch Regelmäßigkeiten in den Beziehungen zwischen psychischen Elementen verlässlich ableiten kann. Die Suche nach der Struktur in der inneren und äußeren Welt des Menschen beschäftigte die Philosophie seit der Antike. Auch in anderen kulturellen Kontexten, wie beispielsweise Japan, hat struktur- und holistisches Denken eine lange Tradition (vgl. Wolfradt, 2005). Der Strukturbegriff hat im Besonderen in den Kultur- und Sozialwissenschaften Eingang gefunden: Freyer bezieht sich in der Soziologie auf einen Strukturbegriff, der soziale Gebilde in Gemeinschaften und Gesellschaften (sensu Ferdinand Tönnies) unterteilt, die sich diachron entwickeln (vgl., Freyer, 1930).

Ein ganz wesentlicher Unterscheidungsaspekt in der Psychologie bezieht sich auf die Überlegung, ob die Beziehungen von psychischen Elementen in der Wahrnehmung konstruiert werden (Primat der Synthese) oder ob die Relationen von Elementen an einem Gegebenen ‚bemerkt' werden (Primat der Analyse) (vgl. Gelb, 1911). Insbesondere die letzte Position wurde im strukturfunktionalistischen Ansatz von Carl Stumpf vertreten, der eine Unterscheidung in Inhalt und Funktionen vornahm (Stumpf, 1906). Die Struktur kann in diesem Kontext zum einen als ein Komplex von Sinnesinhalten und zum anderen als eine Gestalt mit Relationen verstanden werden. Komplexe sind hierbei variant, da die Veränderung von Teilinhalten das Ganze beeinflusst (z.B. die Variation der Tonhöhe), während Gestalt (oder Form) invariant gedacht werden muss, da die Veränderung von Teilinhalten nicht eine Veränderung der Relationsgrößen zur Folge hat (z.B. bei Tonintervallen) (siehe Kaiser-el-Safti, 2001, in diesem Band; Stumpf, 1939/2011). Nach Stumpf ist Gestalt (oder Form) daher als ein psychisches Gebilde zu verstehen, das der Funktion des Zusammenfassens entstammt (vgl. Gelb, 1911). Die Frage nach der Struktur des Psychischen berührt innerhalb des strukturfunktionalistischen Ansatzes von Stumpf auch die Idee von einem Substanzbegriff des Psychischen, d.h. ob ein Träger für die Merkmale des Psychischen zu denken ist (vgl. Elvers in diesem Band). Ein weiterer Aspekt, der besonders von der Leipziger Ganzheitspsychologie aufgegriffen wurde, galt dem Problem, ob Strukturen statischer oder dynamischer Natur sind, d.h. ob psychischen Strukturen ein dispositioneller Charakter zukommt und wie man sich eine Strukturgenese vorzustellen hat (vgl. Brunswik, 1929). Im vorliegenden Beitrag soll der Ganzheits- und Strukturbegriff bezüglich ihres heuristischen Wertes für die Psychologie untersucht werden. Insbesondere soll die Leipziger Ganzheits- und Strukturpsychologie Felix Kruegers verstärkt in den Fokus gerückt werden.

2 Zur Entwicklung des Struktur- und Ganzheitsbegriffs in der Psychologie

Die Psychologie als Wissenschaft durchlebte zu Beginn des 20. Jahrhunderts aufgrund einer Diskussion um ihren Gegenstand und ihre Methoden eine tief greifende Krise: sie konnte als eine Bewusstseinswissenschaft verstanden werden, die aufgrund ihres experimentellen Charakters dem seelischen Erleben des Menschen nicht ausreichend Bedeutung zumaß (vgl. Bühler, 1929). In der Psychologie formierte sich ein Widerstand von Psychologen, der sich der Elementen- und Assoziationspsychologie des 19. Jahrhunderts kritisch entgegenstellte (vgl. Woodward, 1978). Theodor Ziehen (1862–1950), ein Vertreter der Assoziationspsychologie, vertrat die Position, dass psychische Strukturen als ein Komplex der in einer Situation gegebenen Relationen (Assoziationen von Empfindungen) charakterisiert werden könnte. Ihm zufolge sind psychische Phänomene ohne Assoziationsgesetze nicht zu denken, da spezifische Erregungen die Relationen zwischen Empfindungen veranlassen (Ziehen, 1925). Ganzheitstheoretische Überlegungen gab es bereits im ausgehenden 19. Jahrhundert, die von Carl Stumpf, Wilhelm Dilthey und William James vorbereitet waren. Die Entwicklung der Naturwissenschaften (z.B. der Biologie) fand ihren Widerhall in der Lebensphilosophie um 1900, die nun Gefühle und Empfindungen als naturhafte Erscheinungen im Leben verankern wollte (vgl. Pongratz, 1984). Während der Begriff der Ganzheit und Struktur über Carl Stumpf Eingang in die Berliner Gestaltpsychologie fand (vgl. Herrmann, 1957; Kaiser-el-Safti, 2001), entwickelte sich in Leipzig ein eigenständiger Ansatz, die Struktur- und Ganzheitspsychologie Felix Kruegers; sie versuchte, die Psychologie als eine philosophische Teildisziplin zu verstehen (vgl. Krueger, 1918). Im Vordergrund steht das Erleben; so sollen Gebilde des objektiven Geistes kein Dasein haben, sondern nur einzelne psychische Akte. Vorläufer für die Ganzheitspsychologie war der Strukturgedanke von Wilhelm Dilthey. Dennoch wurde früh erkannt, dass dem Strukturgedanken in der Psychologie Grenzen gesetzt sind: „Der Strukturbegriff ist wichtig, aber nicht imstande, den Bedarf der Psychologie an Kategorien allein zu decken“ (Bühler, 1929, S. 123). Hieraus folgt für Bühler (1929): Struktureinsicht (innerer Bündigkeit) muss von Kausalerklärung (äußere Aufeinanderfolge) deutlich in der Psychologie unterschieden werden. Nicht unbeachtet muss der zeithistorische Kontext bleiben: Die Idee der Ganzheit erhielt in nationalkonservativen Kreisen wiederum eine politisch-negative Färbung in der ersten Hälfte des 20. Jahrhunderts: Ganzheitlich wurde mit ‚organisch' im Sinne von ‚natürlich' gleichgesetzt, die Zergliederung galt demgegenüber als analytisch, intellektuell und ‚unnatürlich' (vgl. Plaum, 1996; Harrington, 2002).

3 Der Strukturgedanke bei Wilhelm Dilthey

Karl Bühler (1929) beschreibt das Strukturkonzept von Wilhelm Dilthey (1833-1911) mit folgenden Worten: „Das platonische Moment in Diltheys Konzeption liegt in der Erkenntnis beschlossen, dass keine Wissenschaft ohne die Annahme einer spezifischen inneren Bündigkeit ihres Gegenstandes möglich ist. Soll die Psychologie eine eigene Wissenschaft, soll sie mehr oder anderes sein wie z.B. ein Teil der Physiologie oder gar der Physik, dann muss ihr Gegenstand eigenen Strukturgesetzen unterstehen“ (S. 108). Dilthey (1894/1924) entlehnte den Strukturbegriff aus der Biologie und bezeichnete damit ein ganzheitliches Gefüge, das dem Muster biologischer Organismen gleichkommt. Er bezieht Struktur allerdings auf die persönliche Lebensgeschichte (Biographie). Das Leben und Erleben unterliegt nach Dilthey den Bedingungen der Zeitlichkeit (Kontinuitätsbezug des Erlebens), der Geschichtlichkeit (kultureller und anthropologischer Erlebensbezug) und der Unmittelbarkeit (emotionaler, selbstbezogener und ursprünglicher Erlebensbezug). Dilthey postuliert eine Ganzheitlichkeit (Totalität) des Erlebens und die Geschlossenheit der psychischen Strukturen als Voraussetzungen des Denkens. Bezogen auf das Seelische spricht er vom Ganzheitscharakter der psychischen Erscheinungen und des seelischen Seins. Ganzheiten und Strukturen werden von ihm gleichgesetzt. Er unterscheidet zwei Formen von Strukturen: (1) einen Bewusstseinszustand als Simultanstruktur, in dem seelische Funktionen wie Vorstellen oder Fühlen gleichzeitig auftreten; (2) einen Bewusstseinszustand als Sukzessivstruktur, in dem zeitliche Bezüge die seelischen Funktionen im Lebenslauf determinieren (vgl. Pongratz, 1984). Dilthey betrachtet die *psychische Struktur* als einen inneren Zusammenhang von Teilen seelischer Vorgänge:

> Sie [die psychische Struktur] ist die Anordnung, nach welcher psychische Tatsachen von verschiedener Beschaffenheit im entwickelten Seelenleben durch eine innere erlebbare Beziehung miteinander verbunden sind. Die Grundform dieses seelischen Zusammenhangs ist dadurch bestimmt, dass sich alles psychische Leben von seinen Milieu bedingt findet und rückwärts auf dies Milieu zweckmäßig einwirkt. (1894/1924, S. 66)

Nach Dilthey ist Leben (1) biologischer Zweckzusammenhang, (2) Verstehenszusammenhang (Leben als Ganzes vermittelt dem Einzelerlebnis seine Bedeutung) und (3) Strukturzusammenhang (das Leben kommt in den Einzelerlebnissen wiederkehrend in gleicher Form mit unterschiedlichen Inhalten zum Vorschein) (vgl. Herrmann, 1957). Sein Schüler Eduard Spranger (1882-1963) betrachtet Struktur als „ein Gebilde der Wirklichkeit, wenn es ein Ganzes ist, indem jeder Teil und jede Teilfunktion eine für das Ganze bedeutsame Leistung vollzieht, und zwar so, daß Bau und Leistung jedes Teiles wieder vom Ganzen her bedingt und folglich nur vom Ganzen her verständlich sind (1925, S. 9). Der Ansatz von Dilthey fand nicht nur Anhänger (wie z.B. Spranger), sondern auch Kritiker. Carl Stumpf und Franz Brentano vermuteten bei der Strukturphilosophie Relikte eines Hegelschen Idealismus (vgl. den noch unveröffentlichter Briefwechsel zwischen Stumpf und Brentano, Kaiser-el-Safti, in Vorbereitung). Dies werde beispielsweise deutlich in einer Metaphysik eines ideal gedachten objektiven Geistes, der strukturbildend auf die historischen und kulturellen Grundlagen des Menschen wirkt. Krueger (1953) vermisst bei Dilthey bei aller Wertschätzung seiner Ideen letztendlich einen weltanschaulichen Zusammenhang, d.h. eine wertmäßige Begründung der Strukturgesetzlichkeit seelischen Lebens (vgl. Wellek, 1953, Kritik an Dilthey, S. 41).

4 Der Struktur- und Ganzheitsbegriff bei Krueger

Krueger (1915) versteht Struktur als begrifflich gedachte psychische Kraft, also als eine Bedingung für die Gesetzlichkeit seelischer Phänomene. In späteren Jahren tritt der dispositionale Anteil der Struktur als ein Dauergefüge hinzu, der mit dem Begriff der Ganzheit gleichgesetzt wird (vgl. auch Buss, 1934). Krueger (1924/31) fasst den Strukturbegriff wie folgt:

> Unter Struktur verstehen wir ein gegliedertes und in sich relativ geschlossenes, dispositionelles (überdauerndes) Ganzes. Bei allen Teilstrukturen haben wir zugleich den dispositionellen Zusammenhang mit dem psychophysischen Gesamtgefüge, dem sie eingegliedert sind, stetig mitzubeachten. (1924/1931, S. 16) (vgl. auch Bönisch, 1939)

Wellek (1950, 1955), ein Schüler Kruegers, sieht im Strukturbegriff von Krueger den Widerspruch zwischen *beharrendem Sein* und *prozeßhaftem Da-Sein* aufgelöst, da Sein (Struktur) und Werden (Genese) als zentrale Aspekte des psychischen Grundgeschehens charakterisiert werden können. Strukturen unterliegen einem Wandlungsprozess, der Strukturgenese. Das Gefühl und das Erleben stehen im Vordergrund der Struktur- und Ganzheitspsychologie Kruegers. Wichtige Anregungen erhält er früh durch seinen Münchner Lehrer Hans Cornelius, der stark von William James und dessen Gefühlstheorie beeinflusst war. In seinem Werk ‚Psychologie als Erfahrungswissenschaft' aus dem Jahr 1897 übernimmt Cornelius den Begriff der Gestaltqualität (von Meinong) und wendet ihn auf Gefühle an (vgl. auch Wolfradt, 2011a). Cornelius (1897) hebt hervor, dass der Gefühlston eines Erlebnisses als eine Gestaltqualität von Komplexen zu verstehen ist:

> Und zwar haben wir es in der Gefühlsbetonung mit einer Gestaltqualität unseres jeweiligen Gesammtbewußtseinsinhaltes zu thun: wenn wir Lust oder Unlust erleben, so unterscheiden wir im betreffenden Momente nicht zwischen verschiedenen Inhalten, von welchem uns etwa der eine Lust, ein anderer Unlust bedingte, wir erleben nicht gleichzeitig sowohl Lust als Unlust, sondern unser ganzer Zustand in einem gegebenen Momente ist dasjenige, was angenehm oder unangenehm ist. Eben deshalb, weil nicht das einzeln Wahrgenommene, sondern der Gesammtinhalt dasjenige ist, was die Gefühlsbetonung bedingt, kann ein Ereignis, welches uns unter Umständen die höchste Lust erregt, unter anderen Umständen die entgegengesetzte Wirkung haben und umgekehrt. (1897, S. 76)

Basierend auf diesen Überlegungen versteht Cornelius Gefühle als höchst diffuse und ungestaltete Gebilde, die jedoch über einen ganzheitlichen Charakter verfügen. Metzger (1986) stellt zu Cornelius fest: „Hierin ist eine damals wesentlich neue Erkenntnis enthalten: die Erkenntnis nämlich, daß die Entstehung von Ganzen im Bewußtsein keine auf sie gerichtete besondere Tätigkeit des Subjekts erfordere, daß diese von ihm vielmehr ‚fertig vorgefunden' werden" (S. 101). Ausgehend von Cornelius entwickelte Krueger später dann seine Theorie der Komplexqualitäten. Sehr bedeutsam für die Herausbildung des Struktur- und Ganzheitsbegriffs bei Krueger sind seine Studien zur Tonpsychologie und Psychoakustik, mit denen er sich auch 1903 habilitiert (Titel: ‚Das Bewußtsein der Konsonanz. Eine psychologische Analyse', vgl. auch Krueger, 1900, 1903, 1905/06, 1907/08, 1908/09, 1910, 1913c). Bei der Analyse von Mehrklängen kombiniert Krueger Selbstbeobachtung und Experiment und gelangt zur Erkenntnis, dass die Töne als Teile zu einem einheitlichen Gesamteindruck verschmolzen werden, wobei das Ganze als psychologisch früher entwickelt zu betrachten ist, d.h. der Gesamteindruck der Töne kommt vor den Einzeltönen (Ganzheitsprimat). Über die Ganzheitsanalyse von Klanggebilden gelangt Krueger 1906 zum Begriff der Komplexqualität (Krueger, 1905/06). Gestaltqualität bezieht sich auf ein konkretes deutlich geformtes psychisches Phänomen. Demgegenüber steht die Komplexqualität allgemein für eine Vielzahl von Eigenschaften und Qualitäten, welche psychische Komplexe (z.B. Tonkomplexe wie Mehrklänge) auszeichnet. Komplexqualitäten sind dadurch bestimmt, dass sie nicht „durch bewußte, in der Zeit verlaufende Verbindungsprozesse (synthetisch) erst entstehen, sondern größtenteils vor aller gesonderten Wahrnehmung ihrer Elemente fertig gegeben sind" (1906/07, S. 222). Konsonante wie dissonante Tonabfolgen werden daher nicht zusammengesetzt (additiv) erlebt, sondern über ein gefühlshaftes Angemutetsein als ganzheitlich. Krueger betont in diesem Zusammenhang *das zeitliche Erlebensprimat des Ganzen* und grenzt sich deutlich von Wilhelm Wundt ab, indem er beispielsweise bei der Assimilation – der Nachwirkung früherer Erfahrungen auf gegenwärtige Eindrücke – betont, dass nur das Erleben des ganzheitlichen Ergebnisses von Bedeutung sei und nicht der Entstehungsprozess (Krueger, 1905/06, vgl. auch Krueger, 1913c; Volkelt, 1963).

Die eigentliche theoretische Bedeutung seines Begriffs der Komplexqualitäten gewinnt Krueger durch die Anwendung auf die Gefühle. Das tiefe gefühlshafte Erleben wird zu einem dauerhaften Gefüge in der Persönlichkeit des Menschen – zur (psycho-physischen) Struktur (vgl. Odebrecht, 1929). Hierzu schreibt Krueger (1930a):

> Das Gefühl drängt übermächtig immer dahin, alles übrige, das sich in uns regen mag, mit seiner Farbe zu durchdringen, Widerstrebendes abzublenden oder ‚umzuschmelzen', übergreifend seinen eigenen (Gesamt-)'Rhythmus' durchzusetzen. Tatsächlich füllt es jederzeit das Bewußtsein ganz aus; nur daß es rasch und stetig – in

> andere Gefühle übergeht. Allem psychischen Geschehen gibt das emotionale seine Hauptrichtungen.[...] Zum Beispiel die heranziehende Abgestumpftheit von Gefühlen unterscheidet sich keineswegs gleichermaßen auf allen Stufen der Entwicklung. Primitive Menschen, vollends Kinder bis etwa zum 8. Lebensjahr, sehen wir ein und denselben Spaß, der uns langweilt, unzählige Male mit Hingabe wiederholen. (1930a, S. 29/30 u. 32)

In seiner Gefühlstheorie ist das Bestreben Kruegers auf Distanz zur Wundtschen Lehre der Gefühlselemente (Lust-Unlust, Spannung-Lösung, Erregung-Beruhigung) zu gehen und eine Tiefendimension im Gefühlserleben zu verankern (Krueger, 1918, 1930a). Gefühle können nach Krueger (1930a) nicht experimentell untersucht werden, da der gefühlshafte Komplex an emotionaler Intensität und Ausgeprägtheit verlieren würde, wenn er analysiert wird. Nach Krueger (1930a) weist die Tiefe der Gefühle auf eine andere Schicht der Persönlichkeit, in die Werte bzw. das Wertegefüge des Menschen. Alle Lebensäußerungen von Individuen, aber auch von Völkern als überindividuelle Gebilde, werden über die Zeit durch das Tiefengefühl zusammengehalten (vgl. Wolfradt, 2011a). Das Interesse der Ganzheitspsychologie gilt den verdeckten, also nur mittelbar gegebenen Ganzheiten, besonders ihrer Struktureigenheit, ihrer Binnengliederung. Krueger findet zur Unterscheidung psychischer Ganzheiten in *Erlebnisganzheiten* (den unmittelbar erlebten Ganzheiten) und in *Strukturganzheiten* (oder *psychische Strukturen*), also den mittelbar gegebenen intuitiv erschließbaren Bedingungen für die Erlebnisganzheiten (Krueger, 1930b, 1930c). Er setzt hierbei – wie vielfach andere auch – die Begriffe Ganzheit, Struktur und Gestalt keineswegs gleich, vielmehr ist Ganzheit der Überbegriff und Struktur ein Unterbegriff. Krueger möchte hiermit den erlebten Inhalt, die psychische Erscheinung klar von den gedachten, d.h. logisch-postulierten Bedingungen des Erlebten, abgrenzen (vgl. Wellek, 1941, 1950, 1955).

Die folgende Abbildung 1, die auf Wellek (1941, 1953) zurückgeht, verdeutlicht die spezifischen Aspekte der Ganzheits- und Strukturpsychologie bei Krueger.

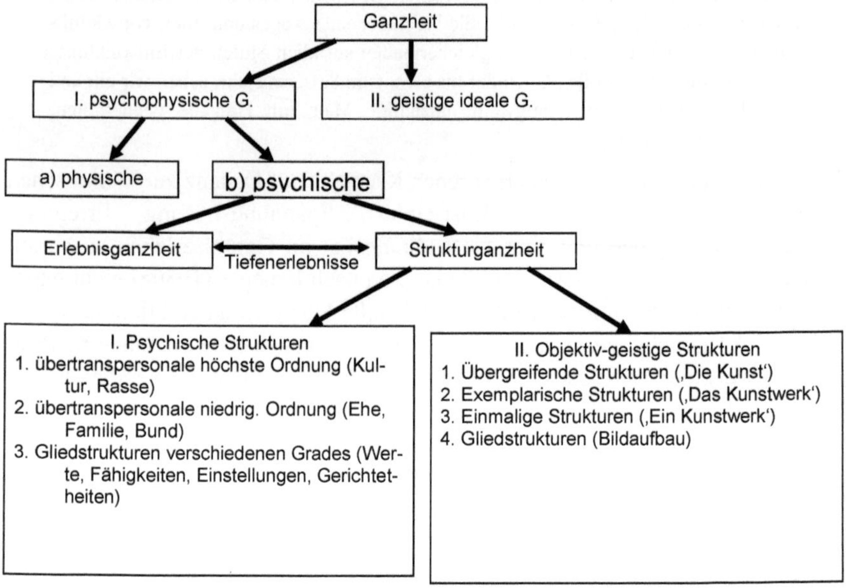

Abb. 1: *Der Aufbau der Kruegerschen Ganzheitspsychologie nach Wellek (1941, 1953, S. 50/51)*

Im hierarchischen Aufbau steht ganz oben die (psychophysische) Ganzheit, die sich in ihrer psychischen Erscheinung in eine Erlebnis- und Strukturganzheit aufteilen lässt. Die Struktur oder Strukturganzheit bildet das dispositionale Dauergefüge für das Erleben in Form von (1) psychischen Strukturen auf unterschiedlichen sozialen Ebenen und (2) in objektiv-geistigen Strukturen, die in unterschiedlich abstrakten Ebenen der Betrachtung zum Ausdruck kommen. Die psychischen Strukturen beziehen sich je nach gradueller Ausprägung auf überindividuelle Bereiche wie Kultur, Familie oder Werte. Die objektiv-geistigen Strukturen verweisen auf gegenstandsbezogene Produkte des Lebens wie Kunst (z.B. wie bildnerisch vs. darstellend), Kunstwerke (z.B. Kunstrichtungen wie Impressionismus), spezifische Kunstwerte (z.B. von Monet) und Bildaufbau (z.B. Bildkomposition, Form- und Farbgestaltung) (vgl. auch Wolfradt, 2011a).

Der Gestaltbegriff, wie er von Wolfgang Köhler und Max Wertheimer vertreten wird, unterscheidet sich vom Kruegerschen Struktur- oder Ganzheitsbegriff deutlich (vgl. Krueger, 1926). Gestalt lässt sich nach Krueger allenfalls als ein spezifischer Sondertyp der Erlebnisganzheit verstehen, der allerdings den Charakter des Phänomenalen aufweist, ohne aber das Gefühl zu berücksichtigen. Es ist in diesem Zusammenhang festzustellen, dass Struktur nicht als Gegebenes, wie bei der Gestalt angenommen, sondern als Gedachtes, also eine unbewusste seelische Wirklichkeit, die dem Erleben ihre Form verleiht, aufgefasst wird (vgl. Scheerer, 1931; Volkelt, 1963). Wie Dilthey betrachtet auch Krueger (1924/1931) die Struktur als einen gefügehaften Tatbestand, als organisch gegliedertes Ganzes und gedachtes objektiv Seiendes (also nicht Phänomenales; vgl. Wellek, 1941, 1955; Herrmann, 1957). Die Struktur kann nicht in ihrer *reinen* Form in Erscheinung treten; sie hat Anteil am psychischen Phänomen (z.B. dem Gefühl, der Gestaltwahrnehmung), stellt aber selber kein psychisches Phänomen dar.

Krueger (1926) bestimmt die logische Beziehung zwischen Erlebnisganzheit und psychischer Struktur und verdeutlicht, dass Ganzheit und auch Struktur im eigentlichen Sinne nicht definierbar seien, sondern nur durch Selbstbeobachtung in verschiedenen Erlebnisbereichen durch Vergleich aufzeigbar sind. Der Mensch verfügt nur über einen Erkenntniszugang zu psychischen Erscheinungen, einer Selbsterfahrung der Struktur, beispielsweise über tiefe Gefühlsempfindungen wie dem Heimweh (vgl. Herrmann, 1957). Abbildung 2 versucht die Beziehung zwischen Struktur(ganzheit) und Erlebnisganzheit zu verdeutlichen (vgl. auch Wolfradt, 2011a).

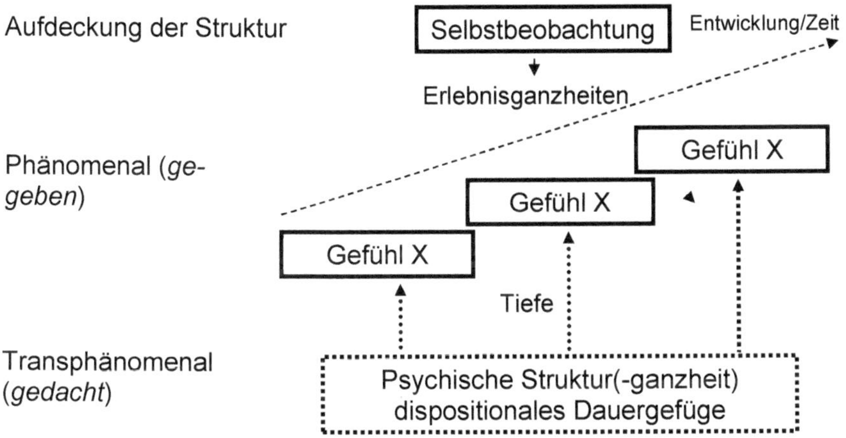

Abb. 2: Die Beziehung zwischen Struktur(ganzheit) und Erlebnisganzheit (Wolfradt, 2011a)

Die Struktur als dispositionales zeitlich stabiles Gefüge der Persönlichkeit wirkt zu unterschiedlichen Zeitpunkten (der Entwicklung) auf ein Gefühl (z.B. das Heimweh) als Erlebnisganzheit und vermittelt eine besondere Tiefe des Erlebens. Das Erleben dieser Gefühle (der Erlebensganzheiten) in der Selbstbeobachtung oder -erfahrung kann die zugrunde liegende Struktur aufdecken. Die Erlebnisganzheiten sind z.B. als Gefühle gegeben (manifest), die Struktur ist gedacht (latent). Wellek (1941, 1953) nennt folgende Eigenschaften des Strukturbegriffs bei Krueger: (1) Strukturen weisen eine temporale Konstanz auf, sind relativ zeitlich überdauernd; (2) Strukturen weisen eine Entwicklung, ein organisches Entstehen (Wachstum) auf; (3) die Inhalte der Strukturen weisen eine Anlage oder Bereitschaft auf, sich in spezifischen Richtungen zu entfalten (Dispositionscharakter), d.h., es besteht eine Dynamik auf etwas Potentielles hin (latente Inhalte neigen dazu, manifest zu werden) (vgl. auch Wolfradt, 2011a).

Krueger (1924/1931) spezifiziert die Beziehung zwischen psychischer Struktur und der Erlebnisganzheit durch den Begriff der Wertung. Hierunter versteht er eine gewisse emotionale Färbung oder Tiefe des Erlebens, die Menschen voneinander unterscheidet. Wertungen lassen sich daher als strukturell angelegte Bedingungen für das Erleben charakterisieren und werden in Form individueller Erlebnisqualitäten sichtbar. Hierzu schreibt er 1924/1931:

> Psychische Strukturen kommen regelmäßig in qualitativen Färbungen unseres Erlebens unmittelbar zur Erscheinung […] Auch der innerste individuelle Strukturzusammenhang, des Gemütes, gibt sich unmittelbar erlebnismäßig kund; am ausgeprägtesten durch die Tiefe (oder Innigkeit) unserer Gefühle. Das sind wertungsbestimmte, also wesentlich strukturbedingte Komplexqualitäten. (S. 15)

Wertungen in Form von Haltungen oder Gefühlen sind wesentliche Bestandteile der psychischen Struktur, die dem seelischen Erleben einen individuellen Charakter verleihen. Die psychische Struktur kann nicht über ein isoliertes Erlebnis erschlossen werden, sondern nur über eine geordnete Fülle verschiedener Erlebnisse. Durch intuitive Einfühlung und logisch-systematisches Erschließen (Selbstbeobachtung), nicht aber durch bloße Außenbeobachtung lässt sich die psychische Struktur aufdecken. Erlebnisganzheiten stellen wiederum Grundformen für grundlegende psychologische Funktionen wie Abstrahieren, Ordnen und Auswählen dar, entstammen letztlich relativ ungegliederten, diffusen und gefühlsartigen Komplexen (Krueger, 1930b). Psychische Strukturen weisen unterschiedliche Grade der Gegliedertheit (Strukturiertheit) auf und besitzen daher einen normativen und finalen Charakter. Nach Krueger sind Individuen bestrebt, in ihrem Dasein eine höchstmögliche Strukturiertheit zu erzielen; er spricht in diesem Kontext von Selbstverwirklichung. Strukturiertheit wird hier als Wertbegriff verstanden, welcher den normativen Charakter der psychischen Struktur hervorhebt.

Nach Krueger zielen psychische Strukturen nach Verwirklichung; ihnen liegt inhärent der Begriff der Entwicklung zugrunde. Strukturen unterliegen dynamischen Veränderungsprozessen, indem das Lebendige stets nach höherer Strukturiertheit und damit zunehmender Wertverwirklichung in der Welt strebt.

Gründe für diese Dynamik in der Entwicklung der Strukturiertheit sind Krueger zufolge frühere Erlebnisse, die nachwirken (Grundgesetz des psychischen Geschehens, vgl. Krueger, 1915). Da Persönlichkeit nach Krueger nichts anderes darstellt als ein System der Werthaltungen, also Dispositionen zu spezifischen Bedürfnissen, unterscheiden sich Personen darin, wie differenziert gegliedert ein derartiges System ist.

Es wurde verdeutlicht, dass Krueger die psychische Struktur als zeitlich stabile personale Grundlage für alle psychischen Phänomene, den Erlebnisganzheiten, auffasst. Besonders in persönlichen Spannungen werden die Tiefe des Gefühlserlebens und damit die zugrunde liegende Struktur über Selbstbeobachtung und -erfahrung aufgedeckt. In der gefühlshaften Färbung einer Erfahrung wird die Richtung oder Wertung für die Persönlichkeit deutlich. Strukturen bilden nicht nur die Grundlage für seelische Phänomene auf der individuellen Ebene – auch für überindividuelle Gebilde wie Völker und Kulturen lassen sich spezifische psychische Strukturen ermitteln. Psychische Strukturen veranlassen eine Dynamik und damit eine Entwicklung von psychischen Phänomenen. Diese Phänomene differenzieren sich aus bzw. zergliedern (strukturieren) sich.

5 William Stern und das Unitas multiplex

William Stern (1906, 1930a, 1930b) vertritt ebenso wie Krueger eine ganzheitliche Perspektive in der Persönlichkeitspsychologie (Personalistik) (vgl. Deutsch, 1991; Wolfradt, 2011b). Diese Erkenntnis nahm ihren Anfang im Jahre 1900 im Bemühen und Streben nach einer konkreten Einheit personaler Bedingungen. Die Etablierung einer Differentiellen Psychologie, in der interindividuelle Unterschiede über korrelative Beziehungen abgebildet werden sollen, ermöglichte eine empirische Strukturpsychologie. Das Individuum wird als ein Ganzes verstanden, „das zwar eine Vielheit von Bestandteilen in sich schließt, aber dennoch nicht in diese aufgelöst werden kann (also „in-divisible“ ist). Die Einheitlichkeit bekundet sich empirisch in der Geschlossenheit der Form, in der Zweckmäßigkeit des Funktionierens und in der Einheit des Selbstbewusstseins“ (Stern, 1911, S. 19). Psychische Merkmale weisen Beziehungen zueinander auf, welche in der Persönlichkeit hierarchisch organisiert sind. Um den Einfluss eines Elements innerhalb des Strukturzusammenhangs zu bestimmen, muss die Stärke der Kovariation abgeschätzt werden. Stern versteht unter Ganzheit eine Vieleinheit (*unitas multiplex*), die Viele in sich schließende Einheit (Stern, 1927, 1930a). Stern (1930b) versteht unter Gestalten

> nichts anderes als die notwendigen Erscheinungsformen der personalen Abhebung; indem die Person sich nach irgend einem Teilmoment hin zuspitzt und hier Abhebung wirkt, gestaltet sie zugleich das Abgehobene und strahlt ihre eigene Ganzheitsgesetzlichkeit auf das abgehobene Gebilde über, das hierdurch seine Gestaltgesetzlichkeit erhält (S. 33).

Eine Ganzheit wiederum besteht aus isolierbaren *Momenten*, die gefügehaft aufeinander bezogen sind (*Struktur*). Personale Ganzheit ist nach Stern aber nicht nur feste Struktur, sondern auch Vagheit und Diffusität. In Orientierung an Kant stellt er der metaphysischen Kategorie *Person* die *Sache* gegenüber, die als ‚Scheineinheit' in Teilen auflösbar ist und mechanischen Gesetzen unterworfen ist. Sache ist ‚Aggregat, mechanistisch ohne Zweckbestimmung, ‚nicht Absolutheit sondern Relation'. Stern geht es hierbei darum, den Dualismus zwischen Person und Sache zu überwinden, indem er ein teleologisches Zusammenwirken postuliert. Die Person – so Stern – ‚legt ihre selbstzweckliche Erhaltungsfunktion den zu ihr gehörigen Teilen als Funktionsregel auf' (1927, S. 22). Sein ‚personaler Monismus' stellt auch einen Versuch dar, das Leib-Seele-Problem zu überwinden. Hierzu schreibt er: „Jede Person ist als solche ‚psychophysisch-neutral', weil ‚Physisch' und ‚Psychisch' nur die Kundgabeweisen sind, in den sie für andere und sich ich selbst da sind; ihre unmittelbaren Funktionen und Eigenschaften aber sind ‚personal' und können in mannigfaltigsten Formen Physisches und Psychisches in sich zur Einheit zusammenschließen" (1927, S. 166). Seiendes ist zugleich Ganzes und Teil von anderem Ganzen: „Seiendes ist Person , sofern es ein Ganzes ist, das sich seinen immanenten Zwecken gemäß erhält, entfaltet, gestaltet, ist ‚Sache', sofern es für andere Personen Teil ist, den Wirkungsprinzipien dieser übergeordneten Einheiten gehorcht" (1927, S. 169). Stern sucht eine personale Verbindung der Kategorien Substanz und Funktion. Nur über das Individuum kann es eine kausale Verknüpfung beider Kategorien geben, ein zielstrebiges Wirken der Substanz (vgl. auch Renner & Laux, 1998). Während bei Krueger ein Primat des Ganzen gegenüber seinen Teilen postuliert wird, vertritt Stern die Ansicht, dass es lediglich eine Spannung gebe zwischen Ganzem (z.B. Gemeinschaft) und Teil (z.B. Individuum). Die Person wird nach Stern als ganzhaft begriffen (Personale Ganzheit): „die Person gliedert das zu ihr Gehörige – zugleich aber überströmt sie es mit ihrer Einheit und verschlingt die Gliederung und relative Isolierung der Momente in ihre Ungeschiedenheit" (1930, S. 156/157). Der Ganzheits- und Strukturansatz von Stern weist deutlich theoretische Parallelen zur Ganzheits- und Strukturpsychologie Kruegers auf (vgl. auch Scheerer, 1931). Hierzu schreibt Stern:

> Die Krueger'sche Gefühlstheorie steht offenbar der personalistischen Idee nahe; aber sie unterscheidet sich doch von ihr dadurch, daß sie ihren Standort innerhalb des Bewußtseinsbereichs nimmt. Die Ganzheit, von der in dieser Theorie die Rede

> ist, ist stets die Ganzheit des Erlebens. Darin aber liegt eine ungerechtfertigte Verselbständigung des Gefühls; denn auch die Erlebenstotalität ist noch nicht die letzte Ganzheit, vielmehr ebenfalls noch ein Teilganzes, das in der umfassenden Totalität der Person ruht. (Stern, 1950, S. 723/724)

Stern wirft Krueger in diesem Zusammenhang einen *Emotionalismus* vor, da er die Gefühle als seelische Grundsubstanz auffasse, der sich alle anderen seelischen Prozesse unterordnen müssten (Stern, 1950). Stern folgt hier der Überlegung einer autonomen Person, während Krueger den Einzelnen in eine ihm übergeordnete soziale Gemeinschaft eingebettet wissen möchte (vgl. Geuter, 1985).

6 Synopsis

Innerhalb der Psychologie war der Struktur- und Ganzheitsgedanke in der ersten Hälfte des 20. Jahrhunderts en vogue und wurde stark diskutiert (Bühler, 1929). Wilhelm Dilthey postuliert eine Ganzheitlichkeit des Erlebens und eine Geschlossenheit der psychischen Strukturen als Voraussetzungen des Denkens. Bezogen auf das Seelische spricht er vom Ganzheitscharakter der psychischen Erscheinungen und des seelischen Seins, die persönliche Lebensgeschichte (psychische Struktur als ein innerer Zusammenhang von Teilen seelischer Vorgänge). Aufbauend auf Diltheys Überlegungen postulierten die Ganzheitspsychologie von Felix Krueger und die Personalistische Psychologie von William Stern jeweils einen strukturellen Dispositionsbegriff im personalen Gefüge des Menschen. Dies lässt zunächst eine konzeptuelle Ähnlichkeit der beiden Ganzheitskonzeptionen vermuten, die allerdings auf unterschiedlichen erkenntnistheoretischen Prämissen basiert. Während die Ganzheitspsychologie die Komplexqualität des emotionalen Erlebens in den Vordergrund rückt und von einer emotionalen Grundtönung des Verhaltens spricht, versteht die personalistische Psychologie unter Ganzheit eine Vieleinheit (*unitas multiplex*), die Viele in sich schließende Einheit. Ganzheit basiert nicht auf einer festen Struktur, sondern auch auf Vagheit und Diffusität. Die Person wird nach Stern als ganzhaft begriffen (*Personale Ganzheit*), in welcher die Person zum einen das zu ihr Gehörige gliedert und zum anderen diese Gliederung in einer personalen Einheit aufhebt. Die Person bildet hier die aktive Kraft der Strukturierung und der Vereinheitlichung menschlichen Erlebens, während in der Ganzheitspsychologie die Strukturganzheit als metaphysische Grundlage für die gefühlshafte Erfahrung der Welt verstanden wird.

Ein wesentliches Problem der Ganzheitsthematik stellt die Emergenz dar, d.h. ob Ganzheit mehr als bloße Summation und Addition von Einzelelementen aufzufassen ist und daher neue Qualitäten und Eigenschaften der Einzelelemente hinzutreten (Aristoteles ‚Satz: ‚das Ganze ist mehr als die Summe seiner Teile', vgl. Goetz, 1964). Das Emergenzproblem bietet im eigentlichen Sinne das Einfallstor für metaphysische Spekulationen. Krueger und Stern betrachten das Ganze als ein Gedachtes, das wertmäßig auf das Verhalten und Streben des Einzelnen einwirkt. Beide hängen in einer gewissen Weise einem neukantischen Denken (der südwestdeutschen Schule der Wertphilosophie) an: Insbesondere die von Wilhelm Windelband entwickelte Idee (von Hermann Lotze entlehnt) eines apriorischen Kulturbegriffs, welche das Wahre, Gute und Schöne als übergeordneter Sollens- und Wertebegriff metaphysisch verankert (vgl. Ollig, 1979), wird in den Ganzheitskonzeptionen Kruegers und Sterns deutlich. Darüber hinaus wird bei beiden Autoren – jedoch in unterschiedlichem Maße – die Wertungen als Dispositionen sehr stark mit dem tieferen Gefühlsleben in Verbindung gebracht. Dem Gefühl (Emotion) wird vor dem Denken (Kognition) ein motivationales Primat für das Erleben eingeräumt.

Ganz anders stellt sich der strukturfunktionalistische Ansatz Carl Stumpfs dar, der nicht an dem Gedachten, sondern dem Gegebenen anknüpft und das Denken (Analysieren) vor das Fühlen (Synthetisieren) stellt. Es ist der besondere Verdienst von Carl Stumpf zwischen der Struktur- und der Kausalitätgesetzlichkeit des Psychischen klar zu unterscheiden und diese nicht metaphysisch zu vermischen (vgl. Stumpf, 1907, siehe hierzu auch Bühler, 1929). Im Vordergrund steht bei Stumpf nicht die kausale Vorstellung einer Teleologie des Psychischen, eines Strebens auf ein Ziel hin (wie in den Konzeptionen von Krueger und Stern), sondern die intellektuelle Analyse der Verhältnisse zwischen Elementen an einem Ganzen (z.B. Tonhöhen an akustischen Tönen). Analyse als der Weg von dem Ganzen zu den Teilen ist nach Stumpf nicht als das Primat des Ganzen gegenüber den Teilen oder umgekehrt zu denken. Vielmehr ruft der Gedanke an das Ganze den Gedanken an die Teile hervor; nicht das Ganze wirkt auf die Teile, sondern die Teile stehen in Wirkverhältnissen zu einander, welche man wahrnehmen bzw. bemerken kann (vgl. Stumpf, 1939). Gestalten sind nach Stumpf keine anschaulichen Gebilde des ‚primär Gegebenen', die lediglich Ausdruck ‚abstrakter Verhältnisse von Teilen' sind und ohne Fundament seien, sondern sie sind das Ergebnis konkreter Beziehungen zwischen Teilen, die an einem Material stets mit wahrgenommen werden. Hierzu schreibt er: „Wo immer von einer Gestalt im Sinne eines Bewußtseinsinhaltes die Rede ist, da sind unterschiedliche Teile, da ist ein gegliederter Empfindungskomplex vorhanden, da bestehen auch Verhältnisse zwischen den unterschiedlichen Teilen, die bis zu einem gewissen Grade mit wahrgenommen werden. Gestalten werden niemals für sich wahrgenommen, als ihr eigenes Fundament, wie die Farben oder Töne, sondern nur in und mit diesem oder anderem Material erfasst (Stumpf, 1939, S. 246).

Der Ganzheitsgedanken in der Psychologie blieb nicht ohne Kritik. Der Leipziger Philosoph und Biologe Hans Driesch (1867–1941) stellt fest, dass Ganzheit als Begrifflichkeit nur verwendet werden kann, wenn sich Ganzheiten als zusammengesetzte Gebilde verstehen lassen und analysiert werden können („Ganz ist, was entzwei gehen kann", 1936, S. 27). Ganzheit als Begriff sei nur dann sinnvoll, wenn er auf organische Gegebenheiten der Naturwissenschaften (z.B. der Biologie) angewendet wird, während seine Anwendung auf psychologische Phänomene (wie Erlebnisinhalte) eher kritisch zu betrachten ist. Driesch moniert an der Ganzheitspsychologie, dass diese sich nicht zu einer Analyse der Ganzheiten (dem Zergliedern von zusammengesetzten Sachverhalten) durchringe und die Frage beantworte, aus welchen Elementen sich die Ganzheiten zusammensetzen. Auch sei die Ganzheitslehre in der Psychologie zu statisch und frage nicht nach der Verursachung (psychische Kausalität) für die Herausbildung von Ganzheiten (vgl. auch Wolfradt, 2011a).

Literatur

Bönisch, R. (1939). Über den Zusammenhang seelischer Teilstrukturen. *Neue Psychologischen Studien, 15*, 1–144.

Brunswik, E. (1929). Prinzipienfragen der Gestaltpsychologie. In E. Brunswik, C. Bühler, H. Hetzer, L. Kardos, E. Köhler, J. Krug & A. Willwoll (Hrsg.), *Beiträge zur Problemgeschichte der Psychologie. Festschrift zu Karl Bühlers 50. Geburtstag* (S. 80–149). Jena: Fischer.

Bühler, K. (1929). *Die Krise der Psychologie*. Jena: Fischer.

Buss, O. (1934). *Die Ganzheitspsychologie Felix Kruegers. Methodische Grundgedanken und grundlegende Ergebnisse*. München: Beck.

Cornelius, H. (1897). *Psychologie als Erfahrungswissenschaft*. Leipzig: Teubner.

Deutsch, W. (Hrsg. / 1991). *Die verborgene Aktualität von William Stern*. Frankfurt a.M.: Lang.

Dilthey, W. (1894/1924). Ideen über eine beschreibende und zergliedernde Psychologie. In *Wilhelms Diltheys Gesammelte Schriften, Bd. V.* (S. 139–240). Leipzig & Berlin: Teubner.

Driesch, H. (1936). Der Begriff des „Ganzen" in der Psychologie. *Zeitschrift für Rassenkunde und ihre Nachbargebiete, 4*, 27–32.

Freyer, H. (1930). *Soziologie als Wirklichkeitswissenschaft. Logische Grundlegung des Systems der Soziologie*. Leipzig: Teubner.

Gelb, A. (1911). Theoretisches über „Gestaltqualitäten". *Zeitschrift für Psychologie und Physiologie der Sinnesorgane, 58*, 1–58.

Geuter, U. (1985). Das Ganze und die Gemeinschaft. Wissenschaftliches und politisches Denken bei Felix Krueger. In C. F. Graumann (Hrsg.), *Psychologie im Nationalsozialismus* (S. 55–89). Berlin: Springer.

Goetz, L. (1964). Ganzheit als wissenschaftliches Problem. *Zeitschrift für Philosophische Forschung, 18*, 427–438.

Harrington, A. (2002). *Die Suche nach Ganzheit. Die Geschichte biologisch-psychologischer Ganzheitslehren. Vom Kaiserreich zur New Age-Bewegung.* Reinbeck: Rowohlt.

Herrmann, T. (1957). *Problem und Begriff der Ganzheit in der Psychologie.* Österreichische Akademie der Wissenschaften. Philosophisch-historische Klasse, Sitzungsberichte, Bd. 231, 3. Abhandlung. Wien: Rohrer.

Kaiser-el-Safti, M. (2001). *Die Idee der wissenschaftlichen Psychologie. Immanuel Kants kritische Einwände und ihre konstruktive Widerlegung.* Würzburg: Königshausen & Neumann.

Krueger, F. (1900). Beobachtungen an Zweiklängen. *Philosophische Studien, 16*, 307–379, 568–664.

Krueger, F. (1903). *Das Bewußtsein der Dissonanz. Eine psychologische Analyse.* Leipzig: Engelmann

Krueger, F. (1905/1906). Die Theorie der Konsonanz. *Psychologische Studien, 1*, 305–387.

Krueger, F. (1906/1907). Die Theorie der Konsonanz. *Psychologische Studien, 2*, 205–255.

Krueger, F. (1908/1909). Die Theorie der Konsonanz. *Psychologische Studien, 4*, 201–282.

Krueger, F. (1910). Die Theorie der Konsonanz. *Psychologische Studien, 5*, 294–411.

Krueger, F. (1913). Consonance and dissonance. *The Journal of Philosophy, Psychology and Scientific Methods, 10*, 158–160.

Krueger, F. (1915). Über Entwicklungspsychologie, ihre sachliche und geschichtliche Notwendigkeit. *Arbeiten zur Entwicklungspsychologie, Bd. 1*. Leipzig: Engelmann.

Krueger, F. (1918). *Die Tiefendimension und die Gegensätzlichkeit des Gefühlslebens. Festschrift Johannes Volkelt zum 70. Geburtstag*, 265–286. München: Beck.

Krueger, F. (1924/1931). *Der Strukturbegriff in der Psychologie. Bericht über den VIII. Kongreß für Experimentelle Psychologie in Leipzig (1923), 2. Auflage.* Jena: Fischer.

Krueger, F. (1926). Über psychische Ganzheit. *Neue Psychologische Studien, 1*, 5–121.

Krueger, F. (1930a). *Das Wesen der Gefühle. Entwurf einer Systematischen Theorie.* Leipzig: Akademische Verlagsgesellschaft.

Krueger, F. (1930b). Erlebnisganzheit. *Forschungen und Fortschritte, 34*, 447–448.

Krueger, F. (1930c). Über seelische Struktur. *Forschungen und Fortschritte, 35/36*, 461–462.

Krueger, F. (1948). Lehre von dem Ganzen. Seele, Gemeinschaft und das Göttliche. *Beiheft zur Schweizerischen Zeitschrift für Psychologie und ihre Anwendungen, 15*, 5–104.

Krueger, F. (1953). *Zur Philosophie und Psychologie der Ganzheit. Schriften aus den Jahren 1918–1940* (Hrsg. Eugen Heuss). Berlin: Springer.

Metzger, W. (1986). Zur Geschichte der Gestalttheorie in Deutschland. In M. Stadler & H. Crabus (Hrsg.), *Wolfgang Metzger – Gestaltpsychologie*. Frankfurt a.M.: Kramer.

Odebrecht, R. (1929). *Gefühl und Ganzheit. Der Ideengehalt der Psychologie Felix Kruegers.* Berlin: Juncker & Dünnhaupt.

Plaum, E. (1996). Gestalt und Ganzheit – politisch-gefährliche Begriffe? *Psychologie und Geschichte, 7*, 210–216.

Ollig, H.-L. (1979). *Der Neukantianismus.* Stuttgart: Metzler.

Pongratz, L. J. (1984). *Problemgeschichte der Psychologie*. München: Francke.
Renner, K.-H. & Laux, L. (1998). William Sterns unitas multiplex und das Selbst in der Postmoderne. *Geschichte und Psychologie, 8,* 3–17
Sander, F. (1933). Die Idee der Ganzheit in der deutschen Psychologie. *Der Thüringer Erzieher, 1*, 10–12.
Scheerer, M. (1931). *Die Lehre von der Gestalt. Ihre Methode und ihr psychologischer Gegenstand.* Berlin: De Gruyter.
Spranger, E. (1925). *Psychologie des Jugendalters*. Leipzig: Quelle & Meyer.
Stern, W. (1906). *Person und Sache. System der philosophischen Weltanschauung, Bd. 1. Ableitung und Grundlehre*. Leipzig: Barth.
Stern, W. (1911). *Die Differentielle Psychologie in ihren methodischen Grundlagen*. Leipzig: Barth.
Stern, W. (1927). Personalistische Psychologie. In E. Saupe (Hrsg.), *Einführung in die neuere Psychologie* (S. 165–175). Osterwieck: Zickfeldt.
Stern, W. (1930a). Zur Theorie der personalen Ganzheit und Tiefe. In H. Volkelt (Hrsg.), *Bericht über den XI. Kongreß für experimentelle Psychologie in Wien vom 9. –13. April 1929*. Jena: Fischer.
Stern, W. (1930b). *Studien zur Personwissenschaft. Personalistik als Wissenschaft*. Leipzig: Barth.
Stern, W. (1950). *Allgemeine Psychologie auf personalistischer Grundlage* (2. Aufl.). Haag: Nijhoff.
Stumpf, C. (1906). Erscheinungen und psychische Funktionen. *Abhandlungen der Königlich-preußischen Akademie der Wissenschaften zu Berlin, Philosophisch-historische Abhandlungen, 4*, 3–40.
Stumpf, C. (1907). *Zur Einteilung der Wissenschaften. Abhandlungen der Königlich Preussischen Akademie der Wissenschaften*. Berlin: Verlag der Königlichen Akademie der Wissenschaften.
Stumpf, C. (1939). *Erkenntnislehre, Bd. 1*. Leipzig: Barth.
Volkelt, H. (1963). *Grundfragen der Psychologie*. München: Beck.
Wellek, A. (1941). Das Problem des seelischen Seins. Die Strukturtheorie Felix Kruegers: Deutung und Kritik. *Zeitschrift für angewandte Psychologie und Charakterkunde, 61*, 129–238.
Wellek, A. (1950). *Die Wiederherstellung der Seelenwissenschaft im Lebenswerk Felix Kruegers. Längsschnitt durch ein halbes Jahrhundert der Psychologie.* Hamburg: Meiner.
Wellek, A. (1953). *Das Problem des seelischen Seins. Die Strukturtheorie Felix Kruegers: Deutung und Kritik*. Meisenheim: Hain Westkulturverlag..
Wellek, A. (1955). *Ganzheitspsychologie und Strukturtheorie*. Bern: Francke.
Wolfradt, U. (2005). Der deutsche Einfluss auf Gestalttheoretisches Denken in Japan. Eine historische Analyse. *Gestalttheory, 27*, 238–248.
Wolfradt, U. (2011a). *Ethnologie und Psychologie. Die Leipziger Schule der Völkerpsychologie*. Berlin: Reimer.
Wolfradt, U. (2011b). Grundlegende biographisch-diagnostische Betrachtungen bei William Stern. In G. Jüttemann (Hrsg.), *Biographische Diagnostik* (S. 44–52). Lengerich: Pabst.
Woodward, W. R. (1978). From association to Gestalt: The fate of Hermann Lotze's theory of spatial perception, 1846–1920. *Isis, 69*, 572–582.

Ziehen, T. (1925). Die Auffassung der psychischen Strukturen vom Standpunkt der Assoziationspsychologie. *Zeitschrift für Psychologie*, *97*, 127–144.

Wortphysiognomien
Ein Beitrag zur Gestaltlinguistik[1]

Stefan Volke

Zusammenfassung

Aus den physiologisch-artikulatorischen, physikalisch-akustischen und neurophysiologischen Daten kann der qualitative Höreindruck nicht erschlossen werden. Alternativ zu den etablierten phonetischen Parametern wird versucht Gerold Ungeheuers Anschlussversuche an die Befunde der Ganzheits- und Gestaltpsychologie für eine qualitative Deskription sprachlicher Schalleinheiten fruchtbar zu machen. Die Freilegung von Gestaltprinzipien in der Wortwahrnehmung führt über das Konzept des Klanggesichts (Karl Bühler) zu den Phänomenen ikonischer Modellierung des Zeichenkörpers (Heinz Werner).

Abstract

The qualitative auditory impression cannot be inferred from physiological (articulatory), physical (acoustic), and neurophysiological data. Alternative to the established phonetic parameters an effort will be made to make Gerold Ungeheuer's attempt at aligning with the evidence of holistic psychology and gestalt psychology fruitful for a qualitative description of linguistic sound units. Uncovering gestalt principles in word detection leads via the concept of the sound face ("Klanggesicht", Karl Bühler) to the phenomena of iconic modeling of the sign (Heinz Werner).

> Die „wichtigste Form [der Wirkungsweisen sprachlicher Inhalte] sind die etymologisch bestimmten Verhaltensweisen; daneben stehen aber auch unmittelbare Klangwirkungen, die jeder Lautform neben ihrem zeichenhaften und etymologischen Wert noch eine mehr oder weniger ausgeprägte Eindruckskraft, ein besonderes Gesicht, geben."
>
> Leo Weisgerber

1 Es handelt sich hier um eine stark überarbeitete Version meines Aufsatzes „Physiognomies de mot. À propos de l'articulation physiognomonique des signifiants matériels", erschienen in: Janette Friedrich (éd.): *Karl Bühler: une pensée du langage*, Verbum - Revue de linguistique XXXI/1-2, Éditeur Presses universitaires de Nancy, Nancy 2009, S. 115-130. Einige Textabschnitte stammen aus: Volke 2007. Wichtige Vorarbeiten finden sich in: Volke 2010.

1 Einleitung

„Köhnlechner, Kiepenheuer, die Namen sind zu lang. Vielleicht hat der Name zwei Silben? Es handelt sich aber wie bei Köhnlechner um einen Herkunftsnamen. So etwas wie eine Stadt. Aber nicht wie sonst hat der Name hinten ein -er. So etwas wie Eupen oder Malmédy. Der Mann stammt aus dem Rheinland und arbeitet in Bonn. Auch der Name hat etwas Rheinisches, wenn man das weit genug nimmt. Vielleicht ist es auch die Eifel oder das Bergische Land. Wenn man in den Atlas guckt, kann man die Stadt vielleicht in Westdeutschland finden. Königswinter ist zu lang. Aber vielleicht fängt der Name mit K an. Wohl doch zwei Silben? Schoppenstedt ist es natürlich nicht – zu lang und das liegt ja auch irgendwo in Norddeutschland. Weisweiler ist es auch nicht. Das war der berühmte Trainer, und der Name endet auf -er. Der Name ist doch irgendwie härter als Weisweiler. Eher so etwas wie Kroppenstedt. Ein paar harte Konsonanten dabei. – Es war alles falsch: Der Schiedsrichter heißt Eschweiler." Es handelt sich hierbei um ein Wortsucheprotokoll, bei der eine Person den Namen eines in Deutschland einstmals sehr bekannten Fußballschiedsrichters zu erinnern versucht. In ihrer Darstellung der psychologischen Prozesse bei der Sprachproduktion schließen Theo Herrmann und Joachim Grabowski aus diesem und vergleichbaren Wortsucheprotokollen, dass bei der Wortfindung nicht einfach Informationen über Silben, Phoneme, Betonung usw. in einem linearen Prozess in Erinnerung gerufen werden. Vielmehr ist ein „komplexes und dynamisches Aktivations- und Hemmungsgeschehen" zu beobachten, bei dem neben abstrakten Merkmalkomplexen, wie etwa in diesem Beispiel die Vermutung, dass der gesuchte Name auf eine geographische Herkunft verweist, offenbar auch Kenntnisse über die klangliche Gesamtgestalt des gesuchten Wortes ins Spiel kommen: „Die Wortsuche beginnt mit der Nennung von Namen, die dem gesuchten Namen ähnlich sind, was die Silbenzahl, den Betonungsverlauf und die Endung (-er) betrifft. Das sind zweifellos phonetisch-metrische Merkmale. Allerdings haben ‚Köhnlechner', ‚Kiepenheuer' und der gesuchte Name ‚Eschweiler' eine nur schlecht beschreibbare gemeinsame ‚Klangphysiognomie', sie vermitteln eine ähnliche Gefühlsanmutung." Nach Ansicht der Autoren handelt es sich bei der „Klangphysiognomie" eines Wortes um eine über die auditive und visuelle Auffassung hinausgehende gefühlsmäßige Bewertung und emotionale Zuwendung des Sprechers zum Wort. Kurz: „In der Klangphysiognomie zeigt sich, wie dem Proponenten das Wort schmeckt. (Man kann sich Wörter auf der Zunge zergehen lassen.)" In gleicher Weise seien vermutlich die im obigen Beispiel wenn auch ohne Erfolg erwogenen Merkmale der „Härte" und „Weichheit" des gesuchten Namens nicht als sensorische Eigenschaften, sondern als „emotiv-bewertende" Merkmale zu interpretieren (Herrmann & Grabowski 1994,

311ff.).Zu sehen ist, dass die Autoren mit dem Ausdruck „Klangphysiognomie" sich einer Dimension der Wortwahrnehmung zu nähern versuchen, für dessen begriffliche Kennzeichnung ihnen offensichtlich kein theoretisches Modell zu Verfügung steht. Eine der Hauptschwierigkeiten besteht für sie darin, einen Ort dieser Eindrücke im Wahrnehmungsfeld anzugeben. Auf der einen Seite wird die Klangphysiognomie als gefühlsmäßige Bewertung umschrieben, also eher als das Resultat einer aktiven Tätigkeit des Wahrnehmenden. Auf der anderen Seite wird sie als „Gefühlsanmutung" der Wörter bezeichnet, womit die Autoren die Klangphysiognomie als ein Moment des Wahrnehmungsgegenstandes ausweisen. Ungeachtet der begrifflichen Schwierigkeiten unterstreichen Herrmann und Grabowski die Evidenz solcher physiognomischer Qualitätseindrücke. „Es gibt *Gefühlsqualitäten*," so die Autoren, „die einzelnen Lauten und ganzen Wörtern beziehungsweise Lautfolgen anhaften." Ihnen beiden mutet beispielsweise das sinnfreie Wort „maluma" eher rund, saftig und weich an, während „mesic" eher schmal, dröge und hart auf sie wirkt (Herrmann & Grabowski 1994, 313).

In den vergangenen Jahrhunderten war bei Grammatikern und Phonetikern noch eine ganze Reihe vergleichbarer sensorischer Attribute in Gebrauch. Wörter und Sprachlaute wurden u.a. als *fein*, *feucht*, *heiß*, *rau*, *stumpf*, *stark* oder *schwach* bezeichnet. Parallel zu den noch heute verwendeten Attributen *hell* und *dunkel* bzw. *acute* und *grave* (also *spitz* und *schwer*) als Bezeichnung der Differenz artikulatorisch vorderer und hinterer Vokale sprach man von *hohen*, *harten*, *dünnen* bzw. *tiefen*, *weichen* und *dicken* Vokalen (vgl. Fónagy 1963).

Es stellt sich die Frage, wovon eigentlich die Rede ist, wenn diese scheinbar bereichsfremden synästhetisch verwendeten Attribute zur Sprache kommen. Die Durchsicht phonetischer und allgemein-sprachwissenschaftlicher Fachlexika, Handbücher und Einführungswerke zeigt, dass im auditiv-segmentalen Bereich dieses Forschungsfeld weitgehend übersehen oder unter Hinweis auf die mangelnde Objektivität und Objektivierbarkeit der Erscheinungen übergangen wird.[2] Das gegenwärtige Forschungsinteresse gilt in erster Linie physiologisch-artikulatorischen, physikalisch-akustischen und neurophysiologischen Daten.

Aus diesen messtechnisch erhobenen Daten kann jedoch der phänomenale Höreindruck, die Art und Weise, wie sich dem Hörer der Sprachschall qualitativ darbietet, nicht erschlossen oder abgeleitet werden. Eine phonetische Deskription ist erforderlich, die dieser Tatsache Rechnung trägt und Kategorien des phänomenalen Höreindrucks ins Zentrum der Lautbeschreibung rückt.

---

2 Im Bereich des stimmlichen Ausdrucks ist man hingegen seit langem mit einer Untersuchung dieser Attribute befasst. Zu den Arbeiten im auditiv-segmentalen Bereich von Jakobson, Fischer-Jørgensen, Jerrentrup / Thürmann und Pilch vgl. Volke 2007; 36ff.

Carl Stumpf kann mit seinen 1926 erschienenen experimental-phonetischen Untersuchungen als ein Vorreiter bei der Erkundung dieses Forschungsgebietes betrachtet werden. Ihm gelang es mit Hilfe eines komplizierten Systems von Interferenzröhren auditiv u.a. die für die Vokalperzeption charakteristischen Verstärkungsgebiete von Teiltönen (Formanten) zu ermitteln.[3] Die Vokale ordnete er auf Grundlage phänomenologischer Analyse in einem zweidimensionalen Dreieck: Auf der horizontalen Achse sind die Helligkeitsdifferenzen ausschlaggebend mit /i/ als hellstem und /u/ als dunkelstem Vokal, auf der vertikalen die vokalen Sättigungsgrade mit dem Vokal /a/ als Vokal mit größter Farbigkeit und vokaler Sättigung bzw. Schallfülle.[4] Die auditiven Attribute wie Helligkeit aber auch Schärfe, Konsistenz oder Aktivität etc. kennzeichnete Stumpf als typische Vertreter von Komplex- und Gestalteigenschaften: „Jedem unzergliederten Komplex kommen als solchem gewisse Eigenschaften zu: Komplexeigenschaften. So ist ein Klang weich, hart, rauh, voll, leer, ein Vokal dunkel, hell. [...] Ebenso haben aber auch unzergliedert wahrgenommene Gestalten bestimmte Eigenschaften: Gestalteigenschaften. Ein Rechteck kann schmal oder breit, schlank oder plump, eine Melodie von verschiedenem Tonumfang (Ambitus), raschbewegt oder schwerfällig sein." (Stumpf 1926, S. 277)

Über Stumpfs knappe Bemerkungen hinausgehend hat vor allem der Phonetiker und Kommunikationswissenschaftler Gerold Ungeheuer versucht, alternativ zu dem etablierten phonetischen Begriffsinstrumentarium die Befunde der Ganzheits- und Gestaltpsychologie für eine qualitative Deskription sprachlicher Schalleinheiten fruchtbar zu machen.

Im Folgenden sollen diese Anschlussversuche nachgezeichnet und soweit in diesem Rahmen möglich weitergeführt werden. Ziel dieses Aufsatzes ist es, die zentrale Rolle von Gestaltprinzipen in der Sprachverarbeitung, wie sie die moderne Kognitive Linguistik herausgestellt hat (vgl. Ungerer/Schmid 1996, 33ff.)[5] auch auf dem Gebiet der Wortwahrnehmung aufzuzeigen.

---

3 Vgl. dazu ausführlich Pompino-Marschall 2003.

4 Die auditiven Extrempositionen /i/ und /u/ entsprechen den artikulatorischen Extrembildungen von höchster Hebung des vorderen Zungenteils bzw. höchster Hebung des hinteren Zungenteils. Der Vokal /a/ besitzt die tiefste Zungenlage und den vergleichsweise größten Grad der Mundöffnung bzw. der Unterkiefersenkung. Gleichzeitig werden mit Stumpfs Vokaldreieck Differenzen der Eigenlautstärke angezeigt.

5 Eine aktuelle Literaturübersicht zur Gestaltlinguistik liefert Bonacchi 2012. Vgl. auch Elsen 2008.

2 Ganzheits- und Gestalteigenschaften

Ungeheuer entwirft das Programm einer Psychophonetik, in deren Mittelpunkt „die Erforschung der psychischen Qualitäten und Qualitätsgefüge, die psychischen Ganzheiten und Gestalten" sprachlicher Schalleinheiten stehen (Ungeheuer 1993; S. 80). Er bezieht sich hierbei auf die von Karl Bühler zu Beginn des letzten Jahrhunderts veranschlagten Gestaltmomente des „akustischen Wortbildes":

> 1. „Die Gestalt des Tonhöhenwechsels der Klangreihe, d.i. die Melodie des Wortes.
> 2. Die Gestalt des Intensitätswechsels der Elementenreihe.
> 3. Eine zeitliche Gesamtform von bestimmter zeitlicher Länge und Gliederung, durch welche die Anzahl der Abschnitte ebenso wie ihre relative zeitliche Länge im Bewußtsein zur Geltung kommt.
> 4. Vielleicht auch eine qualitative Gesamtform, in welcher der für das einzelne Wort charakteristische Wechsel von Geräuschen und Klängen, die Verteilung gleicher Elemente auf die Reihe und ähnliches aufgefaßt werden." (Bühler 1909, 94f.)

Mit Ungeheuers Rückbesinnung auf den gestalttheoretischen Ansatz kommen eine ganze Reihe von Gestalt- und Komplexeigenschaften ins Spiel, die die scheinbar bereichsfremde synästhetische Beschreibung sprachlicher Schalleinheiten plausibler und begreifbarer werden lassen. Er verbindet die Angaben Bühlers über die Gestaltmomente des akustischen Wortbildes mit den drei vorwiegend aus der visuellen Wahrnehmung abgeleiteten Arten von Eigenschaften, die der Gestaltpsychologe Wolfgang Metzger in seinem Überblick über die Ergebnisse der Ganzheits- und Gestaltpsychologie zusammengetragen hat. Nach Meinung Ungeheuers scheinen sich diese auch im auditiven Bereich zu bewähren (Ungeheuer 1993, 18):

> 1. „Die *Struktur* oder das *Gefüge* (die ‚Tektonik'). Hierunter fallen alle Eigenschaften der Anordnung oder des Aufbaues; Raumform oder Figuralstruktur, Helligkeits- und Farbprofil einschließlich der Gliederung und Gewichtsverteilung; Rhythmus, Melodie; Verlaufsstruktur bei Bewegungen und Veränderungen. [...]
> 2. Die Ganzqualität oder –beschaffenheit. Hierunter fallen alle stofflichen Eigenschaften, das ‚Material', sofern es sich nicht um ‚einfache', d.h. gefügeunabhängige Sinnesqualitäten handelt. [...]
> 3. Das ‚Wesen' in dem erweiterten Sinn, in dem es von der neueren Ausdruckslehre (Klages) nicht nur auf Lebendes, sondern auf alles überhaupt Antreffbare angewandt und dem Gefüge und der Beschaffenheit als ‚gegenständlichen Daten' gegenübergestellt wird. Unter die Wesenseigenschaften fallen alle physiognomischen (gesichthaften) oder Ausdruckseigenschaften." (Metzger 2001, 63f.)

Nach Ungeheuer handelt es sich bei der ersten Gruppe von Eigenschaften, die die Struktur oder das Gefüge charakterisieren, um Zeitstrukturen, die sich am Lautmaterial ausprägen. Dieser Gruppe seien die von Bühler angegebenen Gestaltmomente des akustischen Wortbildes zuzuordnen. Das Lautmaterial selbst wird nach Ungeheuer in Form seiner stofflichen Qualitäten erlebt. Bei dieser zweiten Gruppe geht es um die akustische Substanz bzw. „um das Material, das psychisch als Gestalt entsteht." Neben schrill und hohl betrifft dies Momente wie „stimmhaft, helle Friktion, mittlere Lautheit usw." Die drei nach Ungeheuer in der auditiven Sphäre voneinander abhebbaren Qualitätsbereiche Schallfarbe, Schallstärke und Intonation gehören hierher.

Die dritte Reihe bezeichnet Ungeheuer als „physiognomische Gestalteigenschaften". Sie betreffen Qualitäten, die sehr umstritten und der Gefahr von Missdeutungen ausgesetzt sind, obgleich deren „außerordentliche Wirksamkeit im Alltagsleben der Sprache nicht geleugnet werden kann." (Ungeheuer 1993, 18 u. 88f.) Er unterstreicht, dass deren Problematik eng an die Fragen der allgemeinen Wahrnehmungstheorie gekoppelt ist und geht in diesem Zusammenhang auf die physiognomische Phonetik des Psychologen Heinz Werner (1929 u. 1932) ein. Ungeheuer übersieht in diesem Zusammenhang allerdings, dass auch Bühler, der sich mit der Kategorie des Ausdrucks eingehend auseinandergesetzt hat (vgl. Bühler 1933), in seiner späteren „Sprachtheorie" das akustische Wortbild als „Klang*gesicht*" bezeichnet und damit die Wortwahrnehmung im Bereich physiognomischer Erlebnisse verortet (Bühler 1934, 271ff.).[6] Viele Beobachtungen sprechen dafür, dass die physiognomischen Eigenschaften den beiden anderen Gruppen genetisch vorgeordnet sind und ebenso sachlich in der Wahrnehmung dominieren. Nach Metzger sind die physiognomischen Eigenschaften „dasjenige an dem anschaulich Gegebenen, das allein fähig ist, auf uns Eindruck zu machen, unser eigenes Wesen unmittelbar zu berühren." (Metzger 2001, 64) Sie umfassen Eindrücke, die, obgleich auf kein Sinnesgebiet festgelegt, unabhängig und eigenständig neben den Erlebnissen des Farbenhörens und anderer Formen genuiner Sinnesverknüpfungen zu betrachten sind. „Nicht nur in Gefügen und ganzbedingten stofflichen Beschaffenheiten, sondern auch in jeder einfachen Sinnesqualität kann sich [...] ein Wesen verkörpern. [...] Worin diese Wesensübereinstimmung zwischen bestimmten Gestalten und bestimmten Sinnesqualitäten und auch zwischen den Qualitäten verschiedener Sinne begründet ist, wissen wir noch nicht. [...] Jedenfalls aber muß man die Fälle solcher Wesensübereinstimmung aufs strengste unterscheiden von der großen Masse der mehr oder weniger zufällig zustande gekommenen und darum von Mensch zu Mensch wechselnden [...] ‚Photismen' und dgl. [...] Manche Sinnesgebiete

6 Janette Friedrich machte mich hierauf nachdrücklich aufmerksam.

scheinen zur Verkörperung eines besonderen Wesens so sehr vorbestimmt zu sein, daß Wesen und Qualität geradezu zusammenfallen: ‚Wärme' beim Temperatursinn, ‚Helle' beim Gesicht, usw. Es wurde infolgedessen immer wieder fälschlicherweise die Ansicht vertreten, der Gebrauch der angeführten Worte außerhalb dieser Sinnesgebiete sei ‚uneigentlich'." (Metzger 2001, 68f.) In der modernen Synästhesieforschung greift man für physiognomische Gestalteigenschaften wie Volumen, Dichte, Gewicht, Helligkeit oder Aktivität auf die von Werner geprägte Bezeichnung „intermodale Qualitäten" zurück (Werner 1966). An anderer Stelle spricht man vergleichbar von „synästhetischen Charakteren" (Schmitz 2009).

Sofern die auditive Sphäre bereichsadäquat verbalisiert werden soll, haben wir es in Anbetracht der ausschließlich synästhetischen Natur auditiver Attribute demnach mit einer solchen Gruppe physiognomischer Eigenschaften zu tun. Die akustische Gesamtgestalt des Wortes und dessen akustische Teilgestalten sind von physiognomischen Eigenschaften durchdrungen, eine Schlussfolgerung, die auch durch experimentelle Erhebungen über die physiognomischen Gestaltqualitäten von Wörtern unterstützt wird (vgl. u.a. Wertheimer 1960).

3 Klanggesicht versus Phonemkette

Um die ganze Tragweite dieses Rückgriffs auf den gestalttheoretischen Ansatz zu ermessen, ist die Vergegenwärtigung einer Debatte notwendig, der sich die phonologische Bewegung vor ihrem Siegeszug durch die linguistischen Institute zu stellen hatte. In den dreißiger Jahren formulierte Bühler seine Auffassung erneut und bat die Phonologen um Nikolai N. Trubetzkoy in mehreren Beiträgen nachdrücklich, die erfahrungsgemäß zentrale Rolle von Gestaltmomenten bei der Wortwahrnehmung zu berücksichtigen: „Die Phonologie von heute löst die Aufgabe einer systematisch aufgebauten Diakrisenlehre nur im ersten Schritt und wird beim zweiten zur Gestaltpsychologie in die Lehre gehen müssen." (Bühler 1934, S. 283) In diesem Zusammenhang machte Bühler zunächst auf die Übereinstimmung der Vokalordnung Stumpfs mit dem phonologisch motivierten System Trubetzkoys aufmerksam (Bühler 1934, 280), die sich auch in den qualitativen Beschreibungskategorien widerspiegelt: So findet sich bei dem Repräsentant der Prager phonologischen Schule eine Gleichsetzung von Sättigung mit dem Begriff der Schallfülle. Statt von Helligkeit sprach er zunächst von Eigentonhöhe, später beschreibt er diese Dimension als Differenz von hellen und dunklen „Eigentoneigenschaften" oder „Klangfarbeneigenschaften" (Trubetzkoy 1929, S. 41f. u. 1939, S. 86ff.). Allerdings, so erläutert Bühler, erkannte Trubetzkoy, dass nicht alle Eigenschaften des Sprachlauts bedeutungsunterscheidende Funktion übernehmen, sondern nur bestimmte Merkmale distinktiv wirksam sind. Trubetzkoy bezeichnete das Bündel dieser relevanten Eigenschaften als Phonem.[7] Trubetzkoys Vorstellung einer „assoziativen Analyse", in der das Wort in seine Phonembestandteile zergliedert, mit den Phonembestandteilen anderer Wörter verglichen und schließlich durch die Differenz der Phonemkombinationen erkannt werden würde (vgl. Trubetzkoy 1929, S. 39), stellte Bühler hingegen das Konzept des „Klanggesichts" oder „akustischen Gesichts" eines Wortes zur Seite. Die Identifizierung von Wörtern gewährleiste nicht erst die Zergliederung in Einzelmerkmale, ebenso seien nach Bühler ganzheitliche Aspekte für das Erkennen ausschlaggebend. Diese physiognomische Auffassung des Wortes vollziehe sich vergleichbar mit unserer alltäglichen Personenidentifizierung: „[I]ch erkenne Hunderte von näheren Bekannten am Gesicht oder Wuchs, an eigenartigen Bewegungen oder an der Stimme. Und das heißt begrifflich gefaßt: an Komplexcharakteren, um die ich mich nicht besonders zu bemühen brauche, weil sie mir im Verkehr wie von selbst aufgehen und behalten werden; sie entstehen jedenfalls vielfach ohne eine nachweisbare Aufgliederung in Sondermomente."(Bühler 1934, 275) Die Komplexcharaktere und Gestaltqualitäten, durch welche die Wörter vorwiegend erkannt werden, ergeben sich nach Bühler z.B. aus der „Melodie", d.h. dem „Stimmhöhenrelief des Lautstroms", dem „rhythmischen Gepräge" und den „Helligkeits- und Sättigungswellen der Vokalität." (Bühler 1934, 284)[8] Bühler blieb in dieser Auseinandersetzung nicht

7 Obgleich sich Trubetzkoy an vielen Stellen qualitativer Parameter bei der Kennzeichnung des Phonems bedient, soll es negativ bestimmt sein. Es wird abgeleitet aus den Schallgegensätzen, den sogenannten distinktiven Oppositionen, die in einer Sprache zur Differenzierung von Wortbedeutungen dienen und der Phonologe durch Minimalpaarbildungen (z.B. *H*und – *w*und, w*u*nd – W*i*nd etc.) ermittelt. Trubetzkoy hob daher die phonologische Analyse ausdrücklich von einer phänomenologischen Untersuchung der Sprachlaute ab. Bei den Sprachwerten, die die Phonologie untersucht, handele es sich um „abstraktive Werte [...] vor allem Beziehungen, Oppositionen und dgl. – also ganz immaterielle Dinge, die weder mit dem Gehörsinn noch mit dem Tastsinn wahrgenommen und untersucht werden können." [Trubetzkoy 1939, 15f.]. Der seinerzeit strikt naturwissenschaftlich arbeitenden Experimentalphonetik stellte Trubetzkoy damit das Konzept einer ebenso sinnlich entleerten funktionalen Phonetik zur Seite. Vgl. zu den wechselnden linguistischen Konzepten der Phonemwirklichkeit: Sendlmeier 1998. Die Auffassung des Phonems reicht „von der völligen Loslösung von jeglicher Lautsubstanz über die Betrachtung des Phonems als eine psychische Größe bis hin zur Auffassung als Lautklasse, die mit statistischen und instrumentellen Methoden konkret meßbar ist." (Sendlmeier 1998, S. 44).

8 Die analogen Verhältnisse bei der physiognomischen Personenauffassung und den akustischen Komplexcharakteren nutzte bereits Carl Ludwig Merkel zur Veranschaulichung des gemeinten Sachverhalts: Die „Klangfarbe" ist „ebenso wie die Physiognomie eines

allein. Mit deutlichem Bezug auf dessen Konzept des Klanggesichtes formulierte auch der Philologe Alfred Schmitt seine Kritik an den Generalisierungen der phonologischen Betrachtung (Schmitt 1938). Er verglich die Wörter mit uns bekannten Menschen, deren Identifizierung vorrangig an deren Gesamteindruck gelingt. Analog zur Wortwahrnehmung können dabei nach Schmitt einige hervorspringende Einzelheiten bei Nachfrage bereits angegeben werden. Eine phonologische Analyse jedoch entspräche nach seinen Worten einer „Liste von Reisepaßmerkmalen", die die Person zwar ausreichend beschreiben, den Befragten aber in Verlegenheit bringen, da wir gewöhnlich nicht anzugeben wissen, „an welchen Merkmalen nun im letzten Grunde wir die Gestalt dieses Einzelnen aus all den anderen Gestalten herauserkennen." (Schmitt 1938, 172) Als Gegenentwurf zum phonologischen Ansatz entwickelte Schmitt das Konzept der „Schallgebärden" (Schmitt 1936), die Verbindungen von „akustisch-motorischen Gestalten" und Bedeutungen darstellen.[9] Ungeheuer hat anhand dieser Kontroverse zwischen Bühler und Trubetzkoy – die Arbeiten Schmitts waren ihm offenbar nicht bekannt – zwei wesentliche Unterschiede in der Sprachanalyse deutlich zu machen versucht, deren Nichtbeachtung zu unzulässigen Übertragungen von Analyseergebnissen auf die Sprachwirklichkeit führt (Ungeheuer 1970). In sei-

Menschen, das Resultat aus mehreren Vorgängen, Funktionen und Eigenschaften, aber als solches allerdings dasjenige, was einem Tone seine Qualität, seinen Charakter giebt, an welchem er sofort aus gewissen Bedingungen hervorgegangen, erkannt und von andern sonst gleichbeschaffenen (gleich hohen, gleich starken u.s.w.) Tönen unterschieden werden kann." (Merkel 1857, S. 285)

9 Trubetzkoy leugnete in Auseinandersetzung mit diesen Einwänden keineswegs die Gestalthaftigkeit des Wortes. Lediglich die Annahme einer ganzheitlichen Worterkennung ohne Differenzierungsarbeit der Phoneme hielt er für unzutreffend. „Natürlich darf man nicht die Sache zu sehr vereinfachen. Man darf sich die Phoneme nicht etwa als Bausteine vorstellen, aus denen die einzelnen Wörter zusammengesetzt werden. Vielmehr ist jedes Wort eine lautliche Ganzheit, eine Gestalt, und wird auch von den Hörern als eine Gestalt erkannt, ebenso wie man etwa einen bekannten Menschen auf der Straße an seiner ganzen Gestalt erkennt." Das Erkennen von Wortgestalten setzt nach Trubetzkoy ihre Auseinanderhaltung voraus und diese „Unterscheidungsmerkmale der Wortgestalten" seien eben die Phoneme. Die Phoneme sind die Glieder der Wortgestalt. Da jedoch, wie Trubetzkoy betont, die spezifische Gestaltqualität, die dem Wort seine Individualität verleiht, aus der Summe seiner Teile nicht abgeleitet werden kann, läßt sich diese im Gegensatz zu den Phonemen auch nicht im Wortkörper lokalisieren. Nach seiner Ansicht ist damit für den phonologischen Ansatz ein entscheidendes Argument gewonnen: „Und daher läßt sich sagen, daß jeder Wortkörper sich in Phoneme restlos zerlegen läßt, daß er aus Phonemen besteht – ebenso wie man sagen darf, daß eine in der Dur-Tonleiter komponierte Melodie aus den Tönen dieser Tonleiter besteht (obgleich jede Melodie außer den Tönen sicher noch immer etwas enthält, was sie zu einer bestimmten individuellen musikalischen Gestalt macht)." (Trubetzkoy 1939, 34f.; vgl. Trubetzkoy 1937, 147ff.)

nen Augen hat Bühler durch seine Kritik ein Bewusstsein für dieses Problem schaffen wollen.

Es handelt sich um die Differenz zwischen dem Bereich kommunikativer Erfahrung von Sprache, in dem diese im Vollzug der Kommunikation gegeben ist, und dem Bereich beobachtender Spracherfahrung, in der diese erst durch einen manipulierenden Zugriff vergegenwärtigt wird. Im ersten Erfahrungsbereich kommunizieren „Individuen [...] mit Hilfe von Sprache; sie erleben dabei Sprache unter ganz bestimmten Bedingungen; sie realisieren Kommunikationsakte und setzen dabei gezielt die ihnen zur Verfügung stehenden linguistischen Mittel ein." Im zweiten Erfahrungsbereich „beobachten [sie] sprachliche Kommunikationsprozesse zwischen anderen Individuen, ohne selbst darin verwickelt zu sein, und überschauen in der Retention eigene Kommunikationsakte; in extrakommunikativen Artikulationen nehmen sie Regel- und Gesetzmäßigkeiten der Lautung wahr; durch repetierendes Einüben lernen sie sprachliche Paradigmen und in gleicher Weise verschaffen sie sich einen Überblick über den Wortschatz fremder Sprachen." (Ungeheuer 1970, S. 73) Ungeheuer kennzeichnet diese Differenz terminologisch durch die Rede von einem „kommunikativen" und einem „extrakommunikativen Umgang mit der Sprache". Der Phonembegriff Trubetzkoys geht aus einer extrakommunikativen Betrachtungsweise hervor, aus manipulierender Beobachtung, in der die Mittel der Kommunikation „außerhalb kommunikativen Geschehens zur Kenntnis" genommen werden, um sie „einzuordnen und zu klassifizieren" (Ungeheuer 1970, 74).[10] Die Analyseergebnisse der Phonologie dürfen daher nicht einfach mit dem Vollzug der Kommunikationsakte gleichgesetzt werden, da es sich hier um einen anderen Objektbereich handelt, dem eine auf das Kommunikationsgeschehen zielende Betrachtung, wie sie Bühler und so auch Schmitt mit dem gestaltpsychologischen Beschreibungsansatz vorführen, gerechter wird. Erst knapp 50 Jahre später widmete sich eine experimentelle Studie der von Bühler angegebenen Rolle des Klanggesichts. Walter F. Sendlmeier konnte zeigen, dass die Fähigkeit, Wörter einzellautlich zu zerlegen, stark von der Vertrautheit mit einem alphabetischen Schriftsystem abhängt und bei Beurteilung von Wortähnlichkeiten vor allem Mehrsilber anhand

10 Die „Feststellung von distinktiven Oppositionen ist [...] in erster Linie Glied einer Folge von Manipulationen, die bei der Präparation des Ausgangsmaterials durch eine phonetische Transkription beginnt und die endet bei der Konstitution des theoretischen Konstrukts, genannt Phonem. Die Anwendung des funktionellen Kriteriums, sei es als Begleiterscheinung oder als distributionelle Komplementarität, ist die eines methodischen Instruments. Das Instrument wird konstruiert nach Prinzipien, die von vornherein als linguistisch sinnvolle Axiome akzeptiert werden. Zu ihnen gehören z.B. das de Saussuresche Linearitätsprinzip und der Vorrang der Distinktion vor der Identifikation." (Ungeheuer 1970, S. 78)

globalerer Merkmale zueinander in Beziehung gesetzt werden. Er kommt zu dem Schluss, dass beim Wahrnehmungsvorgang sowohl ganzheitliche als auch analytische Auffassungsweisen dominieren können und hält fest: „Die auditive Worterkennung im Alltag kann angemessener beschrieben werden, wenn man davon ausgeht, daß Gestaltprinzipien wirksam werden und daß größere Einheiten als distinktive Merkmale oder Phoneme eine zentrale Rolle für die Verarbeitung spielen."(Sendlmeier 1985, S. 74) In Bühlers Konzept des Klanggesichts fällt allerdings auf, dass er zwar von der Identifizierung von Wörtern spricht, das spezifisch Gesichtsartige jedoch nicht mit dem Wort als Ganzem, sondern allein mit dessen klanglicher Seite in Verbindung bringt. Entsprechend kamen auch in Sendlmeiers Experimenten allein sinnfreie Lautkomplexe zum Einsatz. Wörter treten den Sprachteilnehmern jedoch nicht als vom Bedeutungsinhalt abgespaltene lautliche Physiognomien sondern als inhaltlich-lautliche Ganzheiten entgegen. Diese Tatsache berücksichtigt Schmitts Begriff der Schallgebärde und auch für Heinz Werner, auf den sich Ungeheuer in der Frage der physiognomischen Gestalteigenschaften bezieht, beinhalt die Wortphysiognomie stets eine Verbindung von materieller Gestalt und Bedeutung, von Signifikant und Signifikat. An späterer Stelle streicht Bühler explizit die Sinnhaftigkeit jedes Gebildes als eines seiner Gestaltmomente heraus (Bühler 1960, 20) und erlaubt damit eine der Sprecherwirklichkeit näher kommende Interpretation des Klanggesichtskonzeptes. Die Betrachtung dieser innigen Verquickung von Signifikat und Signifikant führt zu einer semantisch geleiteten physiognomischen Artikulation und Gliederung des Zeichenkörpers, um die Bühlers Konzept der Wortwahrnehmung ergänzt werden muss.

4 Physiognomische Artikulation

Ferdinand de Saussure vergleicht in seinen „Grundfragen der allgemeinen Sprachwissenschaft" jene unauflösbare Einheit von Signifikant und Signifikat mit den zwei Seiten eines Blattes Papier, die man genauso wenig zu trennen vermag wie den Laut vom Gedanken.[11] Ihre Fusion vollzieht sich laut de Saussure als *Artikulation* im Sinne einer ordnenden Gliederung, womit er an das von Wilhelm von Humboldt herausgestellte Grundprinzip von Sprache anknüpft (de Saussure 1967, S. 134). De Saussure schreibt: „Das Denken, für sich genommen, ist wie eine Nebelwolke, wo nichts notwendigerweise abgegrenzt ist. Es

11 Ein Bild, das allerdings entgegen der Sprechererfahrung eine anschauliche Abhebbarkeit der beiden Aspekte des Zeichens nahelegt. Lautbild und Begriffskonzept würden eine „psychische Einheit mit zwei Gesichtern" [„une entité psychique à deux faces"] bilden (de Saussure 1985, S. 99).

gibt keine von vornherein feststehenden Vorstellungen, und nichts ist bestimmt, ehe die Sprache in Erscheinung tritt [...] Die lautliche Masse ist ebenso wenig etwas fest Abgegrenztes und klar Bestimmtes; sie ist nicht eine Hohlform, in die sich das Denken einschmiegt, sondern ein plastischer Stoff, der seinerseits in gesonderte Teile zerlegt wird, um Bezeichnungen zu liefern, welche das Denken nötig hat." (de Saussure 1967, 133) Erst durch die Artikulation erhalten die beiden Massen als „Laut-Gedanke" Umriss und Kontur. An anderer Stelle wird de Saussure daher nicht müde zu betonen, dass beide Seiten dieser Ganzheit nicht einfach als separate Bestandteile assoziativ aneinander haften, sondern sich gegenseitig durchdringen: „Das Signifié allein ist nichts, es wird von einer unförmigen Masse aufgesogen. Das Gleiche gilt für das Signifikant." Das begriffliche Konzept entwickelt sich nach de Saussure zu einer Eigenschaft der akustischen Substanz und umgekehrt (Kaudé 2006, S. 268).

Unter gestaltpsychologischer Perspektive werden beiden Seiten nunmehr als sich gegenseitig konstituierende Gestaltmomente kenntlich. Dementsprechend existieren im strengen Sinne auch keine gleichklingenden Formen mit unterschiedlicher Bedeutung. Homophone Wörter liegen nur auf der Ebene des physikalisch definierten bedeutungsleeren Schalls vor. Auf phänomenaler Ebene funktionieren derartige Sprachformen vielmehr analog den visuellen Kippfiguren, die je nach Bedeutung andere Akzente und Gliederungen der materialen Seite zeigen, ohne dass diese materiale Seite noch als ein neutrales Drittes in den Blick genommen werden könnte. Auf diese sozusagen *physiognomische Artikulation* des Zeichenkörpers haben insbesondere die Sprachphilosophen Ludwig Wittgenstein und Julius Stenzel hingewiesen: Der Klang eines Wortes, so Stenzel, darf nicht als etwas Losgelöstes betrachtet werden: „Sprachlicher Klang ist, sofern er Sprache ist, von vornherein durch Bedeutung auch in seinem Leiblich-Sinnlichen verändert, er ist etwas ganz anderes als bloßer Klang im akustischen Sinne". Stenzel veranschaulicht diesen Sachverhalt an den beiden Wendungen „er schlug ins Gesicht" und „er schlug Vertagung vor". Er verweist darauf, dass der „Klang der neuen Bedeutung ‚vorschlagen' [...] nichts mehr von dem eigentlichen Grundklange, dem Gefühl und der Geste des Schlagens [enthält]; mit der sinnlichen Bedeutung scheint der natürliche Ton des Wortes geschwunden zu sein. Dies zeigt, wie sehr jenes Evidenzgefühl auf der Bedeutung beruht, wie wenig es in der entwickelten Sprache a priori mit der Lautgruppe als solcher verbunden ist. Klang und Bedeutung durchdringen sich gegenseitig" (Stenzel 1934, 93). Nach Wittgenstein zeigt ein „feines Aufhorchen", dass ein Homonym in den unterschiedlichen Sprachspielen auch anders erlebt wird: „Du kannst dir das Wort ‚weiche' vorsprechen und es dabei einmal als Imperativ, einmal als Eigenschaftswort meinen. Und nun sag ‚Weiche!' – und dann ‚Weiche *nicht* vom Platz!' – Begleitet das gleiche Erlebnis beide Male das Wort – bist du sicher?" (Wittgenstein 1966, 528)

Bei verstärkter Aufmerksamkeit der Sprecher für ihre sprachlichen Mittel kann die physiognomische Artikulation des Zeichenkörpers zu einer mehr subjektiven und mitunter ikonisierenden Ausmodellierung führen, die sowohl die akustische, als auch die artikulatorische und graphische Realisiationsform des Wortes miteinbezieht. Der sich aufdrängende Gestaltbildungsprozess bei dieser Einstellung auf Sprache gleicht den Verhältnissen im Rorschachtest oder dem Ausdeuten eines Wolkengebildes: Mit ihren Grenzen und Möglichkeiten fungieren die materiellen und inhaltlichen Grundlagen als regulierende ‚Wirklichkeit'. Eine ganze Reihe von Beispielen solcher Modellierungen findet sich in den Antworten auf die vom Goethe-Institut 2004 gestartete Umfrage nach dem schönsten deutschen Wort. In einem Beitrag heißt es z.B. über das Wort „Landebahn", dass „es auch ohne jeglichen Kontext poetisch im Raum stehen kann. Und ruft man sich dabei seinen Inhalt in den Sinn, gewinnt das Wort zusätzlich an Reiz: Wie ein Flugzeug, das auf dem Boden aufkommt, vollzieht der Silbenklang eine sanfte Aufsatzbewegung mit einem anschließenden Ausrollen. Eine wunderschöne Synthese von Klang und Bedeutung." (Limbach 2006, S. 116) Weitere Beispiele liefern Autoren wie Rudolph Leonhard (1931) oder Michel Leiris (1948). Wittgenstein merkt vergleichbar in seinen Philosophischen Untersuchungen an, dass „der Name ‚Schubert' irgendwie zu Schuberts Werken und seinem Gesicht passe[...]" und hält in diesem Zusammenhang fest, dass neben der Gebrauchsbedeutung eines Wort dieses auch als eine Art „Wortgemälde" erlebt werden könne (Wittgenstein 1966, S. 527ff.).12 Mit dieser durch Einstellung auf Sprache evozierten Erlebnisweise entfaltet sich die affektive Beziehung der Sprecher zu ihren sprachlichen Mitteln. Wittgenstein schreibt:„Das vertraute Gesicht eines Wortes, die Empfindung, es habe seine Bedeutung in sich aufgenommen, sei ein Ebenbild seiner Bedeutung, – es könnte Menschen geben, denen das alles fremd ist. (Es würde ihnen die Anhänglichkeit an ihre Worte fehlen.)" Für einen Sprachteilnehmer muss die physiognomische Gliederung dabei keineswegs stimmig sein; es kann, wie beispielsweise der französische Dichter Mallarmé angesichts der Bezeichnungen „jour" und „nuit" beklagt, im starken Kontrast zum intuitiven Verständnis des ausgedrückten Sachverhalts - hier der Verhältnisse von hell und dunkel - stehen. Der inhaltliche und lautliche Verfügungsrahmen für die physiognomische Artikulation sperrt sich in diesen Fällen

12 So berichtet beispielweise auch Stumpf an einer Stelle über eine Frau, „in deren Phantasie gedruckte Wörter immer die Vorstellung von Gesichtern hervorriefen: das Wort ‚Attention' hatte ein Gesicht, welches die Augen gewaltig nach links drehte." (Stumpf 1890, S. 804)

der intendierten ikonischen Annäherung von Signifikat und Signifikant. Eine nähere Analyse dieser sprachlichen Erscheinungen hat bislang allein Heinz Werner in seiner „Sprachphysiognomik" (1932) geleistet. Eine Untersuchung, „dessen Bedeutung" laut Ungeheuer „viel zu wenig beachtet wird" (Ungeheuer 1993, S. 18). Wie Werner feststellt, können Wörter und auch Sätze nicht nur gestalthaft wahrgenommen werden, sondern auch das Aussehen bzw. das Gesicht ihrer Bedeutung erhalten. Paradigmatisch für diese physiognomische Betrachtungsweise ist für ihn das menschliche Gesicht, da bei dessen Wahrnehmung in besonders deutlicher Form die Differenz zwischen qualitativem Gesamteindruck und Analyse der Teilmerkmale hervortritt. Ein Gesicht lässt sich nicht aus formalen geometrischen Merkmalen wie z.B. der messbaren Entfernung zwischen Augen und Mund erschließen. Im Unterschied zu den einfachen Ganzheiten und Gestalten ist ein Gesicht bestimmt durch seine Züge. Um diesen sprachphysiognomischen Modus genauer zu erforschen, legte Werner seinen Versuchspersonen Karteikarten mit darauf gedruckten Wörtern vor und forderte sie auf, die Wörter als „Gesicht" aufzufassen. Ebenso wurden Wörter mit Hilfe eine Tachistoskop erst allmählich kenntlich macht. Eine Versuchsperson, die die Aufgabe hatte, das auf ein Kärtchen gedruckte Wort „hart" nicht begrifflich, sondern seinem gesichthaften Ausdruck entsprechend zu erleben, gab beispielsweise folgendes zu Protokoll:

> „Im ersten Augenblick erlebe ich (als unmittelbar) eine bestimmte Organisation des Körpers, mit seinem Zentrum im Rücken und Hals, besonders stark in den obersten Halswirbeln. Sie entspricht genau dem Wortbild und seiner Bedeutung, hat etwas Stählernes. Dann zerfällt das Wortbild für eine Zeit. Ich bekomme es aber doch ziemlich schnell wieder, als ich das h und t besonders anpacke. Hier ist das, was ich vorher in mir erlebt hatte, anschaulich da: eine Organisation in senkrechter Richtung wie in mir. Von hier aus gewinne ich das Bild wieder. Es ist aber jetzt deutlich abgerückt von mir. Hat seine Existenz da draußen für sich. Ist von hellfarbiger Substanz, etwas starr und stakig, auch eckig." (Werner 1932, S. 53)

Der Romanist Mario Wandruszka ordnet derartige auch im Alltag auftretende Modellierungen unter die linguistische Kategorie der „sekundären Motivation". Der Mensch stellt laut Wandruzska (1954, S. 233) „immer wieder [...] zwischen der [...] Lautgestalt des Wortes und der darin ausgedrückten Vorstellung eine innere Verbindung her. Der Mensch, der in den Worten der ihn aufnehmenden Sprachgemeinschaft fühlen, wollen, erkennen lernt, erfährt die Welt als naiver Realist: aus der Lautgestalt ihrer Namen treten ihm die Dinge selbst entgegen, in dieser und keiner anderen Lautgestalt liegen sie beschlossen. Die Dinge heißen so, weil sie so sind, sie sind so, weil sie so heißen." Dieser Umstand gehört „zum Wesen der Sprache" und gibt „zuerst dem Wortlaut der Muttersprache seine innere Notwendigkeit, eine Art Unumstößlichkeit [...], die man dann aber auch in fremden Sprachen erfahren kann, so daß einem das eine oder andere fremde Wort in seiner Lautgestalt treffender, glücklicher zu sein scheint als ein etwa entsprechendes Wort der Muttersprache."

Mit der letzten Bemerkung hebt Wandruszka auf die Filterfunktion des Zeichenkörpers ab. Vergleichbar mit einer Metapher fokussieren die begrenzten Modellierungsmöglichkeiten des jeweiligen Zeichenkörpers auf eine bestimmte Ansicht des Signifikats. Claude Lévi-Strauss (1977, S. 108) berichtet über die linguale Einfärbung seiner Begriffsvorstellungen: „Für mich, der ich in gewissen Zeiten meines Lebens ausschließlich Englisch gesprochen habe, ohne deshalb zweisprachig zu sein, besagen *fromage* und *cheese* zwar dieselbe Sache, aber mit unterschiedlichen Nuancen; *fromage* erinnert an etwas Schweres, eine fettige und bröcklige Materie, an etwas kräftig Schmeckendes. Es ist ein Wort, das besonders gut das bezeichnet, was die Milchhändler ‚pâtes grasses' nennen, während *cheese* viel leichter, frisch, etwas scharf und im Munde zergehend (vgl. die Form der Mundöffnung) klingt und mich unmittelbar an Weißkäse erinnert. Der ‚archaische Käse' ist also für mich ein anderer, je nachdem ob ich französisch oder englisch denke."

Bei Werner wird diese Filterfunktion des Zeichenkörpers im direkten translingualen Vergleich deutscher und französischer Versuchspersonen evident: „'Holz' ist splittriges, späniges, weiches, undichtes Holz; manche geben es als ast-artig an." Das französische Wort „'bois' klingt hingegen hart, dicht; ‚résistant' sagt eine Vp.; es ist wie gehobelte Bretter, fast poliert." (Werner 1929, 353)

Dass zu solchen Ausdeutungen des Zeichenmaterials ebenso viele Gegenbeispiele auffindbar sind, wertet nach Ungeheuer die Sprachphysiognomik Werners nicht ab, da sie im starken Kontrast zu den materialistischen Ausdruckslehren, die traditionell von festen Bedeutungsbeziehungen ausgehen, konzipiert wurde. Ausdruck ist für Werner „nicht an sich, sondern nur aus einer übergreifenden Totalität, einem ideellen, systematischen oder auch konkreten Situationszusammenhang heraus, von der er ein Teil ist, verstehbar" (Werner 1932, S. 7). Der Vokal /i/ kann beispielsweise je nach Kontext z.B. für Helligkeit, Winzigkeit, Schnelligkeit, Spitzigkeit etc. stehen. Hintergrund dieser semantischen Ladung der Sprachlaute bilden die oben genannten intermodalen Qualitäten, die mit dem Sprachschall innig verwoben sind und ebenso Artikulationsempfindungen und Buchstabenformen ihr charakteristisches Gepräge verleihen (vgl. Ertel 1969 u. Volke 2007). Im Sinne Roman Jakobsons besitzt der Sprachlaut auf diese Weise „eine latente synästhetische Assoziation und so eine unmittelbare, semantische Nuance" (Jakobson/Waugh 1986, S. 259).

Offenbar besteht nicht nur auf Morphemebene das Bedürfnis einer auf sinnhafte Transparenz und Durchsichtigkeit ausgerichteten Artikulation des Zeichenkörpers, ein Gestaltungsdrang, der sich in den volksetymologischen Umdeutungen und Umgestaltungen von Wörtern niederschlägt. Bereits unterhalb der Morphemschwelle ist eine auf Sinnhaftigkeit ausgerichtete Gliederung, eine physiognomische Artikulation des Zeichenkörpers zu verzeichnen. Die bisherigen Ausführungen machen drei wesentliche Unterschiede dieser physiognomischen Artikulation gegenüber den Volksetymologien deutlich:

1. Die physiognomische Artikulation erfolgt ohne Eingriff in die phonematische Konstruktion des Wortkörpers. Die Glieder erscheinen als inhaltlich-lautliche „Besonderungen" des Ganzen und lassen unter Wahrung der Phonemordnung ein Relief entstehen.
2. Die Transparenz des Wortes zielt nicht vordergründig auf dessen morphematische Einbettung in eine bekannte Wortfamilie, sondern auf eine bis auf die Einzellautebene hinabreichende sinnvolle Gestaltetheit der Zeicheneinheit.
3. Die erzeugte Durchsichtigkeit hat einen stark subjektiven Charakter.

Der systematische Platz dieser „Mimologiken" ist nicht das Kuriositätenkabinett der Sprachauffassungen (vgl. Genette 2001), sondern eine bereits von Ferdinand de Saussure thematisierte „zweite, durch subjektive Differenzierungen bestimmte Ordnung", die hier hinter „der durch systematische Differenzen und Werte bestimmten Ordnung" zum Vorschein kommt und „in der ein und derselbe Laut" je nach Kontext „durch ganz andere Eindrücke und Wertungen assoziativ besetzt erscheint." (de Saussure 2003, S. 182).

Literatur

Bonacchi, S. (2012). Bedeutung und Sprache – Frühe Beiträge zu einer Gestalt-Linguistik, *Gestalt-Theory, 34,* 31-54.

Bühler, K. (1909). Über das Sprachverständnis vom Standpunkt der Normalpsychologie aus. *Bericht über den III. Kongress über experimentelle Psychologie in Frankfurt a. Main vom 22. bis 15. April 1908*, 94-130. Leipzig.

Bühler, K. (1933). *Ausdruckstheorie – Das System an der Geschichte aufgezeigt*. Jena: Fischer.

Bühler, K. (1934). *Sprachtheorie*. Jena: Fischer.

Bühler, K. (1960). *Das Gestaltprinzip im Leben der Menschen und Tiere*. Bern: Huber.

Saussure, F. de (1967). *Grundfragen der allgemeinen Sprachwissenschaft*. Berlin: de Gruyter.

Saussure, F. de (1985). *Cours de linguistique générale*. Edition critique préparée par Tullio de Mauro. Paris: Payot.

Saussure, F. de (2003). *Linguistik und Semiologie – Notizen aus dem Nachlaß, Texte, Briefe und Dokumente*, hrsg. von Johannes Fehr. Frankfurt a.M.: Suhrkamp.

Elsen, H. (2008). Die Rolle der Gestalt in der Sprachverarbeitung. *Journal of Literary Theory, 2*, 209-230.

Ertel, S. (1969). *Psychophonetik – Untersuchungen über Lautsymbolik und Motivation*. Göttingen: Hogrefe.

Fónagy, I. (1963). *Die Metaphern in der Phonetik – Ein Beitrag zur Entwicklungsgeschichte des wissenschaftlichen Denkens*. The Hague: Mouton.

Genette, G. (2001). *Mimologiken – Reise nach Kratylien*, aus dem Franz. von Michael von Killisch-Horn. Frankfurt a.M.: Suhrkamp.

Herrmann, Th. & Grabowski, J. (1994). *Sprechen – Psychologie der Sprachproduktion*. Heidelberg/Berlin/Oxford: Akademie.

Jakobson, R. & Waugh, L. (1986). *Die Lautgestalt der Sprache*. Berlin/New York: de Gruyter.

Kaudé, A. (2006). *Saussures letztes Wort – Deutsche Übersetzung und Deutung der Hörermanuskripte zur dritten Genfer Vorlesung über allgemeine Sprachwissenschaft (1910-1911)*. (Dissertation). Düsseldorf [im Internet unter: http://deposit.ddb.de/cgibin/dokserv?idn=981587445&dok_var=d1&dok_ext=pdf&filename=981587445.pdf (Stand: 01.12.2008)]

Leiris, M. (1948). *La Régle du Jeu.* Paris: Gallimard.

Leonhard, R. (1931). *Das Wort*. Berlin: Graetz.

Lévi-Strauss, C. (1977). *Strukturale Anthropologie I*. Aus dem Französischen von Hans Naumann. Frankfurt a.M.: Suhrkamp.

Limbach, J. (Hrsg. / 2006). *Das schönste deutsche Wort - Liebeserklärungen an die deutsche Sprache*. Freiburg: Herder.

Merkel, C. L. (1857). *Anatomie und Physiologie des menschlichen Stimm- und Sprach-Organs (Anthropophonik)*. Leipzig: Abel.

Metzger, W. (2001). *Psychologie – Die Entwicklung ihrer Grundannahmen seit der Einführung des Experiments* (zuerst erschienen 1941). Wien: Krammer.

Pompino-Marschall, B. (2003). Carl Stumpf und die Phonetik. *Musik und Sprache zur Phänomenologie von Carl Stumpf.* M. Kaiser-el-Safti & M. Ballod (Hrsg., S. 131-150). Würzburg: Könighausen & Neumann.

Schmitt, A. (1938). Über den Begriff des Lautes. *Archiv für vergleichende Phonetik II*, 65-77 & 161-176.

Schmitt, A. (1936). Die Schallgebärden der Sprache. *Wörter und Sachen – Kulturhistorische Zeitschrift für Sprach- und Sachforschung, 17*, 57-98.

Schmitz, H. (2009). *Kurze Einführung in die Neue Phänomenologie*. Freiburg: Alber.

Sendlmeier, W. F. (1985). *Psychophonetische Aspekte der Wortwahrnehmung*, Hamburg: Buske.

Sendlmeier, W. F. (1998). Phonologische Kategorien und ihre experimentelle Überprüfung. *Perspektiven einer Kommunikationswissenschaft – Internationales Gerold-Ungeheuer-Symposium Essen 6.-8.7.1995, I,* 39-61. Münster: Nodus.

Stenzel, J. (1934). Philosophie der Sprache. *Handbuch der Philosophie*, 3-114. München/ Berlin: Oldenbourg.

Stumpf, C. (1890). *Tonpsychologie II*. Leipzig: Hirzel.

Trubetzkoy, N. (1929). Zur allgemeinen Theorie der phonologischen Vokalsysteme. *Travaux du Cercle Linguistique de Prague, 1,* 39-67.

Trubetzkoy, N. (1937). Über eine neue Kritik des Phonembegriffs. *Archiv für vergleichende Phonetik I*, 129-153.

Trubetzkoy, N. (1939). *Grundzüge der Phonologie (Travaux du Cercle Linguistique de Prague, 7)*. Prag.

Ungeheuer, G. (1970). Kommunikative und extrakommunikative Betrachtungsweisen in der Phonetik. *Proceedings of the 6th international congress of phonetic sciences – Prague 1967*, 73-86. Prag.

Ungeheuer, G. (1993). *Phonetik und angrenzende Gebiete – Miszellaneen, Fragmente, Aufzeichnungen aus dem Nachlaß*. Hrsg. v. W. H. Vieregge & J. Göschel, Stuttgart: Steiner.

Ungerer, F. & Schmid, H. J. (1996). *An Introduction to Cognitive Linguistics*. London: Longman.

Volke, St. (2007). *Sprachphysiognomik*. Freiburg: Alber.

Volke, St. (2010). Wortgesichter. Zur physiognomischen Artikulation des Zeichenkörpers. In M. Großheim & S. Volke (Hrsg.). *Gefühl. Geste. Gesicht. Zur Phänomenologie des Ausdrucks* (S. 172-195). Freiburg: Alber.

Wandruszka, M. (1954). Ausdruckswerte der Sprachlaute. *Germanisch-Romanische Monatsschrift, IV*, 231-240.

Weisgerber, L. (1951). *Das Gesetz der Sprache als Grundlage des Sprachstudiums*. Heidelberg: Quelle und Meyer.

Werner, H. (1929). Über die Sprachphysiognomik als einer neuen Methode der vergleichenden Sprachbetrachtung. *Zeitschrift für Psychologie, 109*, 337-363.

Werner, H. (1932). *Grundfragen der Sprachphysiognomik*. Leipzig: Barth.

Werner, H. (1966). Intermodale Qualitäten (Synästhesien). *Handbuch der Psychologie*, Bd. 1, 278-303. Göttingen: Hogrefe.

Wertheimer, M. (1960). Studies of some gestalt qualities of words. *Gestalthaftes Sehen*. Hrsg. v. F. Weinhandl (S. 399-405). Darmstadt: Wissenschaftliche Buchgesellschaft.

Wittgenstein, Ludwig (1966). *Philosophische Untersuchungen*. Stuttgart/Zürich/Salzburg: Wissenschaftliche Buchgesellschaft.

Wie viel Gestaltung und Körperverankerung braucht die Begriffsentwicklung?

Alexandra Lavinia Zepter

Zusammenfassung

Der Beitrag verhandelt Forschungen zur ,Embodied Cognition' bzw. ,Grounded Cognition', die dafür argumentieren, dass sich das konzeptuelle System der Begriffe auf psychischer Ebene nicht erfahrungsunabhängig entwickelt, stattdessen vielmehr im perzeptuellen System verankert ist. Carl Stumpf hatte die Relevanz der Sinnesempfindungen als Schlüssel für jegliche Begriffsentwicklung bereits zu Beginn des 20. Jahrhunderts herausgestrichen und kann in diesem Rahmen dem aktuellen Forschungsdiskurs noch immer wichtige Impulse verleihen.

Abstract

This paper discusses research on Embodied/Grounded Cognition which argues that the human conceptual system is not independent of experience but rather grounded in the perceptual system. Carl Stumpf highlighted the relevance of the human sensations for any conceptual development already in the beginning of the 20th century and should still be read and evaluated as an inspirational source for current research.

1 Einführung

Wie entwickeln bzw. konstituieren sich Begriffe auf psychischer Ebene? In mehr als einem seiner Werke arbeitete Carl Stumpf die Relevanz der *Sinnesempfindungen* bzw. der ,Erscheinungen' als Grundlage für jegliche Begriffsentwicklung heraus (vgl. z. B. Stumpf 1939, §2(3), S. 13; Stumpf 1907, § 2, S. 6ff.); dabei hob er u.a. gar auf der Vorgängigkeit alltäglicher Erfahrung vor der *wissenschaftlichen* Begriffsbildung ab, quasi als „Vorgeschichte des wissenschaftlichen Denkens“ (Stumpf 1907, §2, S. 10). Im Folgenden sollen Stumpfs Analysen zu neueren Forschungen aus Psychologie und Linguistik in Bezug gesetzt werden, Forschungen, die Stumpfs Arbeiten leider nicht explizit zur Kenntnis genommen haben, dabei seine Thesen, wenn auch in neuem theoretischen Gewand, aber doch reproduzieren bzw. untermauern.

In einem ersten Schritt wird in aller Kürze an Stumpfs Position erinnert, gefolgt von der Erörterung der entsprechenden jüngeren Forschungen, welche unter ,Embodied Cognition' oder auch ,Grounded Cognition' gefasst werden; dabei fokussiere ich auf die Arbeiten des Psychologen Lawrence Barsalou und seiner Kollegen, ziehe die des Psychologen Brian MacWhinney hinzu und führe zur Frage der Bildung abstrakter Begriffe u.a. auch die Überlegungen der kognitiven Linguisten George Lakoff und Mark Johnson vor. Grundsätzlich zeichnet sich die ‚Embodied Cognition'-Position dadurch aus, dass sie das menschliche Kognitionssystem bzw. im Besonderen das konzeptuelle System der Begriffe im *perzeptuellen* System verankert sieht und dass sie Begriffe generell nicht als amodale statische Symbole, sondern vielmehr als dynamische Konstrukte erfasst – dynamische Konstrukte, die in Abhängigkeit eines individuellen bzw. kulturellen Lernprozesses quasi reicher werden oder unterschiedliche Fokusse nehmen können, je nachdem, *was* wir in unserer spezifischen Umwelt und *wie* wir diese erfahren. Mein Punkt, den ich in diesem Zusammenhang herausheben möchte, ist: Was Carl Stumpf bereits in äußerst differenzierter Form ausgearbeitet und derart auf den Weg gebracht hat und was die ‚Embodied Cognition'-Forschung (quasi in Fortsetzung) bestärkt, das ist die These, dass auch Begriffe als solche *nicht* erfahrungsvorgängig sind, sondern dass im Gegenteil der Erfahrungs*akt* bzw. dessen *Gestaltung* für die Erkenntnis dessen, was Begriffe im Menschen auf psychischer Ebene tatsächlich konstituieren mögen, von wesentlicher Bedeutung ist. *Erkenntnistheoretisch* bedeutet das eine Absage an einen platonisierenden Begriffsrealismus oder Apriorismus, der Begriffe als erfahrungsvorgängig und unveränderlich annimmt im Gegensatz zu einer nominalistischen Auffassung der Begriffsbildung; *psychologisch* sollte zwischen Alltagsbegriffen (und gewissermaßen ‚Alltagskognition') und wissenschaftlichen Begriffen, die im Rahmen wissenschaftlicher Systeme entstehen und gelernt werden, unterschieden werden. Auf diese wichtige Differenz verweist L. Wygotsky, möglicherweise in Anlehnung an Stumpf, den er gut gelesen hatte, da Stumpf die gleiche Unterscheidung macht (vgl. Wygotsky 1964, besonders das 5. und 6. Kapitel). Auch Stumpf betont, dass wissenschaftliche Begriffe sich im Laufe des Wissenschaftsfortschritts weit von vorwissenschaftlichen Begriffen entfernen können. Wissenschaftliche Begriffe haben logisch andere Merkmale (Eigenschaften) als Begriffe der Umgangssprache bzw. Begriffe von Wahrnehmungsdingen (Gegenständen). Indes wurzeln beide *ihrem Ursprung nach* in innerer oder äußerer Wahrnehmung (vgl. dazu Kaiser-el-Safti in diesem Band „Erkenntnistheoretische Grundlagen…," 2. Teil, 3 und 2. 6). Die unhintergehbare Konsequenz meiner Ausführungen ist eine *Aufwertung des Sinnlichen für das Kognitive – ohne dass hier nochmals explizit zu der Frage nach der Differenz zwischen Alltagsbegriffen und wissenschaftlichen Begriffen zurückzukommen ist.* Menschliche Kognition wird letztlich als notwendig in einem Körper mit Sinnen und Emotionen ‚verankert' erfasst.

2 Carl Stumpfs Position zur Begriffsbildung

Carl Stumpfs Position kann in dem gegebenen Rahmen nur skizziert werden; in Hinführung auf das Folgende kommt es mir dabei in erster Linie auf zwei Punkte an:

Zum Ersten: Im Anschluss an die englische Erfahrungsphilosophie argumentierte Stumpf dafür, dass in der Erkenntnispsychologie Begriffe, und zwar *konkrete wie abstrakte*, aus der Sinneswahrnehmung gewonnen werden und insbesondere alle begrifflichen Verhältnisse bereits *in* den Erscheinungen liegen. In seiner 1939/40 posthum erschienenen zweibändigen ‚Erkenntnislehre' streicht Stumpf im Besonderen die Relevanz der Sinnesempfindungen als Schlüssel für *jegliche* Begriffsentwicklung, inklusive der, wissenschaftstheoretisch grundlegendsten Begriffe wie ‚Ding' (Substanz), ‚Ursache', ‚Notwendigkeit' (Gesetzlichkeit), ‚Wahrheit', ‚Wirklichkeit', ‚Gleichheit' und ‚Zahl', heraus (vgl. Stumpf 1939/40):

> Die Lehre von der Wahrnehmung, insbesondere der inneren und der Verhältniswahrnehmung [...] liefert unseres Erachtens den Schlüssel zur Lösung des alten Problems des Ursprungs der Begriffe. (Stumpf 1939: §2(3), S. 13)

In den bereits 1907 publizierten Arbeiten ‚Erscheinungen und psychische Funktionen' sowie ‚Zur Einteilung der Wissenschaften' klärt Stumpf, dass einerseits Gegenstände des Denkens und Sprechens stets in der einen oder anderen Form ‚*begriffliche* Gebilde' darstellen, andererseits dass das Denken – als Gesamtheit intellektueller Funktionen verstanden – notwendig in den *Erscheinungen* seinen Ausgangspunkt nimmt (vgl. Stumpf 1907a: §III(1), 16ff.; 1907b: §II, S. 6ff.).

Begriffe also – konkrete wie abstrakte – sind nach Stumpf aus der bereits durch *Verhältnisse* vorstrukturierten Sinneswahrnehmung gewonnen. Die Verhältnislehre ist wiederum zentraler Bestandteil in Stumpf Lehre vom Ganzen und seiner Teile bzw. der Gestalterfassung. Exemplarisch vergleiche man in diesem Zusammenhang, wie Stumpf in seiner Erkenntnislehre hinsichtlich des Substanzbegriffs expliziert:

> Man könnte insofern immerhin von einer ‚Denkform' reden, aber sie ist nicht eine a priori unserem Verstande eigene Form, sondern ein aus der Wahrnehmung abgezogener Verhältnisbegriff. Auch Verhältnisse gehören ja zu den Inhalten unserer Wahrnehmung (§ 2) und wir können aus den wahrgenommenen Verhältnissen uns Begriffe bilden, die wir dann im Denken weiterhin verwerten. (Stumpf 1939: §3(5), S. 26)

Eine entscheidende Konsequenz dieser Analysen, und dies ist mein zweiter Punkt, den ich hinsichtlich der Errungenschaften Stumpfs hervorheben möchte, sind die folgenden Einsichten: (a) ist die Frage nach dem Ursprung der Begriffe eine *psychologische* Frage (siehe explizit Stumpf 1939: §1(3), S.7). Und (b) spielt es für die Begriffsentwicklung im einzelnen menschlichen Individuum eine konstitutive Rolle, *was* und *wie* das Individuum *erfährt* bzw. welcher Art Sinneswahrnehmungs*akte* es erfährt – oder präziser: *welche* Verhältnisse es im Akt einer Sinneswahrnehmung zu einem Ganzen *gestaltet*. Bereits in ‚Erscheinungen und psychische Funktionen' stellt Stumpf etwa explizit heraus:

> Dennoch ist es wahrscheinlich, dass [...] das nämliche Material [einer Erscheinung] von einem Individuum als einheitliches Ganzes aufgefasst, von einem anderen aber überhaupt nicht oder nur zu einem gewissen Teil oder mit einer veränderten Gruppierung (Phrasierung) zur Einheit verbunden wird und von demselben Subjekt bald so, bald anders verbunden werden kann. (Stumpf 1907a: §III(1), S. 24)

Der folgende Abschnitt wird auf die beiden Punkte – (1) Begriffe aus der Sinneswahrnehmung gewonnen; und (2) Begriffsbildung als psychologische Frage und erfahrungsabhängig – zurückzukommen sein, wenn wir uns der neueren Begriffsforschung zuwenden; bzw. wird dabei deutlich werden, dass Stumpfs Position ein unmittelbares Echo in den neueren Ansätzen findet: Die Ausführungen zu Letzteren finden sich auch in Zepter i.V. (vgl. dort insbesondere Kap. 3.3), wo sie in einen größeren Argumentationsrahmen verortet werden, d.i. in die Argumentation für eine Sprachauffassung, welche menschliches Sprachvermögen notwendig verankert in einen Körper mit Sinnen, Motorik und Emotionen erfasst.

3 Begriffsbildung, Sprachverarbeitung und ‚Embodied Cognition'

Wenn man sich als Sprachwissenschaftler oder Sprachpsychologe heute der Erforschung von Sprachverarbeitung bzw. der Bedeutungsebene von Sprache zuwendet, so mag man als eine grundlegende Frage unter anderen auch die folgende formulieren: Wie steht es um das *kognitive Verstehen* sprachlicher Bedeutung? Bzw. wie um die mentale Repräsentation von *Begriffen*?

Wenn wir etwa sprachliche Äußerungen hören oder lesen und deren Bedeutung kognitiv verarbeiten – ist dieser Prozess als solcher ein isolierter oder kommen auch hier noch andere kognitive, soziale, emotionale, sensorische oder motorische Fähigkeiten ins Spiel? Die neueren Forschungen, um die es im Folgenden gehen soll, argumentieren gegen eine rein *amodale* Sprachverarbeitung und für eine ‚Embodied Cognition' oder auch ‚Grounded Cognition': Das heißt, man geht davon aus, dass auch in mentalen Verarbeitungsprozessen sprachlicher Bedeutung bzw. der damit verknüpften Begriffe unmittelbar multiple mentale Domänen involviert sind, Domänen, die u.a. Wahrnehmung, motorische wie sozialinteraktive Handlung oder auch innere Gefühlszustände betreffen (vgl. u.a.

Barsalou 1999, 2008, 2009, MacWhinney 1999, Lakoff und Johnson 1999, Gallese und Lakoff 2005, Johnson 2007 oder auch die Beiträge in Pecher und Zwaan 2005; für einen detaillierten Forschungsüberblick vgl. z.B. Rickheit et al. 2010, Kap. 4. 2; für eine kritische Besprechung hinsichtlich des mentalen Textverstehens u.a. auch Nieding 2006: 40ff.).

So ist etwa dem Psychologen Lawrence Barsalou zufolge das menschliche Kognitionssystem bzw. im Besonderen das konzeptuelle System der Begriffe grundsätzlich im perzeptuellen System verankert (er spricht im Englischen von ‚grounded') (vgl. für das Folgende Barsalou 1999, S. 577ff., 2009, S. 1281ff.): Das bedeutet, Barsalou nimmt ebenso wie Stumpf an, dass Begriffe unmittelbar aus der Wahrnehmung zu gewinnen sind. Barsalou fasst dies nun im Besonderen so, dass originale Perzeptionen auf neuronaler Ebene quasi nachgestellt, d.i. *simuliert*, werden sollen. Nehmen wir etwa Objekte oder Ereignisse mit unseren unterschiedlichen Sinnen wahr, so können aus diesen multimodalen Erfahrungen generell mittels selektiver Aufmerksamkeit jeweils eine Teilmenge an Informationen extrahiert und im Langzeitgedächtnis für spätere Aufrufe gespeichert werden. Solche späteren (meist unbewusst ablaufenden) mentalen Simulationen, die wir uns keinesfalls wie Fotos oder Tonaufnahmen oder Ähnliches vorzustellen haben, sondern vielmehr wie schematische Symbole, bei denen jeweils unterschiedliche Dimensionen bzw. Strukturelemente unbestimmt bleiben, können dann für begriffliche Operationen genutzt werden.

Nach Barsalou konstituieren damit Begriffe *als solche* perzeptuelle Repräsentationen, genauer ‚Simulatoren', die allerdings nicht allein auf dem Sehsinn operieren, sondern ebenso auf allen anderen Sinnesmodalitäten (also Hörsinn, haptische, olfaktorische und gustatorische Wahrnehmung) sowie überdies auf Propriozeption (d.i. auf der Wahrnehmung des eigenen Körpers und seiner Bewegungen) und noch allgemeiner auf Introspektion (vgl. Barsalou 1999, S. 585). In diesem Sinne verankert Barsalou *drei* verschiedene mentale Repräsentationsformen im perzeptuellen System (vgl. Barsalou 1999, S. 589): Neben (1) den originalen Wahrnehmungen, die physikalische Objekte repräsentieren bzw. denen ein Wahrnehmungsreiz als Quelle zugrunde liegt; und (2) den mentalen Bildern bzw. Vorstellungen, in denen ein Objekt in dessen Abwesenheit repräsentiert wird und die eher bewusst sind (in diese Klasse fallen auch die piktorialen Repräsentationen, allerdings können Vorstellungen durchaus auch andere Sinnesmodalitäten betreffen); fügt Barsalou (3) auch die Begriffsbildung hinzu, bei der Objekte ebenfalls in deren Abwesenheit repräsentiert werden, hier jedoch eher unbewusst und noch weniger detailliert bzw. schematischer, indem systematisch nur ausgewählte Strukturelemente figurieren.

Dabei soll sich ein Simulator bzw. Begriff sukzessive auf der Basis zahlreicher Wahrnehmungen entwickeln und verändern: Jede Wahrnehmung ermöglicht im Prinzip bei selektiver Aufmerksamkeit auf spezielle Teilaspekte des Wahrgenommenen die analytische Extraktion dieser Teilinformationen, welche wiederum im Langzeitgedächtnis zu multimodalen Symbolsystemen, dito Simulatoren, geordnet werden können.

Diese Symbolsysteme umfassen grundsätzlich zwei Ebenen, man vergleiche zum Beispiel den Begriff ‚Fahrrad': Erstens integriert der Simulator in einem multimodalem Referenzrahmen, kurz in einem ‚Frame', alle perzeptuellen Symbole bzw. Simulationen, die aus früheren Wahrnehmungen von Fahrradinstanzen hervorgegangen sind und als solche mentale partielle Nachstellungen von perzeptuellen, motorischen oder introspektiven Zuständen von ‚Fahrrad-Erfahrungen' darstellen. Ein Frame konstituiert im Langzeitgedächtnis eine Art Wissensstruktur, in der die Informationen nach Sinnesmodalitäten und weiter nach unterschiedlichen Strukturdimensionen geordnet sind, und jeder Frame vernetzt sich mit anderen, konzeptuell in Bezug stehenden Frames; so dass sich aus den Simulatoren insgesamt ein mit der Zeit wachsendes mentales Begriffssystem entwickelt.

Bei jedem Simulator kann zweitens bei Bedarf eine Teilmenge der Frame-Information reaktiviert werden, um im Arbeitsgedächtnis spezifische neue Simulationen zu produzieren, ebendann, wenn der Begriff ‚Fahrrad' in einem bestimmten kognitiven Prozess bzw. einer Handlungssituation aufzurufen ist.

Letztlich gründen sich Begriffe damit nach Barsalou auf der Sammlung perzeptueller Informationen aus potenziell unterschiedlichen Modalitäten; für ‚Fahrrad' etwa wie ein Fahrrad aus unterschiedlichen Perspektiven aussieht, wie es sich anhören kann, wie man sich auf bzw. mit ihm bewegen mag etc. (vgl. Barsalou 1999, S. 586, 2009, S. 1282). Dabei betont er in einer seiner jüngsten Arbeiten zusammen mit Christine Wilson-Mendenhall, Lisa Feldman Barrett und Kyle Simmons, dass multimodale Begriffsprofile (d.i. die Referenzrahmen bzw. Frames) in Abhängigkeit des jeweiligen Begriffs grundsätzlich darin differieren können, *welche* Modalitäten besonders relevant sind und ergo im Profil dominieren (vgl. Wilson-Mendenhall et al. 2011, S. 1107): So wird für das Konzept eines Musikinstruments Audition eine größere Rolle spielen als etwa für die mentale Repräsentation einer Frucht; wogegen für Letztere Geschmacks- und Geruchseindrücke mehr im Vordergrund stehen, allerdings durchaus auch, zum Beispiel bei einem ‚knackigen Apfel', Hörempfindungen von Bedeutung sein mögen.

Grundsätzlich entscheidend in diesem Verständnis ist, dass ein Begriff ein System von *perzeptuellen* Symbolen konstituiert, welche hinsichtlich ihres jeweiligen Aufbaus und Gehalts unmittelbar von realen Perzeptionen, Propriozeptionen und/oder Introspektionen *abhängen*: Das mentale Symbol, das qua selektiver Aufmerksamkeit auf der Analyse eines Wahrgenommenen beruht, stellt dieses Analysierte in einem Top-Down-Prozess, in dem der Wahrnehmungsreiz fehlt, schematisch nach, es ist damit stets partiell und potenziell inakkurat, aber niemals substanziell neutral in Bezug auf die ursprünglichen Wahrnehmungen. Das bedeutet auch, Begriffe sind nach Barsalou und Kollegen als solche dynamische Konstrukte, sie können in Abhängigkeit eines individuellen bzw. kulturellen Lernprozesses quasi reicher werden oder unterschiedliche Fokusse nehmen, je nachdem, *was* wir in unserer spezifischen Umwelt und *wie* wir diese erfahren (vgl. u.a. auch MacWhinney 1999, S. 215). Insofern unsere kulturell geprägte Umwelt und unser menschliches perzeptuelles System stabil sind, insofern werden auch unsere Begriffe intersubjektiv bzw. objektiv mehr oder minder einheitlich bzw. kompatibel sein, aber es ist offensichtlich, dass der perzeptuelle Ansatz dem konzeptuellen System viel Raum für kulturelle und individuelle Variation lässt.

Man kann in dieser Skizze des ‚Embodied Cognition'-Ansatzes sehr deutlich das Wiederauftauchen der Stumpf'schen Position erkennen, wenn auch in neuem begrifflichen Gewand und auch wenn Barsalou Stumpf meines Wissens niemals explizit erwähnt und dann sehr wahrscheinlich auch nicht um dessen Werk weiß. Im Übrigen sei bei alldem betont, dass auch Embodied Cognition auf eine *psychologische* Definition von Begriffen abzielt, also darauf, was Begriffe im Menschen auf mentaler und auch neuronaler Ebene tatsächlich konstituieren, und *nicht* auf eine kognitionsunabhängige, logische bzw. sprachtheoretische Definition. Barsalou selbst streicht u.a. explizit heraus, dass Embodied Cognition eine Theorie der menschlichen *Kognition* präsentiere, die auf der *neuronalen* Wiederholung bzw. Nachstellung modaler Zustände basiert („a theory of cognition based on the neural re-enactment of modal states", Barsalou 2009, S. 1282); ‚modal' bezieht sich hier auf den perzeptuellen Bezug (vgl. auch Barsalou 1999, S. 582). Man sollte vielleicht nicht unerwähnt lassen, dass es sich neurologisch vorwiegend um Modelle (also Hypothesen) handelt.

Obwohl Barsalou dabei indifferent hinsichtlich der genauen Beziehung zwischen *kognitiver* (also ‚geistiger') und (körperlich) *neuronaler* Ebene bleibt, so verankert Barsalou erstere doch zwingend in einem sinnenbegabten menschlichen Körper – ebenda er ja das kognitive Begriffssystem bzw. das konzeptuelle System innerhalb des perzeptuellen verortet. Explizit weist er überdies einen Funktionalismus zurück, der (humane) Intelligenz als prinzipiell trennbar vom menschlichen Körper erachtet: Ist das menschliche Symbolsystem nicht autark bzw. bildet das physische (perzeptuelle) System die Basis des konzeptuellen und kann also das konzeptuelle System nicht unabhängig von dem es verkörpernden biologischen System charakterisiert werden, so ist ersteres auch nicht funktional unabhängig:

> If different intelligent systems have different perceptual systems, the conceptual systems that develop through the schematic symbol formation may also differ. Because their symbols contain different perceptual content, they may refer to different structure in the world and may not be functionally equivalent. (Barsalou 1999, S. 598)

Notabene ermöglicht sich die funktionalistische Idee eines entkörperten Symbolsystems bzw. entsprechender künstlicher Intelligenz eben gerade aus der ‚Amodalität' eines Begriffskonzepts, das den sprachphilosophischen, kognitionswissenschaftlichen wie linguistischen Diskurs traditionell und noch immer dominiert (vgl. u.a. Rickheit et al. 2010, S. 105f.) und für den somit das modale Konzept der Embodied Cognition eine durchaus gravierende Herausforderung darstellt.

Amodalität meint in diesem Zusammenhang, dass Begriffe gemeinhin als *Merkmalslisten*, *semantische Netze*, *prädikatenlogische Formeln* oder ähnliche abstrakte Symbole definiert werden, als Symbole also, die mit dem, *was* sie symbolisieren, so wenig zu tun haben wie ein arbiträres sprachliches Zeichen (ein Wort) mit seiner Bedeutung. Werden diese amodalen Begriffe mit einer passenden kombinatorischen Syntax versehen, so resultiert daraus das Modell eines konzeptuellen Systems, das unabhängig von jedweder humanbiologischen Basis etwa auch in einem Computer implementierbar erscheint. In diesem Sinne mag der wissenschaftliche Erfolg amodaler Kognitionstheorien zu einem guten Teil gerade der Hoffnung auf eine Produktionsmöglichkeit künstlicher Intelligenz geschuldet sein. Darüber hinaus ist es ohne Frage bestechend, dass ein konzeptuelles System, das sich in seinem Aufbau eng an sprachlichen Strukturen orientiert, sich auch leicht mit Sprache bzw. Sprachsystemen verknüpfen lässt und auf praktikabelste Weise die nötige Produktivität zu gewährleisten scheint.

Wesentlich für die Chomsky'sche generative Linguistik war in diesem Rahmen das bereits 1963 vorgestellte Modell der rationalistischen bzw. funktionalistischen Philosophen Jerrold Katz und Jerry Fodor, nach welchem sich sprachliche und konzeptuelle Strukturen entsprechen und syntaktische Satzstrukturen das Input für semantische Interpretationsprozesse liefern. Das Modell sollte insbesondere die Fähigkeit eines jeden kompetenten Sprechers einer Sprache X abbilden, einen beliebigen, vorher noch nie gehörten oder gelesenen x-sprachigen Satz korrekt zu verstehen und zu benutzen (vgl. Katz und Fodor 1963, S. 171).

Da lexikalische Einheiten in der Regel mehrdeutig sind, ist nach Katz und Fodor ein System von semantischen Projektionsregeln erforderlich – Projektionsregeln, die einen Satz als Funktion der Bedeutungen seiner Teile auffassen, die möglichen Teilbedeutungen erkennen, zueinander in Bezug setzen und so die kontextuell passenden Bedeutungen auswählen bzw. jeder syntaktischen

Struktur die korrekte Lesart zuweisen können (vgl. Katz und Fodor 1963, S. 183).

Die Bedeutung lexikalischer Einheiten wird von Katz und Fodor über semantische Merkmale, so genannte semantische Marker und Unterscheider (‚distinguisher') definiert. Während Unterscheider den idiosynkratischen Anteil einer Bedeutung erfassen, geben die zu Pfaden oder Ähnlichem systematisch geordneten semantischen Marker die *Begriffe* wieder, die in der Bedeutung enthalten sind und diese somit zu dem übrigen Vokabular der Sprache in Bezug setzen; für ‚bachelor' zum Beispiel [human], [male] und [young] (vgl. Katz und Fodor 1963, S. 187, 190). Entscheidend: Die semantischen Marker sollen in ihrer formalen Struktur unmittelbar die Struktur der von ihnen repräsentierten Begriffe reflektieren (vgl. Katz 1972, S. 101).

Bis heute konkurrieren im generativen Diskurs vorrangig zwei Kognitionsansätze, die beide davon ausgehen, dass Sprachkompetenz ein mentales Modul darstellt, das mit einem ‚außersprachlichen', als solches autonom organisierten konzeptuellen Modul interagiert. Zum Streitfaktor gerät jedoch, ob entweder (a), das kognitive Begriffssystem unmittelbar auf dem syntaktischen operiert, ob also sprachliche Bedeutung (d.i. semantische Struktur) mit konzeptueller Struktur gleichzusetzen ist; – oder ob (b), eine separate, zum Sprachmodul gehörige semantische Ebene zusammen bzw. in Korrelation mit der begrifflichen Ebene die Bedeutung von sprachlichen Einheiten repräsentiert.

Die eindimensionale ‚Conceptual Semantics' geht vor allem auf den Chomsky-Schüler Ray Jackendoff zurück (vgl. u.a. Jackendoff 1983, 1990, 1997), das ‚Zwei-Ebenen-Modell' wurde insbesondere von den deutschen Linguisten Manfred Bierwisch und Ewald Lang ausgearbeitet (vgl. Bierwisch 1983, 1996, Lang 1994); für eine vergleichende Gegenüberstellung und Diskussion der beiden Ansätze sei hier auf Wiese 1999 verwiesen.

Interessanterweise hat sich Jackendoff in seinem jüngsten detaillierten Entwurf der *language faculty* inklusive konzeptueller Semantik für eine modulare mentale Architektur geöffnet, die unterschiedliche Repräsentationsformen integriert (‚Representational Modularity'; vgl. Jackendoff 1997, S. 41ff., S. 190). Dabei werden den konzeptuellen Strukturen mentale ‚räumliche Repräsentationen' (‚spatial representations') an die Seite gestellt, die ihrerseits multimodale Informationen aus visuellen und haptischen Repräsentationen sowie Propiozeptionen vereinen. Das konzeptuelle System, das die mentale Brücke zur sprachlichen Syntax bildet, soll nicht nur mit den räumlichen Repräsentationen, sondern gleichfalls mit unterschiedlichen perzeptuellen Modulen interagieren. Konzeptuelle Strukturen integrieren derart auch auditive, olfaktorische, affektive, motorische etc. Informationen. Aber, und dies ist der entscheidende Punkt: Sie konstituieren *an sich selbst* amodale Symbole, die Jackendoff als Begriffsfunktionen etwa der Art [$_{\text{Thing}}$ TYPE: CAT] schematisiert (vgl. Jackendoff 1997, S. 89).

Ein zentraler Kritikpunkt Barsalous an solchen amodalen Konzeptionen ist, dass völlig unklar bleibt, *wie* perzeptuelle Zustände in amodale Symbole ‚überführt' werden können. Mehr noch, nach Barsalou fehlt jegliche kognitive und auch neuronale Evidenz, dass ein solcher mentaler ‚Übersetzungsprozess' existiert (vgl. Barsalou 1999, S. 580). Wie sollen amodale Begriffe im menschlichen Kognitionssystem dann aber überhaupt entstehen?

Konsultiert man an dieser Stelle Noam Chomsky selbst, so hat sich dieser stets nur sehr vage und verhalten zur internen Organisation des konzeptuellen Systems geäußert. Allerdings fordert er im Rahmen seiner Ausführungen zur modularen, nativistischen Theorie des Geistes wiederholt dessen ‚Außersprachlichkeit' (und damit seine potenziell *nicht*-sprachliche Konstitution) ein: Das konzeptuelle System sei für die *faculty of language* ein *externes*, mit dem die *faculty* gleichwohl interagieren müsse (vgl. u.a. Chomsky 1995, S. 2; 2002, S. 108). Darüber hinaus insistiert Chomsky auf eine genetische Determinierung. Das bedeutet, Chomskys Antwort auf die Frage nach dem Ursprung der Begriffe lautet scheinbar simpel: Sie sind angeboren. Wäre es nun tatsächlich

> beyond question that acquisition of vocabulary is guided by a rich and invariant conceptual system, which is prior to any experience (Chomsky 1988, S. 32; vgl. auch Chomsky 1997, S. 31),

dann schlösse dies auch unausweichlich einen perzeptuellen Ansatz bzw. jegliche Embodied Cognition aus. Dagegen präsentiert jedoch Barsalou mannigfaltige Studien, die dafür sprechen, dass Sprachverarbeitung unmittelbar die Prozessierung perzeptueller Symbole bzw. sensorischer, motorischer und affektiver Simulationen involviert (vgl. Barsalou 1999, S. 579f.; 2008, S. 628f.; 2009, S. 1286f.; vgl. u.a. auch Rickheit et al. 2010, S. 108ff.). Außer Frage stehen also ‚angeborene Begriffe' keineswegs, im Gegenteil.

Man beachte im Übrigen, dass eine Lösung über Begriffe ‚vor aller Erfahrung' tatsächlich nur scheinbar simpel sein kann. Wir haben an dieser Stelle nicht den Raum, in eine entsprechend angemessene Diskussion einzusteigen, jedoch mag bezogen auf Jackendoffs Ansatz der folgende Punkt eine Spitze der Komplexität illustrieren: Was als Übersetzungsproblem in der Begriffsentwicklung entfallen mag, betritt als ‚Verknüpfungsproblem' erneut die Hintertür. Denn nach wie vor müssen perzeptuelle Informationen auf die jeweils passenden amodalen Symbole *bezogen* werden. Dito, es stellt sich erneut die Frage, *wie* dies in der kognitiven Organisation genau geschehen soll.

Barsalous Modell hat letztlich einige Ähnlichkeit mit Jackendoffs, indem auch darin mentale sprachliche Symbole bzw. lexikalische Einheiten unmittelbar auf den Begriffen des konzeptuellen Systems operieren – allein sind die Begriffe nicht amodal, sondern konstituieren Simulatoren der illustrierten Form. Lexikalische Einheiten (die Barsalou auf mentaler Ebene ebenfalls als Simulatoren konzipiert) können sich im Langzeitgedächtnis jeweils entweder mit einem ganzen Begriffssimulator oder mit einer einzelnen Subregion verlinken und derart Simulationen kontrollieren.

Verstehen bzw. interpretieren wir die Bedeutung eines gehörten oder gelesenen Wortes, so meint dies grob und verkürzt gefasst, dass im Langzeitgedächtnis ein entsprechend verlinkter Simulator aktiviert wird, um im Arbeitsgedächtnis passende perzeptuelle Simulationen zu produzieren. Dabei verweist Barsalou auf die Arbeiten des kognitiven Linguisten Ronald Langacker, welche aufzeigen, dass auch eine in Embodied Cognition verankerte Sprache eine Produktivität erzeugen kann, die das Verständnis ‚neuer' (noch nie gehörter oder gelesener) Sätze gewährleistet bzw. die die Konstruktion von Simulationen ermöglicht, welche weit über die individuelle Erfahrung hinausreichen:

> On parsing the sentences in a text, surface syntax provides instructions for building perceptual simulations (Langacker 1986, S. 1987; 1991; 1997). [...] the productive nature of language, coupled with the links between linguistic and perceptual simulators, provides a powerful means of constructing simulations that go far beyond an individual's experience. As people hear or read a text, they use productively formulated sentences to construct a productively formulated simulation that constitutes a semantic interpretation. (Barsalou 1999, S. 592)

Selbst in einem intuitiven Verständnis mag es nicht so schwer sein, nachzuvollziehen, dass die Kombinatorik sprachlicher Syntax in der Verknüpfung modaler Symbole eine ebenso mächtige Produktivität zu entwickeln imstande ist wie in der von amodalen Symbolen. In beiden Fällen werden ja Symbole kombiniert, allein, was die Symbole *an sich selbst* konstituieren, differiert.

Der Psychologe Brian MacWhinney geht noch einen Schritt weiter, indem für ihn ein umfassendes Satzverstehen nicht allein durch propositionale Verknüpfungen modaler Symbole zu realisieren ist, sondern im Gegenteil erst durch das Einnehmen von jeweils unterschiedlichen *Perspektiven* erreicht wird, *aus denen* der Rezipient einen gehörten oder gelesenen Satz interpretiert (vgl. MacWhinney 1999, u.a. auch Tat Thang 2009). Grundsätzlich unterscheidet MacWhinney vier mögliche perspektivische Ebenen, die alle in Relation zu unseren (humanen) perzeptuellen bzw. körperlichen Erfahrungen stehen bzw. über entsprechende mentale Simulationen eingenommen werden und im Übrigen einen direkten Niederschlag im (grammatischen) Aufbau natürlicher Sprachen zeitigen (vgl. MacWhinney 1999, S. 215): Ohne im Detail in MacWhinneys Perspektiven-Analyse einzusteigen, möchte ich diesen möglichen Niederschlag am Beispiel der Ebene, die MacWhinney ‚affordances' nennt, illustrieren:

Unter ebendieser fasst MacWhinney die Idee, dass uns Objekte qua ihrer Eigenschaften quasi dazu auffordern, mit ihnen in einer bestimmten Weise zu interagieren, sie zu gebrauchen und sie in spezifischer Weise über unsere Sinnesempfindungen zu erfahren.

Indem nun solcherart Sinnesempfindungen die Grundlage für den Aufbau eines entsprechenden modalen Symbols bilden – so etwa beim Begriff Apfel, wie verschiedene individuelle Äpfel für uns aussehen, wie sie sich anfühlen, was wir mit ihnen machen können, wie sie schmecken etc. –, ergeben sich Begriffsdefinition und das Verstehen der den Begriff bezeichnenden lexikalischen Einheiten nach MacWhinney aus der Perspektive unseres Körpers im Umgang mit unter den Begriff fallenden individuellen Objekten. In manchen Fällen reflektieren Sprachen diese Perspektive, in der das Objekt, der ‚Erkenntnisgegenstand', quasi in einen direkten Bezug zum erkennenden (leiblich-sinnlichen) Subjekt gesetzt wird, unmittelbar im morphologischen Aufbau der lexikalischen Einheiten: In Navajo heißt ‚Stuhl' *bikáá'dah'asdáhí*, was sich wörtlich übersetzt aus ‚auf-es-man-sitzt' zusammensetzt, oder ‚Tisch' *bikáá'dání*, in wörtlicher Entsprechung ‚an-es-man-arbeitet' (vgl. MacWhinney 1999, S. 219). Ebenso können lexikalische Einheiten (als ‚tote Metaphern') Verstehensprozesse spiegeln, bei denen selbst unbelebte Objekte über einen leiblich-sinnlichen Vergleich mit dem eigenen menschlichen Körper begriffen werden: Auch im Deutschen sprechen wir zum Beispiel vom ‚*Fuß* einer Lampe', vom ‚*Auge* eines Leuchtturms', im Englischen von ‚*hands* of a clock' oder von ‚*teeth* of a zipper'. In Apache werden gar die Räder eines Autos als *Füße* bezeichnet, die Frontscheinwerfer als *Augen* und die Autobatterie als *Herz* (vgl. MacWhinney 1999, S. 220).

In einem letzten Schritt möchte ich noch einmal auf das Ausgangsproblem der psychischen Begriffsrepräsentation zurückkommen. Als eine echte Herausforderung für die ‚Embodied Cognition'-Theorie erachten misstrauische Kritiker zumeist die Frage, ob tatsächlich *alle* Begriffe in ihrer Basis auf perzeptuelle Erfahrungen zurückgeführt werden können. Insbesondere: Sind *abstrakte* Begriffe modal zu repräsentieren und wenn ja, wie? Interessanterweise bejahen die Vertreter dies nicht nur, sie sehen gerade hier weitere Stärken der Theorie.

Dies beginnt bereits bei der Beobachtung, dass „abstrakte Konzepte [...] unter anderem dadurch gekennzeichnet [sind], dass sie langsamer und fehlerhafter verarbeitet werden als konkrete. Ganz allgemein hat die Konkretheit der zu verarbeitenden Stimuli einen massiven Einfluss auf die kognitive Leistung, was für unterschiedliche Aufgaben gezeigt [werden konnte]" (Rickheit et al. 2010, S. 116).

Wenn wir uns dann dazu noch einmal auf die Gegenüberstellung amodaler und modaler Begriffstheorien besinnen: Modale Begriffstheorien können eine solche Verarbeitungsdifferenz erwarten, denn ihnen zufolge ist unser mentales

Begriffssystem ja direkt im perzeptuellen verankert, so dass sich quasi ein Entwicklungsprimat für konkrete Begriffe ergibt. Wenn dagegen konkrete und abstrakte Begriffe ohne Unterschied amodale Symbole konstituieren bzw. beide Typen gar gleichermaßen ‚angeboren' sind, wird die Verarbeitungsdifferenz zum ungeklärten Rätsel.

Bleibt natürlich für die ‚Embodied Cognition'-Verfechter die Frage, *wie* sie die Entwicklung abstrakter Begriffe erklären können. Dabei scheiden die Psychologen Diane Pecher und Rolf Zwaan in ihrem Forschungsüberblick zwei verschiedene modale Ansätze voneinander (vgl. Pecher und Zwaan 2005, S. 3): Der erste geht u.a. auf Überlegungen der kognitiven Linguisten George Lakoff und Mark Johnson zurück und verankert abstrakte Begriffe über *metaphorische* Verstehensprozesse in perzeptuellen Erfahrungen, der zweite wird u.a. von Lawrence Barsalou vertreten und fokussiert darauf, dass abstrakte Begriffe auf mentaler Ebene vorzüglich auf gesamte Situationen referieren bzw. dass bei ihrer psychischen Verarbeitung entsprechende multimodale *Situations*simulationen prozessiert werden.

Ich möchte zur Illustration der Möglichkeit, die Entwicklung abstrakter Begriffe in einer ‚Embodied Cognition' zu verorten, auf Lakoff und Johnson bzw. auf die von ihnen konstatierte Relevanz der Metapher eingehen: George Lakoff war ursprünglich ein Schüler Chomskys, er verstrickte sich allerdings bereits in den 1960er und 1970er Jahren in heftige Kontroversen mit seinem ehemaligen Lehrer (vgl. Harris 1993 und die darin erläuterten ‚Linguistics Wars') und reüssierte später zu einem Pionier der Embodied Cognition, für dessen Entwicklung er u.a. mit Mark Johnson oder auch Rafael Núñez kollaborierte (vgl. Lakoff und Johnson 1999; zu Letzterem auch Johnson 2007, Kap. 7; in Lakoff und Núñez 2000 geht es um die metaphorische Verankerung abstrakter mathematischer Begriffe). Exemplarisch sei die Idee einer modalen Begriffsrepräsentation über Metaphernbildung hier am Beispiel des abstrakten Konzepts von ‚Zeit' illustriert (vgl. Lakoff und Johnson 1999, S. 139ff.):

Anders als in physikalischen Theorien von der Zeit beruht unser *psychischer* Zeitbegriff nach Lakoff und Johnson zu einem Großteil auf einer metaphorischen Version unseres Verständnisses von *Bewegung im Raum*. Gerade weil dafür unsere jeweiligen motorischen bzw. perzeptuellen Erfahrungen wesentlich sind, können Zeitvorstellungen individuell durchaus gravierend variieren. Lakoff und Johnson differenzieren eine Auswahl von einschlägigen Metaphern, eine zum Beispiel die ‚Zeitorientierung', bei der der räumliche Standpunkt des Beobachters bzw. Sprechers als Gegenwart assoziiert wird, die Zukunft im Raum davor und die Vergangenheit im Raum dahinter ‚verortet' wird. Im Englischen spiegeln dieses metaphorische Mapping u.a. Ausdrücke wie: „That's all *behind* us now. Let's put that *in back of* us. We're looking *ahead* to the future.

He has a great future *in front of* him.“ (Lakoff und Johnson 1999, S. 140). Die Metapher von Zeit als ein sich bewegendes Objekt oder bewegende Objekte, die sich in einer Art endlosen ‚Zeitpassage' auf den Betrachter zu und an ihm vorbei nach hinten wegbewegen, manifestiert sich u.a. in Wendungen der folgenden Art: „The time will *come* when there are no typewriters. The time has long *gone* when you could mail a letter for three cents. The time for action *has arrived.* The deadline is *approaching* [...]“ (Lakoff und Johnson 1999, S. 143).

Die Psychologen Lera Boroditsky und Michael Ramscar argumentieren gar dafür, dass unsere perzeptuellen Raumerfahrungen in unterschiedlichen alltäglichen Situationen (z.B. ob wir uns auf einer Zugfahrt befinden oder in einer Wartschlange stehen) unmittelbar unser Denken über Zeit variieren lassen. Dabei erachten sie aber gleichsam nicht allein unsere physischen Erfahrungen, sondern auch unsere mentalen Reflexionen derselben für konstitutiv (vgl. Boroditsky und Ramscar 2002, S. 185):

So differenzieren sie u.a. zwei verschiedene Zeitvorstellungen, bei der ersten, der ‚ego-moving perspective', erlebt man sich selbst als vorwärts bewegend durch die Zeit, bei der zweiten, der ‚time-moving perspective', scheint man selbst als fixer Punkt im Raum, auf den sich die Zeit (quasi wie ein heranschnellender Zug) zu bewegt. Wir können diese beiden Perspektiven mit folgendem zweideutigen Szenario voneinander abgrenzen:

Angenommen, „next Wednesday's meeting has been moved forward 2 days“ (Boroditsky und Ramscar 2002, ebd.): An welchem Tag findet das Meeting dann statt? Aus der ‚ego-moving'-Perspektive, bei der man sich selbst in der Zeit nach vorne bewegt, wird man schließen, das Meeting sei auf einen *späteren* Zeitpunkt verschoben, und also das neu angesetzte Meeting auf Freitag datieren. Ein Betrachter dagegen, der die ‚time-moving' Perspektive und ergo die Vorstellung einer ihm entgegenkommenden Zeit wählt, wird das Meeting auf Montag *vor*verlegt interpretieren.

Das erstaunliche Ergebnis der Studien von Boroditsky und Ramscar ist nun, dass die ‚ego-moving'- und die ‚time-moving'-Perspektive keine fixe Vorstellung zu sein scheint (dass also Personen nicht entweder nur über das eine oder das andere Konzept verfügen), sondern dass eine Perspektive in Abhängigkeit vom Situationskontext gewählt bzw. von den dort gegebenen Raumerfahrungen und den damit in Zusammenhang stehenden mentalen Repräsentationen unmittelbar beeinflusst wird.

So ergab etwa die Studie über eine Warteschlange, dass Wartende umso eher die ‚ego-moving'-Perspektive einnahmen, je mehr bzw. weiter sie sich gerade zuvor tatsächlich im Raum nach vorne bewegt hatten. Bei einer Studie am Flughafen wählten Personen, die gerade zuvor geflogen waren (die dabei wohlgemerkt ihren Körper nicht in einem primären Sinne mittels eigener Muskelkraft im Raum nach vorne bewegt, sondern sich in einem durch den Raum fliegenden Objekt aufgehalten hatten), offensichtlich auf der Basis ihrer mentalen Simulationen eher die ‚ego-moving'-Perspektive als Personen, die (noch) nicht geflogen waren.

Forschungsergebnisse wie die von Boroditsky und Ramscar legen nahe, dass nicht allein Metaphernbildung, sondern darüber hinaus die *Situation*, in der ein bestimmter abstrakter Begriff prozessiert wird, wesentlich für dessen jeweilige mentale Repräsentation ist. Ebenso wird erneut deutlich, wie eng *physische perzeptuelle Erfahrung* einerseits und *Kognition bzw. psychische Begriffssimulationen* andererseits miteinander verknüpft sind.

4 Schluss

Die Ausführungen zur neueren Begriffsforschung können als eine direkte Bestätigung und Fortführung der Position Carl Stumpfs gewertet werden: Demnach sind Begriffe als solche *nicht* erfahrungsvorgängig, sondern im Gegenteil ist der Erfahrungs*akt* bzw. dessen *Gestaltung* für die Erkenntnis dessen, was Begriffe im Menschen auf psychischer Ebene tatsächlich konstituieren mögen, von wesentlicher Bedeutung. Es ist diese *Aufwertung des Sinnlichen für das Kognitive*, die ich mit meinem Erörterungen im Besonderen fokussieren und herausstreichen wollte.

Literatur

Barsalou, L. W. (1999). Perceptual symbol systems. *Behavioral and Brain Sciences, 22,* 577-660.

Barsalou, L. W. (2008). Grounded Cognition. *Annual Review of Psychology, 59,* 617-645.

Barsalou, L. W. (2009). Simulation, situated conceptualization, and prediction. *Philosophical Transactions of the Royal Society B, 364,* 1281-1289.

Bierwisch, M. (1983). Semantische und konzeptuelle Repräsentation lexikalischer Einheiten. In R. Ruzicka & W. Motsch (Hrsg.), *Untersuchungen zur Semantik* (S. 61-99). Berlin: Akademie-Verlag.

Bierwisch, M. (1996). Lexical Information from a Minimalist Point of View. In C. Wilder, H.-M. Gärtner & M. Bierwisch (Hrsg.), *The Role of Economy Principles in Linguistic Theory* (S. 227-266). Berlin: Akademie-Verlag.

Boroditsky, L. & Ramscar, M. (2002). The roles of body and mind in abstract thought. *Psychological Science, 13 (2),* 185-189.

Gallese, V. & Lakoff, G. (2005). The brain's concepts: The role of the sensory-motor system in conceptual knowledge. *Cognitive Neuropsychology, 22 (3/4),* 455-479.

Jackendoff, R. (1983). *Semantics and Cognition.* Cambridge, Massachusetts: MIT Press.

Jackendoff, R. (1990). *Semantic Structures.* Cambridge, Massachusetts: MIT Press.

Johnson, M. (2007). *The meaning of the body. Aesthetics of human understanding*. Chicago, London: The University of Chicago Press.

Katz, J. J. & Fodor, J. (1963). The Structure of a Semantic Theory. *Language 39 (2),* 170-210.

Katz, J. J. (1972). *Semantic Theory*. New York: Harper & Row.

Lakoff, G. & Johnson, M. (1999). *Philosophy in the Flesh. The Embodied Mind and its Challenge to Western Thought*. New York: Basic Books.

Lakoff, G. & Núñez, R. E. (2000). *Where mathematics comes from. How the embodied mind brings mathematics into being.* New York: Basic Books.

Landau, E. (1969). *Psychologie der Kreativität*. München, Basel: Ernst Reinhardt Verlag.

Lang, E. (1994). Semantische vs. konzeptuelle Struktur: Unterscheidung und Überschneidung. In M. Schwarz (Hrsg.): *Kognitive Semantik / Cognitive Semantics. Ergebnisse, Probleme, Perspektiven* (S. 25-41). Tübingen: Narr Verlag.

Langacker, R. W. (1986). An introduction to cognitive grammar. *Cognitive Science, 10,* 1-40.

Langacker, R. W. (1987). *Foundations of Cognitive Grammar, Vol. 1. Theoretical Prerequisites*. Stanford, California: Stanford University Press.

Langacker, R. W. (1991). *Foundations of Cognitive Grammar, Vol. 2. Descriptive Application*. Stanford, California: Stanford University Press.

Langacker, R. W. (1997). Constituency, dependency, and conceptual grouping. *Cognitive Linguistics 8 (1),* 1-32.

Nieding, G. (2006). *Wie verstehen Kinder Texte? Die Entwicklung kognitiver Repräsentationen*. Lengerich, Berlin: Pabst Science Publishers

MacWhinney, B. (1999). The emergence of language from embodiment. In B. MacWhinney (Hrsg.), *The emergence of language* (S. 213-256). Mahwah, New Jersey: Lawrence Erlbaum Associates Publishers.

Pecher, D. & Zwaan, R. A. (Hrsg., 2005). *Grounding Cognition: The Role of Perception and Action in Memory, Language, and Thinking*. Cambridge: Cambridge University Press.

Rickheit, G., Weiss, S. & Eikmeyer, H.-J. (2010). *Kognitive Linguistik. Theorien, Modelle, Methoden*. Tübingen, Basel: A. Francke Verlag.

Stumpf, C. (1907a). *Erscheinungen und psychische Funktionen*. Berlin: Verlag der Königlichen Akademie der Wissenschaften.

Stumpf, C. (1907b). *Zur Einteilung der Wissenschaften*. Berlin: Verlag der Königlichen Akademie der Wissenschaften.

Stumpf, C. (1939/40). *Erkenntnislehre*. 2 Bände. Leipzig: Johann Ambrosius Barth Verlag. Hrsg. 2011 im Auftrag der Carl Stumpf Gesellschaft. Lengerich: Pabst Science Publishers.

Tat Thang, N. (2009). Language and Embodiment. *VNU Journal of Science, Foreign Languages, 25,* 250-256.

Wiese, H. (1999). Die Verknüpfung sprachlichen und konzeptuellen Wissens: Eine Diskussion mentaler Module. In I. Wachsmuth & B. Jung (Hrsg.), *KogWis99. Proceedings der 4. Fachtagung der Gesellschaft für Kognitionswissenschaft. Bielefeld, 28. September – 1. Oktober 1999* (S. 92-97). St. Augustin: Infix-Verlag.

Wilson-Mendenhall, C. D., Feldman Barrett, L., Simmons, W. K. & Barsalou, L. W. (2011). Grounding emotion in situated conceptualization. *Neuropsychologia, 49,* 1105-1127.

Wygotski, L. (1964). *Denken und Sprechen*. Frankfurt a.M.: Fischer.

Zepter, A. L. (i.V.). *Sprache und Körper. Vom Gewinn der Sinnlichkeit für Sprachtheorie und Sprachdidaktik*. Frankfurt a.M.: Peter Lang Verlag.

Die zergliederte Einheit.
Aufschreibesystem und gestalttheoretischer Anspruch bei Carl Stumpf und Erich M. von Hornbostel

Frauke Fitzner

Zusammenfassung

Die vergleichenden psychologischen Forschungen von Carl Stumpf und Erich M. von Hornbostel am Berliner Phonogramm-Archiv sind kulturhistorisch als ein Teil des Aufschreibesystems 1900 zu verstehen. In ihren Publikationen zeigen sich zwischen Stumpf und Hornbostel in Hinblick auf den Umgang mit dem Phonographen jedoch Unterschiede: Während von Hornbostels Entwurf einer „Einheit der Sinne" als ein Versuch aufgefasst werden kann, die Zergliederung der Musik in der täglichen Arbeit mit dem Phonographen zu kompensieren, findet man in den Publikationen Stumpfs keinerlei Hinweise auf einen skeptischen oder ambivalenten Umgang mit den neuen Medientechniken oder auf ein Spannungsverhältnis zwischen diesen Medientechniken und einer ganzheitlichen erkenntnistheoretischen Modellbildung.

Abstract

The research conducted in the field of comparative musicology by Carl Stumpf and Erich M. von Hornbostel at the Phonogram Archive in Berlin has to be seen as a part of the Discourse Network (‚Aufschreibesystem') 1900. However, there are some differences in the way the phonograph is integrated in their work. By sketching his concept of a unity of the senses, Hornbostel, it can be argued, is compensating his experience of anatomizing music through the phonographic practice. In contrast, there is no evidence for skepticism about the use of new media techniques in Stumpf's work.

1 Das Phonogramm-Archiv im Aufschreibesystem 1900

Das Berliner Phonogramm-Archiv und die Abläufe in Carl Stumpfs und Erich M. von Hornbostels musikethnologischer, vergleichend psychologischer Arbeit funktionieren geradezu als ein Paradebeispiel für die Epoche um 1900, wie Friedrich Kittler sie charakterisiert hat – maßgeblich ist dabei die Etablierung der technischen Datenspeicherung, im Fall des Phonogramm-Archivs die Einbettung des Phonographen in die wissenschaftliche Praxis und die Begründung fachwissenschaftlicher Ansprüche auf diese Praxis. Für das Aufschreibesystem[1]

1 Kittler beschreibt Aufschreibesysteme als „Netzwerk von Techniken und Institutionen [...], die in einer gegebenen Kultur die Adressierung, Speicherung und Verarbeitung relevanter Daten erlauben" (Kittler 1985, S. 519).

1900 bilden die technischen Urmedien (wie Kittler Grammophon, Schreibmaschine und Film bezeichnet) einen Kristallisationspunkt: Das zuvor bestehende alphabetische Monopol wird aufgelöst, die akustischen und optischen Daten bilden die Grundlage für die psychophysische Betrachtung des Menschen. Im Phonogramm-Archiv soll die tonometrische Vermessungsarbeit es ermöglichen, die Wahrnehmung von Musik wissenschaftlich zu objektivieren. In dem Vergleich verschiedener musikkultureller Basisdaten soll ein musikanthropologisches Wissen generiert werden.[2]

2 Der Phonograph in der Musikethnologie

Stumpf und Hornbostel haben sich für die Verwendung des Phonographen in der ethnologischen und vergleichend psychologischen Forschung eingesetzt und eine auf den technischen Möglichkeiten des Phonographen aufbauende Methodik zu etablieren versucht.[3] So erläutert Hornbostel in dem Aufsatz „Über die Bedeutung des Phonographen für die vergleichende Musikwissenschaft“, wie in der Zeit, bevor der Phonograph eingesetzt werden konnte, die Höreindrücke der Ethnologen von Hörgewohnheiten überformt wurden. Die „Objektivität in der Untersuchung“ (Abraham & Hornbostel 1904, S. 226) habe gefehlt. Der Phonograph, 1877 erfunden und patentiert, ermöglichte es erstmalig, Klänge technisch aufzunehmen, zu speichern und zu reproduzieren. Für die musikethnologische Arbeit bedeutete dies, dass die Klänge aus der komplexen Situation der Aufführung isoliert und ins Labor gebracht werden konnten. Hornbostel benennt diese und weitere Vorteile:

> Man kann ihn [den Phonographen] nach Belieben langsam und schnell laufen lassen und kann so Musikstücke, deren Tempo im Original zu schnell war, um sie analysieren zu können, in ruhigem Zeitmass, in entsprechender Transposition, zu Gehör bringen.
>
> Weiterhin kann man das Musikstück in kleine Bruchstücke zerlegen, kann einzelne Takte, ja einzelne Töne allein erklingen lassen und genaue Notation und Messungen daran anschliessen. Schliesslich hat man in der Phonographenwalze ein dauerndes Dokument, immer bereit zur Vorführung und Vergleichung. (S. 229)

---

2 Die Geschichte des Phonogramm-Archivs und auch weitreichende Teile der historischen Bestände sind in digitalisierter Form ausführlich dokumentiert, vgl. vor allem Simon 2003 und Ziegler 2007.

3 So vor allem in „Über die Bedeutung des Phonographen für vergleichende Musikwissenschaft“ (Stumpf & Hornbostel 1911) und in „Vorschläge zur Transkription exotischer Melodien“ (Abraham & Hornbostel 1909).

Um diese Vorteile der phonographischen Dokumente für die Forschung im Psychologischen Institut der Friedrich-Wilhelms-Universität fruchtbar machen zu können, wurden die Reisenden, die dem Phonogramm-Archiv Musikbeispiele aus anderen Kulturen mitbringen sollten, in die Aufnahme eingewiesen. In einem Aufsatz, den Hornbostel gemeinsam mit seinem Kollegen Otto Abraham veröffentlichte, findet sich als Anhang eine „Anleitung zur Handhabung des Phonographen für Forschungsreisende und Missionare", in der systematisch die verschiedenen Schritte der Vorbereitung und Durchführung der phonographischen Aufnahme dargestellt sind (Abraham & Hornbostel 1904, S. 232f.). Sie beginnt mit der richtigen Ausrüstung: Neben der eigentlichen Apparatur werden auch Hilfsmittel wie Stimmgabel und Uhr benötigt, um eine Dokumentation zu gewährleisten, die später beim Abhören wissenschaftlichen Ansprüchen genügen kann. Das gilt auch für die Positionierung der Schallquellen vor dem Trichter. Für jede Walzenaufnahme war außerdem ein so genanntes Journal auszufüllen: In diesem wurden Informationen über die Ausführenden und die Kontexte der Aufnahme und der Musikstücke gemacht. Anhand der Fragen, die in diesem Journal für die Aufnahmen beantwortet werden sollen, wird deutlich, dass Hornbostel und Abraham sehr an den kulturellen Kontexten der Klangbeispiele interessiert waren. So sind neben Angaben zu den musizierenden Personen Fragen zur musiktheoretischen Kontextualisierung zu beantworten: „Existiert eine einheimische musikalische Notation des aufgenommen Stückes?", „Verhältnis der Einheimischen zur Europäischen Musik?", „Einheimische Ursprungsmythen und Geschichte der Musik?" (S. 233). In diesen Fragen scheint sich ein Versuch zu manifestieren, die Herauslösung der Musik aus ihrem kulturellen Kontext durch die phonographische Aufnahme aufzufangen.

3 Die Herausforderungen der Transkription

Die Phonogramme, die ihren Weg ins Berliner Archiv fanden, wurden hörend und mithilfe verschiedener Geräte untersucht. Bevor die technischen Möglichkeiten des Kopierens geschaffen waren, war das Abhören der Walzen ein Ringen darum, die verschwindenden Klänge zu erfassen, bevor sie nicht mehr nachzuvollziehen waren, da die in die Walze eingeritzte Spur mit jedem Abspielen beschädigt wurde. Das Hören wurde hier quasi zu einem Aufzehren des Klanges und erhöhte den Druck auf die abhörende Person, das Erklingende möglichst exakt und mit möglichst wenigen Abspielversuchen in eine schriftliche Form zu transkribieren, um zumindest diesen Eindruck für die (verschriftlichte) Archivierung zu erhalten und zugleich die dokumentierten Musikzeugnisse der Fachöffentlichkeit zugängig zu machen.

Die Herausforderungen, die das Transkribieren der Phonogramme barg, bestanden auf zwei Ebenen: in Hinblick auf das Abhören und in Hinblick auf die Notation. Auf beiden Ebenen musste eine Balance gefunden werden zwischen Detailliertheit und Gesamteindruck. In dem Aufsatz „Vorschläge zur Transkription exotischer Melodien" finden sich diese Herausforderungen für beide Ebenen beschrieben. Hornbostel und Abraham geben hier eine handwerkliche Anleitung, wie mit den Phonogrammen zu verfahren sei. Deutlich wird dabei das Bestreben, sowohl die Möglichkeiten des Phonographen zu nutzen, um schwer identifizierbare musikalische Strukturen zu erfassen – also das langsame Abspielen und die Wiederholung einzelner Passagen –, zugleich aber den Gesamteindruck des Musikstückes nicht zu vernachlässigen (vgl. Abraham & Hornbostel 1909, S. 15-17).[4]

Auch in der Verschriftlichung sollten einerseits die Eigenschaften der aufgenommen Klangdokumente möglichst detailliert abgebildet werden, andererseits musste die Notation aber innerhalb der Konventionen lesbar bleiben, um das Musikstück zu vermitteln. So raten Hornbostel und Abraham beispielsweise dazu, das europäische System mit fünf Notenlinien nicht zu variieren, da durch zusätzlich eingefügte Linien (etwa um Halb- oder Vierteltöne zu markieren) die gewohnte Einschätzung der Tonabstände so stark verwirrt würde, dass die Notation kaum mehr brauchbar sei, um sich lesend einen Klangeindruck verschaffen zu können.

Bei der Identifizierung von Tönen wird neben dem kleinteiligen Hören durch die besonderen Möglichkeiten des Phonographen auch der Gebrauch weiterer technischer Hilfsmittel angeraten. Abraham und Hornbostel stellen Vor- und Nachteile verschiedener Geräte zur tonometrischen Vermessung vor, empfehlen dabei vor allem die Umrechnung der Schwingungszahlen mithilfe der Centtafel (vgl. S. 17-19).

Der Wissenschaftler, der vor dem Phonographen saß und die Klangdokumente abhörte, um sie zu transkribieren, befand sich quasi in einem Wettkampf mit dem Phonographen: Kann er so exakt hören, wie der Apparat wiederzugeben

4 Dass diese Balance nicht leicht zu finden ist, wird auch anhand des Arrangements der „Vorschläge für die Transkription exotischer Melodien" selbst deutlich: Hornbostel und Abraham betonen eingangs den „Kompromiß zwischen Übersichtlichkeit und objektive[r] Genauigkeit", der nötig sei, um „die wissenschaftliche Verwertbarkeit der Notation" (S. 2) zu erreichen; ironisch wird jedoch versichert, dass es „freilich kaum zu befürchten [sei], daß eine übertriebene Treue der Darstellung die Fortschritte der vergleichenden Musikwissenschaft aufhalten könne" (ebd.). In den daran anschließenden Abschnitten des Aufsatzes, in denen Probleme und Lösungsvorschläge im Umgang mit den einzelnen musikalischen Parametern dargestellt werden, wird jedoch mehrfach betont, dass die Lesbarkeit der Notationen entscheidend sei (vgl. ebd. S. 2-15).

im Stande ist?[5] Kann der Hörende das Ganze dessen, was zu hören ist, in schriftliche Codes umsetzen? Der Wissenschaftler vor dem Gerät und der Phonograph wurden geradezu zu einem Experimentalzusammenhang, in dem die technischen Bedingungen des Phonographen und die Hörfähigkeiten desjenigen, der die kostbare, weil vergängliche Aufnahme abhört, ineinandergriffen.

4 Hornborstels „Einheit der Sinne"

Die aus den Phonogrammen gewonnen Daten dienen als Grundlage für die vergleichende Forschung, die sich in den vielen Einzelstudien manifestiert, die Stumpf und Hornbostel (teils gemeinsam, teils einzeln) zu den analysierten Klangbeispielen aus fremden Musikkulturen veröffentlichen.[6] Vergleicht man nun die Gesamtwerke von Stumpf und Hornbostel, so fällt ins Auge, dass Stumpf mit dem Buch *Die Anfänge der Musik* eine Zusammenführung der Einzelstudien zu einer übergeordneten Betrachtung geleistet hat. Eine solche Monografie hat Hornbostel nicht vorgelegt. Stattdessen gibt es aber einen Text, der im Kontext des Gesamtwerkes Hornbostels auffällt, da er sich von allen anderen Texten deutlich unterscheidet: „Die Einheit der Sinne", veröffentlicht 1925. In diesem Text plädiert Hornbostel dafür, die menschliche Wahrnehmung nicht in Sinnesbereiche aufzuteilen, sondern in jeder Wahrnehmung eine Einheit der Sinne auszumachen.[7]

> [Das] Wesentliche des Sinnlich-Anschaulichen liegt nicht in dem, was die Sinne trennt, sondern in dem, was sie eint – eint unter sich, mit dem ganzen, auch nichtsinnlichen Erleben in uns, und mit all dem draußen, was es zu erleben gibt. (Hornbostel 1925, S. 294)

Dabei unterscheidet sich dieser Text von den anderen Aufsätzen Hornbostels vor allem durch seine essayistische Form und Sprache. Im Gegensatz zum wissenschaftlichen instrumentell-funktionalen Sprachgebrauch formuliert Hornbostel

5 Sebastian Klotz geht davon aus, dass es im Berliner Phonogramm-Archiv zumeist Erich M. von Hornbostel gewesen ist, der diese Abhörarbeit leistete, vgl. Klotz 1998, S. 203.

6 Eine genaue Aufstellung dieser Einzelstudien findet sich in dem Aufsatz „Carl Stumpf auf dem Wege zur vergleichenden Musikpsychologie" von Martin Müller (Müller 2003).

7 Es ist davon auszugehen, dass dieser Titel als ein explizites Zitat des gleichlautenden Textes von Helmuth Plessner gewählt worden ist. In derselben Ausgabe der Zeitschrift *Melos*, in der Hornbostels *Die Einheit der Sinne* erschien, findet sich auch – direkt vor Hornbostels Beitrag – Plessners Aufsatz *Hören und Vernehmen*. Plessner unternimmt in diesem Text eine „Differentialdiagnose der Wesensmöglichkeiten von Auge und Ohr" (Plessner 2001, S. 114 [zuerst erschienen 1925 in: *Melos, 6*, 285-290]). Dabei führt er die besonderen Qualitäten der „reinen Musik" aus, die er schon in *Die Einheit der Sinne* angeführt hatte (vgl. Plessner 1980, vor allem S. 186f).

hier assoziativ und geradezu poetisch. Er versucht auf diese Weise eine sinnliche Unmittelbarkeit abzubilden, die er mit seiner Vorstellung von einer Einheit der Sinne annimmt: Er geht davon aus, dass sich die Sinne aus einer ursprünglichen Einheit heraus differenziert haben und erst nach und nach zu „ausgeprägten Individualitäten“ (ebd.) geworden seien, wie er es nennt. Was er in seinem Aufsatz „Geruchshelligkeit“ 1931 versuchen wird auf wissenschaftliche Basis zu stellen, entwirft er in diesem essayistischen Text von 1925 als eine umfassende Sinnestheorie. An Strukturähnlichkeiten der Sinneswahrnehmungen sei erkennbar, dass die Sinne ursprünglich als ein Gemeinsames wirkten, so wie sich die Helligkeit als Parameter sowohl beim Klang, als auch beim Geruch und bei den Farben finde.

In diesem essayistischen Text stellt Hornbostel in einer assoziativ wirkenden Aneinanderreihung Argumente für eine solche Entwicklung von einem alles integrierenden Sinn zu den ausdifferenzierten Sinnesbereichen vor, auf phylogenetischer und ontogenetischer Ebene. Bei Kindern ließe sich beobachten, wie sie die Vokabel ‚Helligkeit‘ auf Klänge anwendeten. Und aus kulturvergleichender Perspektive zeige sich, dass bei verschiedenen Kulturen die Sinne sprachlich unterschiedlich differenziert bezeichnet würden (vgl. S. 290). In diesem Zusammenfallen der Sinne besteht für Hornbostel eine Unmittelbarkeit zwischen dem „natürlichen“ Menschen und den ihn umgebenden Dingen (vgl. ebd. und S. 294). Die angebliche Natürlichkeit des nicht zivilisierten Menschen identifiziert Hornbostel mit dem ursprünglichen Zustand der Sinne und so wird der „natürliche“ Mensch zur Sehnsuchtsfolie des Menschen, dem in der westlichen Zivilisation der Moderne der Zugang zur ursprünglichen Ganzheit durch seine ausdifferenzierten Sinne verschlossen ist.

Ein Weg, sich der ursprünglichen Einheit der Sinne zu nähern, liegt laut Hornbostel in den Künsten, nämlich dort, wo sich Hinweise auf eine mögliche Einheit der Künste fänden. Hornbostel impliziert dabei, dass sich mit dem zeitlichen Verlauf einer Kulturentwicklung auch ihre jeweiligen Kunstformen ausdifferenzierten. Im Maskentanz sieht er dabei die „Einheit der Künste“ noch verwirklicht, „Musik und Malerei, Plastik und Dichtung noch nicht voneinander gelöst, Farben und Formen noch hingerissen in den tönenden Wirbel menschlichen Tuns und seines kosmischen Bedeutens“ (ebd.).[8] Der moderne Mensch aber sei von diesem originalen, echtem Erlebnis getrennt, sowohl die Sinne seien voneinander aufgespalten als auch der Zusammenhang von Mensch und Umwelt.

8 Bezeichnend ist in diesem Zusammenhang auch, dass im Inhaltsverzeichnis der Ausgabe von *Melos*, in der „Die Einheit der Sinne“ erschien, der Aufsatz fälschlicherweise als „Zur Einheit der Künste“ angekündigt wird.

5 Vom Phonographen zur Einheit der Sinne

Die Musik nimmt in der Darstellung Hornbostels dabei eine besondere Rolle ein, da der Mensch in ihr die Unmittelbarkeit des Sinnlich-Anschaulichen erfahren könne, die auf die ursprüngliche Einheit der Künste und damit auch auf die Einheit der Sinne verweise.[9] Im Essay wird aber auch die spezifische Konstellation thematisiert, der die Musik in Hornbostels vergleichender musikpsychologischer Forschung ausgesetzt ist. So erwähnt Hornbostel, wie er die Musik in der täglichen Konfrontation im Hörlabor „zergliedernd" betrachten müsse:

> Zergliedernd will ich den Bau einer Musik aufzeigen. Ich kann nur zeigen: solche Glieder, so zusammenhängend, bilden sie eben dieses. Du mußt das „So" der Glieder, das „So" des Zusammen, das „So" der ganzen Musik hören – das ist ihre Form, das ist zugleich ihr Inhalt. (ebd., S. 295)

Genau dieses „‚So' der ganzen Musik", das auf die Einheit der Sinne verweist, können die Transkription der Phonogramme und die in Einzelstudien veröffentlichten tonometrischen Untersuchungen aber nicht erfassen. Auf diese Weise scheint dieser essayistische Text wie ein ergänzender Anhang zum wissenschaftlichen Werk zu funktionieren. Sebastian Klotz konstatiert für Hornbostels „Wissenschaftshabitus" denn auch eine Aufsplitterung „in eine extrem exakte, naturwissenschaftlich-objektive Haltung, eine spekulative Hypothesenbildung und eine kulturgenetische, holistische Perspektive" (Klotz 2008, S. 204). Klotz betont die Komplementarität dieser verschiedenen Perspektiven (vgl. Klotz 1998, S. 202). Damit markieren die technischen Apparaturen, die eine experimentelle Untersuchung der Musik ermöglichten, in Hornbostels Arbeit die Grenze in der wissenschaftlichen Praxis, die zwischen einer naturwissenschaftlichen, tendenziell-quantitativen und einer ganzheitlich-gestalttheoretisch motivierten Perspektive auf Musik verläuft. Als müsse das Konzept der Einheit der Sinne die Zergliederung der Musik in der alltäglichen Praxis kompensieren.

So erhält die Analyse der Musik mithilfe des Phonographen bei Hornbostel einen kulturpessimistischen Einschlag: Er geht vom Verlust der Einheit der Sin-

9 „Die Erscheinung ist nicht lediglich das Mittel, durch das uns Kunde kommt von etwas, das – anders nicht mitteilbar – hinter ihr, außer ihr, jenseits steht. Es steht nicht dahinter verborgen, wir schauen es in der Erscheinung unmittelbar an. Wir hören nicht Klänge, die einmal jemand so und so gemacht hat, um dies und das zu sagen – wir hören Mozart" (Hornbostel 1925, S. 295). Außerhalb dieses Essays finden sich vereinzelt Hinweise auf diese Vorstellung einer ursprünglichen Einheit der Künste bzw. der Sinne: So etwa wenn Hornbostel beschreibt, wie der Gesang in so genannten primitiven Kulturen nicht in Musik und Sprache aufgespalten werden könne, da beides miteinander identifiziert werde oder wie Rhythmen, die für europäische Ohren ungewohnt sind, nicht als abzählbare Einheiten sondern als gesamtkörperlich zu empfindende Bewegungen verstanden werden müssten; vgl. Abraham & Hornbostel 1909, S. 14 und Stumpf &Hornbostel 1911, S. 113.

ne aus – das Wesen der Musik spiegele dabei die eigentliche Einheit der Sinne und Künste. Doch in der Zergliederung – der wissenschaftlichen Vermessung mithilfe der technischen Medienapparate – lässt sich diese Einheit nicht erfassen. In diesem Kontext muss die Rolle des Phonographen für Hornbostel eine ambivalente sein: Einerseits sind es die Phonogramme, durch die ihm die Zeugnisse von Musikkulturen erfahrbar werden, die er als ursprünglicher und damit der Einheit der Sinne näher einschätzt. Anderseits ist es aber die hörend analysierende, vermessende und transkriptorische Arbeit, die dem theoretischen Überbau, den er in diesem Essay skizziert, nicht gerecht werden kann.

6 Der Phonograph in den Publikationen Carl Stumpfs

In den Texten von Carl Stumpf findet sich kein solcher kulturpessimistischer Einschlag, wie er in Hornbostels „Einheit der Sinne“ deutlich wird. Für Stumpf ist der Phonograph ausnahmslos ein Untersuchungsinstrument, das der vergleichenden Forschung neue Möglichkeiten eröffnet. Bei Stumpf wird kein Defizit beklagt, keine Verlustgeschichte der Sinneseinheit erzählt. Dort, wo er sich explizit zum Phonographen äußert, scheint sich vielmehr ein geradezu ungetrübter Fortschrittsoptimismus auszudrücken. So etwa in dem Artikel „Das Berliner Phonogrammarchiv“ von 1908. Sicherlich muss dieser Text als Werbung um Fördergelder für das Phonogrammarchiv verstanden werden. Trotzdem möchte ich die Anschaulichkeit unterstreichen, mit der Stumpf hier die Qualitäten des neuen Mediums Phonograph betont. Im Kontrast zu den Musikinstrumenten der musealen ethnologischen Sammlung attestiert Stumpf dem Phonographen, die Musik lebendig zu machen (im Gegensatz zu den im Museum ausgestellten „toten Instrumenten“).

Auch in den Anmerkungen, in denen Stumpf die technischen Bedingungen und Möglichkeiten des Phonographen erläutert, wird die Vermessungsarbeit nicht als Zergliederung charakterisiert sondern als wertvolle Basis für die vergleichende Forschung.[10] Die durch die Phonogramme dokumentierten Melodien aus verschiedenen Musikkulturen sind transkribiert im zweiten Teil des Buches dargestellt. Dieser zweite Teil dient dabei als eine Illustrierung des ersten, der sich der Diskussion verschiedener Erklärungsansätze für die Entwicklung der Musik widmet. Auch wenn für diese Form der Darstellung – also gedruckt in Buchform – die Klangbeispiele transkribiert werden mussten, bezeugen die verschriftlichten Beispiele doch die Lebendigkeit der Musik (heute würde man eine

10 Die Möglichkeit der Reproduktion der Musikbeispiele – im Gegensatz zum einmaligen originalen Erleben – sei der „unendliche Vorteil der phonographischen Methode“, durch den man „Melodien wie Naturobjekte untersuchen“ könne (Stumpf 1911, S. 64).

CD mit den hörbaren Klangbeispielen beilegen). Sie sind die Verbindung zwischen den theoretischen Überlegungen und den Phonogrammen im Archiv. Stumpf betont gleich zu Beginn des ersten Kapitels die Bedeutung des Phonographen, indem er darauf verweist, wie schnell die Entwicklungen im Fach Musikethnologie verlaufen seien, wie viel besser die Untersuchungsgrundlage in der „phonographischen Ära" (Stumpf 1911, S. 64) geworden sei im Vergleich mit den 1880er Jahren, in denen noch ein „Mangel aller Teilnahme für die Urgeschichte der Musik" (S. 7) beklagt werden musste. Stumpf hat also mit diesem Buch einen ersten Versuch aufgezeigt, wie aus den Untersuchungen der Phonogramme, die lebendige Musikkulturen bezeugen, wissenschaftliche Erkenntnisse gewonnen und zur theoretischen Grundlegung des Faches Musikethnologie genutzt werden können.

Stumpf argumentiert in *Die Anfänge der Musik* zunächst gegen Spencer und Darwin (dies findet sich bereits in seiner Studie zur „Musikpsychologie in England" von 1885). In beiden Theorien fehlt Stumpf ein Erklärungsansatz für die festen Intervallabstände. Diese identifiziert er als Grundlage der menschlichen Musikkultur und untermauert dies mithilfe von Beispielen, die von ihm, Hornbostel und Abraham im Berliner Phonogrammarchiv ausgewertet worden sind und die im zweiten Teil des Buches ausführlicher dargestellt werden.

Stumpfs eigene Antwort auf die an Spencer und Darwin gestellte Frage, wie sich denn die festen Intervallabstände entwickelt haben könnten, basiert natürlich auf seiner Verschmelzungstheorie. Anhand der Oktave führt er aus, dass sich die Einheitlichkeit im Zusammenklang nicht erst während der Musikgeschichte herausgebildet haben kann, sondern dass sich andersherum die musikalischen Strukturen anhand dieser „Natur der Töne oder der ihnen zugrundeliegenden Gehirnprozesse [als eine] notwendig bedingte Erscheinungen" (Stumpf 1911, S. 27) entwickelt haben müsse. Es habe sich nicht das Intervallsystem aus der Musik, sondern die Musik habe sich aus der Möglichkeit der Intervallsysteme d.h. aus den psychophysiologischen Bedingungen der menschlichen Wahrnehmung entwickelt.

Stumpf betont im Vorwort zu *Die Anfänge der Musik* den Verdienst Hornbostels an diesem Werk und stellt in Aussicht, dass Hornbostel bald darauf eine eigene Monografie vorlegen könnte (vgl. S. 5). Das ist aber nicht geschehen, Hornbostels Werk besteht allein aus den zahlreichen Einzelstudien, ohne ein zentrales Hauptwerk – obwohl Stumpf mit *Die Anfänge der Musik* anschaulich zeigt, wie ein solches aussehen könnte. Es mag Gründe in der wissenschaftlichen Biografie Hornbostels geben, die diesen Umstand erklärbar machen (vgl. Klotz 1998a, S. 40 und Klotz 1998b, S. 204f.). Daneben kann Hornbostels Verweigerung eines solchen Hauptwerkes auch als Ausdruck der empfundenen Defizite, wie sie in „Die Einheit der Sinne" skizziert werden, verstanden werden.

Im Gegensatz zu Stumpf hat Hornbostel die Einzelstudien nicht zusammengefügt und sich nicht an einer umfassenderen Erzählung über die Anfänge der Musik versucht. Während Stumpf aufzeigt, wie die Erkenntnisse aus den Einzelanalysen der im Phongrammarchiv eingetroffenen Klangdokumente zusammengeführt werden können, ohne dabei diese musikethnologischen und -anthropologischen Erkenntnisse auf eine holistische Theorie zuzuspitzen, hat Hornbostel mit der „Einheit der Sinne“ einen spekulativen Überbau entworfen, der zwar gleichsam als Hintergrundfolie für Hornbostels Perspektive auf Musik verstanden werden kann, der sich aber schwer in eine Zusammenführung der wissenschaftlichen Einzelstudien integrieren lassen könnte. Stumpf hat keinen solchen spekulativen Überbau, sondern diskutiert – ausgehend von den konkreten Beispielen, die im zweiten Teil des Buches aufgelistet sind – mögliche Erklärungsansätze. Das Ergebnis ist eine plurale Betrachtung, in der es nicht darum geht, eine universelle Erklärung für den Ursprung und die Entwicklung der Musik zu geben. Vielmehr arbeitet Stumpf sich gerade an den universellen Modellen ab. Zu Spekulationen über eine ursprüngliche Einheit der Sinne lässt Stumpf sich schon gar nicht hinreißen.

7 Stumpf und Hornbostel in der Ambivalenz der Moderne

Stumpf und Hornbostel haben ihre musikethnologische Arbeit weitestgehend gemeinsam und in enger Absprache miteinander durchgeführt. *Die Anfänge der Musik* wäre, wie im Vorwort ausgeführt, ohne die Zusammenarbeit mit Hornbostel nicht denkbar gewesen. Auch muss man bedenken, dass Hornbostels Text „Die Einheit der Sinne“ in der Zeitschrift *Melos* erschien, keineswegs in einer musikethnologischen oder musikpsychologischen Fachzeitschrift. Fokussiert man dennoch die Unterschiede, die sich bei der Gegenüberstellung dieser beiden Arbeiten ergeben, so zeigen sich auch unterschiedliche wissenschaftliche Strategien: Hornbostel entwirft einen Überbau, der sich aus tendenziell metaphysischen Zusammenhängen motiviert und den er abseits seiner Einzelstudien publiziert, während Stumpf es sich zum Programm macht, gerade nicht „tiefer in die Abgründe der menschlichen Natur oder gar in metaphysische Geheimnisse dringen zu wollen“ (Stumpf 1911, S. 7), sondern in seiner Studie zu den Anfängen der Musik ganz induktiv von den Phonogrammen ausgeht. Konsequenzen eines ‚Hangs zum Metaphysischen‘, der sich in Hornbostels Essay äußert, finden sich auch in seiner Auffassung von Musik: in Form des essentialistischen Wesenskerns der Musik, der auf die ursprüngliche Einheit der Sinne hinweist und sich der zergliedernden Analyse entzieht. Stumpf dagegen betrachtet Musik als etwas, das sich aus den Gesetzmäßigkeiten des Sinnlich-Anschaulichen, nämlich aus der „Natur der Töne“ (Stumpf 1911, S. 27) entwickelt haben müsste. Es mag sich bei diesen Unterschieden in den Wissenschafts- und Musikbegriffen bei Stumpf und Hornbostel um Nuancen handeln; sie verweisen jedoch auf weitergehende Differenzen, vor allem in Hinblick auf den Zusammenhang von Gestalt und Einheit.[11] Und sie korrespondieren mit den oben dargestellten Unterschieden im Umgang mit dem Phonographen. Die für das Aufschreibesystem 1900 charakteristischen epistemologischen Implikationen der Arbeit mit dem Phonographen – der Transkription, der Vermessung und den damit einhergehenden neuen Potenzialen für die vergleichende psychologische Forschung – erhalten unter Berücksichtigung dieser Unterschiede zwischen Stumpf und Hornbostel verschiedene „Färbungen“: Zwar wäre es eine vermessene Anmaßung, aufgrund dieser vereinzelten Aussagen in den Gesamtwerken beider Forscher den einen zum Fortschrittsoptimisten und den anderen zum Kulturpessimisten zu erklären. Dennoch kann dies für eine differenzierende Betrachtung der Protagonisten der Berliner Schule ein Ausgangspunkt sein, denn es bleibt bemerkenswert, dass man auf diese beiden Pole stößt: Auch im Phonographen, als einem der „technischen Urmedien“ (Kittler 1986, S. 79), bündeln sich die typischen Phasen einer jeden Medienontologie[12] – die Skepsis und Kritik, die Sorge, dass der Gebrauch des neuen Mediums mit Verlust kognitiver Fähigkeiten einher gehen könnte einerseits, und andererseits das kreative Potenzial des Mediums, die Arbeitserleichterungen, die neuen Kommunikationsmöglichkeiten, die künstlerischen Ausdrucksmöglichkeiten.[13] Zugleich aber ist diese Ambivalenz von Kulturpes-

---

11 Eine Betrachtung dieser Differenzen würde eine eigene Untersuchung verdienen; nicht zuletzt wäre eine solche auch für die genauere Analyse des Verhältnisses zwischen Carl Stumpf und den Protagonisten der eigentlichen Berliner Schule der Gestaltpsychologie interessant, da Hornbostels Vorstellungen von Einheit und Ganzheit dem Gestaltbegriff Max Wertheimers vermutlich näher stehen als dem Stumpfs. Wertheimer, mit dem Hornbostel zur auditiven Richtungswahrnehmung geforscht hatte (Hornbostel & Wertheimer 1920), beschreibt die Defizite der Ausgangslage, auf die sein Entwurf der Gestalttheorie antworten soll, als ähnliche Zerrissenheit zwischen wissenschaftlicher Methode und umfassendem Erkenntnisinteresse, wie sie sich in der Situation Hornbostels zwischen der alltäglichen tonometrischen Vermessungsarbeit und der Sehnsucht nach einer Einheit der Sinne auszudrücken scheint (vgl. Wertheimer 1925).

12 Rainer Leschke hat die Frühphase der Reflexion über ein jeweils neues Medium als „primäre Intermedialität“ bezeichnet. Anhand des Films, des Rundfunks und des Computers zeigt er, dass sich bei den verschiedenen Medien sehr ähnliche Diskussionsphasen und -fronten zeigen, vgl. Leschke 2003, S. 33-72, besonders S. 67-72.

13 Zur Kulturgeschichte des Phonographen vgl. die Arbeit von Stefan Gauß (Gauß 2009). Zu den künstlerischen Potenzialen des Phonographen und deren Relevanz für die Entwicklung der synthetischen Klangerzeugung siehe die Studie von Thomas Y. Levin (Levin 2002).

simismus und Fortschrittsglaube im besonderen Maße als Charakteristikum für die Jahrhundertwende um 1900 kulturgeschichtlich kanonisiert.[14] Fokussiert man also die Unterschiede in den Werken Stumpfs und Hornbostels und die damit korrespondierenden Ansprüche im Zugang zur wissenschaftlichen Auseinandersetzung mit Musik, u.a. mit medientechnischen Apparaten, wird deutlich, dass sich in ihrem gemeinsamen Wirken im Berliner Phonogramm-Archiv die Ambivalenz der Moderne um 1900 spiegelt.

Literatur

Abraham, O. & Hornbostel, E. M. von (1904). Über die Bedeutung des Phonographen für vergleichende Musikwissenschaft. *Zeitschrift für Ethnologie, 36*, 222-236.

Abraham, O. & Hornbostel, E. M. von (1909). Vorschläge für die Transkription exotischer Melodien. *Sammelbände der Internationalen Musikgesellschaft, 11 (1)*, 1-25.

Drehsen, V. & Sparn, W. (1996). Die Moderne. Kulturkrise und Konstruktionsgeist. In Dies. (Hrsg.), *Vom Weltbildwandel zur Weltanschauungsanalyse. Krisenwahrnehmung und Krisenbewältigung um 1900* (S. 11-29). Berlin: Akademie Verlag.

Gauß, S. (2009). *Nadel, Rille, Trichter. Kulturgeschichte des Phonographen und des Grammophons in Deutschland*. Köln: Böhlau.

Graf, R. (2007). Optimismus und Pessimismus in der Krise – der politisch-kulturelle Diskurs in der Weimarer Republik. In W. Hardtwig (Hrsg.), *Ordnungen in der Krise. Zur politischen Kulturgeschichte Deutschlands 1900-1933* (S. 115-140). München: Oldenbourg.

Hornbostel, E. M. von (1925). Die Einheit der Sinne. *Melos, 6*, 290-297.

Hornbostel, E. M. von (1931). Über Geruchshelligkeit. *Pfluegers Archiv für die Gesamte Physiologie, 227*, 517-538.

Hornbostel, E. M. von & Wertheimer, M. (1920). Über die Wahrnehmung der Schallrichtung. *Sitzungsberichte der Preussischen Akademie der Wissenschaften*, 388-396.

Kittler, F. (1985). Aufschreibesysteme 1800/1900. München: Fink.

Kittler, F. (1986). *Grammophon Film Typewriter*. Berlin: Brinkmann & Bose.

Klotz, S. (1998a). Einführung. In Ders. (Hrsg.), *Vom tönenden Wirbel menschlichen Tuns. Erich M. von Hornborstel als Gestaltpsychologe, Archivar und Musikwissenschaftler* (S. 7-43). Berlin: Schibri.

Klotz, S. (1998b). Hornborstels Nadelkurven. In Ders. (Hrsg.), *Vom tönenden Wirbel menschlichen Tuns. Erich M. von Hornborstel als Gestaltpsychologe, Archivar und Musikwissenschaftler* (S. 191-209). Berlin: Schibri.

---

14 Die Bezeichnung dieser charakteristischen Ambivalenz als „Januskopf der Moderne" wurde von Detlev Peukert in seiner grundlegenden Arbeit zu Max Weber konzipiert, vgl. Peukert (1989), S. 64. Vgl. dazu auch Drehsen & Sparn (1996), besonders S. 12 f. zur „Janusköpfigkeit" der Moderne. Ein Überblick aus geschichtswissenschaftlicher Perspektive auf den Diskussionsstand über die Ambivalenz der Weimarer Republik zwischen Optimismus und Pessimismus findet sich bei Graf (2007), S. 116-118.

Klotz, S. (2008). Tonpsychologie und Musikforschung als Katalysatoren wissenschaftlich-experimenteller Praxis und der Methodenlehre im Kreis von Carl Stumpf. *Beiträge zur Wissenschaftsgeschichte, 31*, 195-210.

Leschke, R. (2007). Primäre Intermedialität. In Ders. (Hrsg.), *Einführung in die Medientheorie* (S. 33-72). München: Wilhelm Fink.

Levin, T. Y. (2002). Töne aus dem Nichts. Rudolf Pfenninger und die Archäologie des synthetischen Tons. In F. Kittler, T. Macho & S. Weigel (Hrsg.), *Zwischen Rauschen und Offenbarung. Zur Kultur- und Mediengeschichte der Stimme* (S. 313-355). Berlin.

Müller, M. (2003). Carl Stumpf auf dem Wege zur vergleichenden Musikpsychologie. In M. Kaiser-el-Safti & M. Ballod (Hrsg.), *Musik und Sprache. Zur Phänomenologie von Carl Stumpf* (S. 211-224). Würzburg: Königshausen & Neumann.

Peukert, D. (1989). *Max Webers Diagnose der Moderne*. Göttingen: Vandenhoeck & Ruprecht.

Plessner, H. (1980). Die Einheit der Sinne. Grundlinien einer Ästhesiologie des Geistes. In Ders. (Hrsg.), *Anthropologie der Sinne* (S. 7-315). Frankfurt a.M.: Suhrkamp.

Plessner, H. (2001). Hören und Vernehmen. In Ders. (Hrsg.), *Politik – Anthropologie – Philosophie: Aufsätze und Vorträge* (S. 113-117). München: Wilhelm Fink.

Simon, A. (2003). Das Berliner Phonogramm-Archiv gegründet von Carl Stumpf. In M. Kaiser-el-Safti & M. Ballod (Hrsg.), *Musik und Sprache. Zur Phänomonologie von Carl Stumpf* (S. 201-210). Würzburg: Königshausen & Neumann.

Stumpf, C. (1885). Musikpsychologie in England. Betrachtungen über die Herleitung der Musik aus der Sprache und dem thierischen Entwickelungsproceß, über Empirismus und Nativismus in der Musiktheorie. *Vierteljahresschrift für Musikwissenschaft, 1*, 261–349.

Stumpf, C. (1908). Das Berliner Phonogrammarchiv. *Internationale Wochenschrift für Wissenschaft, Kunst und Technik, 2*, 225-246.

Stumpf, C. (1911). *Die Anfänge der Musik*. Leipzig: Barth.

Stumpf, C. & Hornbostel, E. M. von (1911). Über die Bedeutung ethnologischer Untersuchungen für die Psychologie und Ästhetik der Tonkunst. *Beiträge zur Akustik und Musikwissenschaft, 6*, 102-115.

Wertheimer, M. (1925). *Ueber Gestalttheorie*. Erlangen 1925.

Ziegler, S. (2007). *Die Wachszylinder des Berliner Phonogramm-Archivs*. Berlin: Staatliche Museen.

Zur Konzeption ‚musikalisches Hören' in der Musiktheorie von Ernst Kurth

Felix Wörner

Zusammenfassung

Der deutsch-österreichische Musiktheoretiker Ernst Kurth arbeitete in den 1910er und 1920er Jahren an einer Neubegründung der Musiktheorie. Ausgehend von den Erkenntnissen, die Carl Stumpf in seiner *Tonpsychologie* in Bezug auf das Konzept der „Verschmelzung" formuliert hatte, argumentierte Kurth, dass aus musikpsychologischer Perspektive „Verschmelzung" relativ und variabel sei und sich nur aus einer Einbindung in den individuellen musikalischen Zusammenhang angemessen erschließe. Der Beitrag zeichnet die Hauptpunkte von Kurths Argument nach und untersucht, welche Konsequenzen Kurth aus seinem Konzept des „musikalischen Hörens" für die Musiktheorie zieht.

Abstract

In the 1910s and 1920s, the German-Austrian music theorist Ernst Kurth worked on a new foundation of music theory. Based on the results regarding the concept of *Verschmelzung* described by Carl Stumpf in his *Tonpsychology*, Kurth argued that from the perspective of music psychology *Verschmelzung* is a relativ and variable concept which can only adequately understood by its integration into the individual musical context. The essay presents the main points of Kurth's argument and investigates the impact of Kurth's concept of „musical listening" on music theory.

Mit vier umfangreichen musiktheoretischen Abhandlungen legte der in Bern lehrende deutsch-österreichische Musikwissenschaftler Ernst Kurth (1886–1946) im frühen 20. Jahrhundert einen der wohl ambitioniertesten Versuche vor, die Voraussetzungen musiktheoretischen Denkens auf eine völlig neue Grundlage zu stellen. In seinen vier Hauptschriften entwickelt Kurth alle zentralen Teilbereiche der Disziplin Musiktheorie: *Grundlagen des linearen Kontrapunkts. Bachs melodische Polyphonie* (1917) ist im Grunde eine Kontrapunkt- und Melodienlehre, die *Romantische Harmonik und ihre Krise in Wagners „Tristan"* (1920, rev. 3/1923) eine Harmonielehre für Fortgeschrittene und die zweibändige Studie *Bruckner* (1925) eine Formenlehre. In seiner 1931 veröffentlichten *Musikpsychologie*, die Züge einer allgemeinen Musiklehre aufweist, nimmt Kurth viele Aspekte, die in seinen früheren Monographien nur angedeutet wurden, wieder auf und thematisiert allgemeine – d.h. grundsätzliche – Fragen nach dem Wesen von Musik.[1] Programmatisch trennt Kurth in seiner *Musikpsychologie* die Forschungsbereiche der Disziplinen „Tonpsychologie" und „Musikpsychologie" voneinander:

> Die Tonpsychologie untersucht die Oberschicht des Hörens, die Musikpsychologie die Tiefenschicht; jene verweilt in der Nähe des eigentlichen ‚Gehörs', diese beim psychologisch bedingten ‚Hören', das sich eben mit diesem Worte gar nicht erschöpft; für jene ist das Ohr analysierendes Organ, für diese Organ einer zusammenfassenden Geistestätigkeit.[2]

Im Gegensatz zur Tonpsychologie richtet sich die Musikpsychologie auf „musikalische Erlebnisse", die nicht mechanistisch als „Wechselspiel von Reiz und Reaktion" beschrieben werden können; vielmehr beschreibt Kurth es als Ziel, die dem musikalischen Erlebnis zugrunde liegende „psychische Tätigkeit", die den (physiologischen) Reiz „ergreift, ausprägt und umbildet"[3], zu untersuchen.[4] Die Erläuterung dieser psychischen Tätigkeit konzentriert sich im Gegensatz zur Vorgehensweise experimenteller tonpsychologischer Untersuchungen nicht auf die Auffassung einzelner Elemente wie Ton, Intervall, Akkord usw. durch das Gehör, da die Untersuchung von Einzeleindrücken – der „Sinnesreizung verursacht durch Schallwellen" (Kurth, *Musikpsychologie,* 51) von musikpsychologischer Perspektive aus für die Perzeption von Musik kaum relevant ist. Zugespitzt formuliert Kurth: „Wie sie [die Physiologie] sich dort auf Wellenlehre und Schall gründete, so hier [die Musikpsychologie] auf „Willenlehre" und Schall." (Kurth, *Musikpsychologie,* 51). Da der Begriff „Willenlehre" jedoch auf kein etabliertes wissenschaftliches Konzept verweist, sondern eher lose Assoziationen auslöst (beispielsweise an die Metaphysik Arthur Schopenhauers), stellt sich die Frage, wie Kurth dieses Konzept auffasst, wie „Wille" musikalisches Hören beeinflusst, und welche Konsequenzen diese Vorstellung für Kurths musiktheoretisches Konzept hat.

---

1 Einschränkend ist hinzuzufügen, dass Kurths Musikbegriff sehr eng gefasst ist und sich weitgehend auf zwischen ca. 1600 bis 1910 entstandene Werke des deutschsprachigen Kulturraumes stützt.

2 Kurth, 51. Vgl. zum Verhältnis von Tonpsychologie zu Musikpsychologie bei Kurth auch Helga de la Motte-Haber, „Die Musikpsychologie von Ernst Kurth: „Tonpsychologie und Musikpsychologie" in: *Schweizer Jahrbuch für Musikwissenschaft N.F.* 6/7 (1986/87), 95–107.

3 Ibid.

4 In diesem Zusammenhang leitet sich Kurths Auffassung des Begriffes „Erlebnis" nicht von der Hermeneutik Wilhelm Diltheys, sondern aus der Psychologie her; Kurth folgt hier weitgehend Felix Krueger, „Zur Einführung. Über psychische Ganzheit", in: *Neue Psychologische Studien* 1, München 1926, 1–121.

Kurth rekurriert in seinen Ausführungen implizit und explizit auf Fragestellungen und Ergebnisse unterschiedlicher wissenschaftlicher Disziplinen wie Tonpsychologie (deren Ansatz Kurth mit seiner Musikpsychologie zu erweitern sucht), der experimentellen Psychologie, aktueller philosophischer Strömungen (u.a. der Lebensphilosophie und der Hermeneutik Diltheys) und der psychologischen Ästhetik.[5] Einerseits erweist sich Kurth damit als ein Denker, der transdisziplinär arbeitet und, soweit es sich aus der zitierten Literatur ersehen lässt, durchaus auf den aktuellen Forschungsstand reagiert, andererseits resultiert aus seiner eklektizistischen Vorgehensweise eine charakteristische Unbestimmtheit seiner theoretischen Prämissen. Diese Kritik betrifft auch seinen Umgang mit älteren musiktheoretischen Systemen, von denen er sich nur ausgewählte – und in ihrer ursprünglichen Konzeption nicht immer miteinander zu vereinbarende Aspekte – aneignet und in seine Theorie einschmilzt.[6] Musiktheorie setzt mit der Frage nach dem Grundsätzlichen ein: Was ist ein Ton, was ist ein Intervall, was ist Tonmaterie? In seiner *Musikpsychologie* nähert sich Kurth diesen Grundfragen mit einer kritischen Besprechung der Forschungsergebnisse Carl Stumpfs. Seine Auseinandersetzung mit dem in Carl Stumpfs *Tonpsychologie* beschriebenen Konzept der „Verschmelzung" konzentriert sich in seiner *Musikpsychologie* auf den Abschnitt „Erscheinungsformen der Klangmaterie".[7] Stumpf definiert „Verschmelzung" als „dasjenige Verhältnis zweier Inhalte, speziell Empfindungsinhalte, wonach sie nicht eine bloße Summe, sondern ein Ganzes bilden".[8] Im Bereich der Musik bedeutet dies zunächst, dass zwei simultan erklingende Töne, d.h. ein Intervall, als reales sinnliches Phänomen sowohl als zwei unterschiedliche Tonhöhen, als auch gleichzeitig als „Gesamteindruck", als „Ganzes" wahrgenommen – empfunden – werden, und zwar je nach Verschmelzungsgrad primär als einheitliches Ganzes und erst sekundär als zwei separate Eindrücke.

---

5 Vgl. die einführenden Essays von Helga de la Motte-Haber, „Kräfte im musikalischen Raum. Musikalische Energetik und das Werk von Ernst Kurth", in: *Musiktheorie*. Hg. von Helga de la Motte-Haber und Oliver Schwab-Felisch, Laaber 2005 (= Handbuch der Systematischen Musikwissenschaft 2), 283–310 sowie Lee Rothfarb, „Energetics", in: *The Cambridge History of Western Music Theory*. Hg. Thomas Christensen, Cambridge 2002, 927–955.

6 Vgl. dazu Ludwig Holtmeier, „Die Erfindung der romantischen Harmonik. Ernst Kurth und Georg Capellen", in: *Zwischen Komposition und Hermeneutik. Festschrift für Hartmut Fladt*. Hg. von Ariane Jeßulat, Andreas Ickstadt, Martin Ullrich, Würzburg 2005, S. 114–128.

7 Kurth, *Musikpsychologie*, 142–71.

8 Stumpf, *Tonpsychologie*, 2. Bd., 1890, 128; Kurth, *Musikpsychologie*, 144. Zur Theorie der Tonverschmelzung bei Stumpf vgl. die Untersuchung von Peter Kamleiter, *Carl Stumpfs Theorie der Tonverschmelzung als Erklärung des Konsonanzphänomens*, Diss. Universität Würzburg 1993.

Kurth bezeichnet diese Beobachtung Stumpfs als eine seiner „bedeutsamsten Erkenntnisse“, die allerdings aus der Perspektive der Musikpsychologie eine Erweiterung und Korrektur erfordert.[9] Dabei formuliert Kurth folgende Prämissen: (1) Die Untersuchung von Tonkombinationen muss zwischen „klangsinnlichen“ und „dynamischen“ Aspekten differenzieren; dabei wirken die dynamischen Aspekte auf die klangsinnlichen zurück,[10] (2) Tonkombinationen sind als „Komplexeindrücke“ aufzufassen, in denen die einzelnen Komponenten zusammenwirken. Dieses Zusammenwirken folgt dem „Komponentengesetz“ nach welchem (a) die Komponenten an sich auf das Ganze wirken, (b) das Ganze auf die Komponenten zurückwirkt, und (c) jede Komponente auf die einzelnen übrigen Komponenten wirkt.[11]

Kurth erklärt die Tatsache, dass wir „Zusammenklang als eine Mehrheit [d.h. aus einzelnen Tönen zusammengesetzt] und als Einheit [d.h. als Gesamtkomplex] *zugleich*“[12] wahrnehmen, als einen nur scheinbaren Widerspruch, der jedoch die Grundlagen der Musiktheorie affiziert. Zur Erläuterung des Konzeptes der „Verschmelzung“ macht Kurth gegenüber Stumpf folgende Erweiterungen geltend, die Auswirkungen auf sein musiktheoretisches Konzept haben:

1) Wie im Komponentengesetz (Kurth, *Musikpsychologie*, 143) formuliert, ist der Zusammenklang eines Intervalls nicht nur Ergebnis der Verschmelzung der Einzeltöne; gleichzeitig wirkt der Gesamtklang als Ganzes auch auf die konstituierenden Komponenten zurück. Wirkung, Farbigkeit und Intensität

---

9 Christian G. Allesch hat darauf hingewiesen, dass Carl Stumpfs Konzeption der Psyche kaum auf Reizreduktion reduziert werden kann. Gleichzeitig gibt er zu bedenken, dass möglicherweise die in den ersten beiden Bänden der *Tonpsychologie* realisierte Vorgehensweise des „methodischen Physikalismus“ von Stumpf als für die weitere Untersuchung der Wirkung von Musik auf die Empfindungen als unangemessen erkannt worden sei und somit zum Abbruch des Forschungsprojektes beigetragen habe (vgl. dazu Christian G. Allesch, „Zur Rezeption von Carl Stumpfs Tonpsychologie“, in Margret Kaiser-el-Safti und Matthias Ballod (hg.), *Musik und Sprache. Zur Phänomenologie von Carl Stumpf*, Würzburg 2003, 225–36, bes. 233 f.). Demgegenüber argumentiert Kaiser-el-Safti, die von Stumpf herausgegebene Zeitschrift *Beiträge zur Akustik und Musikwissenschaft* (1898 ff) sei als Fortsetzungsprojekt der *Tonpsychologie* konzipiert worden mit der Absicht, sich an einen breiteren Leserkreis zu wenden (Kaiser-el-Safti, Die Aktualität von Carl Stumpf, 16). Im Übrigen vertritt Kaiser-el-Safti mit bedenkenswerten Argumenten die These, Stumpfs Erkenntnisinteresse richte sich in der *Tonpsychologie* trotz der physiologischen Teile der Untersuchung genuin auf erkenntnistheoretische und psychologische Aspekte (ebenda, 15).

10 Zum Konzept „dynamisch“ und „klangsinnlich“ vgl. weiter unten.

11 Vgl. Kurth, *Musikpsychologie*, 143.

12 Kurth, *Musikpsychologie*, 144.

der Einzeltöne ist demzufolge nicht per se gegeben und daher nicht statisch, sondern diese werden durch die Verschmelzung affiziert.

2) Stumpf behandelt das Phänomen der Verschmelzung nur am Beispiel des (zweitönigen) Intervalls. Diese Ergebnisse können jedoch nicht ohne Erweiterung auf Akkorde (mit drei oder mehr Tönen) übertragen werden. Beim Akkord sind die Komponenten mehrerer Ebenen zu unterscheiden: a) Einzeltöne, b) sämtliche aus den Einzeltönen resultierenden Intervalle, und c) der Gesamtklang. Beispielsweise konstituiert sich der Gesamtklang des Dur-Dreiklanges c–e–g aus den Einzeltönen c, e und g, den drei Intervallen c–e und e–g (gr. resp. kl. Terz) sowie dem Rahmenintervall c–g (Quinte). Obwohl alle Komponenten separat herausgefiltert werden können, affiziert die Verschmelzung den Charakter der Komponenten auf allen Ebenen: Einzeltöne, Intervalle und Gesamtklang. So tritt beispielsweise die spezifische „Leere" des Quintintervalls gegenüber dem Charakter der kleinen und großen Terz im Akkordklang weitgehend zurück. Allgemeine Aussagen über die Affekte der Verschmelzung sind jedoch schwierig zu treffen, da die jeweilige Veränderung von der spezifischen Mischung der Komponenten abhängt.

3) Eine weitere Argumentationslinie eröffnet Kurth, indem er die oben dargestellte Variabilität der Verschmelzung mit musikgeschichtlichen Stilphänomenen verknüpft. So weist das Intervall der großen Sekunde an sich einen geringen Verschmelzungsgrad auf. Im musikalischen Impressionismus verwenden Komponisten die große Sekunde jedoch mit dem Effekt der „Ebnung von Klanghärten" und erzielen damit sogar eine „Weichheit, die zuweilen an Weichlichkeit grenzt" (Kurth, *Musikpsychologie*, 149). Ergebnisse tonpsychologischer Untersuchungen können also nicht ohne Modifikation in musikpsychologische Fragestellungen übernommen werden.

Kurth fasst seine Kommentare zu den Ergebnissen von Stumpfs tonpsychologischen Untersuchungen dahingehend zusammen, dass diese nur bedingt für seinen musiktheoretischen Entwurf nutzbar sind. Stumpfs Untersuchungen konzentrieren sich einerseits auf Elemente wie zweitönige Intervalle, die isoliert betrachtet werden, sodass ihre Funktionsweise innerhalb eines musikalischen Kontextes nicht Gegenstand der Untersuchung ist, und andererseits arbeitet er in den Versuchen zur experimentellen Bestimmung der Wahrnehmung von Verschmelzungsgraden mit Probanden, die keine musikalische Ausbildung haben. Dieser Versuchsanordnung setzt Kurth die These entgegen, dass „die Verschmelzungsgrade nichts absolutes, sondern etwas relatives und zudem variables sind, und sicher bis zu gewissem Grade auch etwas individuelles" (Kurth, *Musikpsychologie*, 152), sodass jeder Versuch einer exakten Bestimmung von Verschmelzungsgraden zu kurz greift.

Des Weiteren modifiziert Kurth folgende Aussagen Stumpfs: Der Verschmelzungsgrad zwischen Tönen ist nicht mit ihrem ersten Eintreten unverändert gegeben (wie von Stumpf behauptet [13]), sondern unterliegt zumindest marginalen Veränderungen. Als Beleg für diese These führt Kurth an, dass die Wiederholung eines Intervalls in unserer Auffassung zu einem höheren Verschmelzungsgrad führen kann. Darüber hinaus führt Kurth ein historisches und musikstilistisches Argument an: Mit fortschreitender Entwicklung der harmonischen Tonalität wird dasselbe Intervall mit einem höheren Grad der Verschmelzung wahrgenommen. Weitere Aspekte, die den wahrgenommenen Verschmelzungsgrad eines Intervalls beeinflussen, sind die Prominenz einzelner Töne, Klangfarbe und Oktavdistanz sowie die Lage der Töne innerhalb eines Akkords, wobei die Mittelstimmen stärker verschmelzen als die Außenstimmen.

Aufgrund seiner Bewertung dieser Aspekte gelangt Kurth zu der Schlussfolgerung, dass das Phänomen der Verschmelzung nicht adäquat mit der von Stumpf physiologisch begründeten Hypothese der „spezifischen Synergien" begründet werden kann, sondern psychologisch erklärt werden muss (Kurth, *Musikpsychologie*, 155). Diesen Argumentationsschritt unterstützt Kurth mit der Beobachtung, dass die Verschmelzung nicht ausschließlich etwas Gegebenes ist, sondern durch Hörgewohnheiten resp. individuelles Hören beeinflusst werden kann. Einerseits spricht Kurth in diesem Zusammenhang von Hörgewohnheiten und Hörweisen, die sich wandeln und bestimmten historischen Stilen entsprechen („klassisches", „romantisches" und „impressionistisches" Hören, Kurth, *Musikpsychologie*, 156). Andererseits führt Kurth das Konzept der „klanglichen Dynamik" an, um die Verknüpfung von Verschmelzungseindruck und psychischer Aktivität zu untermauern. Mit dem Begriff der „klanglichen Dynamik" erläutert Kurth den Sachverhalt, dass „Töne nach Belieben ‚verschmelzend' oder voneinander losstrebend" gehört werden können. Entgegen der Auffassung Stumpfs ist für Kurth ein Klang nicht gegeben, sondern unterliegt in der Empfindung, dem musikalischen Hören, einer Deutung, die Verschmelzungstendenzen stärken oder schwächen kann. An anderer Stelle beschreibt Kurth das Hören als nur eine „Komponente des komplizierten Empfindungsprozesses: „musikalisches Hören", eines tiefgreifenden, umfassenden Vorgangs [...] Das musikalische Hören ist mehr und etwas anderes als das bloße Hören mit dem Ohr."[14]

Musikalisches Hören setzt sich somit aus zwei komplementären Komponenten zusammen. Einerseits beruht die Tonvorstellung im „Objekt", dem „Gegenstand des Tones": dem akustischen Substrat. Andererseits resultiert die Tonvor-

13 Kurth, *Musikpsychologie*, 153. Kurth bezieht sich auf Carl Stumpf, *Tonpsychologie*, Bd. 2, 129 u. 207 f.

14 Kurth, *Grundlagen des linearen Kontrapunks*, 7.

stellung aus einem subjektiven „Akt des Vorstellens". Kurth erläutert diesen Prozess mit den Begriffen „Wahrnehmungsbild" und „Vorstellungsinhalt". Die Wahrnehmung akustischer Ereignisse entspricht nicht einer reinen Abspiegelung der äußeren Welt, wie sie die Metapher eines Wahrnehmungsbildes ausdrückt (Kurth charakterisiert dies auch als „passiv widergespiegelte[r] Wahrnehmung" [Kurth, *Musikpsychologie*, 46]). Durch den „Akt des Vorstellens" wird das Wahrnehmungsbild modifiziert. Die Vorstellungsinhalte, die in das Wahrnehmungsbild eindringen, wurzeln im Subjekt, in der Psyche; dieser Prozess ist Voraussetzung für das musikalische Hören, das in ein akustisches Substrat auswählend, ordnend, gliedernd, zusammenfassend etc. eingreift. Diese Differenzierung deckt sich mit Kurths Beschreibung der Trennlinie zwischen Tonpsychologie und Musikpsychologie:

> Seine Natur [des Tones] erfährt eine Umbildung durch die psychische Natur. Eben in diesen Verwandlungen liegen die elementarsten Vorgänge; die Tonpsychologie untersucht die Wandlungen aus der Schwingung ins Tonempfinden hinein, die Musikpsychologie aber jene Verwandlungen, die eintreten, indem der Ton aus der bloßen Empfindung ins musikalische Geschehen gerät."[15]

Der musikalische Ton und das „musikalische Geschehen" konstituieren sich nicht mit der Tonempfindung, dem Untersuchungsgegenstand der Tonpsychologie; die Tonempfindung ist jedoch die Voraussetzung des musikalischen Hörens.[16] Allerdings ist auch das Konzept des „musikalischen Hörens" nur bedingt geeignet, die Bedeutung des musikalischen Tones oder größerer musikalischer Komplexe zu bestimmen. Dieser Umstand begründet sich in dem Sachverhalt, dass Musik mehrdeutig ist. Kurth exemplifiziert dies an der Dur-Skala.[17] Die aufsteigende C-Dur Skala besteht aus den Tönen c-d-e-f-g-a-h-c; die Intervallfolge ist Ganzton-Ganzton-Halbton-Ganzton-Ganzton-Halbton. Wie höre ich nun aber diese Skala; welche Beziehungen zwischen den Einzeltönen treten durch das „musikalische Hören" hervor? Erstens ist es möglich, die analoge Intervallstruktur der zwei Tetrachorde c-d-e-f und g-a-h-c hervorzuheben (jeweils Ganzton-Ganzton-Halbton). Mit dieser Deutung geht eine Hervorhebung der Leittontendenz des jeweils dritten Tones der Tetrachorde (e zu f und h zu c) einher; damit wird die Strebung zur Subdominante f und Tonika c gestärkt. Zweitens kann ich beim „musikalischen Hören" die Tonika von C-Dur hervorheben

15 Kurth, *Musikpsychologie*, 22.

16 Kurth definiert drei psychische Grundgegebenheiten, Energie (Bewegung), Raum und Materie, als konstitutiv für das „musikalische Hören", d. h. der Umwandlung der „sinnlichen" Erscheinung zum musikalischen Ton (Kurth, *Musikpsychologie*, 20 f). Im vorliegenden Essay klammere ich die Kategorien „Raum" und „Materie" aus der Betrachtung aus.

17 Vgl. dazu Kurth, *Musikpsychologie*, 206–09.

und die Töne des C-Dur Dreiklanges c-e-g-c als die prominentesten Mitglieder der Skala wahrnehmen. Beide Hörweisen sind musikalisch sinnvoll und möglich; es kann daher keine grundsätzliche Entscheidung getroffen werden, welche Hörweise die „angemessenere" oder gar „richtige" ist. Kurth weist unserer Psyche die Aufgabe zu, „nach freiem Willen eine dieser dynamischen Verteilungsmöglichkeiten heraus[zu]heben" (Kurth, *Musikpsychologie*, 207). Die inhärente Vieldeutigkeit musikalischer Phänomene ist jedoch kein defizitärer Modus, sondern macht das Wesen von Musik aus; sie angemessen in musiktheoretischen Entwürfen zu berücksichtigen, ist die eigentliche Herausforderung für die Musiktheorie.

Um Kurths Konzeption des musikalischen Hörens eine größere Plastizität zu geben, sollen seine abstrakten Ausführungen der *Musikpsychologie* durch entsprechende Passagen aus seiner früheren Monographie *Die Romantische Harmonik und ihre Krise in Wagners* Tristan ergänzt werden. Gegenstand dieses Buches ist die Untersuchung der Harmonik des 19. Jahrhunderts, die durch eine Erweiterung des verwendeten Klangrepertoires und der Klangfolgen gekennzeichnet ist. Da sich wesentliche Merkmale dieser Entwicklung an Wagners *Tristan* (Uraufführung 1865) demonstrieren lassen, steht dieses Werk im Zentrum von Kurths Untersuchung, die jedoch auch Werke u.a. von Schubert, Schumann, Mendelssohn, Brahms, Liszt und Debussy einbezieht. Prinzipiell basiert Wagners *Tristan*-Harmonik noch auf den Grundsätzen der harmonischen Tonalität; folgerichtig führt Kurth auch stark alterierte Klänge und Akkordfolgen auf einfachere Harmoniemodelle zurück.[18] Mit dem musikalischen Impressionismus sieht Kurth nach 1890 jedoch musikgeschichtlich eine Stufe erreicht, deren Phänomene nur noch bedingt auf die Grundsätze der klassischen Tonalität zurückzuführen sind.[19] Kurth beschreibt dieses Phänomen als „Überwindung des akkordlichen Strukturprinzips durch die rein klangsinnlichen Verschmelzungswirkungen".[20] Im „akkordlichen Strukturprinzip" beruht in Dur-Moll-tonaler Musik nicht nur der Aufbau der einzelnen Akkorde, sondern auch die logische Abfolge der Klänge; der Wegfall dieses Prinzips führt zu einer kategorialen Verschiebung. Kurth diagnostiziert die Fragmentierung größerer Zusammen-

---

18 So deutet Kurth den Anfang des Tristan-Vorspiels mit dem berühmten Tristan-Akkord harmonisch als (kadenzierenden) Quintfall H7-E7, die durch frei eintretende chromatische Nebentoneinstellungen und chromatische Stimmführung intensiviert wird (Kurth, *Romantische Harmonik*, 46).

19 Kurth klammert in seinen Überlegungen die Überwindung der harmonische Tonalität durch Arnold Schönberg in dessen freiatonalen Kompositionen (*Drei Klavierstücke* op. 11, 1909) aus, da seiner Ansicht nach nicht feststeht, ob es sich dabei um einen musikgeschichtlich zentrale oder periphere Entwicklung handelt.

20 Kurth, *Romantische Harmonik*, 394.

hänge durch das Hervortreten einzelner individueller Klänge, denen er „sinnlich-unmittelbarer Effekte" zuschreibt. Gleichzeitig sind diese Klänge nicht mehr auf eine Wurzel, den Naturklang, zurückführbar, sondern wirken durch „flimmernde Einzeleffekte von Tonverschmelzungen und Tonreizen" (Kurth, *Romantische Harmonik*, 395). Aus diesem Sachverhalt leitet Kurth weitreichende Schlussfolgerungen für sein Konzept des musikalischen Hörens ab. In Analogie zu den oben genannten Kategorien „akkordliches Strukturprinzip" und „klangsinnliche Verschmelzungswirkung" differenziert Kurth beim musikalischen Hören zwischen zwei Grundhaltungen, dem „energetischen" (oder „dynamischen") und dem „klangsinnlichen" Hören. Entscheidend für Kurth ist nun, dass sich erstens beide Kategorien beim Hören nicht kategorial ausschließen, sondern in unterschiedlicher Weise vermischen, zweitens das akustische Substrat keine adäquate Hörweise vorgibt, und drittens, da unsere jeweilige Hörweise psychologisch fundiert ist, wir unsere konkrete Hörerfahrung beeinflussen können. Kurth illustriert diese These an folgendem Beispiel: Im Zusammenklang eines Spannungsintervalls wie der kleinen Sekunde *cis-d* können wir entweder die Spannung und den „Drang" nach einer Klangfortschreitung in Richtung auf einen weniger dissonanten Klang herausheben und somit „energetisch" Hören, oder wir heben den reinen Klangeindruck, den Kurth am konkreten Beispiel als „sinnlich-herben Empfindungsreiz" (Kurth, *Romantische Harmonik*, 397) charakterisiert, hervor, womit wir dem „klangsinnlichen" Hören den Vorzug geben. Damit verlegt Kurth den Hörprozess von Musik in das Subjekt: Maßgeblich ist nicht das akustische Substrat, die Tonempfindung, sondern die von der Psyche bestimmte Deutung, die Tonvorstellung. Zusammenfassend formuliert Kurth: „Das musikalische Hören, das Erlebnis des Kunstwerks, ist gar nicht im Wesentlichen eine Gehörs- noch auch von Grund auf harmonisch-logische Verstandestätigkeit, sondern der psychische Spannungsverlauf eines Mitströmens mit dem Urvorgang der Bewegungskräfte."[21]

In Kurths musiktheoretischem Entwurf kommt somit dem Konzept des musikalischen Hörens eine Schlüsselstellung zu, da sich nur über eine adäquate Hörweise diejenigen (energetischen) Prozesse erschließen, die Kurth als das Innere oder das Wesen des musikalischen Kunstwerkes begreift. Allerdings entwickelt Kurth die Funktionsweise dieser Schnittstelle zwischen akustischer Außenseite und innerer Wahrnehmung nirgendwo systematisch; auf die Frage nach der angemessenen Art des Hörens wird der Leser auf allgemeine Kriterien wie „Art des Kunstempfindens" (Kurth, *Romantische Harmonik*, 399) verwiesen. Nach Kurths Verständnis wird durch jeden musikalischen Stil nur ein Rahmen bestimmt, der eine allgemeine Hörerwartung festlegt. Das individuelle musikali-

21 Kurth, *Romantische Harmonik*, 8.

sche Hören wird darüber hinaus durch die Anlage des einzelnen (Kunst)werkes konditioniert und bedingt sich durch das Erlebnis der Kunstwerkes, aber auch durch individuelle Erfahrung, Kunstverständnis und Reflexion – der Interpretation – des jeweiligen Rezipienten.[22] Unabhängig von allen Schwierigkeiten, die sich aus Kurths Bestimmung der Kategorie des musikalischen Hörens ergeben, bleibt festzuhalten, dass Kurth mit seiner theoretischen Hinwendung zum Phänomen des musikalischen Hörens am Beginn einer Entwicklung steht, die im 20. Jahrhundert auch durch die Kompositionsgeschichte und das sich immer stärker ausdifferenzierende Bewusstsein für die Kategorie „Klang“ gefördert wird.[23]

Die subjektabhängige und subjektzentrierte Gestaltungskomponente innerhalb des musikalischen Hörprozesses, durch welche sich das musikalische Hören bis zu einem gewissen Grad als variabel und individuell auffassen lässt, stand bislang im Zentrum meiner Ausführungen. Ergänzend möchte ich abschließend nur einen weiteren wesentlichen Aspekt von Kurths musiktheoretischem Denken kurz kommentieren: die Funktion der Gestalttheorie. Die Bedeutung gestalttheoretischen Denkens für Kurths Musiktheorie ist mehrfach untersucht worden und insgesamt gut dokumentiert.[24] In der Tat finden sich in allen seinen Schriften deutliche Bezüge zu dieser in den 1920er Jahren noch jungen Forschungsrichtung; exemplarisch soll dies an seiner Konzeption der Melodie demonstriert werden. Wie bereits zuvor erwähnt, sieht Kurth den Sachverhalt, dass wir einen Zusammenklang als Mehrheit und als Einheit zugleich wahrnehmen, als einen scheinbaren Widerspruch (siehe oben, S. 4). Ein vergleichbarer Konflikt zwischen Mehrheit (respektive Vielheit) und Einheit lässt sich ebenfalls bei der Betrachtung einer Melodie, d.h. einer einstimmigen Tonfolge, konstatieren. Unser Erfassen einer melodischen Linie, und damit deren Konstitution, spielen sich, so argumentiert Kurth, fundamental anders ab als die konventionelle Musiktheorie diesen Prozess beschreibt. Während die Musiktheorie um 1900

22 Kurth reduziert seine Betrachtung auf die beiden Pole „Komposition“ und „Rezipient“, klammert also die Rolle des Interpreten aus. Basierend auf seinen Prämissen ist dies insofern folgerichtig, als die akustische Außenseite der Musik für ihn ohnehin nur ein defizitärer Modus ist.

23 Vgl. als nur ein Beispiel den Beitrag „Hören ist wehrlos – ohne Hören“ [1985] von Helmut Lachenmann. Lachenmann unterscheidet dort zwischen dem „Zuhören“, einem eher passiven Mitgehen und Erfassen bekannter musikalischer Strukturen, und dem „Hinhören“, das sich einstellen muss, sobald die etablierten Hörweisen die Struktur und den Sinn eines Werkes nicht mehr erschließen (Helmut Lachenmann, „Hören ist wehrlos – ohne Hören“ [1985] in: ders., *Musik als existentielle Erfahrung. Schriften 1966–1995*. Hg. u. mit einem Vorwort versehen von Josef Häusler, Wiesbaden 1996, 116–35.

24 Vgl. Luitgard Schader, „Musiktheorie als Objetivation von psychischen Energievorgängen: Ernst Kurths Linearer Kontrapunkt“ in: *Philosophie des Kontrapunkts*. Hg. Ulrich Tadday, München 2010 (=Musik-Konzepte Sonderband. Neue Folge), 162–77.

(Kurth hat in diesem Zusammenhang primär die Publikationen des Leipziger Musikwissenschaftlers Hugo Riemann im Blick) das Bauprinzip einer Melodie untersucht, indem sie diese in Komponente (Töne, Intervalle, Motive) zerlegt, also mutmaßlich konstitutive Teilelemente zu rekonstruieren versucht, erkennt Kurth einen „Bewegungszug" als das Primäre einer Melodie, als verbindendes Moment, durch das die Teile sich zu einem Ganzen konstituieren. Metaphorisch bezeichnet Kurth diesen Bewegungszug auch als „Kraft", die durch die Töne quasi hindurchgeht und der Erformung der Melodie zugrunde liegt:

> Das Primäre ist der Zusammenhang des Melodischen, erst das Sekundäre ist die Herauslösung der Einzeltöne, über welche der Bewegungszug hinüberträgt, der zur geschlossenen Empfindung eines Kontinuums, der Linie' führt. In der Bewegung durch die Töne beruht das Melodische, nicht in den Einzeltönen, die von ihr durchströmt sind, und ihrer Aneinanderreihung.[25]

Komplexer gebaute, längere Linien bestehen aus mehreren „Linienphasen", d.h. kürzeren Bewegungszügen, die sich zu einer übergeordneten einheitlichen Linie verbinden.[26] Das musikalische Hören schließt diese unterschiedlichen Ebenen der Linienphasen durch „doppelspuriges Hören" (Kurth, *Musikpsychologie*, 258) auf. Mit diesem Begriff bezeichnet Kurth unserer Fähigkeit, in Ergänzung des antizipierenden „Voraushörens" (d. h. der Antizipation des mutmaßlichen Melodieverlaufs) und des „Zurückhörens" (d.h. der retrospektiven Modifikation des Höreindrucks aufgrund des musikalischen Verlaufs) die Entwicklung einer musikalischen Linie gleichzeitig auf mehreren Ebenen zu verfolgen.

Bereits diese wenigen Sätze zeigen unmissverständlich Prinzipien gestalttheoretischen Denkens: Eine Gestalt, d.h. das als Einheit aufgefasste Ganze, wird zuerst als eine solche erfasst; die Analyse ihrer Elemente (Töne, Intervalle, rhythmische Disposition) ist ein nachgelagerter und für das Wahrnehmen der Gestalt als solcher sekundärer analytischer Prozess. Für Kurths theoretischen Entwurf ist dabei von Belang, dass sich eine melodische Gestalt nicht mit den konventionellen musiktheoretischen Kategorien „Motiv" (die kleinste musikalische Einheit) oder „Thema" deckt; eine „Gestalt" konstituiert sich in seinem Verständnis durch einen „Bewegungszug", eine aus der inhärenten kinetischen Energie hervorgehende „Kraft", die sich allein durch das musikalische Hören und (Nach)erleben des musikalischen Verlaufs erschließt.

Kurths Anspruch, mit seinem theoretischen Entwurf das Verhältnis von Musiktheorie zur musikalischen Kunst und dem musikalischen Kunstwerk auf eine neue Grundlage zu stellen, macht bis heute die Faszination seiner Schriften aus. In der Entgegensetzung der Kategorien „Hören" vs. „musikalisches Hören" ma-

25 Kurth, *Grundlagen des linearen Kontrapunks*, 15.

26 Zum Konzept der Linienphase vgl. Kurth, *Grundlagen des linearen Kontrapunks*, 22 f.

nifestiert sich Kurths Abwendung von dem naturwissenschaftlich geprägten experimentellen Forschungsansatz, wie er sich in den beiden vorliegenden Bänden von Carl Stumpfs *Tonpsychologie* manifestiert, zu einer Vorgehensweise, die nicht primär an der Formulierung theoretischer Gesetze interessiert ist, sondern auf der Basis von Regeln unter Einschluss des (subjektiven) Erlebnisganzen eine Analyse und Deutung des Kunstwerkes anstrebt. Die Argumente, die Kurth gegen die Fokussierung der konventionellen Musiktheorie auf die akustische Außenseite des musikalischen Werkes ins Feld führt, haben bis heute nichts von ihrer Berechtigung verloren. Während viele seiner darauf aufbauenden analytischen und interpretatorischen Einzelbeobachtungen ebenfalls noch immer zu fruchtbaren Reflexionen herausfordern, ist seine theoretische Grundlegung aufgrund der Ergebnisse neuerer musikpsychologischer und kognitionswissenschaftlicher Forschung und seines fragwürdigen, weil eng gefassten Musikbegriffs, eher von wissenschaftsgeschichtlichem Interesse.

Literatur

Allesch, C. G. (2003). Zur Rezeption von Carl Stumpfs Tonpsychologie. In M. Kaiser-el-Safti & M. Ballod (Hrsg.), *Musik und Sprache. Zur Phänomenologie von Carl Stumpf* (S. 225–236). Würzburg: Königshausen & Neumann.

Holtmeier, L. (2005). Die Erfindung der romantischen Harmonik. Ernst Kurth und Georg Capellen. In A. Jeßulat, A. Ickstadt & M. Ullrich (Hrsg.), *Zwischen Komposition und Hermeneutik. Festschrift für Hartmut Fladt* (S. 114–128). Würzburg: Königshausen & Neumann.

Kaiser-el-Safti, M. (2011). Die Aktualität von Carl Stumpf. In M. Ebeling & M. Kaiser-el-Safti (Hrsg.), *Die Sinne und die Erkenntnis* (S. 9–53). Frankfurt a.M.: Peter Lang.

Kamleiter, P. (1993). *Carl Stumpfs Theorie der Tonverschmelzung als Erklärung des Konsonanzphänomens.* Diss. Universität Würzburg.

Krueger, F. (1926). Zur Einführung. Über psychische Ganzheit. In: *Neue Psychologische Studien, 1*, 1–121, München.

Kurth, E. (1931). *Musikpsychologie.* Berlin: Hesse.

Kurth, E. (1917). *Grundlagen des linearen Kontrapunks.* Bern: Max Drechsel.

Kurth, E. (3/1923). *Romantische Harmonik und ihre Krise in Wagners Tristan.* Berlin: Hesse.

Lachenmann, H. (1985/1996). Hören ist wehrlos – ohne Hören. In Ders., *Musik als existentielle Erfahrung. Schriften 1966–1995* (S. 116–35). Hg. u. mit einem Vorwort versehen von J. Häusler. Wiesbaden: Breitkopf und Härtel.

Motte-Haber, H. de la (1986/87). Die Musikpsychologie von Ernst Kurth: Tonpsychologie und Musikpsychologie. *Schweizer Jahrbuch für Musikwissenschaft N.F.* 6/7, 95–107.

Motte-Haber, H. de la (2005). Kräfte im musikalischen Raum. Musikalische Energetik und das Werk von Ernst Kurth. In H. de la Motte-Haber & O. Schwab-Felisch (Hrsg.), *Musiktheorie* (= Handbuch der Systematischen Musikwissenschaft 2), 283–310. Laaber: Laaber.

Rothfarb, L. (2002). Energetics. In Th. Christensen (Hrsg.), *The Cambridge History of Western Music Theory* (S. 927–55). Cambridge: Cambridge.

Schader, L. (1910). Musiktheorie als Objetivation von psychischen Energievorgängen: Ernst Kurths Linearer Kontrapunkt. In U. Tadday (Hrsg.), *Philosophie des Kontrapunkts* (=Musik-Konzepte Sonderband. Neue Folge, S. 162–77). München: Edition Text + Kritik.

Stumpf, C. (1890). *Tonpsychologie*, 2. Bd. Leipzig: S. Hirzel.

Ist der Begriff der Gestalt bei Carl Stumpf mit dem Konzept der musikalischen Energie von Ernst Kurth vereinbar?

Martin Ebeling

Zusammenfassung

Das Wesen des Tones und das Wesen der Konsonanz waren im 19. Jh. ein zentrales Problem, dem sich Physiker, Philosophen und Psychologen gleichermaßen widmeten. In seiner zweibändigen *Tonpsychologie* fasst Carl Stumpf (1883 / 1890) seine philosophischen, erkenntnistheoretischen und psychologischen Überlegungen und experimentellen Untersuchungen zusammen, um die Gesetze des Hörens sukzessiver und simultaner Zweiklänge darzulegen. Dabei besticht das Werk bis heute durch die Gründlichkeit der Untersuchung und die logische Stringenz der Argumentation und zeigt den philosophisch umfassend gebildeten Logiker und Erkenntnistheoretiker.

Im Jahr 1931 veröffentlichte der Berner Musikwissenschaftler Ernst Kurth mit der Musikpsychologie ein Werk, das einer ganzen Disziplin den Namen geben sollte. Kurth erklärt die Wirkung von Musik als seelisches Krafterlebnis, das er mit Begriffen aus der Physik umschreibt. Als Musikwissenschaftler hatte sich Kurth durch seine musikalischen Analysen insbesondere der Musik von J. S. Bach, Richard Wagner und Anton Bruckner einen Namen gemacht. In seinen Analysen liest Kurth die Spannungsverläufe aus der satztechnischen Struktur der Komposition ab. Da sich Kurth ausdrücklich auf Carl Stumpfs Tonpsychologie bezieht, liegt der Gedanke nahe, dass Kurth die Überlegungen von Carl Stumpf in seiner Musikpsychologie fortführt und um das Musikerlebnis ergänzt. Es zeigt sich aber, dass Kurths Denken nicht nur in vielen Details Stumpfs Ansichten widerspricht. Stumpf hat sich in seinen erkenntnistheoretischen Überlegungen insbesondere um die Grundlegung einer wissenschaftlichen Psychologie bemüht (Kaiser-el-Safti, 2001), Kurth bestreitet die Möglichkeit einer „erkenntnistheoretischen Verankerung in aller Psychologie". Seine Kraftmetaphorik wird von Carl Stumpf als Missbrauch physikalischer Begriffe abgelehnt. Um die Unterschiede in den Denkungsweisen beider Autoren zu verdeutlichen, kommen sie in einigen Zitaten selber zu Wort.

Abstract

In the 19th century physicists, philosophers, and psychologists likewise discussed the essences of tones and consonances.

Carl Stumpf summarized his philosophical, epistemological and psychological considerations and experimental insights in his seminal work *Tonpsychologie* in two volumes exposing the laws of hearing successive and simultaneous dyads. Till now the compelling nature of the logical reasoning in this thorough work has been captivating and evinces that Stumpf was a logician an epistemologist with an encyclopedic knowledge in philosophy.

In 1931 the Berne musicologist Ernst Kurth published a work called *Musikpsychologie* which became the notion for an entire discipline. Kurth explains the effect of music in terms of physical concepts as a psychological power experience. He had a reputation for musical analysis especially of the music of J. S. Bach, Richard Wagner, and Anton Bruckner. By music theoretical analysis Kurth read off the course of musical tension from the structure of the composition.

As Kurth explicitly applies to Carl Stumpf's *Tonpsychologie* it is obvious to presume that Kurth continuous Stumpf's considerations expanding them to musical experiences. But it turns out that Kurth's thinking contradicts Stumpf's opinions not only in detail. By thorough epistemological considerations Stumpf tried to establish a scientific psychology (Kaiser-el-Safti 2001). Kurth on the other hand impugns the possibility of an epistemological foundation of psychology. Stumpf rejects Kurth's metaphoric usage of physical concepts as a misapplication.

Quotations from both authors are given to demonstrate the fundamental contrasts in their opinion.

1 Tonpychologie und Musikpsychologie

Im 19. Jh. hat sich die Wissenschaft ausführlich dem Hören gewidmet. Anlass dazu gaben Fortschritte in den verschiedensten Wissenschaften, die neue Perspektiven auf die Phänomene des Hörsinns eröffneten. Physiker, Physiologen und Psychologen untersuchten akustische Erscheinungen aus verschiedensten Perspektiven. Als prominenteste Vertreter seien Hermann v. Helmholtz (1862) und Carl Stumpf (1883 / 1890) genannt. Die gewonnenen Einsichten sollten die Wirkung von Musik erklären. Dazu wurden musikalische Phänomene wie die Tonhöhe, Konsonanz und Dissonanz, Akkorde und Klangfarben wissenschaftlich ergründet.

Die Einsichten zur Tonwahrnehmung, wie sie Stumpf in seiner „Tonpsychologie“ und daran anschließenden Publikationen mit seinen Schülern darlegte, waren weitgehend wissenschaftlich anerkannt. Stumpf hatte seine Tonpsychologie ursprünglich als vierbändiges Lehrbuch geplant, aber nur zwei Bände veröffentlicht. Der erste Band von 1883 beschäftigt sich mit sukzessiven Tönen und den damit verbundenen erkenntnistheoretischen und psychologischen Fragen, der zweite Band (1890) untersucht simultane Zweiklänge und erörtert die Ursache, Wirkung und die Bedeutung der Tonverschmelzung für das Konsonanz- und Dissonanzphänomen. Spätere Schriften behandeln die Mehrklänge (1911a), die Klangfarbe (1898c, 1921a, 1926a/b) oder weitergehend das Konsonanzempfinden (1898a, 1898b, 1911b, 1921b). Die Gefühlswirkungen von Musik diskutiert Stumpf in zahlreichen Beispielen in seinen Gefühlsaufsätzen (1928).

Den tonpsychologischen Untersuchungen stellt Ernst Kurt 1931 eine „Musikpsychologie“ zur Seite, die die Tonpsychologie um Betrachtungen des musikalischen Erlebens als das Wesentliche der Musik ergänzen soll. Zwischen der Tonpsychologie und seiner Musikpsychologie sieht Kurt prinzipielle Unterschiede nicht nur in Bezug auf den Gegenstand, sondern auch darin, dass die

Tonpsychologie eine von Kurth nicht näher definierte und nur vage charakterisierte „Oberschicht des Hören“ untersucht, die Musikpsychologie die ebenfalls begrifflich nicht geklärte „Tiefenschicht des Hörens“, die Träger einer „zusammenfassenden Geistestätigkeit“ ist:

> Die Tonpsychologie untersucht die Oberschicht des Hörens, die Musikpsychologie die Tiefenschicht; jene verweilt in der Nähe des eigentlichen „Gehörs“, diese beim psychologisch bedingten „Hören“, das sich eben mit diesem Worte gar nicht erschöpft; für jene ist das Ohr analysierendes Organ, für diese Organ einer zusammenfassenden Geistestätigkeit. Die Tonpsychologie ist daher mehr auf das Sinnesgebiet der Musik als auf diese selbst gerichtet. Die musikalischen Erlebnisse sind aber, wie die Tonpsychologie übersah, gar nicht als einfache Reaktionen auf Tonreize aufzufassen und diesen vielfach gar nicht adäquat; sonst wäre Musik überhaupt ein Reflex von Physik und physiologischen Reizen. Die Tonpsychologie behandelt das Wechselspiel von Reiz und Reaktion; dem steht eine „Aktion“, das Walten jener psychischen Tätigkeit gegenüber, die erst ihrerseits den Reiz ergreift, ausgeprägt und umbildet. (Kurth 1931, S. 51)

Tonpsychologie und Musikpsychologie beschäftigen sich also mit prinzipiell verschiedenen psychologischen Vorgängen: „die Tonpsychologie untersucht die Apperzeption (d.h. die gesamten Aufnahmevorgänge) des Tones, und zwar größtenteils experimentell.“ (Kurth 1931, S. 48)

Kurt würdigt ausdrücklich die Leistungen der Tonpsychologie und hebt ihre Bedeutung für das Verstehen des Übergangs von Reiz zur psychologischen Erscheinung hervor: Die Tonpsychologie „beobachtet ferner die Gleichzeitigkeit mehrerer Toneindrücke und gelangt dabei zu den 'spezifischen Synergien', welche die Einzeleffekte zu einem Gesamteffekt verarbeiten (damit vor allem ist der Sprung von der physiologischen Reizaufnahme zur psychologischen Verarbeitung vollzogen)“ (Kurth 1931, S. 49). Hier berührt Kurt beiläufig das Leib-Seele-Problem unter Bezug auf den von Stumpf im Zusammenhang mit dem Verschmelzungsbegriff geprägten Terminus der „spezifischen Synergien“, die der Verschmelzung der beiden Intervalltöne bei konsonanten Intervallen zugrunde liegen und die, wie Stumpf erläutert,

> durch das Zusammentreffen zweier Reize ausgelöst werden. Man kann sie darum specifische Energien höherer Ordnung, noch besser specifische Synergien nennen. Unter einer solchen würden wir also verstehen eine in der Hirnstructur gründende bestimmte Art des Zusammenwirkens zweier nervöser Gebilde, wodurch jedesmal, wenn diese beiden Gebilde die ihnen entsprechenden Empfindungen erzeugen, ein bestimmter Verschmelzungsgrad dieser Empfindungen miterzeugt werden. (Stumpf 1890, S. 214)

Stumpfs Hypothese der „specifischen Synergien“ wird durch die Einsichten in die Reizverarbeitung in parallelen topographisch geordneten Kanälen im sensorischen System neurobiologisch bestätigt (Reichert 1990). Beim Hören der beiden Töne eines musikalischen Intervalls handelt es sich um „das Zusammentreffen zweier Reize". Im *Inferior colliculus*, einem Nervenknoten im Mittelhirn des auditorischen Systems, hat der Neuroakustiker Gerald Langner (1983, 2007) einen neuronalen Mechanismus zur Tonhöhenerkennung durch Periodizitätsanalys gefunden. Die Periodizitätsanalyse beruht auf Verzögerung und anschließender Koinzidenzdetektion im *Colliculus inferior* (mathematisch betrachtet findet eine Autokorrelationsberechnung statt), so dass in dieser „Hirnstructur" tatsächlich „zwei nervöse Gebilde" beim Intervallhören zusammenwirken. Es kann gezeigt werden, dass das Intervallempfinden auf dieser Autokorrelationsberechnung beruht und die Tonverschmelzung erklärt (s. u. Ebeling 2007 / 2008).

Kurt will die Tonpsychologie um die musikrelevanten psychischen Vorgänge ergänzen und meint: „Dieser Musikpsychologie im engeren Sinne gehören aber jene Vorgänge an, die als psychische Funktionen bei den musikalischen Grundgegebenheiten zu erkennen sind." (Kurth 1931, S. 57)

Eine Gegenüberstellung der Tonpsychologie von Carl Stumpf und der Musikpsychologie von Ernst Kurth legt die Frage nahe, ob sie überhaupt erkenntnistheoretisch von denselben Voraussetzungen ausgehen, denn nur dann wäre Kurths „Musikpsychologie" Ergänzung und Weiterführung der von Stumpf in der „Tonpsychologie" begonnenen Untersuchungen. Stumpf sieht in den für den Gestaltbegriff konstitutiven Grundverhältnissen die Grundlage der Wirkung von Musik (Stumpf 1939 / 1940, S. 273), Kurth geht von einem Wechselspiel musikalischer Energien in der Psyche aus. Das Problem der Vereinbarkeit beider Konzepte läuft also auf die Frage hinaus: Ist der Begriff der Gestalt bei Stumpf mit dem Konzept der musikalischen Energie von Ernst Kurth vereinbar?

2 Das Problem der Erkenntnismöglichkeit in der Psychologie bei Kurth

Die Natur der Psyche lässt nach Kurth „einheitliche Ketten von Ursache und Wirkung nicht überall einwandfrei erkennen" (Kurth 1931, S. 74). Im Psychischen „waltet auch ein freier Wille neben allen möglichen kausalen Zusammenhängen, und diese treiben wie einzelne Zusammenhalte auf einem Strom emotionalen Geschehens." (Kurth 1931, S. 74). Kurth zufolge steht das Konzept von Ursache und Wirkung im Widerspruch zur Idee des freien Willens. Die schwierige philosophische und psychologische Frage nach dem freien Willen wird aber nicht weiter erörtert. Auch bleibt Kurth Hinweise auf Konzepte des freien Willens, wie sie andere Denker entwickelt haben und auf die er sich beruft, schuldig. Was der freie Wille sein soll, wird also weder erläutert noch reflektiert, der

Begriff wird offenbar als intuitiv klar aufgefasst und ein allgemeiner Konsens unterstellt. Auch das mit dem Problem der Kausalität zusammenhängende Begriffspaar von Ursache und Wirkung bleibt unreflektiert. Fest steht für Kurth, dass der freie Wille die Ursache dafür ist, dass sich Gesetzmäßigkeiten des mit Irrationalität durchsetzten Psychischen im Sinne von Ursache- und Wirkungsketten nicht immer auffinden lassen.

Implizit wird eine auch qualitative Trennung gesehen zwischen der äußeren Welt, die rational in kausalen Ursache- und Wirkungsketten beschreibbar ist, und der inneren Welt des Psychischen, in der die Willensfreiheit Kausalketten durchbricht und so Unvorhersehbares und Irrationales hervorbringt.

Darum lassen sich Kurth zufolge allgemeine Gesetze des Psychischen nur unter erheblichen Vorbehalten formulieren. Aus dem Unbewussten – Kurth versteht auch diesen Begriff intuitiv ohne jegliche philosophisch-erkenntnistheoretische oder psychologische Reflektion – ergeben sich zusätzliche Schwierigkeiten:

> Die erkenntnistheoretische Verankerung ist in aller Psychologie besonders schwer, da im Grunde schon aus dem Widerspruch von Bewußtem und Unbewußtem jede psychologische Möglichkeit irgendwie aus Widersprüchen in sich selbst wegkritisierbar erscheint. (Kurth 1931, S. 71 / 72)

Einen Vorschlag oder auch nur einen Ansatz zur Überwindung der erkenntnistheoretischen Schwierigkeiten bleibt Kurth schuldig.

Das in der Physik, Physiologie und auch in der Tonpsychologie mögliche und gängige Verfahren des Experimentes ist für Kurth in der Psychologie nicht gegeben (Kurth 1931, S. 72), „einigermaßen Ersatz dafür bereitet die Theorie" (Kurth 1931, S. 72). Nur wird nicht näher erläutert, was Kurth als „Theorie" bezeichnet wissen will. Auch hier bleibt der Leser auf Mutmaßungen angewiesen. Es liegt nahe, dass Kurth auf die Musik bezogen an die Musiktheorie und insbesondere die musikalische Analyse denkt, wie er es in früheren Werken demonstriert hat (vgl. Kurth 1916, 1923, 1925).

Wissenschaftliche Theorien bestehen aus Modellen und basieren aber auf dem Denken in Begriffen. Stumpf erklärt in seiner Schrift *Zur Einteilung der Wissenschaften*: „Was wir nun im weitesten Wortsinn einen Gegenstand nennen, über den wir denken und sprechen, ist jedesmal bereits ein Gebilde, und zwar ein begriffliches Gebilde" (Stumpf 1907, S. 6). Demgegenüber misstraut Kurth auch der Begriffsbildung in der Psychologie, wodurch seine Forderung nach Theorien konterkariert wird: „In der Psychologie bedeutet schon jeder Begriff einen gewissen Widerspruch zur Materie, denn er klärt zwar, hebt aber zugleich aus der spezifischen Gefühlskategorie heraus, und damit ist er an sich schon eine Veränderung, mag er sie noch so scharf umreißen" (Kurth 1931, S. 72), als ob

Begriffe der Nachbildung von psychischen Inhalten dienten und in der Lage sein sollten, etwa die Qualia nachzuformen. Folgt man Stumpfs Hinweis über die Gegenstände des Denkens und Sprechens, so muss man fragen, was für Kurth dann die Gegenstände der Psychologie sind.

Bei allen Schwierigkeiten, die Kurth für die Psychologie konstatiert, hat für ihn dennoch „die gesamte Psychologie ihren Sinn, trotzdem die sicherste Erkenntnis die ist, dass sie nie auf wissenschaftliche Art erklären kann, was die Seele ist; diese wird als das 'psychische Subjekt' den psychischen Funktionen unterlegt, deren Erforschung darum eben nicht aufzuhören braucht.“ (Kurth 1931, S.109)

Wissenschaften und damit auch die Psychologie versuchen Modelle zu bilden, die beobachtete Sachverhalte zutreffend beschreiben und erklären und Prognosen ermöglichen. In diesen theoretischen Gebilden sind genau definierte Begriffe nötig – allein schon, um dem Wissenschaftlichkeitskriterium der Nachvollziehbarkeit zu entsprechen. Versteht man Psychologie als Wissenschaft, so sind auch hier für die Modellbildung sorgfältig erwogene und genau definierte Begriffe notwendig. Diese können aber nicht der Nachschöpfung von psychischen Inhalten dienen. Weder die Fülle an Unverstandenem und (noch) nicht befriedigend Geklärtem in den seelischen Vorgängen, noch die von Kurth konstatierte prinzipielle Unzugänglichkeit des „psychischen Subjekts“ enthebt von der wissenschaftlichen Sorgfalt, die auf einer genauen Begrifflichkeit fußen muss. Selbst wenn man der Psyche unlogische Züge zuerkennt und sogar Irrationalität attribuiert, kann daraus nicht gefolgert werden, dass auch die Psychologie als Wissenschaft mehrdeutig in ihren Begriffen und logisch inkonsistent sein darf. Demzufolge ist es notwendig und selbstverständlich, dass jeder psychologische Begriff im Rahmen wissenschaftlicher Modellbildung durch Abstraktion die aktuellen Qualia der Empfindung verlässt, die Kurth offensichtlich als „spezifische Gefühlskategorie“ – auch diesen Begriff definiert Kurth nicht – bezeichnet und darunter offenbar das genuin Psychische versteht, dem sein Hauptinteresse gilt. Eine das Seelische nachbildende Psychologie würde allerdings die unterstellte Irrationalität des Psychischen in ihrer eigenen Struktur widerspiegeln. Aber genau eine solche Nachbildung hat Kurth für das musikalische Erlebnis durch die metaphorische Beschreibung von Krafterlebnissen versucht.

3 Musik als psychisches Krafterlebnis bei Kurth

Das musikalische Erlebnis stellt für Ernst Kurth ein Krafterlebnis dar, das sich im Rahmen einer „psychischen Dynamik“ vollzieht (Kurth 1931, S. 76). Ursache diese Dynamik ist nicht die Musik selber, sondern ihre innere Verarbeitung:

„es kommt darauf an, in der verarbeitenden Kraft, ihren Wegen und Ausstrahlungen, das Grundlegende zu sehen." Kurth rückt die aktive seelische Verarbeitung in den Mittelpunkt seiner Musikpsychologie. Er stellt sich gegen einseitig ästhetische Betrachtungen, die im Musikerlebnis eine passive „Verarbeitung" musikalisch geformten Materials sehen. In Anspielung auf Hanslick (1854) meint er: „Im Grunde spiegelt sich darin schon als weitere Auswirkung der ästhetische Gegensatz von 'tönend bewegter Form' und beseeltem Impuls." (Kurth 1931, S. 76). Die Wirkung von Musik wird demzufolge nicht aus den Musikvorgängen erklärbar, sondern nur im Zusammenhang mit der Eigendynamik der Psyche. Musikästhetische Betrachtungen und musikalische Analyse sind nur im Rahmen einer psychologischen Analyse möglich.

> Somit ergibt sich auch für die Musikpsychologie das Verfahren: sie muß erst einmal aufspüren, wo überhaupt die psychischen Erscheinungen liegen, denn sie sind nicht immer offenbar sondern stecken oft verkappt in den Musikvorgängen; dann entsteht die Aufgabe, die Erscheinungen zu beschreiben und schließlich sie zu erklären, d. h. die Bedingungen zu erfassen, aus denen sie hervorgehen. Wir können – so wenig wie anderswo – nicht das Wesen der Dinge erklären, aber müssen die zusammenhängenden psychischen Funktionen erkennen, auf denen die Erscheinungen beruhen. (Kurth 1931, S. 73)

In den drei Schritten von Aufspüren, Beschreibung und Erklärung erblickt Kurth das musikpsychologische Verfahren. Er erläutert an dieser Stelle nicht näher, wie die Schritte methodisch realisiert werden. Selber hat er aber in seinen früheren Werken (1916, 1923, 1925) demonstriert, wie aus einer detaillierten satztechnischen Analyse, also aus der Komposition selbst, auf die musikalische Wirkung, die ihrer Natur nach eben in einem Krafterlebnis besteht, geschlossen werden kann.

Auf diese Weise ist nach Kurth trotz der grundsätzlichen Schwierigkeiten, die er für die Psychologie sieht, eine Musikpsychologie möglich, wenn sie sich dieser grundsätzlichen Schwierigkeiten bewusst bleibt: Eine konsistente Modellbildung ist nicht möglich, mit Widersprüchen ist zu rechnen. Deshalb ist Kurths Musikpsychologie von der Erörterung einander widersprechender und konkurrierender Aussagen gekennzeichnet. Getroffene Feststellungen werden ständig wieder relativiert.

4 Verarbeitende psychische Kräfte

Hauptaufgabe der Musikpsychologie ist das Aufzeigen der psychischen Funktionen, die an den Musikvorgängen beobachtbar sind. „Dieser Musikpsychologie im engeren Sinne gehören aber jene Vorgänge an, die als psychische Funktionen bei den musikalischen Grundgegebenheiten zu erkennen sind, und diese überhaupt erst ermöglichen“ (Kurth, 1931, S. 57). Die psychischen Funktionen äußern sich laut Kurth bei der Musik in einem Krafterlebnis, das einer aktiv verarbeitenden psychischen Tätigkeit entspringt.

> Das ist der Kernpunkt bei allen diesen Erscheinungen: sie liegen in Wirklichkeit nicht in den Tonreizen, sondern werden von den verarbeitenden Kräften in sie hinein verlegt; sie erst verwandeln Klang in ‚Stoff‘. Der Drang des Bildens schafft die Erscheinungen der Bildhaftigkeit. Man kann dies auch so kennzeichnen: der Ton ist auf dieser Stufe nicht mehr bloß das ‚Abbild‘ der (von außen kommenden) Sinneserregung, sondern ist das, was in ihn hineingebildet wird. (Kurth 1931, S. 10)

Die Tonreize sind für Kurth Auslöser für die verarbeitenden Kräfte, aktiv Erscheinungen zu generieren, die statt des Klanges selbst der Stoff des Musikerlebnisses sind. Dieser Gedanke hat zur Konsequenz, dass die Tonpsychologie trotz ihrer anerkannten Ergebnisse als ungeeignet angesehen wird zur Erklärung der Musikwirkung. Aus der Musik erschafft die Seele „Erscheinungen der Bildhaftigkeit“, die offenkundig bei Kurth „an die Anschauung des Raumes (als apriorische Gegebenheit) gekettet“ ist (Kurth 1931, S. 116). Kurth adaptiert Kants Konzept einer apriorischen Raumvorstellung, ohne aber auf Kant ausdrücklich Bezug zu nehmen oder die Unterschiede zwischen dem apriorischen Raum der Anschauung bei Kant und einem musikalischen Raum zu diskutieren. Bildet das Apriorische eines Euklidischen Raumes der Vorstellung bei Kant die Voraussetzung, um aus den Reizempfindungen die Gegenstände zu synthetisieren und kategoriellem Denken zu unterziehen, übernimmt Kurth die Idee der apriorische Raumvorstellung, um das Musikerlebnis zu begründen.

> Im äußeren Weltbild sind wir an die Anschauung des Raumes (als apriorische Gegebenheit) gekettet; etwas davon übertragen wir auch auf das innere Weltbild der Musik, sie stellt sich immerfort so dar, als vollzöge sie sich in einem inneren Raum. Er ergibt sich fast mit dem Psychischen überhaupt, das uns gleichsam „eingebreitet“ erscheint, sich aus der Wesenlosigkeit in eine Art räumlicher Vorstellung flüchtet. (Kurth 1931, S. 116)

Eine Raumvorstellung im Musikerlebnis ist schon deshalb für Kurth notwendig, weil in Bewegungs- und Kraftempfindungen das an sich Wesenlose der Musik erst greifbar und quasi verstofflicht wird. Kraft entfaltet sich an Bewegungen und Bewegungen vollziehen sich im Raum. Jedes Krafterlebnis, auch ein seelisches Krafterlebnis, kann sich nur in einem Raum entfalten. Der von Kant behauptete apriorische Raum der Vorstellung wird von Kurth auch für das seelische Erleben in Anspruch genommen. Dabei ist das Seelische aber frei von den beschränkenden Bedingungen des physikalischen Raumes.

> Indem sich nämlich klangliche Vorgänge mit Bewegungsempfindungen verknüpfen, entheben sich in unserem Empfindungsleben auch die rein klanglichen Eindrücke,

das Ertönen, der Sphäre des Wesenlosen und aus dem an sich Unkörperlichen der Tonwelt, das von räumlicher Ausdehnung und Masse frei ist, ersteht ein Aufdämmern halb und halb gegenständlichen Empfindens, eine Art greifbarer Körperlichkeit innerhalb des Tönespiels; in sehr schwachem Maße rückt der an sich von Raum und Masse freie klangliche Sinnesreiz in die Nähe von Empfindungseindrücken eines Geschehens und eines Verarbeitens an Stoff und Materie. (Kurth 1916, S. 35)

5 Melodie als Kraftfluss bei Kurth

Für Kurth ist schon das „Melodische keine Zusammenfassung von Tönen [...], sondern ein ursprünglicher Zusammenhang, aus dem sich Töne herauslösen“ (Kurth 1931, S. 16). Dieser Gedanke ist nicht neu. Hugo Riemann etwa meint zur scheinbaren Paradoxie diskreter Tonhöhen, die in der Melodie zu einem musikalischen Fluss werden,

daß die einzelnen ausgeprägten Töne als Stillstand auf einer bestimmten Tonhöhe zum Zweck der Vergleichung, Kontrolle des Grades der Steigerung oder Verminderung anzusehen sind, daß dagegen der Legato-Übergang aus der einen Tonhöhe in die andere uns nicht als Sprung, sondern als schnell ausgeführte kontinuierliche Steigerung oder Verminderung erscheint. (Riemann, 1888)

Der Zusammenhang der Melodietöne entsteht nach Riemanns Vorstellung also aus dem Verbinden der Töne durch das beim gesanglichen Musizieren übliche Legato. Im Belcanto gibt es für ein ausgeprägtes Legato den suggestiven Ausdruck *porta la voce*, die Stimme also von einem Ton zum anderen zu tragen, aus dem sich die Vortragsbezeichnung *portamento* herleitet. Riemann war auch ausübender Musiker und Musikpädagoge, der die musikalische Praxis aus eigener Tätigkeit kannte. Demgegenüber wird der Zusammenhang der Töne einer Melodie von psychisch wirkenden Kräften gestiftet.

Deutliches Bewußtsein begleitet im Grund jeden psychischen Prozeß (auch außerhalb der Musik) nur in Haltepunkten, während er seinem Wesen nach ein lückenloses Fließen darstellt. So sind auch im melodischen Gebilde Töne nur als erkennbare Spuren einer dunklen Kraft, die zu reich an Inhalten ist, um in all deren flüchtigen Hinströmen gefaßt zu werden. (Kurth 1931, S. 79)

Das melodische Erlebnis entspringt einer aktiv bildenden Kraft, der etwas Unbestimmtes und zugleich Reichhaltiges zu eigen ist – was auch immer das sein mag: auch hier bleibt Kurth vage.

Das Zitat zeigt auch beispielhaft, wie wenig Kurth Wert auf logische Konsistenz legt. Wenn sich das Bewusstsein aus diskreten „Haltepunkten“ konstituiert, dann muss Kurth ausführen, wie in Melodien dennoch ein kontinuierliches Fließen der bildenden Kraft erlebbar wird. Die Quelle dieser Kraft wird von Kurth metaphorisch als „Tiefe der Lebensenergie“ bezeichnet:

> Aus der Tiefe der Lebensenergie lösen sich verschiedene spezifische Äußerungsformen von Kräften körperlicher wie geistiger Art. Eine davon und vielleicht die merkwürdigste, jedenfalls an Sondererscheinungen reichste, ist die Bewegungsenergie, in der sich das musikalische Erleben und Vorstellen entladet und die sich in verschiedenen Spannungsformen äußert. In ihr lebt das Grundgefühl des Wirkens, einer „Arbeit". Ihre einfachste Form erkennt man an jedem melodischen Gebilde als einen durchtragenden Zug. Es ist eine Energie, die den Tonverlauf in sein eigentümliches Bild treibt und damit auch jeden seiner Töne durchwirkt; nicht minder wesentlich ist, daß man sie als die zwischen den Tönen streichende Kraft erkennt, nicht als nachträgliche Verbindung, sondern als tragende Kraft. Sie verdient um so mehr Beachtung, weil hier eine einzigartige Bewegungsempfindung vorliegt, die weder mit physischen noch mit einer sonstigen psychischen Bewegung gleichzusetzen ist. (Kurth 1931, S. 76)

6 Musiktheorie und musikalisches Kräftespiel

Kurth meint also, Musik veranlasse das Wirken einer Kraft, das mit dem Grundgefühl einer Arbeit verbunden sei. Aus Kurths musiktheoretischen Arbeiten wird deutlich, dass diese Kräfte durch musikalische Detailanalyse ergründet werden können. In dieser Auffassung spiegelt sich Kurths ursprüngliches Interesse für satztechnische und satzstilistische Fragen wider. Seine Dissertation bei Guido Adler (1908, Universität Wien) trägt den Titel: „Der Stil der opera seria von Gluck bis zum Orfeo", seine Habilitation an der Universität Bern (1912) untersucht „Die Voraussetzung der theoretischen Harmonik und der tonalen Darstellungssysteme". Große Beachtung fand seine Studie über die „Grundlagen des linearen Kontrapunktes" (1916). Neben einer detaillierten musikalischen Analyse beschreibt Kurth die musikalischen Wirkungen einer Vielzahl von Musikbeispielen durchaus nachvollziehbar mit Mitteln einer Kraftmetaphorik. Als Beispiel sei die Analyse von J. S. Bachs Präludium b-moll aus dem ersten Band des Wohltemperierten Klaviers genannt:

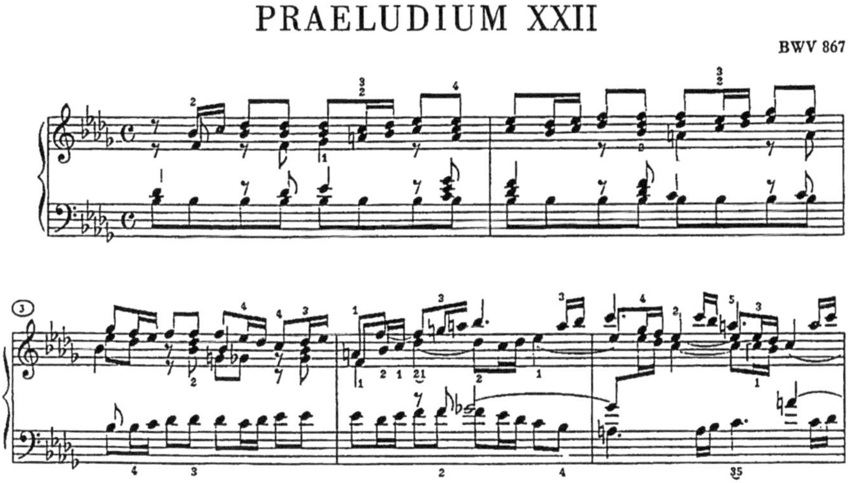

Abb. 1: *Notenbeispiel: J. S. Bach, Beginn des Präludiums b-moll BWV 867*

> Das hier in der Oberstimme liegende Thema mit seiner langsam aufwärtstreibenden Bewegungsenergie erscheint auch in diesem Fall wieder gemeinsam mit einem besonders scharfen Kontrast, indem der Orgelpunkt im Baß, das unbewegliche Festliegen auf b, den Grundwillen des Bauens und Aufwärtsdrängens in den höheren Stimmen verstärkt ins Empfinden treten läßt. Auch hier führt es in der Durchführung des Präludiums zu einem aufwärtsschichtenden, stets höher und kompakter getürmten Bauen in Akkordmassen; (...). Im Thema liegt eine Bewegung und Kraft, die sich gegen die lastende Schwere des Akkordmassivs in diesem Satz aufstemmt; nicht auf gewisse Vorstellungen eines bildhaften Geschehens kommt es hierbei an, sondern auf das Erfühlen des Kraftwirkens in der thematischen Bewegung. (Kurth 1916, S. 215)

Im konkreten Bezug auf die Musik ist Kurths Verfahren durchaus nützlich: Dem Hörer kann es zu einem vertieften Hörerlebnis verhelfen, dem Interpreten werden Anregungen zur musikalischen Gestaltung gegeben, dem Tonsatzschüler wird die Beziehung zwischen musikalischem Satz und musikalischer Wirkung exemplarisch verdeutlicht. Auch musikästhetische Erwägungen wie in seiner Schrift „Romantische Harmonik und ihre Krise in Wagners 'Tristan'" (Kurth 1923) werden argumentativ durch Kurths Detailanalyse und kraftmetaphorische Wirkungsbeschreibungen überzeugend gestützt. Mit denselben Mitteln gelingt es Kurth, das lebenslange Ringen Anton Bruckners um die vollendete Erfüllung der symphonischen Form zu verdeutlichen (Kurth, 1925). Kurths Kraftmetaphorik ist in allen diesen Fällen ein legitimes didaktisches Mittel, sollte aber auch stets als Metaphorik kenntlich gemacht werden; wissenschaftsfähig ist sie nicht. Für Kurth ist sie aber das Kerngebiet der Musikpsychologie:

> Zu wenig ist erkannt worden, daß die hauptsächlichsten Ansatzpunkte für eine empirische Psychologie der Musik in der Theorie offenbar werden, oder richtiger: in ihr verborgen liegen. Und das ist nicht weiter verwunderlich, wenn man bedenkt, daß sie die unmittelbarsten Formen des musikalischen Kräftespiels enthält, auf seine Grundbedingungen schließen und auch seine weiteren Verlaufswege erkennen läßt (Kurth 1931, S. 62).

Es wird also in der „Theorie" der musikalische Satz analysiert und dann auf das „musikalische Kräftespiel" geschlossen. Ob das „musikalische Kräftespiel" stets so und von allen gleich empfunden wird, ob es einen prinzipiellen Unterschied zwischen Komponisten, Ausführenden und Hörern gibt, wird gar nicht erst problematisiert. Die Musik, wie sie im Notentext der musikalischen Analyse zugänglich ist und so der psychologischen Deutung als Krafterlebnisse geöffnet wird, erhält implizit den Status einer objektiven Instanz: Die von der Musik ausgelösten Kraftempfindungen werden als unveränderlich gegebene Tatsache angesehen. Die Bedeutung etwa der von Carl Stumpf in der Tonpsychologie (1883, 1890) ausführlich erörterten Aufmerksamkeit für das Hören und damit das Musikerlebnis wird von Kurth genau so wenig diskutiert, wie etwa die Rolle der Stimmung für das Gefühlserlebnis, auf das Stumpf in seinen Gefühlsaufsätzen (Stumpf 1928) hinweist.

7 Psychische und physiologische Energie: Analogien und Gegensätze

Kraft, Arbeit und Energie sind physikalische Begriffe, die ursprünglich aus der Mechanik stammen und in der Physik so definiert werden, dass sie sowohl qualitativ als auch quantitativ erfassbar werden. Diesen Begriffen stellt Kurth sein Konzept der „psychischen Kräfte" als Analogon zur Seite: „In der Tat läßt sich das Wesen der Musik und psychischen Kräfte weniger durch Vergleich mit andern Sinnesgebieten erfassen als durch Vergleiche mit dem einzigen andern Kraftgebiet, das wir kennen: der Physik" (Kurth 1931, S. 98).

Es handelt sich für Kurth aber um mehr als nur einen Vergleich, wenn er sich seiner metaphorischen Spekulationen bedient und den Zusammenhang zwischen beiden Kraftformen, der physikalischen und der psychologischen, in einer „philosophischen Hypothese" fasst: „So etwa indem man beiderlei Kräfte nur als verschiedene Kundgebungen eines gemeinsamen unbekannten Wirkens ansieht, das sich dabei nur in Erlebbarkeit (psychische Welt) und Wahrnehmbarkeit

(Kraftbild der äußeren Welt) spalten würde“ (Kurth 1931, S. 99). Trotz gemeinsamen Ursprungs seien beide Kraftformen aber grundlegend verschieden:

> Aber was die musikalischen Energien von den physikalischen unterscheidet, sind ganz grundlegende Dinge: zunächst die einzigartige Materie, in der sie sich darstellen, sowie die Bindung an einen ganz anderen „Raum“. Schon darum kann nur von gewisser Gleichartigkeit die Rede sein, und es ist an wesentlich andere, nur dem psychischen Leben eigene Urerscheinung zu denken. Somit unterscheiden sich diese Kräfte schon durch ein anderes Verhältnis zum wahrnehmenden Subjekt: was in der äußeren Welt als Kraftvorgang erkannt wird und ihrer Eigenschaft innewohnt, lebt im musikalischen Fühlen als Drang. (Kurth 1931, S. 98)

Auch dieses Zitat enthält eine ganze Reihe von Begriffen, die Kurth nicht klärt sondern intuitiv verstanden wissen will. Kurth referiert auf „Urerscheinungen“, auf ein „unbekanntes Wirken“, erkennt nun bei der Musik eine „Bindung an einen ganz anderen Raum“, dabei geht er an anderer Stelle von der „Anschauung des Raumes“ (als apriorische Gegebenheit) aus, auf die das „innere Weltbild der Musik“ (Kurth 1931, S. 116) übertragen wird. Es fragt sich, was die Anwendung physikalischer Begriffe auf die Musik erklären kann, wenn „nur von einer gewissen Gleichartigkeit die Rede sein“ kann. Es wird nur assoziiert, aber nicht geklärt, worin sie bestehen soll. Die Messbarkeit als eine der wesentlichen Eigenschaften der physikalischen Begriffe entfällt gänzlich. Gerade zum Zweck der nachvollziehbaren Messbarkeit werden aber die physikalischen Begriffe exakt definiert. Auch wäre zu klären, in welchem Verhältnis das musikalische Fühlen zu den allgemeinen Gefühlen steht und worin im musikalischen Fühlen der Drang besteht.

8 Der Begriff des Raums bei Carl Stumpf

Die physikalischen Begriffe Bewegung, Kraft, Energie, Spannung setzen den euklidischen dreidimensionalen Raum voraus, in dem sie definiert sind. Wenn von einem musikalischen Raum gesprochen wird, kann offensichtlich nicht dieser Raum gemeint sein. Zur Klärung des Raumbegriffs kann Stumpfs Unterscheidung zwischen dem „Phänomenalen Raum“ und dem „Objektiven Raum“ hilfreich sein. Der Phänomenale Raum wird durch die Sinnesempfindungen vermittelt und spiegelt die Struktur der Wahrnehmungsphänomene wieder. Stumpf unterscheidet je nach dem Sinn zwischen

- Gesichtsraum
- Raumvorstellung des Tastsinns einschließlich des Hautsinns, den Schmerz- und Muskelgefühlen

- Raum der Geschmackslokalisation (auf der Zunge)
- Raumvorstellung des Tonsinns.

Beim Geruchsinn findet er keine Raumvorstellung. (Stumpf 1873, S. 297 ff)

Aus dem Phänomenalen Raum entsteht der Objektive Raum, als „ein mehrdimensionales Kontinuum, das die Anwendung geometrischer Begriffe auf die Wirklichkeit ermöglicht“ (Stumpf 1939 / 1940, S. 639) durch Abstraktion:

> Der Raumbegriff der klassischen Physik entsteht aus dem Wahrnehmungs- und Vorstellungsraum, der selbst nur eine besondere Seite des gesamten konkreten Wahrnehmungsinhaltes ist, durch Abstraktion (Absehen) von allem Qualitativen und von jeder Art der Ungleichförmigkeit sowie durch die Forderung einer unendlichen Ausdehnung und durch die Beschränkung auf Relationen unter Abstraktion von allem Absoluten, worin und woran diese Relationen in der sinnlichen Anschauung haften. (Stumpf 1939 / 1940, S. 626)

Die „Abstraktion von allem Absoluten“ in Verbindung mit der „Beschränkung auf Relationen“ ist die Grundlage für den Begriff der „Gestalt“ bei Stumpf: „Wir bezeichnen ein Ganzes (einen Inbegriff) von Sinnesinhalten (Erscheinungen) als einen Komplex, dagegen ein Ganzes (einen Inbegriff) von Verhältnissen zwischen Sinnesinhalten als eine Gestalt“. (Stumpf 1939 / 1940, S. 230). Stumpf beschreibt die Abstraktion vom Phänomenalen Raum zum Objektiven Raum der Physik, der in der klassischen Physik der dreidimensionale euklidische Raum ist, um Kants Konzept der apriorischen Raumvorstellung entgegenzutreten. Aber eine entsprechende Abstraktion ist für alle Sinne denkbar, insbesondere auch für den Hörsinn, so dass man auch von einem abstrakten Tonraum mit der Möglichkeit zur Gestaltbildung ausgehen kann. Gerade die Musik zeigt nach Stumpf ausgeprägte Gestaltbildungen.

> Dagegen bietet die Musik schon nach der rein tonalen Seite wahre Musterbeispiele und Glanznummern der allgemeinen Gestalttheorie, an welchen das Wesen sinnenfälliger Gestalten studiert und der Gestaltbegriff erprobt werden kann. Die Formenlehre der Musik ist ein ausgebildetes System wie die Grammatik der Sprache (…) die allgemeinsten musikalischen Formbegriffe verdienen und verlangen einen Platz selbst in der Erkenntnislehre. (Stumpf 1939 / 1940, S. 268)

Die Struktur des abstrakten Tonraums hat Stumpf auch experimentell untersucht und in seiner Tonpsychologie beschrieben. Die Tonhöhe als das Empfindungsmoment der Tonqualität

- ist ein (unendlich vorgestelltes) Kontinuum (Stumpf 1883, S. 178 ff)
- besitzt als Ordnungsstruktur eine „kleiner-größer“ Relation für die Tonhöhe, indem die Töne als höher oder tiefer erkannt werden (Stumpf 1883, S. 140);

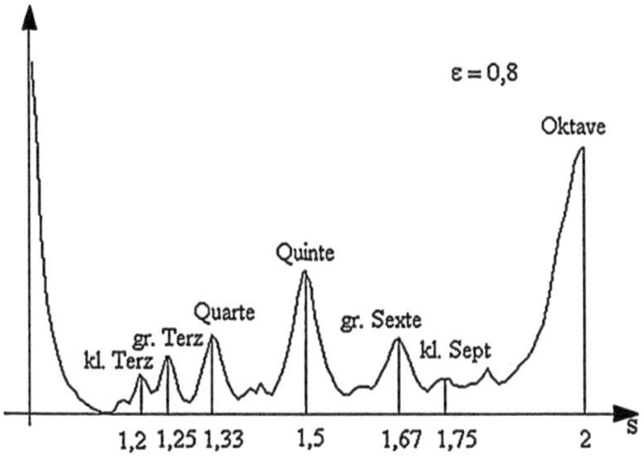

Abb. 2: *Die Allgemeine Koinzidenzfunktion (Ebeling 2007, S. 103) berechnet den Koinzidenzgrad neuronaler Impulseketten. Auf der Abzisse sind die Schwingungsverhältnisse beliebiger Intervalle innerhalb einer Oktave abgetragen, auf der Ordinate die Koinzidenzgrade. Der Graph stimmt mit der Kurve der Verschmelzungsstufen bei Carl Stumpf (1890, S. 176) überein.*

und zusätzlich zwei Metriken, die dem Vergleich zweier Töne dienen. Die erste beruht auf dem Verhältnis der Ähnlichkeit und vergleicht Töne als Abstand nach dem sogenannten „Distanzprinzip“ (Stumpf 1883, S. 142). Die zweite Metrik hängt mit dem Konsonanz-Dissonanzempfinden bei gleichzeitigen Tönen zusammen, beruht auf dem Grundverhältnis der Verschmelzung und bestimmt den Verschmelzungsgrad simultaner Intervalle (Stumpf 1890, S. 65, 127). Die Tonverschmelzung ist von Stumpf experimentell als Wahrnehmungsphänomen untersucht worden und lässt sich auf der Grundlage der modernen Psychoakustik auch mathematisch-logisch begründen.

Die von mir definierte Allgemeine Koinzidenzfunktion berechnet theoretisch den Grad der Koinzidenz von zwei Impulsketten mit verschiedenen Perioden. Stehen diese in einem Verhältnis, das den konsonanten Intervallen entspricht, so ist der Koinzidenzgrad hoch, bei dissonanten Intervallen gering. Für jedes Intervall wird die Energie der Autokorrelationsfunktion berechnet (Ebeling 2007, S. 102, Ebeling 2008). Das mathematische Modell beschreibt qualitativ und quantitativ die neuronale Entsprechung der „spezifischen Synergien“, die Stumpf als Ursache für die Tonverschmelzung postuliert (s. o. u. , Stumpf 1890, S. 214). Will man analog zur Physik die Begriffe Kraft, Arbeit, Energie, Bewegung etc. sinnvoll auf das musikalische Erleben übertragen, so muss analog zum physikalischen Raum ein abstrakter, mathematisch-musikalischer Raum konstruiert werden, in dem diese Begriffe geeignet zu definieren sind. Das setzt einen Raum voraus, in dem gemessen werden kann, um Bewegungen zu beschreiben. Ein solcher abstrakter musikalischer Raum ließe sich, ähnlich wie in der modernen Physik, auf der Grundlage des abstrakten unendlichen Tonraums mit den Metriken der Tonähnlichkeit und der Tonverschmelzung definieren und wäre mit Stumpfs Überlegungen zur Möglichkeit, abstrakte Räume zu definieren, verträglich:

> Es muß aber auch eine gewisse Bewegungsfreiheit für den Physiker (und Mathematiker) im Gebiete der Relationen selbst verlangt werden. Es muß erlaubt sein, in Hinsicht der in der Außenwelthypothese angenommenen inneren Beziehungen zwischen den letzten Teilchen über die in der räumlichen Anschauung gegebenen Relationen hinauszugehen, wenn die Tatsachen der Wahrnehmung dazu drängen. Solche, dem Anschauungsraum fremde Relationen könnten anderen Sinnesgebieten, z.B. dem Tongebiet (Verschmelzungserscheinungen) oder der Sphäre der psychischen Funktionen (einseitige Abtrennung nach Brentano), ja der sozialen Sphäre (wie in Russels Verhältnislehre), entnommen werden; sie könnten im Notfalle sogar durch Definition geschaffen werden. Damit würde sich das, was wir physikalisch als Raum bezeichnen, noch weiter von dem Anschauungsraum entfernen und ein spätes Endprodukt oder Ziel wissenschaftlicher Reflexion werden. (Stumpf 1939, 1940, S. 619)

Der so definierte Musikalische Raum ist schon allein wegen eines eindimensionalen Tonkontinuums und zweier Metriken anders strukturiert als der dreidimensionale Objektive Raum der klassischen Physik, in die sich nach Kurth das Musikerlebnis quasi hineinbildet.

9 Das Oktavphänomen bei Kurth und Stumpf

An der Behandlung des Oktavphänomens zeigen sich beispielhaft die Folgen der unterschiedlichen Ansätze und Denkweisen von Ernst Kurth und Carl Stumpf.

Das streng logische, erkenntnistheoretisch fundierte Denken führt Stumpf auf die Unterscheidung von Ähnlichkeit und Verschmelzung als zwei verschiedene Grundverhältnisse bei der Beurteilung zweier Tonqualitäten. Diese Unterscheidung macht es Stumpf möglich, das Oktavphänomen logisch adäquat zu behandeln. Unter dem Aspekt der Ähnlichkeit sind die zwei Töne der Oktave wegen ihrer großen (musikalisch maximalen) Distanz sehr unähnlich, haben aber unter dem Aspekt der Verschmelzung den höchsten Verschmelzungsgrad (abgesehen von der reinen Prime) und klingen sehr einheitlich. Die Metrik der Ähnlichkeit weist der Oktave wegen der großen Distanz beider Töne eine große Unähnlichkeit zu, die Metrik der Tonverschmelzung bestimmt für das aus beiden Tönen gebildete Intervall einen hohen Verschmelzungsgrad: Beide Töne klingen als simultaner Klang sehr einheitlich.

Obwohl Kurth die Tonpsychologie von Stumpf mehrfach zitiert und auch die Verschmelzungslehre generell befürwortet, übersieht er die logisch saubere

Trennung zwischen Tonähnlichkeit und Tonverschmelzung, die Stumpf macht. So schreibt er zum Oktavphänomen:

> Die Musiktheorie verarbeitet in der Tat die Oktave als Gleichheit und Verschiedenheit zugleich; die psychische Grundfunktion beim Oktavenhören ist vor allem die Vereinigung dieses Widerspruchs; man kann sogar die Oktavtöne als Gegensatz auffassen, wenn man statt auf die Ähnlichkeit mehr auf die Differenz gerichtet ist. Daß jener Widerspruch in die Musik aufgenommen wurde und sogar die Grundlage aller Harmonik bildet, beweist, wie sehr die Musik von Anfang an über Abgründe schwebt. (Kurth 1931, S. 164)

Man kann sich des Eindrucks nicht erwehren, dass Kurth das Schweben „über Abgründe" des logisch nicht Aufgelösten goutiert und sie als allgemeines Charakteristikum der Psychologie ansieht.

10 Melodie bei Kurth und Stumpf

Nicht nur in ihrer Auffassung zum Oktavphänomen divergieren Kurth und Stumpf grundlegend, auch bei den Überlegungen zur Melodie sind die Unterschiede unüberbrückbar. Statt „im melodischen Gebilde Töne nur als erkennbare Spuren einer dunklen Kraft" (Kurth 1931, S. 79) zu sehen, definiert Stumpf den Begriff der Melodie sehr genau. Er fragt: „Was heißt es eigentlich, Melodien als Gestalten wahrzunehmen?" (Stumpf 1939 / 1940, S. 269) und charakterisiert eine Melodie durch drei Eigenschaften:

- „Es handelt sich um diskret-sukzessive Tongestalten" (Stumpf 1940, S. 269)
- „Die Tonfolge muß einen musikalischen Sinn haben, sie muß dem Hörenden verständlich und zwar für sich verständlich sein, d. h. ein abgeschlossenes Ganzes bilden, das nicht auf eine Fortsetzung hinweist." (Bedingung der Unzerlegbarkeit; Stumpf 1940, S. 270)
- „Eine Melodie hat ferner stets einen mehr oder minder ausgeprägten Rhythmus." (Stumpf 1940, S. 270)

und gelangt dadurch schließlich zu der Definition: „Man könnte daher [...] eine Melodie definieren als eine diskret-sukzessive, selbständige, unzerlegbare, bestimmt rhythmisierte Tongestalt" (Stumpf 1940, S. 270).

Betont Kurth, dass die „dunkle Kraft" kaum gefasst werden kann, betont Stumpf die Verständlichkeit der Melodie. Statt eines „Hinströmens" bei Kurth legt Stumpf Wert auf die „bestimmt rhythmische Tongestalt". Von einer rhythmischen Gliederung des „flüchtigen Hinströmens" ist bei Kurth keine Rede. Die musikalische Wirkung der Melodie beruht bei Stumpf auf einem komplexen psychologischen Vorgang, der einerseits auf den Strukturen des Tonphänomens basiert, andererseits aber auch auf historisch Gewachsenem und Erlerntem des musikalischen Systems. Stumpf charakterisiert das Erlernte als implizites Wissen und betont zusätzlich die Notwendigkeit der Fasslichkeit der Melodie. Der Hörer muss die Elemente des Musiksystems kennen, damit sich die „Gefühlswirkung der Töne" als „Residuen der Gefühlsempfindungen" (Stumpf 1928) entfalten kann:

> Nur daran sei erinnert, daß unsere Melodien auf unseren Tonleitern, diese aber wieder auf den Akkorden der Kadenz ruhen, die dem ganzen Tonsystem der letzten vier Jahrhunderte (von der gegenwärtigen ‚atonalen' Musik reden wir hier nicht) zugrunde liegen, und daß man in diesem Tonsystem aufgewachsen sein muß, um die Melodien zu verstehen, wie sie gemeint sind. Die inneren Beziehungen, die infolge der Konstruktionsbedingungen dieses Systems zwischen allen Tönen bestehen, ihre Bedeutung als Tonica, Dominante, Subdominante, Mediante, Leitton usw., auf denen auch die Gefühlswirkung der Töne im Zusammenhang grundwesentlich beruht, müssen dem Hörer geläufig sein und aus dem Tonmaterial herausgehört werden, ohne daß er natürlich diese Kunstausdrücke und die mit ihnen verbundenen Begriffe zu kennen braucht. Aber auch der Rhythmus einer Melodie muß für den Hörer zum mindesten überschaubar sein [...]. Ferner hat jede Melodie ihr charakteristisches Tempo, das nur in sehr engen Grenzen variieren darf. (Stumpf 1940, S. 271)

11 Fazit

Es wird deutlich, dass Stumpf auf der Grundlage einer erkenntnistheoretisch fundierten, wissenschaftlichen Psychologie zu differenzierten Erklärungen der Wirkung von Musik gelangt, die metaphorische Beschreibungen musikalischer Erlebnisse vermeiden kann. Stumpfs Überlegungen können wegen ihrer gründlichen philosophischen Fundierung auch heute noch Leitfaden für die musikpsychologische Forschung sein. Demgegenüber ist Kurths Musikpsychologie schon vom Ansatz her nicht als wissenschaftsfähig anzusehen:

- wenn Irrationalität Merkmal des Psychischen sein soll, so ist auch keine logische Konsistenz von einer Psychologie zu erwarten, die das Seelische nachzubilden versucht;
- wird die Möglichkeit einer adäquaten Begriffsbildung bestritten, sind wissenschaftliche Modelle unmöglich;
- in Erklärungen ohne klar definierte Begriffe sind Aussagen frei interpretierbar und öffnen sich assoziativem Denken anstelle zu nachvollziehbaren und überprüfbaren Aussagen im Rahmen wissenschaftlicher Modelle zu führen. Die Übernahme physikalischer Begriffe als Metaphern wirkt zwar suggestiv, erklärt aber nichts;

- der Mangel an erkenntnistheoretischer Verankerung führt zu einer Beliebigkeit wechselnder Erkenntnismittel mit der Folge von wiederholten Lücken in den logischen Begründungen.

Folgerichtig lehnt Stumpf Kurths Unterfangen, die Wirkung von Musik als Kräfteentfaltung mit physikalischen Begriffsentlehnungen zu erklären, strikt ab:

> Unter den Musikästhetikern behauptet die ganze Schule von Kurth bis Mersemann mit Bestimmtheit, vielerlei Kräfte und Spannungen, expansive und zentripetale Energien und deren Stauung, Schichtung, Projektion, Konzentration, Kristallisation usw. direkt wahrzunehmen. Gerade auf diesen eklatanten Mißbrauch physikalischer Begriffe und Ausdrücke wird eine neue Ästhetik der Tonkunst gegründet. Man denkt nicht etwa an die innere Wahrnehmung der psychischen Funktionen, die sich in Gestalt von Erwartung, Überraschung, Aufmerksamkeitsspannung usw. an die Töne knüpfen, sondern an die sinnliche Wahrnehmung immanenter Eigenschaften der Töne selbst. (Stumpf 1940, S. 320)

Literatur

Ebeling, M. (2007). *Verschmelzung und neuronale Autokorrelation als Grundlage einer Konsonanztheorie*. Frankfurt a.M.: Peter Lang.

Ebeling, M. (2008). Neuronal periodicity detection as a basis for the perception of consonance: A mathematical model of tonal fusion. *Jasa, 124 (4)*, 2320-2329.

Helmholtz, H. von (1862 / 1913). *Die Lehre von den Tonempfindungen. Als physiologische Grundlage der Musik*. Braunschweig: R. Wachsmuth 1913, Nachdruck: Hildesheim: Olms 1983.

Hanslick, E. (1854). *Vom Musikalisch-Schönen, Ein Beitrag zur Revision der Aesthetik der Tonkunst*. Leipzig: Rudolph Weigel.

Kaiser-el-Safti, M. (2001). *Die Idee der wissenschaftlichen Psychologie*. Würzburg: Könighausen & Neumann.

Kurth, E. (1916). *Grundlagen des linearen Kontrapunkts. Bachs melodische Polyphonie*. Nachdruck: Bern: Krompholz 1956.

Kurth, E. (1923). *Romantische Harmonik und ihre Krise in Wagners „Tristan"*. Berlin: Max Hesse, Nachdruck: Hildesheim: Olms 1985.

Kurth, E. (1925). *Bruckner*. Berlin: Max Hesse.

Kurth, E. (1931). *Musikpsychologie*. Berlin: Max Hesse.

Langner, G. (1983). Evidence for neuronal periodicity detection in the auditory system of the guinea fowl: implications for pitch analysis in the time Domain. *Experimental brain research, 52*, 333-335.

Langner, G. (2007). Die zeitliche Verarbeitung periodischer Signale im Hörsystem: Neuronale Repräsentation von Tonhöhe, Klang und Harmonizität. *Zeitschrift für Audiologie, 46 (1)*, 8-21.

Riemann, H. (1888). *Wie hören wir Musik?* Leipzig: Max Hesse.

Reichert, H. (1990). *Neurobiologie*. Stuttgart: Thieme.

Stumpf, C. (1873). *Über den psychologischen Ursprung der Raumvorstellung*. Leipzig: Hirzel.

Stumpf, C. (1883 / 1890): *Tonpsychologie*. Bd. 2, Leipzig: Hirzel.

Stumpf, C. (1898a). Konsonanz und Dissonanz. *Beiträge zur Akustik und Musikwissenschaft, 1*, 1-108.

Stumpf, C. (1898b). Neues über Tonverschmelzung. *Beiträge zur Akustik und Musikwissenschaft, 2*, 1-24.

Stumpf, C. (1898c). Zum Einfluss der Klangfarbe auf die Analyse von Zusammenklängen. *Beiträge zur Akustik und Musikwissenschaft, 2*, 168-170.

Stumpf, C. (1907). Zur Einteilung der Wissenschaften. *Abhandlungen der Königlich Preußischen Akademie der Wissenschaften zu Berlin*. Philosophisch-historische Klasse, 1–94.

Stumpf, C. (1911a). Konsonanz und Konkordanz. Nebst Bemerkungen über Psychologie und Wohlgefälligkeit musikalischer Zusammenklänge. *Zeitschrift für Psychologie und Physiologie der Sinnesorgane, 58*, 321-355.

Stumpf, C. (1911b). Differenztöne und Konsonanz. Zweiter Artikel. *Zeitschrift für Psychologie und Physiologie der Sinnesorgane, 59*, 161-175.

Stumpf, C. (1921a). Über die Tonlage der Konsonanten und die für das Sprachverständnis entscheidende Gegend des Tonreiches. *Sitzungsberichte der Preußischen Akademie der Wissenschaften, 1*, 636-640.

Stumpf, C. (1921b). Zur Analyse der Konsonanten. *Beiträge zur Anatomie, Physiologie, Pathologie und Therapie des Ohres, der Nase und des Halses, 17*, 182-190.

Stumpf, C. (1926a). *Sprachlaute und Instrumentalklänge. Experimentell-phonetische Untersuchungen (nebst einem Anhang über Instrumentalklänge)*. Berlin: Springer.

Stumpf, C. (1926b). Sprachlaute und Instrumentalklänge. *Zeitschrift für Physik, 38*, 745 – 758.

Stumpf, C. (1928). *Gefühl und Gefühlsempfindung*. Leipzig: Barth.

Stumpf, C. (1939 / 1940). *Erkenntnislehre*. Bd. 2, Leipzig: Johann Ambrosius Barth; Nachdruck: M. Kaiser-el-Safti (Hrsg.), Lengerich: Papst 2011.

Erkenntnistheoretische Grundlagen der Gestalt- und Ganzheitspsychologie in historischer Perspektive

Margret Kaiser-el-Safti

Zusammenfassung

Die Gestalt- und Ganzheitspsychologie basiert auf bislang noch nicht aufgearbeiteten komplexen erkenntnistheoretischen Fundamenten, dic sowohl die menschliche Wahrnehmung (das sinnliche Phänomen) als auch den Abstraktionsprozess (die kognitive Grundlage der Erkenntnis) revolutionierten. Diese neuen Fundamente setzten die idealistisch-metaphysischen Erkenntnisprämissen der Transzendentalphilosophie Immanuel Kants außer Kraft und suchten eine Brücke zu schlagen zu der im 19. Jahrhundert prosperierenden deutschen Sinnesphysiologie und -psychologie. Für den von Christian v. Ehrenfels geprägten Terminus „Gestaltqualität" sind wesentlich mehr wichtige theoretische Vorläufer namhaft zu machen als herkömmlich erwähnt werden. Erst in erkenntnistheoretischer Retrospektive sind die enormen Anstrengungen dieser bedeutendsten deutschen psychologischen Schule zu würdigen, deren genuine Zielrichtung dem Bestreben galt, dem metaphysischen Seelenbegriff eine epistemisch vertretbare empirische Basis zu verschaffen, die auch heute noch in Grundlagenfragen der theoretischen Psychologie richtungsweisend sein kann.

Abstract

The Gestalt psychology is based on complex and not yet fully explored epistemological foundations which revolutionized the human perception (the sensuous phenomenon) as well as the process of abstraction (the cognitive base of knowledge). These new fundaments invalidated the idealistic knowledge premises of Immanuel Kant's transcendental philosophy and aimed to establish ties to the German physiology and psychology of the senses which began to flourish in the 19th century. When it comes to the term 'Gestaltqualität' coined by Christian v. Ehrenfels, there should be noted many more forerunners than usually are alluded to. The enormous efforts of this most significant German school of psychology can be honored only in epistemological retrospective, a school whose genuine endeavors were dedicated to the objective of providing an epistemic justifiable empirical base for the metaphysical notion of psyche.

Teil 1

1 Dreifaltigkeit von Erkenntnistheorie (Philosophie), Physiologie und Psychologie

1.1

Erkenntnistheoretisch hatte sich die von Immanuel Kant inaugurierte Transzendentalphilosophie und deren folgenreiche *Subjekt-Objekt-Relation* als entscheidende Barriere für die Gründung einer empirischen Psychologie erwiesen (vgl. Kaiser-el-Safti 2001). Carl Stumpf entwickelte zur wissenschaftlichen Konsolidierung der Psychologie in Abänderung der zu engen Kantischen Subjekt-Objekt-Relation eine erweiterte Relationstheorie im Sinne des *Ganzen und diverser Teilverhältnisse.* Gemeint war das sinnliche Empfindungsganze (Sehen, Hören, Tasten etc.) als Grundlage der Wahrnehmungserkenntnis und Basis von Stumpfs Phänomenologie.

Kant hatte aber erst in seinem *kritischen* und transzendentalen Werk zur Subjekt-Objekt-Relation gefunden und sie fortan durchgesetzt, während das sogenannte *vorkritische* Werk von 1847 bis 1881 (bis Erscheinen der „Kritik der reinen Vernunft") sich um eine philosophische Relationskonzeption des *Ganzen* im Sinne des *Welt*ganzen in seiner raum-zeitlichen Unendlichkeit bemüht hatte. Kants vorkritische Arbeiten waren auf der Suche nach einer neuen Metaphysik, die überzeugender als sämtliche vorausgegangenen Ontologien das *Verhältnis* von physikalischem Kosmos nach der neuen Physik Newtons, Menschenwelt und Gottes Unendlichkeit, darzustellen suchte. Gleich die erste veröffentlichte Arbeit des jungen Philosophen gab zu verstehen, dass er frühere diesbezügliche Versuche „auf Fehler zu ertappen" gedenke (vgl. 1968 Bd.1, S. 19) und diese mit einer neuen wissenschaftlich überzeugenderen Version von Metaphysik zu korrigieren beabsichtigte. Nach bemerkenswert zahlreichen Kehren und Wendungen in der Theoriebildung war Kant in 25 Jahren intensiven Nachdenkens schließlich bei seinem kritischen Leitgedanken und seinem transzendentalen „Programm" angelangt, das nicht mehr die großen Fragen der Metaphysik nach Gott, Unendlichkeit, Weltenanfang und Weltenende, Wesen des Menschen, des Geistes und der Seele respektive die Frage nach dem Leib-Seele-Verhältnis in *positiver* Weise zu ergründen oder zu beantworten suchte, sondern zukünftig nur noch dem *Verweis auf die Grenzen* der menschlichen Vernunft zu folgen und zu dienen hätte (vgl. Kant 1766/1968, Bd. 2, S. 982). Vor diesem Hintergrund einer ‚negativen Metaphysik' entschied Kant, dass auch über ‚Seele' und Seelenwissenschaft keine *positiven* Begriffe mehr beizubringen seien, nachdem sich ihm das Leib-Seele-Verhältnis als ein prinzipiell unlösbares Problem dargestellt hatte.

Das Bemerkenswerteste an dieser ‚negativen Methode' ist für Kants Einschätzung der Psychologie nicht das Ergebnis, sondern der Weg dahin, nämlich Kants Bemühungen, bezüglich der hauptsächlich zu beantwortenden erkenntnistheoretischen Frage nach dem *Verhältnis von sinnlicher Wahrnehmung und Intellektualität* eine Antwort zu finden. Diese sollte aber auf der einen Seite das höchste *übersinnliche* Wesen (Gott) und die für moralisches Handeln verantwortliche *nicht-sinnliche* Geist-Seele nicht von dem philosophischen Diskurs ausschließen, weil in Zeiten eines um sich greifenden Materialismus und Atheismus durchaus zum religiösen Glauben motiviert werden musste, selbst wenn die Wissenschaft keine positiven Antworten auf ‚letzte Fragen' zu geben vermochte; auf der anderen Seite wollte Kant der *Grenzsetzung* der Wissenschaft zugleich auch eine, den älteren, der Religion verpflichteten metaphysischen Perspektiven überlegene *erweiternde* Perspektive verschaffen. Dieses dialektische Kunststück konnte aber nur gelingen, indem ‚Wahrnehmung' insgesamt auf rein formale Eckpfeiler (Raum und Zeit) reduziert, alle anderen *sinnlichen Qualitäten* eliminiert, respektive ‚Sinnlichkeit' von ‚Intellektualität' *abgespalten* wurde.

Dem Bemühen, der menschlichen Erkenntnis im Ganzen eine *Begrenzung* aufzuerlegen und zugleich der Naturwissenschaft eine *Erweiterung* zu verschaffen, erinnert an die Problematik der Quadratur des Kreises, auf die hier aber nicht weiter einzugehen ist, denn die sich im vorkritischen Werk anbahnende und zuletzt abzeichnende Lösung *mit allen Konsequenzen für die wissenschaftliche Psychologie* wurde bereits an anderer Stelle ausführlich dargestellt (vgl. Kaiser-el-Safti 2001, S. 175-266). Nur so viel hier dazu: Da nach Kant unter ‚Wissenschaft' nur kausal verfahrende *Naturwissenschaft* verstanden werden sollte und Psychologie, wenn sie Wissenschaft sein wollte, also auch Nuturwissenschaft zu sein hatte, musste sie auf ihren eigentlichen Seelenbegriff im Sinne eines *rein mentalen Wesens* verzichten, was im 19. Jahrhundert dann folgerichtig zu einer „Physiologie der Seele" und zuletzt zu einer „Psychologie ohne Seele" führte, und letztere Version das Dilemma einer ‚Psychologie ohne Gegenstand' erzeugte. Diese befasste sich dann aber umso eifriger mit der Erforschung der sinnlichen Wahrnehmung und ihrer physiologischen Grundlagen. Letztere Entwicklung, die Konzentration auf die Wahrnehmung, äußere (sinnliche) *und* innere Wahrnehmung (Introspektion), verschaffte der deutschen Psychologie weltweit einen Vorsprung, den sie dann aber mit Ausbruch des Zweiten Weltkrieges wieder einbüßte.

1.1.1

Im Großen und Ganzen ist davon auszugehen, dass Carl Stumpf eine Entwicklung voraussah, die heute ihren Höhepunkt erreicht hat, aber schon in der Mitte des 19. Jahrhunderts als Reaktion auf Kants Restriktion und *Umwandlung* der sinnlichen Wahrnehmung in eine „transzendentale Ästhetik" einsetzte: Engagement und Akribie der deutschen Sinnesphysiologie und -psychologie hatten in relativ kurzer Zeit einen bedeutenden *Wissenszuwachs* in Anatomie, Physiologie, experimenteller Psychologie und – wenngleich zu dieser Zeit noch weitgehend auf spekulativer Basis – Neurologie der *Sinnesorgane* zu verzeichnen, der älteren *philosophischen* Theorien über die sinnliche Wahrnehmung (wie beispielsweise die Theorie primärer und sekundärer Qualitäten nach John Locke) den Boden entzog, wovon das philosophische Gesamtkonzept nicht unberührt bleiben konnte. Die Initiative zu dieser Entwicklung war von dem Philosophen, Psychologen, Pädagogen und ersten Musikpsychologen Johann Friedrich Herbart (1776-1841) ausgegangen und die erste selbständige Arbeit des jungen Carl Stumpf referiert 1873 mit der Untersuchung über die verzweigten anatomischen, physiologischen, psychologischen und *erkenntnistheoretisch* relevanten Grundlagen der *visuellen* Wahrnehmung den letzten Stand der Dinge. Stumpf ergänzte ihn zehn Jahre später mit der Analyse der akustisch-musikalischen Wahrnehmung in der „Tonpsychologie" (1883 und 1890) – in beiden Fällen mit einer grundsätzlichen Auseinandersetzung bezüglich der wahrnehmungstheoretischen Prämissen der akustischen Wahrnehmung, Letztere wiederum in kritischer Auseinandersetzung bezüglich ihrer Konsequenzen für den Seelenbegriff (zu Herbarts Seelenbegriff vgl. Stumpf 1873, S. 30 f. und 1890, S. 185 f.).

Stumpfs späterer Begriff der Phänomenologie suchte auf einer wesentlich komplexeren Basis, die er 1873 in der Monographie „Über den psychologischen Ursprung der Raumwahrnehmung" mit der „Theorie der psychologischen Teile" (1873, S. 106 f.) aber schon auszuarbeiten begonnen hatte, für die ‚Dreifaltigkeit' Physiologie-Erkenntnistheorie-Psychologie eine Lösung, d. h. die *neuen* Erkenntnisse, die auf physikalisch-physiologischer und experimenteller Basis gewonnen wurden, mit den ‚alten' philosophischen (erkenntnistheoretischen) und den neueren empirisch-psychologischen Ergebnissen, z.B. der durch H. Weber und G. Th. Fechner initiierten wahrnehmungstheoretisch wichtigen Schwellenuntersuchungen, ins Einvernehmen zu setzen respektive ein neues, breit abgesichertes *interdisziplinär* zu nutzendes Fundament der sinnlichen Wahrnehmung im Rahmen seiner Phänomenologie zu erstellen, das allen Aspekten dieses komplexen Terrains gerecht zu werden suchte.

Von Bedeutung ist in diesem Kontext die Akzentuierung der Aufgaben, die Stumpf im Vorwort des ersten Bandes der „Tonpsychologie" folgendermaßen formuliert: „Mit der physikalisch-physiologischen Akustik hat die psychologische das Material gemein, die Tonempfindungen. Aber erstere untersucht die Antecedentien, letztere die Folgen der Empfindungen“ (vgl. 1883, S. VI). Das heißt, dass Stumpf die dem Erleben nicht zugänglichen physikalisch-physiologischen Ursachen von den dem Bewusstsein zugänglichen Empfindungen (den Qualia) unterscheidet, und Letztere wiederum von den psychischen Funktionen, die sich an und mit dem Erleben der sinnlichen Grundlagc entwickeln. Unter erkenntnistheoretischen Prämissen *vermeidet* Stumpf sowohl obsolet gewordene Konsequenzen des Cartesianischen *Dualismus* als auch eine schon zu dieser Zeit von Bernard Bolzano angedachte, von Gottlob Frege weiter entwickelte und bei Karl Popper (vgl. Popper 1977, S. 61 ff.) nochmals auferstandene ontologisch-metaphysisch zu deutende „Drei-Welten-Theorie“ des Psychischen, Physischen und Logischen.

Stumpfs erkenntnistheoretisch und psychologisch relevante Unterscheidung zwischen dem *Aktcharakter der psychischen Funktion* und dem *Inhalt der Empfindungen* (vermutlich durch Bernard Bolzano inspiriert) ist m.E. der derzeit überzeugendste, weil weltanschaulich *unvoreingenommene* Vorschlag einer Lösung sonst unlösbarer Probleme des so genannten Leib-Seele-Problems. In dieser Perspektive bewahren die psychischen Akte als Funktionen eine relative Unabhängigkeit sowohl von den Inhalten der Erscheinungen (den ‚Qualia‘) als auch von den ‚Gebilden‘ als die im weitesten Sinne zu interpretierenden kulturellen *Inhalte* wie Begriffe, Sachverhalte, Urteilinhalte, Werte, die Stumpf unter der Bezeichnung „Eidologie“ zusammenfasste, die aber kein platonisches Eigenleben führen, sondern an ihre *psychische Aktualisierung* gebunden sind (vgl. Stumpf 1907 b).

Wenn Stumpf am Ende seines Lebens zu verstehen gibt, dass sein ehemaliger Schüler Edmund Husserl mit dem Konzept einer ‚transzendentalen Phänomenologie‘ über eine *neue* „Kritik der reinen Vernunft“ nachgedacht hätte (vgl. 1939/2011, S. 188 f.), galt das auch schon für den jungen Carl Stumpf. Das hieß freilich, dass eine neue Erkenntnistheorie und eine moderne empirische Psychologie durchzusetzen waren, für die, entgegen idealistischer und rationalistischer Philosophie, ‚Wahrnehmung‘ kein unbedeutendes Nebengeleis oder gar ein Reservat des Irrationalen mehr darstellte. Die ‚Phänomenologie‘ im Sinne einer Propädeutik für *alle* Wissenschaften hatte sich aber durchaus auch mit naturwissenschaftlichen Ergebnissen erkenntnistheoretisch zu befassen, was Edmund Husserl strikte ablehnte.

Vor diesem Hintergrund erhärtete Stumpf mit der „Tonpsychologie“ erstmals die *erkenntnistheoretische* Relevanz der akustischen Wahrnehmung. Warum diese anscheinend zunächst befremdliche philosophische Betrachtungsweise des *Hörens* entweder nicht erkannt, ignoriert oder schlechterdings bestritten wurde, ist an anderer Stelle dargestellt worden (vgl. Kaiser-el-Safti 2011); anscheinend verführte der Einsatz experimenteller Verfahrensweisen *auf Seiten der Philosophie* zu der irrigen Auffassung, dass, wo das Experiment zum Einsatz gelangte, der philosophische Geist sich aus dem Staube gemacht hätte, und verkannte ein *zu dieser Zeit* vorwiegend experimentell ausgerichteter Psychologe wie Wilhelm Wundt noch die Relevanz *erkenntnistheoretischer Vorüberlegungen* für das psychologische Experiment (vgl. Wundts anonyme Rezension des ersten Bandes der „Tonpsychologie" 1883).

Aber auch die *strikte* Trennung, die Wilhelm Dilthey zwischen dem Seelenleben, das wir *verstehen* und der Natur, die wir *erklären*, vornehmen wollte, hatte für Stumpf keine Gültigkeit mehr; Vergleichbares dürfte auch für das in späteren Jahren angespannte Verhältnis zwischen Stumpf und seinem ehemaligen Lehrer Franz Brentano eine Rolle gespielt haben. Brentano soll sich verschiedentlich darüber beklagt haben, dass Stumpf dem Urteil der Naturwissenschaftler und Mathematiker zu viel Respekt entgegen gebracht hätte (vgl. Oberkofler in Brentano 1989, Einleitung, S. xxiii), während Stumpf sehr wohl zu unterscheiden wusste, was von naturwissenschaftlicher und mathematischer Seite und was von Seiten Deskriptiver Psychologie und Phänomenologie zu erwarten und zu leisten war.

Allerdings ging Stumpf davon aus, dass sich für die Philosophie eine prinzipiell *neue* Situation durch den Wissensfortschritt nicht nur in Mathematik und Physik infolge weitreichender Paradigmenwechsel, sondern *auch* innerhalb der Erforschung der Sinneswahrnehmung, insbesondere der akustischen Wahrnehmung, ergeben hatte, der unter Umständen mit den geisteswissenschaftlichen (philosophischen) Theorien in Konflikt geraten konnte. Diese neue Konkurrenzsituation zwischen Philosophie und Naturwissenschaft hat sich heute dahingehend zugespitzt, dass Neurologen mitunter dazu neigen, geisteswissenschaftliche Standpunkte auf Grund ihrer technisch hoch entwickelten Apparate und bildgebenden Verfahren für obsolet zu erklären, was in der Regel eine drastische *Vereinfachung* komplexer Sachverhalte nach sich zieht, von der aber weder für die Geisteswissenschaft, noch für die Neurologie ein nennenswerter Fortschritt zu erwarten ist. Immerhin hat die angedeutete Entwicklung wiederum eine Diskussion über das Leib-Seele-Problem *angefacht*, das lange Zeit nicht ernst genommen und als „Scheinproblem" verspottet worden war (vgl. die Floskel vom „Gespenst in der Maschine" in Gilbert Ryle 1969 und den Beitrag von Mike Luedmann in diesem Band).

Tendenzen der *Vereinfachung* ergaben sich infolge der angedeuteten Entwicklung aber auch innerhalb der psychologischen Forschung schon vor der Wende zum 20. Jahrhundert. Der amerikanische Philosoph William James, Mitbegründer des Pragmatismus, musste sich schon zu Lebzeiten den Vorwurf unzulässiger Vereinfachungen philosophischer und psychologischer Sachverhalte gefallen lassen, was James selbst aber nicht beeindruckte, der, von den „Subtilitäten der Philosophen" abgestoßen, „rohen Skizzen" des wirklichen Lebens den Vorzug gab (vgl. James 1994, S. 20 f.). Carl Stumpf verfasste mehrere Aufsätze, die sich kritisch mit James' reduktionistischer Emotionstheorie auseinandersetzten (vgl. Stumpf 1899, 1907c; vgl. dazu auch Marty 1892). Summieren sich reduktionistische Tendenzen von *zwei* Seiten, der neurologischen *und* der psychologischen, wirft dies die Forschung um mehr als hundert Jahre zurück und macht den Mangel an erkenntnistheoretischen Reflexionen deutlich, der heute mit einer Vermengung naturwissenschaftlicher und geisteswissenschaftlichen Ansätze unangenehm auffällt. Erkenntnistheorie ventiliert die wahrnehmungsfundierenden und begrifflich-sprachlichen Grundlagen der Erkenntnis, die sowohl naturwissenschaftliche wie geisteswissenschaftliche Methoden erfordert, die ein gemeinsames Ziel mit unterschiedlichen Mitteln verfolgen.

Zweifellos beginnt man, das grundsätzlich Problematische einer unzulässigen Vermengung naturwissenschaftlicher und philosophischer Denkweisen zu sehen, wenn auch nicht in der Schärfe, die Stumpf lebenslang auszeichnete. Folgende Probleme stellen sich heute offenbar als schwer lösbar dar: Einerseits kritisieren Philosophen die Vermischung und Verwechslung unterschiedlicher ‚Sprachspiele' und klagen über „Kategorienfehler" innerhalb der Disziplinen (vgl. Janisch 2009, Bennett & Hacker 2010, Falkenburg 2012); sie erwecken aber auch den Eindruck, als ließe sich die Komplexität der Fragestellungen, die, weil sie in der Tat *verschiedene* Disziplinen tangiert und sich dementsprechend multipliziert, *rein sprachlich*, *formal-logisch* oder *nur* experimentell lösen. Andererseits erweist sich der Versuch von philosophischer Seite auch nicht als hilfreich, ‚alte' philosophische Positionen partout gegen neuere Erkenntnisse *retten* zu wollen. Diese Haltung wurde und wird immer noch keiner Philosophie gegenüber so häufig und mit so viel Nachdruck eingenommen wie in Bezug auf die Transzendentalphilosophie Immanuel Kants.

1.2 Kritik der Erkenntnisprämissen Immanuel Kants

Der notorische Vorwurf deutscher Philosophen in Bezug auf kantkritische Positionen äußert sich, wenn er von psychologischem Boden aus formuliert wurde oder wird, in der Regel dahingehend, Kritiker Kants hätten Kants Philosophie nicht verstanden, *psychologistisch* missdeutet und/oder seien hinter Kants Lehre zurückgefallen. Noch kürzlich machte der Philosoph Gottfried Gabriel geltend, dass, wer das „Problem der Einheit in der Vielheit" – offenbar eine andere Formulierung für die Frage nach dem Verhältnis des Ganzen und der Teile – wieder thematisiere, stelle „mit diesem Bemühen allerdings einen ‚Rückfall' hinter die

Kantische Metaphysik dar" (vgl. Gabriel 2001, S. 152). Offenbar liegt außerhalb der Reichweite philosophischen Denkens, *dass dieses uralte philosophische Problem innerhalb der akustisch-musikalischen Wahrnehmung eine Lösung gefunden hat, die keiner Metaphysik mehr bedurfte*, die Kant freilich nicht einfallen konnte, weil er nicht über die komplizierten Grundlagen musikalischer Wahrnehmung im Bilde war. Der spezifisch deutsche Vorwurf des Rückfalls richtet sich hier gegen Johann Friedrich Herbart, dessen *logische* Vorleistungen von Gabriel durchaus gewürdigt werden, weil sie eine Brücke schlagen könnten zwischen der Philosophie Gottlob Freges, der offenbar bei Herbart wesentliche Anregungen gefunden hatte, und der amerikanischen sprachanalytischen Philosophie, die Frege heute als einen wichtigen Vorkämpfer würdigt (vgl. Dummett 1988, 1992), von Herbart freilich nichts weiß; allerdings habe Herbart sich den erwähnten ‚Rückfall' hinter Kants Metaphysik zu Schulden kommen lassen (vgl. Gabriel ebd., S. 149). Dass Herbart *auch Bedeutendes für die Wahrnehmungsforschung* in Gang setzte, wird freilich nicht erwähnt, da ‚Wahrnehmung' *in ihrer vollen Bedeutung* ja in den Bereich der ‚niederen Sinnlichkeit' fällt, der die hohe Philosophie nichts angeht. In der Tat opponierte Herbart *als erster* gegen das Kantische Verdikt über die wissenschaftliche Psychologie und dürfte die deutsche Sinnespsychologie (G. Th. Fechners, H. v. Helmholtz', W. Wundts) wesentlich angeregt worden sein von Herbarts Würdigung der Tonlehre in dessen „Hauptpuncten der Metaphysik" (vgl. Herbart 1804, Bd. 2:), der 1811 erschienenen kleinen, aber inhaltsreichen Schrift „Psychologische Bemerkungen zur Tonlehre" (vgl. Herbart GW Bd. 3, S. 96-118) und der 1839 nachgelieferten Arbeit „Ueber die Wichtigkeit der Lehre von den Verhältnissen der Töne und vom Zeitmaas, für die gesamte Psychologie" (SW Bd. 11, S. 50-124). Herbarts Vorleistungen für die Musikpsychologie sind in Deutschland zwar noch in lexikalischer Erfassung bekannt (vgl. Kaiser-el-Safti 2002), aber ein Titel wie „Der musikalische Herbart" (vgl. Nadia Moro 2006) konnte derzeit offenbar nur in Italien innerhalb der Philosophie auf Interesse stoßen. Im Übrigen betrachten Philosophen – von wenigen Ausnahmen abgesehen – den Bereich der Wahrnehmungsforschung und erst recht den der Musik – schon qua Profession – als etwas außerhalb ihrer Sprach-Domäne Liegendes, wofür gerade Kant das prominenteste Beispiel abgibt.

Bezüglich des ‚Rückfalls' wäre zu fragen, ob Kants Metaphysik und „kritische Philosophie" denn prinzipiell gegen Kritik zu immunisieren sei? Bemerkenswerterweise wird das philosophische Argument des Rückfalls mit Vorliebe von *deutschen* Philosophen bezüglich der Lehre Kants verwendet, während man im Ausland, namentlich in Italien und Frankreich, in einer ganz anderen Weise um die Rekonstruktion der philosophischen Bedeutung Herbarts bemüht ist (vgl. u.a. Pettoello 1986, Trautmann-Waller/ Maigné 2009). Wer in aller Welt würde zum Beispiel behaupten, die Substanztheorie des Aristoteles sei als *Rückfall* hinter die Lehre Platons zu interpretieren? Im Hintergrund steht im Falle Kants aber regelmäßig die *Abwehr des Psychologischen und der Psychologie,* hier Herbarts Idealismuskritik auf der Basis der Psychologie. Zugegebenermaßen hatte der scharfsinnige Philosoph einen vielseitigen und vielschichtigen theoretischen Hintergrund, der auch nicht frei von schwerwiegenden Irrtümern war; aber die Manier, sich von Herbart möglichst schnell verabschieden zu können, indem man ihn entweder des Rückfalls hinter Kant bezichtigt oder auf einen Irrtum festnagelt, ist innerhalb der deutschen Philosophie und Psychologie leider Gang und Gäbe. Auf diese Weise entledigt man sich aber auf Dauer nicht eines so profunden wie schwierigen Gegners, der sich als *erster* deutscher Philosoph für die Grundlegung einer *wissenschaftlichen* Psychologie eingesetzt hatte, bei der die akustisch-musikalische Wahrnehmung in der Tat eine besondere Rolle spielte und gerade in diesem Kontext auch als bedeutender ‚Vorläufer' der Gestaltpsychologie zu würdigen ist, wie weiter unter zu erhärten sein wird. Was die *Nahtstelle* zwischen einem *neuen Seelenbegriff* im Rahmen *gestaltpsychologischer* Ansätze *und* der akustisch-musikalischen Wahrnehmung anbelangt, ist der historische Rekurs auf Herbart unverzichtbar.

1.3 Johann Friedrich Herbart als Pionier der wissenschaftlichen Psychologie in Deutschland

Während Herbart heute noch von pädagogischer Seite gewürdigt wird, geriet in Deutschland in Vergessenheit, was er für die wissenschaftliche Psychologie geleistet hatte (vgl. dazu Kaiser-el-Safti 2001; 2009; 2010); dass Herbart als *Philosoph* in Deutschland nicht gewürdigt wird (vgl. dazu Heesch 1999), begünstigte die Haltung, die subtilen Schwierigkeiten der Kantischen „transzendentalen Ästhetik" gar nicht erst zur Diskussion gelangen zu lassen, und beispielsweise eine Arbeit, wie die von Ulrich Sonnemann „Zeit ist Anhörungsform Über Wesen und Wirken einer kantischen Verkennung des Ohrs" (1983) zu ignorieren oder zu relativieren (vgl. dazu Eidam 2007, S. 211 f.). Sonnemann greift eine Thematik auf, die bereits einen zentralen Punkt in Herbarts Kantkritik ausmachte, die sich allerdings nicht allein auf eine Kritik der „transzendentalen Ästhetik" begrenzte, sondern sich auch auf Kants Logik und Ethik (insbesondere die Kantische Willens- und Freiheitslehre) erstreckte.

Herbart scheint mit seiner Kantkritik den im 19. Jahrhundert tonangebenden Neukantianismus aller erst ins Leben gerufen zu haben, der sich einerseits zu profilieren vermochte, weil er von Herbarts Kritik an Hegel, Schelling und Fichte *profitierte* und andererseits Herbart als *Gegner* namhaft machen und zur eigenen Profilierung *benutzen* konnte. Insbesondere der Marburger Neukantianer

Paul Natorp verfolgte eine Strategie, die Herbart als Pädagogen zu würdigen vorgab, aber als Philosoph mit einer an Beleidigung grenzenden Polemik zu diskreditieren suchte, weil Herbart die Ethik Kants durch eine *Psychologie* der Moral zu ersetzen suchte (vgl. Natorp 1898). Allerdings hatte Herbart sich schon früh ablehnend über die Freiheitslehre Kants geäußert (in 1806 SW Bd. 1, S. 259 ff.). Eine Pädagogik auf der Basis einer psychologisch fundierten *Ästhetik* statt auf *religiöse* oder auf die *metaphysischen* Fundamente des „kategorischen Imperativs" zu gründen, galt als ein Vergehen an der größten deutschen philosophischen Autorität. Hier interessiert aber vornehmlich die Kritik an Kants *metaphysischen* und *erkenntnistheoretischen* Prämissen. Sowohl Ethik als Erkenntnistheorie betreffend empfahl Herbart:

> Wir wollen unseren Geist kennen lernen, wie er wirklich ist, und wir halten uns weit entfernt von idealistischen Träumen, wie wir ihn gern haben möchten, wenn wir uns selbst beliebig machen und einrichten könnten. (SW Bd. 6, S. 130)

Das erforderte eine andere als die Kantische Einstellung dem Erfahrungsbegriff gegenüber und revidierte im Kern die grundlegende Subjekt-Objekt-Relation der Kantischen und neukantianistischen Erkenntnistheorie. Kants „Kopernikanische Wende" und die strikte Weigerung, vom sinnlich Gegebenen auszugehen, brachte eine realistische Philosophie auf den Weg, die anders als Kant an den britischen Empirismus des 17. und 18. Jahrhunderts anknüpfte, ohne ihn zu kopieren oder zu bekämpfen, auch apriorische Erkenntnis nicht in Bausch und Bogen verwarf, sich jedoch im Prinzip mit der Erfahrungserkenntnis zu arrangieren vornahm. Unmittelbar nach Kants Tod suchte Herbart zu Beginn des 19. Jahrhunderts aus der unfruchtbaren Konfrontation ‚Idealismus versus Sensualismus' auszubrechen, um an Stelle des Kantischen Idealismus einen mit der Wissenschaft verträglichen philosophischen Realismus durchzusetzen. Selbstverständlich dachte Herbart nicht an einen ‚naiven' Realismus, der nicht zwischen äußeren Dingen und unseren Vorstellungen (Empfindungen, Erscheinungen) von ihnen unterscheidet, insofern wir ja nie aus dem Kreis unserer Vorstellungen und unseres Selbstbewusstseins hinausgelangen könnten. Erkenntnistheoretisch kann, so forderte Herbart,

> die ganze Anstrengung unseres Denkens [...] nur darauf gerichtet seyn, daß uns der nothwendige Zusammenhang des Selbstbewußtseyns mit den Vorstellungen einer äußeren Welt in allen Punkten klar werde. (SW Bd. 4, S. 160)

Zuletzt muss aber alle Kenntnis des Realen auf der Einsicht beruhen, „daß das Gegebene nicht erscheinen könnte, wenn das Reale nicht wäre". (SW Bd. 5, S. 187)

Wie soll ein *wissenschaftlich verwendbarer Zusammenhang* zwischen Erfahrung und Erfahrungsgegenstand hergestellt werden, der mehr als ‚bloße' Assoziation und Induktion garantiert, aber auch auf erfahrungsvorgängige Substrate verzichtet? Nach Herbart verfügen wir weder über die von Kant postulierten *reinen* Anschauungsformen noch über Begriffe *vor* aller Erfahrung, sondern eignen sie uns im Umgang mit den Erfahrungstatsachen an. Die *Grundbegriffe* des philosophischen und wissenschaftlichen Denkens, äußere wie innere Erfahrung *betreffend* und *aus* äußerer und innerer Erfahrung *gewonnen*, sind vieldeutig, häufig widersprüchlich und zu ihrer Klärung bedarf es permanenter geistiger Arbeit. Das Werkzeug der Bearbeitung der *Begriffe* ist nicht die formale Logik sondern die Metaphysik, aber diese wird nicht als eine Lehre von Hinter-Welten aufgefasst, vielmehr besteht deren Aufgabe in einer Bereinigung der Begriffe und einer *Methode, andere Möglichkeiten ihrer Beziehungen zu erproben,* an denen im Fortschreiten des Wissens zu arbeiten ist. „Die Metaphysik hat keine andere Bestimmung, als die nämlichen Begriffe, welche die Erfahrung ihr aufdringt, denkbar zu machen" (vgl. SW Bd. 4, S. 208). Metaphysik in diesem Verständnis ist notwendig (und dürfte sich im Wesentlichen kaum von demjenigen unterscheiden, was heute unter der Bezeichnung „analytische Sprachphilosophie" vertreten wird), weil der Auffassung zu widersprechen ist, dass ‚Erfahrung' von sich aus, „so wie sie im gemeinen Verstande vorgefunden, und durch empirische Wissenschaft erweitert wird, ein zuverlässiges Wissen darböte" (vgl. Herbart ebd., S. 146).

Herbart votiert also im Unterschied zu Kant dafür, dass Grundbegriffe der Wissenschaft nicht ein für alle Mal in einem transzendentalen Subjekt *festgeschrieben* sind, sondern sich mit Fortschreiten der Wissenschaft *wandeln*. Innerhalb der Naturwissenschaft gilt es als unproblematisch, dass Grundbegriffe im Fortschritt der wissenschaftlichen Erkenntnis einem Bedeutungswandel unterworfen sind (vgl. Heller 1970), in den Geisteswissenschaften scheint das gleiche Problem mit größeren Schwierigkeiten zu konfrontieren. Dennoch ist nach Herbart keine prinzipiell unüberwindliche Schwierigkeit zu konstruieren, den Seelenbegriff wissenschaftsfähig zu machen. Aber Herbart wusste freilich, dass er mit seinem Plädoyer für eine kritische Erfahrungsphilosophie und -psychologie in einer von der Philosophie des Deutschen Idealismus beherrschten Zeit auf Widerstand stoßen würde und brachte entsprechende Befürchtungen schon im Frühwerk ungeschminkt zur Sprache:

> Ekelt es die Philosophen so sehr vor der Seichtigkeit des Empirismus – dringen ihre schneidenden Behauptungen so widrig an das Ohr der Erfahrnen, daß beyde sogleich zurückzuspringen nicht umhin können, so bald man sie bittet, etwas miteinander zu überlegen. – Es hat so viel harte Worte von beyden Seiten gegeben, und die gegebenen mit solchem Ingrimm in die tiefe Seele zurückgelegt und aufbewahrt: daß man hätte denken sollen, beyde Parteyen gedächten nächstens nach entgegengesetzten

> Seiten hin auszuwandern, und den Boden zu meiden, den ihnen die böse Nachbarschaft verleidet hat. (SW Bd. 2, S. 245)

Das sind starke Worte, aber auch hellsichtige Erwägungen, die gewissermaßen die feindselige Kontroverse zwischen Philosophie und empirischer Psychologie schon zu Beginn des 19. Jahrhunderts vorwegnehmen, die, charakteristisch besonders für Vertreter des Neukantianismus, dann nach der Wende zum 20. Jahrhundert im Rahmen der Psychologismus-Kontroverse eskalierte. Herbarts Kritik an der Transzendentalphilosophie setzt an mehreren Aspekten an, hauptsächlich sind drei hier interessierende Grundforderungen zu erwähnen:

a) Die Forderung einer strikten Trennung reintheoretischer und werttheoretisch-normativer Fragestellungen;
b) die Forderung einer Revision des Seelenbegriffs;
c) die Forderung einer detaillierten Prüfung der Prämissen der Kantischen „transzendentalen Ästhetik" und der „transzendentalen Logik", den von Kant so bezeichneten ‚elementaren' Grundlagen seines Hauptwerkes, der „Kritik der reinen Vernunft".

a) Die *Trennung* rein theoretischer (metaphysisch-ontologischer) Fragen von werttheoretisch-normativen Perspektiven entstand innerhalb der britischen Erfahrungsphilosophie. Zunächst wurde neben der sinnlichen Wahrnehmungserkenntnis noch ein ‚moral sense' angenommen, mit dem das menschliche Gemüt ausgestattet ist, und der ihm ermöglicht, das Gute und Schöne als Ausdruck göttlicher Güte in der Welt (Shaftesbury) unmittelbar *wahrzunehmen*. David Hume beleuchtete die Frage der Grundlage moralischen Handelns wesentlich penibler und skeptischer als seine Vorgänger und suchte nach einem mit der Erfahrung vertretbaren Mittelweg zwischen einer allzu optimistischen und einer allzu pessimistischen Einschätzung der Bedingungen des menschlichen Zusammenlebens und menschlicher Moralität. Hume zog erstmals eine scharfe Grenze zwischen Ist-Fragen und Sollens-Fragen, plädierte im Hinblick auf Grundlagen ethischen Handelns für den Primat des Gefühls *vor* der Vernunft. Gegen das pessimistische Menschenbild Thomas Hobbes' und dessen Grundsatz, der Mensch sei des Menschen Wolf, ging Hume von einer den Menschen angeborenen *Sympathie* aus, weil sich nur in diesem Kontext, nicht auf der Basis von Vernunfterörterungen über Gerechtigkeit, die Gemeinschafts- und Gesellschaftsbildung der Menschen verstehen lasse (vgl. Hume 1973, III. Buch).

Inwieweit das jeweilige, psychologisch relevante Menschenbild über ethische Grundfragen bestimmt und wiederum der metaphysische Bezug das Menschenbild beeinflusst (wenn der Mensch beispielsweise an der Vollkommenheit Gottes gemessen oder mit der tierischen Leitung der Lebensbewältigung verglichen wird), demonstriert Kant. Er setzte sich in vorkritischer Zeit mit der Gefühlsphilosophie der Briten auseinander (vgl. Kant 1764 in 1968, Bd. 2, S. 824 ff.) und gab schon hier zu verstehen, dass ‚Gefühle' (nach Kant vornehmlich ein Wesensmerkmal des Weiblichen!) niemals als Grundlage von Pflichtbewusstsein und verlässlichem moralischen Handeln gelten könnten. Kant stand zu dieser Zeit, jedenfalls was sein Menschenbild anbelangt, dem Pessimismus Hobbes' näher als Shaftesburys und Humes positiver Menschensicht. In einer Schrift, die sich für die Newtonsche Himmelsmechanik begeisterte, die Kant als Garant für die unendliche *Intelligenz* des höchsten Wesens deutete, äußert er sich unverblümt über die erbärmliche physiologische, geistige und moralische Ausstattung der Gattung ‚Mensch', die er mit den niedersten Insekten (Läusen) vergleicht (Kant 1755/1968, Bd. 1, S. 379); nach Kant muss, wozu gewisse Unregelmäßigkeiten innerhalb der Himmelsmechanik Anlass geben sollen, das ganze Universum wiederholt vernichtet werden und wieder neu entstehen, bis der Mensch nennenswerte geistige und moralische Fortschritte entwickelt haben wird – das sei gewissermaßen im Plan des Weltenschöpfers vorgesehen worden.

In einer anderen vorkritischen Arbeit führt Kant einen Beweis für die Existenz Gottes, welcher die „Allgenugsamkeit" des höchsten Wesens rühmt und sich weigert, *teleologische* Argumente anzuerkennen, welche *die sinnliche Schönheit* der organischen Welt als Zeichen für einen *gütigen* Gott werten wollen. Anscheinend erachtete Kant es als eine Schmähung Gottes, sinnliche Schönheit und Güte anstelle göttlicher Allmacht und Allwissenheit als Zeichen des Göttlichen zu würdigen. In „Der einzig mögliche Beweisgrund Gottes" steht der Begriff des physikalisch-mathematischen *Unendlichen* im Zentrum; hier bricht Kant geradezu in Entzücken aus, um *mathematischer* und *physikalischer* Gesetzmäßigkeit *ästhetische* Qualitäten abzugewinnen respektive plausibel zu machen. Als Beispiele, die evident machen sollen, wie „in einem ungeheuren Mannigfaltigen Zusammenpassung und Einheit herrsche" (1763/1968, Bd. 2, S. 655), nannte Kant die „Einrichtungen des Zirkels" und das „Gesetz der Schwere", die in ihrer universellen Anwendbarkeit „das Gefühl auf eine ähnliche oder erhabenere Art wie die zufälligen Schönheiten der Natur rühren" (S. 657). Kant bezeichnet hier die pure Anschauung des unendlichen Raumes als „ästhetisch": „Die Bezeichnung des Unendlichen ist gleichwohl schön und eigentlich ästhetisch" (ebd., S. 728).

Man findet später in der „Kritik der reinen Vernunft" mit der neuerlichen Reduzierung des Ästhetischen auf die „reinen" Formen Raum und Zeit mit Abstrich sinnlicher Qualitäten und einer strikten Absage an die Möglichkeit einer ästhetischen Wissenschaft (im Sinne einer Lehre vom Kunst- und Naturschönen), aber nun auch (in *kritischer* Perspektive) mit einer grundsätzlichen Verneinung der Möglichkeit von Gottesbeweisen und der prinzipiellen Zurückweisung einer *wissenschaftlich* relevanten Beantwortung der Frage, wie in dem Mannigfaltigen *Zusammenhang, Gestalt und Einheit* herrschen könnte, nichts mehr von der *mathematischen* Auffassung des Schönen wieder – mit Ausnahme der angeblich *unendlichen* Raumanschauung; ansonsten ist alles, was an ein *qualitatives* oder *künstlerisches* Ästhetisches appellieren könnte, zu *diesem* Zeitpunkt radikal ausgemerzt worden, weil es nach Kant eine Wissenschaft von Kunstdingen oder der Kunst schlechterdings gar nicht geben kann und eine „transzendentale Ästhetik" jetzt nur noch allgemeine oder elementare Bedingungen der Wahrnehmungslehre behandeln soll (vgl. Kants lange Fußnote in der KrV, B 36).

Selbst in der zuletzt verfassten dritten „Kritik" Kants, der „Kritik der Urteilskraft", die sowohl hinsichtlich der *Anschauung des Weltganzen* als auch bezüglich einer Verständigung über das Schöne in der Kunst gewisse, wenngleich immer noch nicht *wissenschaftlich* verwendbare Revisionen erkennen lässt, wird das *Qualitative* oder werden die *sinnlichen Inhalte* von Kunstwerken, nämlich Farben und Töne, im Vergleich mit der *reinen* Form diskreditiert: In der Malerei erlange nur die *Form*, die Zeichnung, nicht jedoch die *Farbe,* Bedeutung. Was die Musik anbelangt, will Kant ihr überhaupt keinen künstlerischen Wert beimessen. Als reine Sinnenkunst und „Sprache der Affekte" appelliere sie nur an die *Nerven* und verhelfe zu keiner Kultivierung; als rein transitorisches, dem *Zeitverlauf* unterworfenes *flüchtiges* Phänomen, entbehre sie jeglicher *Form* und gebe infolgedessen nichts zu denken (vgl. 1968, Bd. 8, § 53). Diese Bestimmung des Musikalischen erinnert freilich an die zuvor getroffene stets *flüchtige*, rein *zeitliche* Natur der inneren psychischen Wahrnehmung und beider Abwertung zu einer *bloß* empirischen, aber *prinzipiell nicht* wissenschaftlichen auch nicht wissenschaftsfähigen Erkenntnis. Wenn Kant in der dritten „Kritik" dem Kunst- und Naturschönen durchaus wieder Aufmerksamkeit schenkt, geschieht das, um der zuvor wiederholt heftig bekämpften Auffassung einer teleologischen, auf einen gütigen Schöpfer verweisenden Weltsicht nun doch noch näher zu treten. Kant schlägt die Version eines aus der subjektiven Wahrnehmung resultierendes, nicht etwa tatsächlich (‚objektiv') bestehendes „Als-Ob" zweckmäßiger weltlicher Einrichtungen vor, die zur Stützung des religiösen Glaubens dienen soll. Das bedeutete in diesem Kontext, der Kunst eine moralische Maxime zu unterstellen, sie nun als „Symbol des Sittlichguten" aufzuwerten (vgl. Kant, Bd. 8, S. 458 ff.).

Man könnte vermuten, dass Herbart, ein Liebhaber der Kunst, insbesondere der Musik, selbst als Pianist und Komponist lebenslang musikalisch aktiv, sich von dieser Auffassung des Ästhetischen abgestoßen gefühlt hätte; was Herbart Kant jedoch vorwirft, geht über Kants Musik- und Kunstverständnis hinaus und betrifft die generelle Verquickung theoretischer und moralisch-religiöser, das heißt *wertrelevanter* Erkenntnismotive, die er nicht erst bei Kant, sondern auch schon in Platons Lehre beanstandet, weil die Vermengung *beiden* Bereichen gegenüber unvorteilhaft sei und *keinem* gerecht werden könnte. Herbart rühmt die ästhetischen Qualitäten der Platonischen Schriften und tadelt die Widersprüche in Platons Ideenlehre (vgl. SW Bd. 2, S. 319 ff.); er moniert bei Kant, dass Wissensfragen eingeschränkt werden mussten, um zum Glauben Platz zu bekommen, was Kant in der Vorrede zur 2. Auflage der „Kritik der reinen Vernunft" ausdrücklich gefordert hatte (Bd. 3, B XXX), als Materialismus und Atheismus um sich griffen, die Kant mit seiner Vernunftkritik ja keinesfalls unterstützen wollte.

Was Herbart insbesondere beanstandete, war die Verquickung der phänomenalistischen Erkenntnisgrundlage (die Kantische „Koperikanische Wende") mit der ethischen Lehre vom „Ding an sich". Ethik und Ästhetik behandeln *Wertfragen* und laut Herbart evident einleuchtende *Verhältnisse*; sie basieren auf Wahl- und Wert*urteilen*; theoretische Erkenntnis rekurriert auf das *Elementare* und muss freigehalten werden sowohl von moralisch-religiöser als auch von ästhetischer Verhältnismäßigkeit. Herbart war im 19. Jahrhundert der erste deutsche Philosoph, der entschieden dafür eintrat, logisch-metaphysische Urteile von ästhetisch-wertenden Urteilen zu trennen*, die keiner Metaphysik bedürfen.* Herbart forderte und suchte für beide Bereiche charakteristische Kriterien ihrer Erkenntnis nachzuweisen: Der wissenschaftlichen Erkenntnis obliege der Rekurs auf das reale Elementare; das logisch-formale Urteil abstrahiere von allem Inhalt; Urteile mit spontaner Zustimmung oder Missbilligung (die also *nicht vom Inhalt* abstrahieren) richteten sich auf *ideale Verhältnisse* oder *Muster*; sie machten keinen Anspruch auf *Wirklichkeit*, wohl aber auf *Geltung* (vgl. Herbart: SW Bd. 2, S. 326 f.). Herkunft und epistemischer Status dieser *idealen Verhältnisse* wird von Herbart nicht restlos geklärt: Sind sie im ästhetischen Gegenstand (beispielsweise im musikalischen Kunstwerk) oder im Urteil des Wahrnehmenden verankert (vgl. dazu Stuckert 1999, S. 34 ff)? Jedenfalls geben sie der Phantasie Anlass zu einem *vollendeten Vorstellen.*

Es gibt zu denken, dass trotz Herbarts Scharfsinn immer noch Ungelöstes und Unbegriffenes, vielleicht Unbegreifbares, in Bezug auf ein Problem, das zu lösen und eine Frage, die eine Antwort verlangte, zurückbleibt, die Herbart jedoch gegeben zu haben glaubte. Sehr früh schon, in den „Hauptpuncten der Metaphysik", deutet Herbart eine sehr moderne Fragestellung in Bezug auf Kognition und Emotion, Begriffs- und Urteilsbildung an, indem er zu verstehen gibt, dass an der Bildung *allgemeiner Begriffe* „Zustände der Phantasie und der Begierde" beteiligt wären, die miteinander verschmelzen und fährt fort, indem er die Frage nach der Begriffsbildung auf die Urteilsbildung erweitert: „Nicht anders das Geschmacksurtheil; – *vielleicht die größte aller psychologischen Auf-*

gaben" (1808, 2. Bd., S. 213, Herv. von M. el-S.). Es ist leider Usus geworden, Herbart auf einen rein formalistischen, intellektuell übersteuerten Ästhetikbegriff festzulegen, der Emotionales angeblich gänzlich vernachlässige, was viel mehr auf Herbarts Schüler, insbesondere auf die Ästhetik von Robert Zimmermann, als auf Herbart selbst zutrifft.

Was von Herbart seinerzeit als Geschmacks- oder Werturteil thematisiert wurde – und nach Herbart zu einem Hauptanliegen der deutschen Psychologie avancierte – betrifft im Wesentlichen nichts anderes als die derzeitige Suche nach einer, auch neurologisch interpretierbaren, Kognition und Emotion *(Begehren mit Emotion von älteren Psychologen in einer Klasse zusammengefasst)* verbindenden „Konvergenzzone". Die wissenschaftliche Entschlüsselung dieses Problems wurde von dem Philosophen und Gehirnforscher Gerhard Roth in den 1990erjahren als „den größten Schritt zum Verständnis des Gehirns" dargestellt (Roth 1996, S. 212).

Das Rekurrieren auf ideale Verhältnisse als Kern des Ästhetischen und Ethischen (Letzteres von Herbart dem Ästhetischen subsumiert) hinterließ einen starken Nachhall selbst bei Philosophen, die ansonsten Herbart gegenüber eher eine Abwehrhaltung einnahmen, wie Hermann Lotze (vgl. dazu Nath 1892) und Franz Brentano (vgl. Brentano 1889/1969, S. 72, 83); das Postulat idealer Verhältnisse verschaffte aber auch dem Form- und Gestaltproblem eine, wenngleich umstrittene Grundposition (worauf im 2. Teil der historischen Reflexionen ausführlich zurückzukommen sein wird). *Psychologisch* werden die postulierten idealen Verhältnisse oder „Muster" nach Herbart durch die menschliche Befähigung eines *vollendeten Vorstellens* konstituiert. Denselben Gedanken hatte aber bereits der ‚Empirist' David Hume geäußert im Hinblick auf die mathematischen *Formen* und die, die *musikalische Harmonie* erzeugenden *konsonanten Intervalle.* Hume erklärt die *Fiktion*, die es unserer Phantasie erlaube, *über das Wirkliche hinaus vorzustellen oder zu denken*, das heißt in der einmal eingeschlagen Richtung fortzufahren, als eine *natürliche Eigenschaft* unserer geistigen Aktivität. Es lohnt sich, den ganzen Passus zu zitieren, weil er in einer Weise die Grenze zwischen Empirie und Apriorismus markiert, die für Herbarts Verständnis von Ästhetik und Ethik relevant ist:

> Ein Musiker, der findet, dass sein Gehör jeden Tag feiner wird, und dem es gelingt, sich selbst durch Nachdenken und Aufmerksamkeit zu korrigieren, führt in Gedanken einen psychischen Prozeß weiter, auch wenn sein Gegenstand ihn im Stiche läßt; er gewinnt so schließlich den Begriff einer vollkommenen Terz und Oktave, ohne daß er imstande wäre, zu sagen, woher er den Maßstab dafür nimmt. Dieselbe Fiktion vollzieht der Maler in bezug auf Farben, der Mechaniker in bezug auf Bewegungen. (1748/1973, I. Buch, S. 68)

Wenn Herbart denselben Tatbestand des *vollendeten Vorstellens* durch die Phantasie, die konsonanten Intervalle betreffend, auf eine Ebene mit Kants „synthetischen Urteilen a priori" platzierte, darf dieser Vergleich nicht wörtlich genommen (Herbart war ein Gegner erfahrungsvorgängiger Postulate) und muss als der Versuch gewertet werden, der *Bedeutung* der konsonanten Intervalle und Akkorde nicht nur für das gesamte europäische Musiksystem, sondern als paradigmatische Gesetzesgrundlage dem Ästhetischen und Psychologischen schlechthin Nachdruck zu verleihen.

Nur die Musik, keine andere Kunst, liefert laut Herbart *überhaupt* ästhetische Gesetzmäßigkeiten, die jedoch infolge der philosophisch notorischen Unterschätzung der Musik nicht anerkannt werden:

> Leider sind *genau bestimmte ästhetische* Urtheile unsern Aesthetikern so neu und fremd, daß sie an die Möglichkeit derselben nicht glauben wollen; daß sie nicht begreifen, wie der ästhetische Sand ein vestes Getriebe solle tragen können. Ich habe daran erinnert, dass seit Jahrhunderten das Gebäude der Musik auf den ästhetischen Bestimmungen der Tonverhältnisse unerschüttert steht. Aber man kennt die Musik nur aus den Erholungsstunden. (SW Bd. 3, S. 116-17).

b) Der ganze erste „synthetische" Band der Herbartschen „Psychologie als Wissenschaft, neu gegründet auf Erfahrung, Metaphysik und Mathematik" (1824-25) ist sowohl der Auseinandersetzung mit Kants Verwerfung der rationalen Psychologie, der Kritik des Ichbegriffs und der konstruktivistischen Grundlage in der Philosophie Kants und Fichtes gewidmet, als auch der Versuch gemacht wird, auf der Basis einer *Hypothese* Attribute einer unausgedehnten Seelensubstanz zu verteidigen, auf die hier nur am Rande eingegangen werden kann. Auf Herbarts umstrittene Metaphysik seelischer Realen in Anlehnung an Leibniz' Monadenlehre wird hier aus Platzgründen weitgehend verzichtet, und auch auf Herbarts Seelenmodell einer „Statik und Dynamik der Vorstellungen", die Herbart anstelle zahlreicher, beliebig zu eruierender *Seelenvermögen* durchzusetzen suchte, weil ‚Seelenvermögen' die Psychologie in eine „Mythologie" zurückverwandelten, kann nur andeutungsweise Bezug genommen werden. Herbarts Votum für die Erneuerung der rationalen Psychologie macht eine aufschlussreiche und folgenreiche Bemerkung über Kants grundsätzlichen Irrtum:

> Er [Kant] verwechselte das Ich, welches das Behältnis unserer sämtlichen Vorstellungen zu sein scheint, indem wir sie alle uns zuschreiben, – mit der Durchdringung dieser Vorstellungen untereinander, vermöge derer sie verschmelzen oder einander verdunkeln, sich gegenseitig als größer und kleiner, als ähnlich und unähnlich bestimmen. Hier liegt die Einheit der Komplexion, um deretwillen eine einzige Substanz für alle anzunehmen ist; jenes Ich, welches nur als Subjekt des Denkens, und nicht als Prädikat gedacht werden kann, ist dabei überflüssig (zit. nach Henckmann 1993, S. 284).

Kant hatte das empirische Ich mit der Seele zusammenfallen, das transzendentale Ich als *reine Form* definiert und aus beiden die Unmöglichkeit einer wissenschaftlichen Psychologie hergeleitet. Herbart *unterscheidet* den metaphysischen Seelenbegriff vom empirischen Ichbegriff; wenn er für *Durchdringung und Verschmelzung* der Vorstellungen votiert, geschieht dies vor dem Hintergrund der *Synechologie*, Herbarts Lehre von Raum, Zeit und Materie *als etwas ursprünglich Zusammenhängendes und Stetiges.* Diese Lehre ist sowohl Grundlage für Herbarts Seelenmodell als auch zentraler Kritikpunkt an Kants transzendentaler Elementarlehre, besonders der transzendentalen Ästhetik. Zunächst soll kurz auf das Seelenmodell eingegangen, anschließend Herbarts Kritik der „transzendentalen Ästhetik" noch etwas näher ins Auge gefasst werden.

Die im ersten Band der Hauptwerkes dargestellte „Statik und Dynamik" der Vorstellungen als die *einzigen* psychischen Elemente konkretisiert Herbarts Versuch, den Grundwiderspruch im Ichbegriff der idealistischen Philosophie aufzulösen: Herbart will einerseits die Widersprüche im Ich der idealistischen Philosophie aufdecken, das sich selbst sowohl zum Subjekt als auch zum Objekt zu machen vermag und sich infolge dieser *Zweideutigkeit* in einen infiniten Regress verliert; er moniert andererseits als die größte Schwäche des Idealismus dessen fiktionale Ausrichtung, aus dem omnipotenten transzendentalen Subjekt die *Welt* als das *Nicht-Ich* aus dem Ich heraus- und hervortreten zu lassen und ihm gegenüberzustellen. Dagegen verweist Herbart auf die *grammatische* Form des Ich und insistiert darauf, dass dem Ich nicht die Welt gegenüberstünde, sondern das *Du* und das *Wir* begegneten (vgl. SW Bd.6, S. 168 ff.). Während der Seele Unveränderlichkeit attribuiert wird, betrachtet Herbart das Ich als ein dem Wechselspiel von Vorstellungstätigkeit, sprachlich-kommunikativer und körperlicher *Entwicklung* unterworfenes, als ein bis ins Alter *veränderliches* Konstrukt. Der zweite „analytische" Band des Hauptwerkes erweist Herbarts psychologische Meisterschaft in Detailfragen der Ich*entwicklung*.

Das im ersten Band entwickelte Seelenmodell ist ein Modell *vorstellender* Tätigkeit, das gewissermaßen *Gleichgewichtszustände* beschreibt, auf dessen *Intensitäts*unterschiede die Infinitesimalrechnung angewandt werden kann. Obgleich das Vorstellen nicht aus sich selbst hinauszugelangen vermag, kann dennoch Abstand und Intensität der Vorstellungen berechnet, wenngleich nicht gemessen werden. Extensität wie Ausdehnung und Masse sind demzufolge nur phänomenal, aber nicht ‚wirklich' zu erfahren, sodass Herbart für eine Theorie des „intelligiblen Raumes" votiert. Die Vorstellungen, durch sinnliche, ihrem Wesen nach konträre, im zeitlichen Verlauf graduell abgestufte Reize (hell-dunkel, laut-leise) in *Bewegung* versetzt, entwickeln sich zu vor- und rückläufigen *Reihen*, können unter einer Bewusstseins*schwelle* verharren, oberhalb der Schwelle einander hemmen oder zu Komplexen verschmelzen. Vorstellungen unterhalb der Bewusstseinsschwelle werden als *Affekte* erlebt, zum Bewusstsein aufstrebende Vorstellungen als *Willensakte*. Von Herbarts Modellvorstellungen nahmen die Schwellenuntersuchungen der deutschen Sinnespsychologie ihren Ausgang, aber auch Stumpfs Empfehlung, sämtliche Methoden psychologischer Forschung an musikalischen Phänomenen zu erproben, *weil dort besonders günstige Verhältnisse für die psychologische Forschung anzutreffen seien* (vgl. Stumpf 1883, S. VI), findet sich bereits bei Herbart; er betont, dass die Psychologie überhaupt erstmals an der Tonlehre „feste Punkte“ und die Möglichkeit der Größenschätzung vorfinde:

> Alle Musik lässt sich in einfache Töne rein auflösen, denen ihre Distanzen, so wie ihre Dauer, bestimmt zugemessen sind; und deren Stärke und Schwäche, wie sie der gute Vortrag verlangt, ebenfalls wenigstens der Grössenschätzung, wenn auch nicht -messung, unterworfen ist; so dass alle Elemente des Vorstellens, von denen die Gemüthszustände des Zuhörers abhängen, eine genaue Angabe gestatten. (1811, SW Bd. 3, S. 99)

Was Herbarts Kritik an Kant betrifft, dürfte Kant, vielleicht weniger das Bewusstsein, aber dafür den dreidimensionalen Raum entgegen seiner subjektiven Erkenntnisprämissen als einen „Behälter“ aufgefasst haben, in dem sich die Gegenstände neben- und auseinander ausdehnen, in dem sodann einer *leeren* Ichform ohne *Inhalt* und Ausdehnung freilich kein *Ort* angewiesen werden kann. Zu konzedieren ist, dass Kant die im 19. Jahrhundert erfolgten Paradigmenwechsel in Physik und Mathematik nicht voraussehen konnte; wenige Jahrzehnte nach Kants Tod hatte sich die wissenschaftliche Welt in wesentlichen Grundbegriffen wie ‚Raum‘, ‚Zeit‘, ‚Kraft‘, ‚Zahl‘ radikal verändert und Herbart, Nachfolger auf Kants Lehrstuhl in Königsberg, sodann nach Göttingen berufen, hatte offenbar entscheidend dazu beigetragen. Erhard Scholz analysierte 2001 den Einfluss Herbarts auf den Mathematiker Bernard Riemann und dessen bahnbrechende *Strukturorientierung der Mathematik* (vgl. Scholz 2001: 163 ff.). Wenn Scholz auf den besonders in Göttingen, seinerzeit Mekka der Mathematik, weiterwirkenden Einfluss Herbarts hinweist (ebd, S. 165), ist nachzutragen, dass in Göttingen auch der Physiker Wilhelm Weber, Freund und Mitarbeiter Gustav Theodor Fechners und Hermann Lotze, der zu seiner Zeit profilierteste Philosoph und Psychologe Deutschlands, bei dem der junge Carl Stumpf promovierte und habilitierte, zu Hause waren. Der historisch-biographische Kontext soll hier aber nicht vertieft werden; stattdessen soll Herbarts Ausrichtung am *Strukturgedanken* angesprochen werden, der den bahnbrechenden Wechsel in der Konzeption bezüglich des Gegensatzes ‚Körperlich-Materielles versus Geistig-Immaterielles‘ in ein, einer bestimmten Ordnung unterworfenes System (Struktur) begünstigte. Herbart dürfte gewissermaßen die Theorie des ‚intelligiblen

Raumes' an den Strukturbegriff weitergeleitet und in diesem Kontext auch für Stumpfs Lehre zunehmend an Bedeutung gewonnen haben.

Scholz macht in seiner Studie darauf aufmerksam, dass Herbart „während einiger Jahrzehnte des 19. Jahrhunderts über den geisteswissenschaftlichen Bereich hinaus bis in die mathematischen und naturwissenschaftlichen Fächer als intellektueller Bezugspunkt" wirkte und noch im ersten Drittel des 20. Jahrhunderts die Durchsetzung eines „modernen Standpunktes" initiierte (S. 161). Der Strukturgedanke entfaltete sich im 19. und beginnenden 20. Jahrhundert *interdisziplinär*; innerhalb der Psychologie griffen ihn vornehmlich Wilhelm Dilthey und Carl Stumpf, wenngleich mit jeweils anderen Grund- und Zielvorstellungen, auf (vgl. Stumpf 1907 b und Uwe Wolfradts Beitrag in diesem Band); in der „Erkenntnislehre" fallen die Begriffe ‚Ganzes' und ‚Struktur' zuletzt zusammen und werden ihrem philosophischen Ursprung nach auf Aristoteles zurückgeführt (vgl. Stumpf 2011, S. 765), während Dilthey wie viele Zeitgenossen dem Hegelschen Gedanken des „objektiven Geistes" Folge leistete.

Zu Stumpfs „Tonpsychologie" führten dann folgende Überlegungen: Herbart denkt prinzipiell systemisch und erfasst Raum, Zeit, Zahl, Intensitätsgrade, Begriffsbildung im Modus der *Reihenform*. Die *Form* der Reihe wird *strukturell*, nicht als bloße zeitliche Aneinanderreihung begriffen; sie produziere und reproduziere sich bei der Zusammenstellung gleichartiger Empfindungen nach der je *besonderen* Möglichkeit des *Übergangs* aus einer in eine andere Empfindung (vgl. SW Bd. 4, S. 324 f.). Am deutlichsten sei die Reihenform ausgebildet beim Raum, etwas wenig deutlich bei den Tönen; am wenigsten deutlich, aber immer noch erkennbar, auch bei jeder logischen Anordnung der Begriffe, wo Ausdrücke wie ‚Umfang' oder ‚Sphäre' eines Begriffs an räumliche Symbole erinnerten. Es versteht sich fast von selbst, dass Herbart auch die Tonlinie (nicht die Tonleiter, die auf einer ästhetischen Ordnung beruht) der Reihenform unterordnet. Es gehört zu den weniger sympathischen Seiten von Carl Stumpf, dass er Herbarts diesbezügliche Vorleistungen reichlich spät und spärlich würdigte, in der früheren Kritik an Herbart indes unangenehm scharf verfuhr (vgl. Stumpf 1890: 185 ff.). Erst 1917 (nach Brentanos Tod) anerkannte Stumpf Herbarts phänomenologische Vorleistungen, indem er einräumte, er habe „Grund, das Verständnis des großen Psychologen für die Bedürfnisse einer exakten Erscheinungslehre zu bewundern" (vgl. Stumpf 1917, S. 15).

c) Herbart denkt abstrakter als Kant; sein Begriff ‚Ästhetik' geht einerseits über den einer Kunstlehre hinaus, er fällt aber andererseits nicht mit Kants „transzendentaler Ästhetik" zusammen. Entscheidend ist der Ausgang vom *Gegebenen* anstelle Kants konstruktivistischer Grundlage im Sinne einer „schöpferischen Synthese". Nach Herbart korrespondiert unser Denken mit den Erscheinungen, nicht weil deren Formen *in uns liegen* oder von uns *konstruiert* werden, sondern weil „ihre Regelmäßigkeit ihm die seinige gegeben hat, denn es ist durch sie und für sie entstanden." ‚Gegeben' sind uns demnach *regelmäßige Verhältnisse* bereits *in* den Erscheinungen und müssen nicht vom Verstand erzeugt und in sie hineingetragen werden (vgl. dazu Stuckert 1999, S. 34 f.). ‚Wahrnehmen' ist nicht in den Dualismus und in die Polarität eines oberen (rationalen) und unteren (sinnlichen) Erkenntnisvermögens eingespannt; der Verstand muss nicht zusammenfügen und Synthesen *stiften*, weil Verhältnismäßigkeit und Zusammenhang *bereits in den sinnlichen Erscheinungen angelegt* sind. Kants Lehre von der Verstandessynthese wird von Herbart als ein „sehr durchgreifender und verderblicher Irrthum für die ganze Kantische Lehre" eingeschätzt und schwerlich fände sich im ganzen Gebiet der Wissenschaften „ein stärkeres Beyspiel von unnützer Bemühung, das zu erklären, was sich von selbst verstehe" (vgl. SW Bd. 6, S. 114). Eine gleich lautende Kritik an Kants Syntheseverständnis findet sich 1891 nochmals in Edmund Husserls „Philosophie der Arithmetik" (vgl. 1992, S. 38 f.). Im selben Jahr verweist Stumpf darauf, dass die Lehre von den, den Erscheinungen *immanenten Verhältnissen* auch schon bei Nikolaus Tetens zu finden sei (vgl. Stumpf 1891, S. 512). Wir haben also nicht zu erklären, wie *die Formen in uns* wahrnehmen, sondern vielmehr wie *wir* die Formen wahrnehmen (vgl. Herbart, SW, Bd. 4, S. 211).

Der Unterschied erscheint geringfügig, ist indes gravierend, wenn ‚Form' traditionell mit Geistigem oder Seelischem identifiziert wird und gegen ‚Materie' oder ‚Inhalt' kontrastieren soll; dann jedoch infolge der Vieldeutigkeit im Begriffspaar ‚Form-Materie' regelmäßig Widersprüche produziert werden, wofür gerade Kants Reflexionen in seiner dritten „Kritik" über die *Form* unterschiedlicher Kunstgegenstände oder -bereiche Beispiele lieferten; Herbart scheint der erste gewesen zu sein, der sich genauer mit ihnen befasste. Noch zu Lebzeiten Herbarts lässt sich Bernard Bolzano in der „Wissenschaftslehre" kritisch darüber aus, dass das seit Aristoteles und noch bei Kant zentral verwendete Begriffspaar ‚Materie-Form' nicht nur vieldeutig sei, sondern sogar in *gegensätzlichen* Bedeutungen verwendet wurde: „*Form* und *Materie* sind ein Paar Worte, die von den Weltweisen von jeher in sehr verschiedenen und nicht immer deutlich genug erklärten Bedeutungen genommen worden sind [...]" (vgl. Wissenschaftslehre, 1837, I, § 81, S. 391). Es gab also profunde denkende Vorläufer für Stumpfs prinzipielle Kritik an dem auch von Kant verwendeten Begriffspaar „Materie-Form" in dem 1891 verfassten Akademieartikel „Psychologie und Erkenntnistheorie" (481 ff.). Die Verhältnisse sind *gegeben*, aber damit *noch nicht* ihr form- und gestaltbildendes *Erfassen* als *genuin psychische Aktivität* erklärt.

Unter psychologischen Gesichtspunkten macht Herbart gegen einen weiteren Irrtum Kants geltend, dass die *Vorstellung* vom Raum oder von Räumlichem ja selbst nicht räumlich, die *Vorstellung* von der Zeit oder von Zeitlichem nicht sukzessiv ausgedehnt sei. Man kann auch nicht, wie Kant behauptete, den *reinen* Raum, das heißt Räumliches ohne Farbe *anschauen,* wie man auch „niemals Farben ohne Formen wahrzunehmen im Stande ist" (vgl. Herbart SW, Bd. 6, S. 69); das heißt, dass quantitative und qualitative Attribute stets *zusammen wahrgenommen* werden, wie bereits George Berkeley und David Hume gegen die Theorie der primären und sekundären Qualitäten John Lockes einwandten, die bezüglich der *reinen* Raum- und Zeitanschauung aber wieder bei Kant Pate stand und bei dem Neukantianer Paul Natorp zum Dogma erstarrte, indem er in seiner Rezension der „Tonpsychologie" gegen Stumpf geltend machte, „daß ‚Kantianer' ihm [Stumpf] die Gleichstellung der Beurteilung einerseits räumlicher und zeitlicher, andererseits qualitativer und intensiver Bestimmtheiten und ‚Distanzen' nicht einräumen werden" (1886, S. 153). Gerade darauf kam es Stumpf aber an und präziser kann man die neukantianistische Kritik an Stumpf nicht auf den Punkt bringen.

Herbart macht an derselben Stelle aber auch *Unterschiede* bezüglich Farb- und Tonwahrnehmung geltend: Farben bilden nur ein *begrenztes*, wenngleich *flächenförmig größeres Kontinuum*, wohingegen das Kontinuum der Tonlinie „nach zwey Seiten ins Unendliche" gehe, woraus die Bedeutungslosigkeit der Farbenspiele im Vergleich mit den Tonspielen allein noch *nicht* herzuleiten sei (ebda.). Herbart will entgegen Kant verdeutlichen, dass Raum und Zeit selbst über ästhetische Attribute verfügten, das Raumerleben in Architektur und Bildhauerei, das Zeiterleben in Sprache und Musik von ästhetischer Relevanz, nämlich schön oder hässlich sei. Er wendet sich in diesem Sinne gegen Kants Auffassung, *dass die Zeit selbst keine Form hätte,* sie sich diese allemal vom Raum borgen müsste; schon der Reihentheorie Herbarts war zu entnehmen, dass ‚Reihe' im Sinne eines von anderen zu unterscheidenden systemischen Gebildes, einer Struktur, aufzufassen sei; erst recht die Musik, die über Melodie, Harmonik und *Rhythmus* verfügt, also *geformt* ist „und *diese Gestalt ist schön oder häßlich"* (vgl. SW, Bd. 9, S. 117). Letztere Interpretation der Melodie arbeitete dem Kerngedanken der von Christian v. Ehrenfels kreierten „Gestaltqualitäten" vor (vgl. den 2. Teil).

Herbarts kritische Argumente gegen die „transzendentale Ästhetik" lassen sich folgendermaßen zusammenfassen:

1) Kant unterscheidet nicht hinreichend zwischen dem metaphysisch-mathematisch-physikalischen *Begriff* des Raums und der räumlichen Anschauung oder *Wahrnehmung*; wir schauen nicht, wie Kant unter-

stellt, den *unendlich* ausgedehnten Raum an, sondern nehmen jeweils unterschiedlich gestaltetes Räumliches wahr (vgl. SW Bd. 6, S. 87) und müssen in der Tat *psychologisch* erklären, wie dies nach dem Postulat einer ausdehnungslosen Geistseele möglich ist.

2) Wenn die idealistische Erkenntnistheorie die Grunddaten der Wahrnehmung, Raum und Zeit, als in sich unveränderliche, angeborene *reine* Anschauungsformen begreift und *in* das Erkenntnissubjekt verlegt, dann beraubt sie sich a priori und *prinzipiell* der Möglichkeit zu erklären, wie das *konkrete* Wahrnehmungsding, die jeweils *anders* ausgedehnte *Gestalt*, wahrgenommen wird. Auf folgendes Argument legt Herbart großen Wert und bringt es an mehreren Stellen zur Sprache:

> [e]s muß möglich seyn, für jede Figur, die wir im Raume wahrnehmen, das besondere, ihr zughörige Gesetz anzugeben, vermöge dessen sie gerade als diese und als keine andere Figur erscheint. Dies ist der Punct, woran die Erklärung aus vorausgehenden angeborenen Formen der Seele, nothwendig scheitert, indem daraus nicht klar wird, warum ein Wahrgenommenes so, ein anderes anders geformt erscheint (vgl. SW Bd. 6, S. 92; auch SW Bd. 2, S. 186; nochmals SW Bd. 8, S. 224).

Die gleiche Argumentation kehrt bei Carl Stumpf mit Bezugnahme auf Herbart wieder:

> Wir nehmen die verschiedenen Sinnesqualitäten nicht in einer unveränderten Ausdehnung und an verschiedenen Orten wahr, sondern mit beständig wechselnden räumlichen Bestimmungen. Kant hatte, wie schon Herbart erinnert, die Frage nach dem Grund der *bestimmten* Localisation unberührt gelassen (vgl. Stumpf 1891, S. 485).

Es wird sich zeigen, dass das Argument noch bis in die gestaltpsychologische Diskussion im 20. Jahrhundert virulent bleibt. Indem Herbart seine Auffassung über *bestimmte Gestalten* im Raum präzisiert, nimmt er bereits Implikationen der Gestaltpsychologie vorweg, die, wie das Gesetzt der Abhebung der Gestalt vom Grund, das Gesetz der Nähe (vgl. K VI, § 114), die leeren Formen Kants durch Prinzipien ersetzen, die der *Empirie* der Wahrnehmung besser entsprechen. Auch die *Transponierbarkeit* von Akkorden und Melodien als musikalische *Gestalten* wurde bereits von Herbart und nicht erst von Christian von Ehrenfels „entdeckt" (vgl. SW, Bd. 11, S. 54); und zwar in Form einer rhetorischen Frage: „Warum bleibt ein Accord sich immer gleich, wie man auch die Lage desselben verändere; während die Veränderung eines einzigen Tones, nur um eine kleine Secunde, den ganzen Accord umschafft?"

Die räumliche Wahrnehmung ist nicht der Erfahrungserkenntnis *vorgegeben* oder dem Gemüt angeboren, sondern sie wird im Laufe der kindlichen Entwicklung *gelernt* (vgl. SW Bd. 6, S. 87).

3) Nicht nur die Wissenschaften Mathematik und Physik sondern auch Kunst und Wahrnehmung des Schönen sind eng mit Raum- und Zeitbegriffen verbunden, mit dem Raum Architektur und Plastik, mit der Zeit Sprache und Musik; die Musik scheint sogar, wie die Geometrie, *über gesetzmäßige Prinzipien a priori zu verfügen*, was Herbart zu der Bemerkung veranlasste:

> Als Kant die Geometrie aus der reinen Anschauung des Raumes erklärte, da vergaß er die Musik mit ihren synthetischen Sätzen *a priori* von Intervallen und Akkorden; die er eben so aus der Tonlinie hätte erklären müssen. Als er die dinglichen Kategorien aufstellte, da vergaß er die sämmtlichen Begriffe des innern Geschehens, gleich als ob sein an Kategorien gebundener Verstand nicht nöthig hätte, sich von dem, was in uns vorgeht, Begriffe zu bilden Hatte von allen seinen zahlreichen Nachfolgern keiner eine hinlängliche Veranlassung, diese Lücke wahrzunehmen? (SW Bd. 6, S. 165)

Die Bezeichnung „synthetische Sätze a priori" ist hier nur als ‚façon de parler' zu verstehen, um Kants „Verkennung des Ohrs" respektive der musikalischen Wahrnehmung zu unterstreichen; an anderer Stelle erklärt Herbart die Annahme von Gesetzen a priori für die Musik für „unstatthaft" (vgl. 1811 SW Bd. 4, S. 102). Aber offenbar untersteht Kants Lehre von der menschlichen Sinnlichkeit dem Dogma einer *Priorität des visuellen* Sinns unter Vernachlässigung des *auditiven* Sinns und lässt unberücksichtigt, dass Raum und Zeit für den auditiven Sinn *andere* Bedeutungen haben könnten, wofür es in der musikalischen Wahrnehmung treffliche Beispiele gibt wie das der *Verschmelzung* von Tönen, die im musikalischen Akkord sowohl ein *Ganzes* bilden und sich *durchdringen*, zugleich aber die *einzelnen* Töne dieses Ganzen auch *identifiziert* werden können, jedoch *ohne* dass der einzelne Ton (weder der einzelne Ton noch der Akkord) Raum einnähme.

4) Aus Kantischer Perspektive könnte eingewendet werden, dass Kant ja schlechterdings nicht an der *psychologischen* oder *ästhetischen* Bedeutung der Raum- und Zeitanschauung *interessiert* war, er sich allein mit deren Bedeutung für eine *apriorisch* zu definierende Wissenschaft der Physik und Mathematik befasste, während Herbart eben diese Beschränkung *aufheben* wollte und zwar durch Nachweis der erkenntnispsychologischen Mängel der „transzendentalen Ästhetik". Wenn aber weder Physik noch Mathematik sich *heute* mit dem Aprioritätscharak-

> ter der Kantischen „transzendentalen Ästhetik und „transzendentalen Logik“ identifizieren, wie kann dann in *psychologischer* Hinsicht noch „hinter Kant zurückgefallen“ werden? Musste nicht bei aller Subtilität und trotz gravierender Irrtümer Herbarts, auf die weiter unten kurz einzugehen sein wird, die Richtung *von Herbart ausgehend* weiterverfolgt und *beide* Weisen der Wahrnehmung, das Sehen *und* das Hören, nach dem neuesten Wissensstand für die Erkenntnis berücksichtigt werden? Indem Herbart das sinnlich *Gegebene* der Erscheinungen zur Grundlage seiner Erkenntnistheorie erklärte, lag es fast nahe, dass er auf Gestaltgesetze der Wahrnehmung stoßen musste. Tatsächlich lassen sich diese, wie bereits angedeutet, auch ausfindig machen, wenngleich ein Rest von Fragwürdigkeit zurückbleibt.

Es ist falsch oder doch zu pauschal geurteilt, Herbart sei zu den Elementaristen und Assoziationisten zu zählen (vgl. in diesem Sinne Sachs-Hombach 2004, S. 217); Herbarts Synechologie verweigert sich dem Atomismus; die seelischen Realen sollen als unausgedehnte Punkte (psychische Monaden) vorgestellt werden, nicht als Atome, und es empfiehlt sich, ‚Elemente‘ im Sinne des Atomismus und im Sinne des Kontinuums (unausgedehnte Punkte oder Grenzen) zu *unterscheiden*. Selbst die Bezeichnung „Mechanik der Vorstellungen“ lässt nicht pauschal auf einen naturwissenschaftlich verblendeten Vertreter des Mechanismus schließen. Herbart spricht sehr wohl von *Akten des Vorstellens;* seine Ästhetik der Verhältnisse und seine Urteilslehre widersprechen ohnehin einer derartigen Stigmatisierung. Dennoch scheint die Frage, *wie* wir die Formen wahrnehmen und wie letzten Endes ein „vollendetes Vorstellen“ im Rahmen einer „Mechanik und Dynamik der Vorstellungen“, nicht definitiv, sondern nur ‚apagogisch‘ beantwortet worden zu sein, nämlich *nicht* so, wie Kant sich die Formwahrnehmung zurechtgelegt hatte, weil nach Kants Prämissen für das Problem, wie die Geistseele ausgedehnt Körperliches wahrzunehmen vermöchte, in der Tat keine Lösung gefunden werden konnte.

Herbart bleibt letztlich eine restlos überzeugende Antwort schuldig, weil er in einem entscheidenden Punkt bei Kant stehen bleibt, *indem er dem Psychischen nur Intensität, aber keine ‚Extension‘ im Sinne der Ganzheit, appliziert,* dafür aber den Raum als „intelligiblen Raum“ definiert respektive Raum und Zeit so einander annähert, dass Unterscheidendes quasi entfällt. Herbart deutet auf eine Verwendung der Begriffe, die sich günstig auf die moderne Physik, aber nicht auf die Phänomenologie und Psychologie ausgewirkt hat, indem er vom „Zeitraum“ spricht (vgl. SW Bd. 9, S. 117). Das mag zu der Auffassung von ‚Zeit als vierte Dimension des Raumes‘ inspiriert haben, wird aber nicht der Phänomenologie des Sehens noch der des Hörens gerecht. Herbarts Annäherung von Zeit an Raum und vive versa steht eng in Zusammenhang mit Herbarts Metaphysik der unausgedehnten Seele, mit der Herbart der Lehre Kants verbunden bleibt und evozierte *psychologisch* die weit verbreitete falsche Auffassung, um Ausgedehntes wahrzunehmen, müsste entweder das Auge oder (bei blinden Menschen) die Hand vorwärts und rückwärts bewegt werden: „Das ruhende Auge aber sieht keinen Raum", bemerkte Herbart (SW Bd. 6, S. 91).

Dennoch – und einigermaßen sonderbar bei einem so scharfsinnigen wie konsequent denkenden Psychologen wie Herbart – ist er es, der trotz Votum für die einfache Seele erstmals die *ästhetische* Relevanz der Gestaltauffassung andeutet: Im zweiten Band seines Hauptwerkes, der „Psychologie als Wissenschaft", wird zur Aufklärung des *ästhetischen* Urteils das Gestaltgesetz von dem Ganzen, das mehr sei als die Summe seiner Teile, direkt ausgesprochen, insofern die *Verhältnisse* im Unterschied zum einzelnen Element in die Waagschale fallen: „Unsere Vorstellung des Bildes", macht Herbart geltend, „läßt sich zerlegen in die ganze Summe ihrer Theil-Vorstellungen; aber von allen einzelnen gefärbten Puncten, die wir sahen, ist kein einziger schön; also auch nicht ihre Summe, so lange sie nur als Summe gesehen wird". Lediglich Punkte würden vielleicht von Kindern oder vom „rohen Volke" gesehen, das keinen Sinn für das Schöne habe.

> Und auch der Kenner muß einen Uebergang machen von dem Sehen des Aggregats von Farben zu dem Sehen des Schönen in dem Bilde; er muß sich die Verhältnisse erst herausheben, er muß der Vorstellung dieser Verhältnisse eine kleine Weile zu ihrer Ausbildung gönnen, ehe der Unterschied zwischen seinem Sehen und dem des Volkes fertig wird. Dieser Uebergang gleicht dem vom Subjecte zum Prädicate im ästhetischen Urtheile; jenes ist die bloße Materie des Wahrgenommenen, dieses entspringt in der Auffassung der Form. (GW Bd. 6, S. 82)

Herbarts Auffassung von der punktuellen Seele wurde schon von Hermann Lotze als unzutreffend zurückgewiesen, sodann von dem jungen Carl Stumpf, der sich kritisch mit der empiristischen, landauf – landab auf *Bewegungs- und Muskelempfindung* insistierenden Erklärung der Raumwahrnehmung befasste, *mit einem einzigen Experiment* widerlegt: Auch bei gänzlich ruhenden Augenmuskeln wird ein vorbei getragener Gegenstand *als ganzer* wahrgenommen, er muss also nicht in zeitlicher Sukzession mit den Augen umkreist werden, um als ausgedehnter Gegenstand erfasst zu werden (vgl. 1873, S. 55 f.). Stumpf zog daraus einen für die Psychologie weitreichenden Schluss, für den allerdings schon sein Lehrer Hermann Lotze eingetreten war (vgl. Lotze 1852, S. 155): Kants und Herbarts Votum für die punktuelle Seele sei *nur als metaphysische Hypothese zu werten* (für die Herbart sie ja auch ausgegeben hatte). An Lotze anschließend plädiert der junge Stumpf:

> Die Punctualität der Seele ist eine Hypothese (zur Erklärung der Einheit des Bewusstseins oder sonstiger Facta), die ihre zwingende Kraft mancherlei metaphysischen Principien verdankt und keinesfalls ohne Weiteres einleuchtet. Die Ursprünglichkeit der Ausdehungsvorstellung hingegen ist gleichbedeutend mit ihrer Stellung als Theilinhalt, und diese selbst ist ein Factum, das bloß aufmerksamer Beobachtung bedarf und auch experimentell zu erweisen ist (1873, S. 116-17).

Mit dieser Grundsatzerklärung begann eine neue Ära in der wissenschaftlichen Psychologie, wenngleich der Paradigmenwechsel von der Hypothese der „Punktualität" zu einem *ganzheitlichen* Verständnis des Seelischen sich keineswegs mit einem Schlage durchsetzte, selbst nicht bei Philosophen, die ihrerseits unter *logischen* Gesichtspunkten Wesentliches zur Lehre vom Ganzen und den Teilen beigetragen hatten wie beispielsweise Bernard Bolzano, der aber seinerseits wie Herbart an der Vorstellung von einer einfachen (unsterblichen) Seelensubstanz festhielt.

Eine gewisse Rolle dürfte hinsichtlich der Akzeptanz der Ganzheitshypothese einerseits Interesse an und Vorverständnis von *Musik* im Kontext der Verschmelzungslehre gespielt haben, andererseits aber auch strategische Entscheidungen von Seiten musikalisch durchaus vorgebildeter Psychologen, wie bei den Schülern Stumpfs, den Ausschlag gegeben haben, *von musiktheoretischen Grundlagen wieder Abstand zu nehmen*, weil sie nicht *allen* an der Psychologie Interessierten zugänglich waren. Sich auf Grundlagen zu berufen, die nicht von allen gleichermaßen geteilt wurden, konnte dem Bedeutungsgehalt der Gestalt- und Ganzheitspsychologie nach Auffassung der Schüler eher abträglich sein und hätte zuletzt ihren Einflussbereich begrenzen können. Allerdings blieb in diesem Lichte bis heute unerhört, dass mit der Zerstörung der *genuin-musikalischen Quelle der Gestaltpsychologie nicht nur die deutsche Musikpsychologie ihre erkenntnistheoretische Bedeutung einbüßte, sondern auch eine wichtige Quelle der Erkenntnispsychologie oder theoretischen Psychologie anscheinend auf immer verschüttet wurde.*

In der Tat rekurrierte die Gestaltpsychologie der Berliner Schüler wieder auf die *visuelle* Wahrnehmung – in dem Glauben, dort die gleichen theoretisch ersprießlichen Grundlagen für ein genuines Feld psychologischer Grundlagenforschung zu finden, wie sie Herbart, Lotze und Stumpf an der akustisch-musikalischen Wahrnehmung demonstrierten. Man sollte nicht voreilig ein abschließendes Urteil über die Aktivitäten der Berliner Gestaltpsychologen fällen, aber unter *erkenntnistheoretischen* Gesichtspunkten wurde das Ziel, der Psychologie, sich eine zuletzt auch *von der Philosophie gänzlich unabhängige Domäne sichern zu wollen*, wohl nicht erreicht; deutlich wird dies daran, dass die Entwicklung der Philosophie in der ersten Hälfte im 20. Jahrhundert mehr noch von erkenntnistheoretisch relevanten Fragen der Wahrnehmung *abrückte,* als dies in der idealistischen Phase der Philosophie der Fall gewesen war. Eine dem Idealismus fern stehende neue philosophische Gruppierung, wie beispielsweise der an der Philosophie des Positivismus orientierte antimetaphysisch eingestellte „Wiener Kreis“, der sich anfangs durchaus für die Gestaltpsychologie interessierte (vgl. Steffen Kluck 2008 und in diesem Band), distanzierte sich mit Zuspitzung seiner Theorien wieder von ihr (vgl. dazu Carnap 1939). Erkenntnistheoretisch hielt der „Wiener Kreis“ an der Kantischen Unterscheidung zwischen dem Subjektiven und dem Objektiven fest, wenngleich diese Orientierung nicht von Kant hergenommen wurde, sondern mit den erkenntnistheoretischen und logischen Theorien Bolzanos und Freges und einer von dort her übernommenen antipsychologischen Grundeinstellung in Zusammenhang gebracht werden muss, worauf hier aber nicht mehr eingegangen werden kann. *Erkenntnistheorie* hatte nach Ende des Zweiten Weltkrieges aus noch zu eruierenden Gründen ausgedient (vgl. dazu Rorty 1997); und an ihrer Stelle wurden die Grundlagen der Wissenschaft im Bereich des Logischen und der Sprachanalyse verankert oder bei der Neurologie Rat gesucht. Im Folgenden werden stichwortartig einzelne Aspekte ohne Anspruch auf Vollständigkeit erwähnt, die lediglich dazu dienen sollen, das Feld der Ganzheits- und Gestaltpsychologie noch etwas abzustecken respektive zu weitergehender *interdisziplinärer* Forschung anzuregen.

1.4 Berhard Bolzanos Einfluß auf Ganzheits-und Gestaltpsychologie

1.4.1

Der Logiker, Mathematiker und Theologe Bernard Bolzano (1781-1848) zählt zu den frühen Kantkritikern und gilt heute als der geistige Großvater der formalen Logik (Gottlob Frege) und der amerikanischen analytischen Philosophie (vgl. Dummett 1993.S. 32 f.). Schon Edmund Husserl hatte 1900 im ersten Band der „Logischen Untersuchungen“ auf die überragende Bedeutung Bolzanos als Logiker hingewiesen (vgl. Husserl 1928, S. 225), aber ohne noch auf breiterer Basis das heute beachtlich angewachsene Interesse an Bolzano zu erregen. Unmittelbar nach Ende des Zweiten Weltkrieges erinnerte 1946 der Phänomenologe und Logiker P. F. Linke an die Bedeutung Bolzanos und erwähnte in dieser Arbeit auch in wichtigen Punkten eine geistige Verwandtschaft zwischen Gottlob Frege und Carl Stumpf (vgl. Linke 1946, S. 84, 90, 96). Die verzögerte Rezeptionsgeschichte Bolzanos steht in Zusammenhang mit seiner ungewöhnlichen wissenschaftlichen Vita und dem Publikationsverbot durch die katholische Kirche. Das Interesse Brentanos und seiner Schule an Bolzano speist sich aus mehreren Quellen.

1.4.2

Stärker als Herbart, den Bolzano gut gelesen, geschätzt, allerdings auch kritisiert hatte, betonte Bolzano den Unterschied logischer und psychologischer Erkenntnis, ohne die Psychologie jedoch von *erkenntnistheoretischen* Fragen abschneiden zu wollen, was sich erst im 20. Jahrhundert unter Einfluss des Neukantianismus und, ihm nahestehend, durch G. Frege und E. Husserl ergab und zuletzt die sich zuspitzende Psychologismus-Kontroverse herbeiführte. Von Bolzano dürfte *logisch* weitgehend das Konzept des *Ganzen und der Teile* (das „Kontextprinzip" im Wortlaut Gottlob Freges) ausgegangen sein. Es wurzelt in Bolzanos Wahrheitstheorie, die entschieden zwischen den *Akten des Urteilens* und den *Inhalten* respektive „Sätzen an sich" trennt. Weder der Urteils*akt* noch die Zusammenfügung (Assoziation) von Begriffen, sondern allein allgemeine, vom Erkenntnissubjekt *unabhängige* ‚objektive' Wahrheiten – „Sätze an sich" und „objektive Vorstellungen" als *Teile* von Sätzen – sollten als Grundlage logischer Argumentation in Frage kommen; mathematisch erklärte Bolzano den Summenbegriff zum mathematischen *Inbegriff.* Als Grundlage des logischen Urteils ist also nicht eine *Synthese* von Begriffen, ein „Actus der Spontaneität" oder eine „Verstandeshandlung" nach Kantischen Prämissen anzunehmen; anstelle der Synthese ist der *Analyse* der Primat einzuräumen. Bolzano unterschied *vor* Brentano und *anders* als Kant ausdrücklich zwischen dem psychischen *Akt* des Urteilens und dem Urteils*inhalt* respektive Urteils*gegenstand;* letztere Unterscheidung wurde von Brentano (zeitweilig) übernommen und in Stumpfs Erkenntnislehre weiterentwickelt. Eine Diskussion über die angedeuteten Verhältnisse wurde 1894 nochmals durch K. Twardowsky und dessen Arbeit über „Die Lehre vom Inhalt und Gegenstand der Vorstellungen" auslöst, an der sich namhafte Brentanoschüler (Carl Stumpf erst in 1907 b) beteiligte (vgl. zusammenfassend dazu P. F. Linke 1929, S. 79 ff.). In der zweiten Hälfte des 20. Jahrhunderts taucht sie dann wieder bei Karl Popper auf (vgl. Popper/Eccles 1981).

Das Schwergewicht von Bolzanos Auseinandersetzung mit Kant lag auf der Kritik der Kantischen Philosophie der Mathematik, sowohl Kants Votum für *reine* Anschauungsformen zur Fundierung der Geometrie als auch das Postulat „synthetischer Urteile a priori" die Arithmetik betreffend. Die Geltung geometrischer Axiome bedarf keiner *Anschauung,* sondern einer strengen logisch-analytischen Prüfung mathematischer *Grundbegriffe* und *logischer Ableitungsverfahren.* Was die Arithmetik anbelangt, hatte Kant, anscheinend nicht im Bilde über das Kommutativgesetz der Addition, den mathematisch wichtigen Begriff der *Summe* (als Vorläufer des Mengenbegriffs) *missverstanden* und in diesem Kontext nicht nur den analytischen Charakter der Mathematik, sondern den Analysebegriff selbst in seiner Reichweite unterschätzt (vgl. Bolzano

1810/1927). Mit diesem *Grunddilemma* der Kantischen Philosophie befasste sich bereits die Habilitation des jungen Stumpf „Über die Grundsätze der Mathematik“, vermutlich durch die Lehre Bolzanos inspiriert, die aber erst 2008 veröffentlicht wurde (vgl. Stumpf 2008). Bolzanos Eifer, den durch Kant initiierten Anschauungscharakter der Mathematik *gänzlich auszumerzen,* führte zu einer extrem reduktionistischen Auffassung von ‚Anschauung‘ und ‚Wahrnehmung‘, die nach Bolzano lediglich das Moment der psychischen *Veränderung* infolge einer Reizerregung ‚bedeuten‘, also eigentlich noch *nichts bedeuten* sollte. In diesem Kontext wurde der Wahrnehmung jegliche Relevanz für die Erkenntnis entzogen und wiederum die alte (idealistische) Auffassung von dem angeblich irrationalen Charakter der Wahrnehmung begünstigt respektive ‚Erkenntnis‘ ausschließlich von begrifflich-sprachlicher Vorannahme abhängig gemacht.

Zu den Bolzano-Lesern dürften aber sowohl Hermann Lotze als auch Franz Brentano und seine Schüler einschließlich Carl Stumpf zu zählen sein. Stumpfs Habilitation enthält deutliche Anzeichen dafür. Der bislang fast gänzlich übersehene Zusammenhang zwischen Bolzanos Lehre und der Gestaltpsychologie ist unter erkenntnistheoretischen Prämissen nachvollziehbar, insofern Bolzano sich als Logiker auch gegen psychologische Missverständnisse abgegrenzt hatte, und Brentano sich wiederholt veranlasst sah zu beteuern, dass er, obwohl mit Bolzano bekannt, nichts von ihm angenommen oder übernommen hätte (vgl. Brentano 1973, S. XLVI).

Für Brentanos ablehnende Haltung sprechen zwei Gründe: Bolzanos (‚platonisierende‘) Wahrheitstheorie und Bolzanos Bekenntnis zu einer einfachen Seelensubstanz in seiner Schrift: „Athanasia oder die Unsterblichkeit der Seele“ (Bolzano 1976, S. 229 f.). Das hieß, dass Brentano in Bezug auf zwei philosophische Prämissen in der Tat eine gegenteilige Position zu Bolzano vertrat. Vor diesem Hintergrund mag es etwas übertrieben klingen, wenn Ursula Neemann in ihrer informativen Auseinandersetzung mit „Bernard Bolzanos Lehre von Anschauung und Begriff“ in ihrer *Kritik an der Gestaltpsychologie* darauf insistiert, Bolzano sei als ihr eigentlicher Begründer auszuzeichnen. Bezüglich der *logischen* Grundlagen dürfte Neemann aber nicht im Unrecht sein (vgl. Neemann 1972, S. 137; zu ‚Ganzes und Teil‘ S. 215 f.). Bemerkenswerter Weise war es Wilhelm Wundt, der 1920, also Jahrzehnte vor Neemann, auf Bolzanos Lehre als den logischen oder „scholastischen“ Kern der Phänomenologie Stumpfs hinwies, allerdings in diskriminierender Weise den *Überhang logischer Begründung* kritisierte (vgl. Wundt 1920, S. 188).

1.4.3

Bolzanos, im Anschluss an Herbarts Reflexionen zum Phänomen des „*Zusammengesetztseins*“, das Herbart als ein Grundproblem jeglicher Philosophie auszeichnete, und die in diesem Kontext verwendete Bezeichnung „*Inbegriff*“ (die auch Herbart schon verwendet) sowie Bolzanos Urteilstheorie dürften trotz anderslautender Beteuerungen Brentanos aber dennoch einflussreich gewesen sein für die Deskriptive Psychologie Brentanos, die Phänomenologie Stumpfs und Husserls „Lehre von den Ganzen und den Teilen“ in dessen „Logischen Untersuchungen“ (1928: S. 225 ff). Inbegriffe sind *begriffliche* Gegenstände, die aus anderen *begrifflichen* Gegenständen zusammengesetzt sind; der Begriff der Zusammengesetztheit „ist der grundlegende Begriff der Bolzanoschen Lehre von den Inbegiffen, da ein Inbegriff als ein ‚Etwas, das Zusammengesetzheit hat‘, definiert wird“ (vgl. dazu Krickel 1995, S. 79 ff.). Summa summarum wäre Bolzano in der Tat unter *logischen* Gesichtspunkten als ein bedeutender ‚Vorläufer‘ der logisch-kognitiven Seite der Ganzheits- und Gestalttheorie zu würdigen, wenngleich andere Prämissen des großen Logikers freilich gegen seine psychologische ‚Vereinnahmung‘ sprechen.

1.5 Hermann Lotzes (1817-1881) Votum für ein ineinandergreifendes seelisches Ganzes

Lotzes Bedeutung für Carl Stumpf und den Ganzheits- und Gestaltansatz ist noch zu entdecken. Sollte Lotze (oder Brentano?) den jungen Carl Stumpf zum Thema seiner Habilitation, in der die Einflüsse Bolzanos erkennbar sind, angeregt haben? Bereits Lotze machte (wie Stumpf dann wieder 1873) gegen Herbarts Hypothese von einer einfachen und unveränderlichen Seelensubstanz geltend, dass es sich bei Herbart um einen falschen Schulbegriff und eine willkürliche Hypothese gehandelt habe (1852, S. 154). Lotze monierte die Vorstellungsmechanik anstelle psychischer Aktivität (Tätigkeit) und die Einschränkung des Psychischen allein auf die *eine Klasse der Vorstellungen*; nach Lotze ist das Seelenleben „zu einem ineinandergreifenden Ganzen organisiert“ (1852, S. 97). Lotze befasst sich, fraglos durch Herbart angeregt, auch schon intensiv mit tonpsychologischen Reflexionen, kritisiert Helmholtz' Erklärungsansatz bezüglich Konsonanz/Dissonanz-Lehre und erwägt eine *physiologische* Grundlage der Tonverschmelzung, die Herbart ausdrücklich abgelehnt hatte, aber möglicherweise anregend sowohl auf Hermann von Helmholtz als auch auf Carl Stumpf gewirkt hatte. 1868 setzt Lotze sich wieder mit Herbarts Verschmelzungstheorie auseinander und kritisiert an derselben Stelle Helmholtz‘ Konsonanztheorie. In diesem Kontext tritt Lotze nochmals für einen *ganzheitlichen* Seelenbegriff ein und stimmt für eine *Mehrheit von Bewusstseinsphänomenen*, die sich *durchdringen*. Die Verschmelzunglehre, von Herbart angedacht, von Lotze weitergeführt, erlangte für Stumpfs Phänomenologie und Funktionspsychologie größte Bedeutung.

1.6 Franz Brentanos (1838-1917) Wende zur Bewusstseinspsychologie

Brentanos Votum für einen *ganzheitlichen* Ansatz nach Aristoteles und Descartes in seiner „Psychologie vom empirischen Standpunkt" (1874) sucht den Ausdruck „Einfachheit" der Seele durch den der „Einheitlichkeit des Bewusstseins" zu ersetzen, die Brentano „als einen der wichtigsten Punkte der Psychologie" auszeichnete (1973, S. 232). In Bezug auf die ‚Bewusstseinseinheit' ist Brentanos psychologische Analyse des *Vergleichens* (1973, S. 226) für die Bewusstseinseinheit wesentlich schärfer gefasst als beispielsweise entsprechende psychologiekritische Ausführungen des Erkenntnistheoretikers Moritz Schlick in dessen „Allgemeine Erkenntnislehre" (1979, S. 143 f.). Brentano setzt gerade nicht (wie Schlick) auf das Gedächtnis, das mit zeitlichem Abstand ja immer mehr der Täuschung ausgesetzt ist. Nach Brentano ist eine *gleichzeitige* Vielzahl von psychischen Phänomenen, einer Gruppe wie Sehen und Hören, Vorstellen und Urteilen, *die einer realen Einheit* angehören, eine psychologische Tatsache, die, würde sie geleugnet, zu unauflöslichen Antinomien führte. Man könnte von keiner Einheit des Ich in seinem früheren und späteren Bestande sprechen, wenn diese Einheit keine andere wäre „als die eines Flusses, in welchem die eine Woge der anderen folgt und ihre Bewegung nachbildet." (1973, S. 239) In diesem Lichte taucht auch bereits 1873 Brentanos Vergleich mit der Melodie auf, der für Ch. v. Ehrenfels ‚Entdeckung' der ‚Gestaltqualität' 1890 von Bedeutung wurde, während Stumpf nicht die Melodie, sondern die musikalische Harmonik für seine Ganzheitslehre in Anspruch nahm. Allerdings hat Brentano nach Abschluss der „Psychologie" wieder für eine vis*uelle Grundlage* der Erkenntnistheorie votiert und Stumpfs musikalischen Ansatz bekämpft. Im Rahmen der Analyse der Klassifikation der psychischen Phänomene und deren Merkmal der Intentionalität betont Brentano (wie vor ihm bereits Bolzano) den besonderen Charakter des *Urteils*aktes, der sich von einer bloßen *Assoziation* der Vorstellungen unterscheide (Brentano 1971, S. 38 ff.). Paul Ferdinand Linke würdigt Brentano als den Überwinder der Assoziationspsychologie und *in diesem logischen Kontext* als wichtigen Initiator der Gestaltpsychologie (vgl. Linke 1929, S. 402).

1.7 Christian v. Ehrenfels' (1859-1932) Namengebung

Ehrenfels gilt als der eigentliche „Entdecker" der Gestaltpsychologie. Der berühmte Artikel „Über Gestaltqualitäten" (1890) und sein universeller Anspruch ist aber letztlich so vieldeutig, dass schwer entscheidbar sein dürfte, wem oder welcher Theorie die gestaltpsychologische Bewegung ihre zentralen Anregungen verdankte. Dass v. Ehrenfels sich ausdrücklich auf Ernst Mach berief, verschaffte dieser Quelle einerseits besondere Bedeutung (vgl. dazu Herrmann 1979), sorgte andererseits in der historischen Aufarbeitung der komplexeren Hintergründe der Gestalt-Psychologie für Verwirrung.

Ehrenfels wies darauf hin, dass es sich bei den sogenannten Gestaltqualitäten um einen „in der Philosophie mehrfach beachteten Tatbestand" handle; bezüglich der „Bemerkungen und Hinweise", die er bei Ernst Mach zur Festigung seiner Auffassung gefunden habe, erwähnte er, dass sie dort „in einem ganz anderen Zusammenhang entstanden" seien (vgl. 1890, S. 249). Letzterer wird aber weder erläutert, noch werden die auch von Ehrenfels angedeuteten Differenzen zwischen Mach und seiner Auffassung herausgestellt. Die zentrale These lautete:

> Der Beweis für die Existenz von ‚Gestaltqualitäten' [...] mindestens auf dem Gebiet der Gesichts- und Tonvorstellungen, liefert die [...] Ähnlichkeit von Melodien und Figuren bei durchgängiger Verschiedenheit ihrer tonalen und örtlichen Grundlage. Dieser Umstand läßt sich [...] mit der Auffassung von Ton- und Raumgestalten der bloßen Summe tonaler oder örtlicher Bestimmtheiten nicht vereinigen. (S. 258)

Freilich hatte Stumpf den Unterschied einer bloßen *Summe* zu einem durch seine Teile und Teilinhalte (Relationen) charakterisierten *Ganzen* schon in der Monographie über die Raumvorstellung (1873, S. 5 f.) und wieder im ersten Band der „Tonpsychologie", hier das Phänomen der Melodie miteinbeziehend, vertreten (vgl. 1883, S. 113) – allerdings zur Veranschaulichung *des Substanzbegriffs,* den der Positivist Mach entschieden ablehnte und verabschiedet hatte. Ehrenfels definierte die „Gestaltqualitäten" als

> positive Vorstellungsinhalte, welche an das Vorhandensein von Vorstellungskomplexen im Bewußtsein gebunden sind, die ihrerseits aus von einander trennbaren (d. h. ohne einander vorstellbaren) Elementen bestehen (a.a.O., S. 262).

Das Teil-Ganzes-Verhältnis meint bei Ehrenfels den Unterschied zwischen Summen und bloßen Aggregaten, bei denen die *Anordnung* (die Verhältnisse) der Elemente von Wichtigkeit ist und, verglichen mit den elementaren oder „fundierenden" Vorstellungselementen, etwas Neues bedeutete: Bei Transponierung einer Melodie auf einen anderen Grundton ändern sich alle Töne, während die Beibehaltung ihrer Relationen (Intervalle) ihr den ihr eigenen melodiösen Charakter bewahrt; Vergleichbares gilt für räumliche Gestalten bei Lageänderung ihrer elementaren Raumpunkte. Ehrenfels folgerte, dass die Erhaltung der Gestalt ein Phänomen sei, das weder den materiellen Elementen (den Tönen) noch den sinnlichen Empfindungen eigentümlich sei, auch nicht durch eine speziell auf sie gerichtete Tätigkeit zustände käme (S. 287). Zur empirischen Verifizierung könnte die innere Wahrnehmung nicht *unmittelbar* als Beweismittel dienen (S. 252), die *Existenz* der Gestaltqualitäten sei aber unbezweifelbar. *Was* die Gestaltqualitäten letztlich *sind*, ließ Ehrenfels offen, während er recht ausführlich davon handelte, was sie *nicht* sind; er betonte lediglich, dass sich *an ihnen der Abstraktionsprozess* vollziehe (S. 265).

Der Artikel subsumierte eine Vielfalt von Phänomenen unter den neuen Begriff: zeitliche und räumliche Gestalten, Klangfarbe, Harmonie und künstlerischer Stil, zeitliche, räumliche und qualitative Kontinua, Relationen und Begriffe. Die Vielfalt schien auf ein allumfassendes Erklärungsprinzip zu deuten, nämlich

> die Kluft zwischen den verschiedenen Sinnesgebieten, ja den verschiedenen Kategorien des Vorstellbaren überhaupt zu überbrücken und die anscheinend disparatesten Erscheinungen unter ein einheitliches System zusammenzufassen (S. 289).

Im Dienste der wissenschaftlichen Ökonomie, der „Einheitsbestrebungen" und zur Befriedigung aller ordnenden Erkenntnistriebe stellte Ehrenfels nicht weniger als die Möglichkeit in Aussicht, „die ganze Welt unter einer einzigen mathematischen Formel zu beschreiben" (S. 292).

Dass Ehrenfels sich hinsichtlich ähnlicher Gedanken auf Ernst Mach als „Vorläufer" berief und Stumpf an keiner Stelle erwähnte, dürfte mit Kontroversen innerhalb der Brentano-Schule in Zusammenhang gestanden haben; Ehrenfels berief sich in einer Fußnote auf Brentanos *zu dieser Zeit noch nicht publizierte Sinnespsychologie*, in der Brentano aber bereits kritische Einwände gegen Stumpfs tonpsychologischen Ansatz, *insbesondere die Unterscheidung des visuellen und akustischen Sinnesraumes* und den *Begriff der Verschmelzung* formulieren wird (1907 publiziert, 1979 wieder veröffentlicht, S. 218 ff.).

Die Vielfalt des Phänomens der Gestaltqualitäten implizierte freilich auch seine Vieldeutigkeit. Ehrenfels hat später selbst auf die zu weite Fassung des Begriffs, Unklarheiten und Vieldeutigkeit seiner Schrift hingewiesen, welche wahrnehmungspsychologische, logisch-begriffliche, relations- und gegenstandstheoretische respektive erkenntnistheoretische Aspekte zur „Weltformel" stilisierte. In den Neunzigerjahren des 19. Jahrhunderts löste sie eine Jahre anhaltende lebhafte Diskussion aus, die zur Weggabelung der Meinongschen „Gegenstandstheorie", der Husserlschen Phänomenologie und der Gestalt-Psychologie führte. Bemerkenswerterweise beteiligte Stumpf sich nicht an dieser Diskussion.

Erst 1907 a (in „Erscheinungen und psychische Funktionen", S. 28) nahm er Stellung zu den „Gestaltqualitäten".

1.8 Carl Stumpf (1848-1936) Wende zur Ganzheitspsycholgie

Stumpf plädiert in „Über den psychologischen Ursprung der Raumvorstellung" für den Ausgang vom *sinnlichen* oder Empfindungsganzen, nicht vom *Welt*ganzen, das Kant in der Antinomien-Kritik der „Kritik der reinen Vernunft" zurückwies, weil es vom Ganzen wohl einen *Begriff*, aber keine *Anschauung* geben könnte, was zu Antinomien provoziere. ‚Anschauung' wird hier, wie meistens bei Kant, mit Sinnlichkeit oder sinnlicher Wahrnehmung, gleichgesetzt. Antinomien ergeben sich aber nur, wenn auf das Ganze in seiner (unendlichen) Teilbarkeit fokussiert wird, also im Grunde die sinnliche Wahrnehmung des Kontinuums (das Raum-Zeit-Kontinuum in seiner Unendlichkeit) im Sinne eines lückenlosen *stetigen* Zusammenhanges gemeint ist. Stumpf kommt in der „Erkenntnislehre" wiederholt auf die *Wahrnehmung* von Kontinua zu sprechen.

1873 führt Stumpf a) den Gedanken Lotzes weiter, in welchem Sinne die ganzheitliche Sicht des Seelischen *im Gegensatz zu der rein zeitlichen Perspektive* theoretisch und experimentell zu erhärten ist; b) führt er in der „Theorie der psychologischen Teile" vor, nach welchen *Relationen* und *Attributen* als *Teilinhalte* das Ganze der sinnlichen Erscheinungen (ein gleichzeitiges Sehen, Hören, Tasten, Riechen, Schmecken, aber auch die Attribute der Sinne wie Ausdehnung und Farbe/Tonhöhe und Lautstärke betreffend) logisch und kategorial überzeugend dargestellt werden kann. c) Die von Herbart postulierten „idealen Vorstellungsverhältnisse" erhalten durch Stumpf eine phänomenologische Grundlage. Stumpf spricht in Anlehnung an Goethe von *Urphänomenen* im Sinne *ursprünglich gegebener Relationen* wie „Mehrheit", „Steigerung", „Ähnlichkeit" und *„Verschmelzung"* und bemühte sich lebenslang um die Grundlegung einer philosophischen Relationslehre. Die beiden ersten Urverhältnisse (Mehrheit und Steigerung) fungieren als Vorformen *quantitativer*, die beiden letzten (Ähnlichkeit und Verschmelzung) als Vorformen *qualitativer* Erfassung; diese Urphänomene sind, das sei nochmals betont, *keine synthetischen Schöpfungen des Verstandes,* sondern sie sind den sinnlichen Phänomenen (Erscheinungen, Empfindungen) *selbst immanent;* sie sind, nach einem scholastischen Ausdruck, „entia rationis cum fundamento in re" (vgl. 1873, S. 139, 1939/2011, S. 23).

In der Arbeit von 1873 diskutiert und widerlegt Stumpf a) die aprioristische Lehre Kants von der reinen Raumanschauung (die auch schon in der Habilitation kritisch diskutiert wurde); **b)** die *rein* empiristischen Raumlehren Helmholtz', Lotzes und Wundts und plädiert seinerseits für einen *partiellen Nativismus,* der allerdings nicht mit Kants Apriorismus zu verwechseln ist; c) sucht

Stumpf in dieser Arbeit die metaphysische Hypothese von der ‚einfachen Seelensubstanz' oder der unausgedehnten punktuellen Seele logisch-deskriptiv (phänomenologisch) und experimentell zu widerlegen, um in diesem Zusammenhang die *äußerst einflussreiche These vom rein zeitlichen Charakter des* Psychischen ein für alle Mal zu widerlegen.

Auf die Fundamentallehre der Urphänomene greift Stumpf 1883 in § 6 des ersten Bandes der „Tonpsychologie" zurück. Stumpf stellt in diesem Band die Grundlagen seiner Funktionspsychologie bis auf die letzten Bausteine vor, die in ihrer Relevanz noch nie gewürdigt wurden, sich allerdings auch nur in dem erkenntnistheoretischen Rahmen erschließen. Der zweite Band der „Tonpsychologie" ist der Theorie der Verschmelzung (als das sich Durchdringen konsonanter Intervalle nach verschiedenen Verwandtschaftsgraden) gewidmet. Letztere ist als die eigentliche phänomenale Grundtatsache und als die Bedingung der Möglichkeit anzusehen, eine Mehrheit von Bewusstseinsphänomenen als *Ganzes* ohne räumliche Ausdehnung instantan *wahrzunehmen* – also eben dies zu verifizieren, was Kant kategorisch ausgeschlossen hatte, die *Wahrnehmung* des Ganzen im Sinne der Substanz – der *Wahrnehmung* der Einheit des Mannigfaltigen und der *Wahrnehmung* des Mannigfaltigen *in* der Einheit.

In seinem letzten Werk, der „Erkenntnislehre", weist Stumpf auf den Unterschied von logischen Universalaxiomen (Satz der Kontradiktion, Satz des Einschlusses), die für sämtliche Wissenschaften Geltung haben und regionaler oder „gegenständlicher Axiome" hin, die einzelne Wissenschaften fundieren und sich „ausschließlich auf elementare Anschauungen beziehen" (1939/2011, S. 167) In der Durchführung dieses Ansatzes (was hier nicht möglich ist) lässt Stumpf erkennen, wie das bislang ungelöste Verhältnis zwischen formal-deduktiver und gegenständlicher Forschung zu lösen ist.

1.9 William James' (1842-1910) Einfluss auf die Komplextheorie

James epochales Werk „Principles of Psychology" (1890) hat vermutlich den übertriebenen Kampf gegen die Assoziationspsychologie und das Werben für den *Komplex*gedanken *ohne* erkennbare Relationen bei Stumpfs Schülern begünstigt; James Plädoyer für die *Vagheit* des Psychischen steht in Zusammenhang damit, dass James sich als der höchst einflussreiche Hauptvertreter der rein zeitlich zu interpretierenden Fluss- und Kontinuitätstheorie („stream of consciousness") verstand (gegen die Brentano sich verwahrt hatte) und einer ganzheitlichen *gleichzeitigen* Auffassung und Unterscheidung des Psychischen vielleicht „im Prinzip", aber nicht wirklich zustimmen konnte. Stumpf erwähnt in der biographischen Skizze über seinen ehemaligen Freund William James (1928, S. 28), dass dieser sich selbst als einen „musikalischen Barbaren" bezeichnet hätte und infolgedessen die Bedeutung der Verschmelzungstheorie als empirischer „Beweis“ der Durchdringungsthese nicht nachvollziehen konnte, sodass in James „Psychologie“ die Tonempfindungen gar nicht erst vorkommen. Zwar habe James im Prinzip durchaus die Bedeutung einer ganzheitlichen Grundlage für die empirische Seelenlehre erkannt und anerkannt – Stumpf zitiert James in diesem Sinne im 2. Band der „Tonpsychologie“: „How come to notice the simultaneous differences at all? […] This is the problem of discrimination, and he who will have thoroughly answered it will have laid the keel of psychology” (vgl. Stumpf 1890, S. 39); offenbar konnte James infolge seiner Unfähigkeit, einzelne Töne in einem Akkord zu identifizieren, der Verschmelzungstheorie nicht zustimmen. Mit anderen Argumenten als James bekämpfte allerding auch Brentano Stumpfs Verschmelzungstheorie und räumte nur in einem Brief an Stumpf (nie öffentlich) ein, dass er „die Verschmelzungstheorie nicht vollkommen verstanden hatte“ (vgl. Brentano1989, S. 132).

1.10 Friedrich Schumanns (1863-1940) Kritik an der Grazer Gestaltpsychologie

Stumpfs Assistent Friedrich Schumann ist m.E. unter erkenntnistheoretischen Aspekten der eigentliche Initiator der Berliner Gestaltpsychologie; Schumann zählt zu den positivistischen Vereinfachern in der Psychologie und vertritt in Anschluss an Georg Elias Müller und Hans Cornelius, der in der Psychologie nur *Inhalte*, aber keine *Akte* gelten lassen wollte (vgl. 1897, S. 15 f.), einen radikalen Positivismus. In seinem Aufsehen erregenden und sehr einflussreichen Artikel „Zur Psychologie der Zeitanschauung“ (1898) unterzieht Schumann sowohl das Konzept der Gestaltpsychologie Ehrenfels‘ und der an Ehrenfels anschließenden Grazer Produktionstheorie der Gestalt (A. v. Meinong, St. Vitasek, V. Benussi) einer scharfen Kritik, als er auch die Akt- respektive Funktionspsychologie, insbesondere die *Urteilstheorie* und die *Relationstheorie* seines Lehrers Stumpf zu Grabe trägt, um einzig den *Komplexbegriff* – als gänzlich *voraussetzungslos* bezüglich unerweisbarer metaphysischer Theorien über die *Zeit* und unbewiesener logischer Theorien über das *Urteilen* (als Akt) – durchzusetzen (ausführlicher dazu Kaiser-el-Safti 2001, S. 373 f.).

Schumann eliminiert demnach die schwierigsten Fragen aus der Gestalttheorie, die nach der *Zeitwahrnehmung* (Sukzession *und* Gleichzeitigkeit) und die nach dem Wesen des *Urteils als auffassende Aktivität* und sucht nach einem Grund- oder Urphänomen, *das frei zu halten sei* von erkenntnistheoretischen, logisch-begrifflichen und strukturanalytischen Voraussetzungen: *den puren Komplex*.

Hans Cornelius deutete in seinem Beitrag „Über Gestaltqualitäten“ (1900, S. 100 ff.) an, dass Schumann in seiner Kritik an der Grazer Produktionstheorie gewissermaßen übersehen hätte, dass er, Cornelius, doch bereits die gleichen grundlegenden Einwände wie Elias Müller (Schumanns Lehrer) von der Basis einer rein empiristischen („positiv empirischen“) Grundlage gegen die Verwendung von (metaphysisch zu deutender?) seelischer Produktivität oder psychischen Akten formuliert hätte; ob er damit ein Plagiat Schumanns andeuten wollte, sei dahingestellt. Für die alleinige Berücksichtigung von *Inhalten* hatte allerdings schon zehn Jahre zuvor der Neukantianer Paul Natorp gegen die Brentanoschule plädiert, weil eine auf *beziehende Akte* aufbauende Psychologie (Brentanos Intentionalitätslehre) nicht empirische Psychologie, sondern „Metaphysik“ und „Mythologie“ betreibe (1888, S. 19). Davon unangefochten führte Stumpf 1907 nochmals aus, dass nach seinem Verständnis von empirischer Psychologie *sowohl* die Inhaltsseite des Psychischen *als auch* die der psychischen Funktionen (Akte) zu berücksichtigen sei (vgl. Stumpf 1907 d, dazu Kaiser-el-Safti 2010 b).

Unter Schumanns Ägide in Frankfurt/Main gelang Max Wertheimer mit dem sogenannten Phi-Phänomen (das von Schumann gesuchte Urphänomen der Komplextheorie?) der Durchbruch der neuen Gestalttheorie auf *visueller* Basis. Über die erkenntnistheoretische Relevanz dieser ‚Entdeckung‘ ist wohl das letzte Wort noch nicht gesprochen. Stumpf bezog in der „Erkenntnislehre“ ausführlich zu Wertheimers Untersuchungen und der These Stellung, es handle sich beim Phi-Phänomen um etwas *rein Qualitatives*, um ein Bewegungsphänomen, das nicht identisch sei mit einer Lageveränderung des Objekts, eine Bewegung ohne Bewegtes (vgl. Stumpf (2011, S. 297). Wertheimer lege Wert darauf, schreibt Stumpf, dass das fragliche Phänomen unter den Gestaltbegriff falle; nach Stumpf *gibt es aber keine Gestalten,* „an denen keinerlei Teile in irgendeinem Sinne unterschieden werden können“ (301). Wertheimers Erklärung, es handle sich um einen *Gehirnmechanismus*, den er mit dem Ausdruck „Kurzschluss“ oder „Querfunktion“ kennzeichnete, bietet nach Stumpf keine Erklärung, sondern „eben nur eine bequeme Formel“ an (302). Auch der amerikanische Philosoph Nelson Goodman zweifelt unter Berufung auf die gründlichen Untersuchungen der Theorien zu den Scheinbewegungen in Paul A. Kolers, „Aspect of Motion Perception“ (1972) an der gehirnphysiologischen „Erklärung“ Wertheimers (vgl. Goodman 1984, S. 92 ff.). Einen guten Überblick über die immens komplexe gestalttheoretische Debatte bietet der 1911 verfasste Artikel von Adhémar Gelb „Theoretisches über ‚Gestaltqualitäten‘“, der weitgehend Stumpfs Aspekt der *Relationen* berücksichtigt und verteidigt (vgl. Gelb 1911). Stumpf selbst setzte sich erst spät mit den theoretischen Grundlagen seiner ehemaligen Schüler auseinander (vgl. 1939/2011, S. 242 ff.). Wichtig ist Stumpfs spätere Unterscheidung zwischen ‚Komplex‘ und ‚Gestalt‘, insofern er Komplexe als die

Grundlage der Gestalten betrachtet, während die Gestalt*bildung aktiv an* Komplexen als ihren ‚Trägern' *vollzogen wird.*

1.11 Ernst Cassirer (1874-1945)

Cassirer (1874-1945) spricht in „Substanzbegriff und Funktionsbegriff" (1910) von einem *Inbegriff* oder einem *Ganzen von Beziehungen*, das der Subjekt-Objekt-Relation *vorausliege!!* – ein erstaunliches Zugeständnis von einem Neokantianer. Als *Inbegriff* wird hier wohl in Anlehnung an Herbart die *Reihenform* in Anspruch genommen, d.h. unterschiedliche Formen zeitlichen Verlaufs. In Cassirers „Philosophie der symbolischen Formen" wird erneut ein *Ganzes* als Oberbegriff oder *Inbegriff* für unterschiedliche symbolische *Relationen* postuliert.

Es ehrt Cassirer, dass er in „Substanzbegriff und Funktionsbegriff" die zu dieser Zeit schon reichlich vorhandenen *unterschiedlichen* Gestaltversionen der Österreichischen Schule (v. Ehrenfels und v. Meinong) und der Berliner Schule (Stumpfs und die positivistische Version seines Schülers Friedrich Schumann) nochmals allesamt berücksichtigt, wenngleich alle zusammen in ihren erkenntnistheoretischen Prämissen als verfehlt darstellt, *weil durchgehend eine falsche Auffassung des Urteils vorliege:* „Es sind elementare Urteilsakte, kraft deren der Einzelinhalt als Glied einer bestimmten Ordnung erfaßt und damit erst in sich gefestigt wird. Wo dies geleugnet wird, da versteht man das Urteil selbst nur in dem äußeren Sinn einer vergleichenden Tätigkeit, die einem bereits bestehenden und gegebenen ‚Subjekt' ein neues Prädikat nachträglich hinzufügt" (S. 453). Mit dem letzten Satz lässt Cassirer allerdings erkennen, dass er nicht informiert zu sein scheint über Stumpfs akribische Untersuchung der verschiedenen Bedeutungen von ‚Urteil' im ersten Band der „Tonpsychologie" (vgl. 1883, § 1 und § 5).

Zweifellos ist der Begriff des Urteils, und vielleicht mehr noch das Procedere der Begriffsbildung und des Abstraktionsvorgang, seit Platon als der eigentliche und ausschlaggebende Zankapfel zwischen Philosophie und Psychologie anzusehen, und solange sich Begriffe und Urteile im platonischen Ideenhimmel oder wenn nicht dort, so doch irgendwie *vor aller Erfahrung* rechtfertigen ließen, konnte die Philosophie sich des Sieges in dieser grundlegenden erkenntnistheoretischen Frage sicher sein. Aber nachdem diese Urteile *vor aller Erfahrung* suspekt geworden waren, bedurfte es erneuter Anstrengung, das Wesen des Urteils als das angeblich alleinige erkenntnistheoretisch bedeutsame Vehikel aufzuklären. Cassirer macht dazu auf der Basis seiner idealistischen Erkenntnistheorie jedenfalls keine Erfolg versprechende Anstalten. Noch Ende der 1960er Jahre problematisiert Wolfgang Stegmüller, welche destruktiven Konsequenzen für die Philosophie von dem Verlust „synthetischer Urteile a priori" ausstrahlten, deren argumentative Grundlage allerdings zu dieser Zeit (bereits von Herbart, Brentano, Stumpf, wieder von Vertretern der sprachanalytischen Philosophie) wiederholt in Zweifel gezogen und ‚dekonstruiert' worden waren: Nach Stegmüller kann „das Problem der synthetischen Urteile a priori an Wichtigkeit gar nicht überschätzt werden.[…] *Falls nämlich dieser ablehnende Standpunkt zutrifft, gibt es überhaupt keine spezifischen philosophischen Wirklichkeitsaussagen.* Alle synthetischen Aussagen sind dann Erfahrungsurteile, deren Überprüfung den empirischen Wissenschaften überlassen werden muß" (vgl. Stegmüller 1969, S. XXIX). Natürlich kommt Stegmüller nicht auf die Idee, dass für diese Frage im Rahmen der Gestaltpsychologie und Stumpfs Relationslehre eine Lösung gefunden wurde.

Cassirers genuin *idealistische* Grundeinstellung gegen die Psychologie der Relationen und die Psychologie war im Ganzen schon mit den einleitenden Grundsätzen vorprogrammiert: Cassirer behauptet nämlich, dass „der Gedanke der wissenschaftlichen Psychologie auf Platon zurückgehe" (S. 434) und deutet an, dass die modernen Aporien der Erkenntnispsychologie auf die Lehre des Aristoteles zurückzuführen seien. Diese Auffassung könnte (wenngleich ohne Namensnennung) auf Brentanos „Psychologie des Aristoteles" gemünzt gewesen sein, der ja anstelle der Ideenlehre und Platons Seelenlehre Aristoteles für eine moderne empirische Psychologie in Anspruch nehmen wollte. Die *sinnliche* Seite der menschlichen Erkenntnis und die Bedeutung der Wahrnehmung im Erkenntnisprozess wird freilich mehr von Aristoteles gewürdigt, und Aristoteles verfasste auch als erster ein systematisches Buch über die Seele; sodass richtiger zu veranschlagen gewesen wäre, dass die *metaphysischen* Seelenlehren auf Platon fußen, die *wissenschaftliche Psychologie* hingegen auf Aristoteles rekurriert.

Teil 2

2 Vorbemerkungen

2. 1

Im Folgenden werden Positionen des letzten, 1939-1940 posthum erschienenen Werks, der „Erkenntnislehre" Stumpfs (hauptsächlich § 14-15, 2011), nah am Originaltext entlang referiert, die an Stumpfs spezifische Verwendung der Begrifflichkeit „Ganzes", „Teil", „Gestalt", „Komplex" *erinnern* sollen. Diese Begrifflichkeit ist nicht isoliert zu gebrauchen, sondern kontextuell im Rahmen der Logik und im Sinne einer von Stumpf initiierten *Relationslehre* zu ventilieren; sporadisch sind andeutungsweise die Reaktionen der Schüler Stumpfs und die Inflation der Gestaltbegrifflichkeit nach 1900 anzusprechen, die einer verwendbaren Einschätzung der Relevanz der Gestaltpsychologie eine nicht unerhebliche Problematik bescherte (ausführlicher über die Abweichungen der Berliner Gestaltpsychologen von Stumpfs Lehre in Kaiser-el-Safti 2001, S. 370 ff.).

Stumpf wäre in Bezug auf die primäre Namensgebung – die durch Christian von Ehrenfels kreierte Bezeichnung „Gestaltqualität" – *nicht* als Gestaltpsychologe zu bezeichnen. Man könnte den Eindruck gewinnen, als sei durch Ehrenfels' Artikel „Über ‚Gestaltqualitäten'" (1890) gewissermaßen über Nacht eine neue Richtung in der Psychologie aus dem Boden gestampft worden. Indes hatte der Brentano-Schüler Ehrenfels Phänomene als exemplarisch für die „Gestaltqualität" herangezogen und für Letztere Bezeichnungen eingeführt („Übersummativität", „Transponierbarkeit"), die Stumpf, erklärter Gegner von neuen Wortschöpfungen in der Wissenschaft, den ausgezeichneten Sachverhalten entsprechend Jahrzehnte *früher* bereits systematisch im Rahmen seiner „Theorie der psychologischen Teile" (vgl. 1873, S. 106 ff.), der „Urphänomene" und der Verschmelzungstheorie (vgl. 1883 und 1890) behandelt hatte, hier auch die wesentlichen Vorarbeiten Herbarts erwähnt, wenngleich nicht hinreichend gewürdigt hatte. Die für Stumpf zutreffendere Bezeichnung wäre „Ganzheitstheoretiker" oder „Mereologe".

Aber nicht die Etikettierung, sondern die mit dem Ganzheitsansatz verbundene logisch-analytische Intention ist als das Wesentlichere hervorzuheben. Stumpfs ‚Logik der Phänomene' knüpft erkenntnistheoretisch an ältere Traditionen an, so an Aristoteles' Seelenlehre der unabtrennbaren Teile und den Grundsatz: „Das Ganze ist (logisch) *früher* [nicht *mehr*] als die Teile", die britischen Erfahrungsphilosophen, insbesondere George Berkeley und David Humes „distinctio rationis". Stumpf lässt aber in seiner erst 70 Jahre nach seinem Tod veröffentlichten Habilitation (vgl. Stumpf 2008) auch Einflüsse des Logikers und

Mathematikers Bernard Bolzano und dessen mereologische Vorwegnahmen erkennen. Stumpfs *erkenntnistheoretische* Intentionen galten dem Versuch einer *Überbrückung* oder Zusammenführung formaler (logischer) mit Grundstrukturen der Wahrnehmung (deren „Urphänomene") und deren psychische, kognitive und emotionale Verarbeitung, um eine verlässliche Basis für die *empirische* psychologische Forschung und darüber hinaus zur Bewältigung des Induktionsproblems zu schaffen. Nach Stumpf konnte der Versuch nur infolge einer *Revolutionierung des Seelenbegriffs* gelingen, die anstelle der metaphysisch gedeuteten immateriellen, punktuellen Seele ein Ganzes, mit der sinnlichen Natur der menschlichen Existenz verbundenes *einheitliches* Bewusstsein postulierte.

Die Notwendigkeit, nach dem Scheitern des Kantischen Transzendentalismus und Apriorismus (das Konzept der *reinen* Anschauungsformen Raum und Zeit und der „synthetischen Urteile a priori") nach neuen Wegen der Zusammenführung empirischer (wahrnehmungsfundierender) und logisch-formaler Fundamente zu suchen, war ja nicht allein das Anliegen Stumpfs, sondern motivierte auch andere philosophische Schulen des ausgehenden 19. und beginnenden 20. Jahrhunderts, wie beispielsweise die Vertreter des Machschen Phänomenalismus und des Logischen Positivismus, die sich in den beiden Jahrzehnten vor Ausbruch des Zweiten Weltkrieges leider zunehmend antipsychologisch gerierten. Stumpfs *exzeptionelle* Position resultiert a) aus dem Festhalten an der Notwendigkeit einer Deskriptiven Psychologie als unverzichtbare *produktive* Erkenntnisgrundlage und der phänomenologischen Tiefenanalyse der Struktur der beiden ‚höheren' Sinne, der visuellen *und* der akustischen Perzeption.

Die eine wie die andere Grundeinstellung *kontrastierte* gegen die damalige Mainstream-Philosophie, was Stumpfs ohnehin komplexe Lehre in den Augen seiner Schüler unattraktiv gemacht haben dürfte. Dennoch erhielt Stumpf in Bezug auf die Unverzichtbarkeit der Psychologie in erkenntnistheoretischen Fragen nach Kriegsende eine, in ihrer Reichweite noch zu entdeckende Stütze durch den mit Psychologie, Wahrnehmungstheorie *und* Logik bestens vertrauten Logiker und Phänomenologen Paul Ferdinand Linke, der, offenbar inspiriert durch Stumpfs „Erkenntnislehre", an der Konzeption einer *ontologischen* Logik auf der Basis einer allgemeinen Verhältnislehre und *unter ausdrücklicher Einbeziehung der Psychologie* arbeitete, die bemerkenswerte Ähnlichkeiten mit Stumpfs Relationslogik erkennen lässt (vgl. Linke 1946, 1951 und 1961); die Gemeinsamkeiten zwischen Stumpf und Linke dürften sich aus beider geistiger Verwandtschaft mit den Lehren Bolzanos und Brentanos ergeben haben. Linke scheint *als einziger Philosoph und Logiker* den Mut besessen zu haben, energisch dem von Philosophen inzwischen notorisch verpönten Psychologismus die Stirn zu bieten. „Denn – um es einmal mit aller Bestimmtheit auszusprechen", betont Linke 1927 und weicht auch später nicht mehr von dieser Position ab, „ –

der übliche Kampf gegen den so gekennzeichneten Psychologismus ist einfach grober Unfug: er beruht auf den ungeheuerlichsten Unklarheiten. Philosophie generell ohne Psychologie betreiben zu wollen heißt in der Tat nichts anderes, als sich durch Verzicht auf das unentbehrlichste Hilfsmittel systematisch zur Unfruchtbarkeit zu verurteilen" (vgl. Linke 1927, S. 399; vgl. auch Kaiser-el-Safti & Loh 2011).

2.2

Mehr noch als die behauptete notwendige Zusammenarbeit zwischen Philosophie und Psychologie stellt allem Anschein nach Stumpfs Verbindung der Ganzheitslehre mit der Strukturanalyse der akustisch-musikalischen Wahrnehmung Ansprüche an die Rezipienten seiner Lehre, die nicht allgemein erfüllbar sind. Musikalische Grundlagenkenntnisse können nicht ohne Weiteres vorausgesetzt werden und gewisse durchaus irrationale Vorurteile in Bezug auf Musik als bloße ungeistige „Nervenkunst", die ans *Gefühl appelliere*, aber nichts zu *denken* gebe (Kant), scheinen den Weg zu einer erkenntnistheoretischen Beschäftigung mit Stumpf zu versperren, die in wesentlichen Fragen in der Tat auf der Basis musikalischer Strukturen mit musikalischen Beispielen argumentiert. In diesem Lichte ist zwar nachvollziehbar, dass die Schüler daran interessiert waren, den Fokus der musikalischen Wahrnehmung wieder von dem neuen Programm der Gestaltpsychologie *abzuziehen* und auf die anscheinend allgemeiner zugängliche *visuelle* Wahrnehmung zu konzentrieren.

Die Distanz zu ihrem ehemaligen Lehrer dürfte sich aber auch infolge gewisser Tendenzen des Zeitgeistes ausgewirkt haben, die Stumpf für seine Auffassung von Phänomenologie und Funktionspsychologie nicht goutierte; a) eine an Ernst Machs „Ökonomieprinzip" orientierte Tendenz der „Reduzierung von Komplexität", die von der *Gestaltwahrnehmung* alles abzutrennen und auf den *Komplex* als das *unmittelbar Gegebene* zu reduzieren trachtete; das heißt, unter den Tisch fallen ließ, was in den schwierigen Bereich *der Gestalterfassung respektive Gestaltung* und damit in die Bereiche Logik (Urteilslehre) und Deskriptive Psychologie fiel. Letztere Tendenz resultierte aus der zu dieser Zeit *vorherrschenden* Theorie des Psychophysischen Parallelismus und des ebenfalls durch Ernst Mach, William James, Richard Avenarius und Hans Cornelius vertretenen wissenschaftstheoretischen Einfachheits- oder Ökonomie-Prinzips, mit dem die Gestaltpsychologen sympathisierten. Dem Phänomenalismus und Psychophysischen Parallelismus, der die von Stumpf geforderte *Unterscheidung* der psychischen Funktionen von den sinnlichen Erscheinungen *negierte*, wurden sowohl die Verhältnislehre als auch die Aktpsychologie Brentanos und Stumpfs geopfert. Stumpf hat diese reduktionistischen Motive erst in der „Erkenntnislehre“ kritisch unter die Lupe genommen (vgl. 2011, S. 242 f.), eine scharfe Kritik der „Haltlosigkeit“ der phänomenalistischen Machschen Erkenntnis- und Wissenschaftstheorie hatte Stumpf aber bereits 1907 verlauten lassen (vgl. Stumpf 1907 b, S. 14 f.).

„Reduktion“ – ein beliebter wissenschaftstheoretischer (oder besser: wissenschaftskosmetisch und populärwissenschaftlich verwendbarer) Leitgedanke im ausgehenden 19. Jahrhundert, sowohl von Friedrich Albert Lange und Ernst Mach als auch von William James befürwortet und befördert – kann ein durchaus wertvolles Verfahren sein, aber Psychologie ist nun einmal eine – trotz gegenteiliger Meinung der Vertreter der sogenannten „Alltagspsychologie“ – ‚von Haus aus‘ eine reichlich komplexe Angelegenheit. In diesem Jahrhundert sind auch wieder wissenschaftstheoretisch zu begrüßende Tendenzen zu erkennen, ganz entschieden über die Folgen eines *unangemessenen* Reduktionismus nachzudenken und für den Erhalt von „Komplexität“ zu votieren (vgl. dazu Mitchell 2008). Wie diesbezüglich mit dem *Verhältnis* von Gestalt und Komplex zu verfahren und also zwischen dem ehemaligen Lehrer und den Schülern zu vermitteln wäre, demonstrierte Stumpf leider erst in seinem letzten Werk, das *beiden* Aspekten, dem Gestalt- und Komplexgedanken, gerecht zu werden suchte.

Man darf davon ausgehen, dass Stumpf sich bereits zu einem sehr frühen Zeitpunkt seines Forschens, nämlich unmittelbar nach Abschluss seiner Habilitation 1870, in die Gestalt- und Ganzheitsperspektive einzuarbeiten begann, zunächst im Kontext einer geplanten historisch-kritischen Rekonstruktion des Substanzbegriffs und des Assoziationsbegriffs (vgl. Stumpf 1924, S. 212), sodann zunehmend mit den empirischen Grundlagen des Substanzbegriffs beschäftigt war, den die britischen Erfahrungsphilosophen *zu früh* als rein metaphysischen Begriff ohne empirisches Fundament verworfen hatten. Stumpfs letztes Werk, die „Erkenntnislehre“, beginnt nach sechzig Jahren intensiven Forschens wiederum mit der Analyse des Substanzbegriffs (vgl. dazu auch Paul Elvers‘ Beitrag in diesem Band). Wollte man dem mereologischen Ansatz Stumpfs gerechter werden als dies in dieser kurzen Darstellung geschehen kann, müsste nicht nur der innere Zusammenhang der Gestaltwahrnehmung mit dem Substanzbegriff stets gewärtig sein, sondern auch Stumpfs Analysen weiterer wissenschaftsfundierender Grundbegriffe (Kategorien) wie „Ähnlichkeit“, „Gleichheit“, „Kausalität“, „Notwenigkeit“ in der „Erkenntnislehre“ (vgl. 2011, S. 84 ff.) respektive deren logische *und* deskriptiv-sensorische Relevanz mit reflektiert werden. Aber wenngleich die Komplexität der Gestaltwahrnehmung in der Tat als Anfang und als *Kern* der Forschungsintention Stumpfs angesehen werden kann, bildete sein eigentliches Erkenntnisziel eine weit über die Ähnlichkeitsassoziation hinausgehende *allgemeine Relationslehre,* die sowohl Natur- als auch Geisteswissenschaft einer beide verbindenden *logisch und methodologisch vertretbaren* Konzeption zu unterstellen suchte (vgl. dazu Stumpfs Akademiearbeit von 1907 „Zur Einteilung der Wissenschaften“). In diesem Lichte scheint ‚Gestalt‘ definitorisch sowohl perzeptorische und logische *Strukturen* (Gebilde, Inhalte) als auch psychische *Urteilsakte* miteinander zu verbinden respektive psychische Prozesse – wie beispielsweise Vergleichen, Analyse und Synthese, diskursive und intuitive Verfahrensweisen – nachweisen und begrifflich klären zu wollen, die sowohl im Kognitiv-Quantitaiven (Logisch-Mathematischen) als auch im Sensorisch-Qualitativen zur Anwendung gelangen.

3 Konzeption einer allgemeinen Verhältnislehre

Entgegen der konstruktivistischen und rationalistischen Erkenntnistheorie (der „kopernikanischen Wende“) Immanuel Kants postuliert Stumpf die *Wahrnehmung* von *Verhältnissen*: „Nicht das Bewußtsein ‚stiftet‘ Beziehungen zwischen unseren Empfindungen [wie Kant behauptet hatte], sondern sie sind dem Bewußtsein gegeben, es hat sie nur zu konstatieren“ (S. 222). Für Musikalische bestehe „gerade im Erfassen und Verfolgen dieser inneren Beziehungen einer der Hauptreize der Musik, wenn auch nicht der tiefste“ (S. 222). „Verhältniswahrnehmungen sind aufs engste in die Sinneswahrnehmung verflochten“. Als Beispiele für *Grund*verhältnisse nennt Stumpf die abgestufte Ähnlichkeit zweier Empfindungsinhalte (Töne) und definiert „Gleichheit“ *im Sinnesgebiet* als „extreme Ähnlichkeit“ (in logisch-mathematischen Kontexten hat „Gleichheit“ eine andere Bedeutung, nämlich „gleich“ *in Bezug* auf die jeweilige *Gattung*). Demnach beruht *Reihenbildung* von Empfindungen, wie die Anordnung aller Töne in einer Reihe von den tiefsten bis zu den höchsten, auf abgestufter Ähnlichkeit; die graduell abgestufte Verschmelzung *gleichzeitiger* Töne, die Intervall*verwandtschaft,* gilt aber ebenfalls als eine phänomenologische Grundtatsache, die besonders im Bereich der Töne auffällig ist.

Innerhalb einer allgemeinen Verhältnislehre, die von Seiten der Erfahrungsphilosophie ja schon mehrfach in Angriff genommen worden sei (Stumpf erwähnt namentlich John Locke, David Hume, Alexius v. Meinong, Theodor Lipps und Bertrand Russel) biete die Aufsuchung der sinnlichen Grundverhältnisse nur einen Teil; sie müsste auch die eigentümlichen Verhältnisse unter Begriffen, Urteilsinhalten und die Verhältnisse der psychischen Funktionen, „die Struktureigentümlichkeiten des psychischen Lebens“ umfassen, die sich wesentlich von den Strukturverhältnissen der Phänomene *unterschieden.* Selbst die Grundverhältnisse sozialer, juristischer, religiöser u.a. Verbände könnten eruiert werden (S. 223). Stumpf räumt allerdings ein, dass in der „objektiven Wirklichkeit“ einfache oder Grundverhältnisse vorkommen könnten, für die *keine* Anschauung, *keine* Urphänomene, weder der Sinneswahrnehmung noch der inneren Wahrnehmung, beizubringen seien; möglicherweise könnten wir über das Leib-Seele-Verhältnis, das Verhältnis des Psychischen zum Physischen, nie einen *endgültigen* Aufschluss gewinnen; auch das Verhältnis zwischen Gott und Welt entziehe sich allen Erfahrungsbegriffen. Aber selbst im Bereich des rein Physischen mag es Grundverhältnisse geben, die unserer Erkenntnis unübersteigbare Grenzen setzten (S. 224).

Die Verhältnis*wahrnehmung*, die traditionell als ein *kognitiver* Prozess angesehen wurde, hat zu zahlreichen Theorien Anlass gegeben, die Stumpf in a) intellektualistische und b) sensualistische Gruppen einteilt. Bei den a) intellektualistischen soll es sich um eine *höhere* Geistestätigkeit handeln, die zu der bloßen Sinneswahrnehmung als etwas ganz Andersartiges *hinzukomme*, in welchem die *Spontaneität* des Intellekts gegenüber der *Rezeptivität* der Sinneswahrnehmung zutage trete. Stumpf nennt als Vertreter dieser Richtung Platon und Kant.

b) „Nach der zweiten Gruppe ist jede Sinneswahrnehmung selbst schon eine Verhältniswahrnehmung oder jede Verhältniswahrnehmung eine Sinneswahrnehmung im engsten Sinne des Wortes“ (S. 226). Die theoretischen Implikationen dieser zweiten Gruppe, der sensualistischen Theorien, artikulierten sich folgendermaßen; teils erklärte man die Sinnesempfindungen selbst als etwas *Relatives*, teils statuierte man „Übergangsempfindungen“, die den *Vergleich* zwischen den Sinneswahrnehmungen vermitteln sollten. Stumpf hat die zu seiner Zeit beliebte Theorie der „Relativität der Empfindungen“ (hauptsächlich von Wilhelm Wundt vertreten) verschiedentlich scharf kritisiert (erstmals im ersten § der „Tonpsychologie“ I, 1883), die lehren, dass jede Empfindung *nur* im Unterschied zu einer anderen Sinn mache, so Heiß nur gegenüber Kalt, Hoch nur gegenüber Tief wahrgenommen würden. Stumpf hält dagegen, dass Helligkeits- und Tonhöhen*unterschiede* nur wahrgenommen werden können, wenn Helligkeiten und Töne *selbst* wahrgenommen werden, die in sich selbst keine Verhältnisse, sondern absolute Inhalte sind. Schließlich hört man Töne auch nach einer Stille. Verhielte es sich anders, so könnte die Reihe der Empfindungen im individuellen Bewusstsein niemals anfangen, da der ersten Empfindung – sie mag noch so schwach oder dumpf sein – keine andere vorausgegangen wäre. Stumpfs Eintreten für absolute Empfindungen fiel bei den Kritikern (auch bei den Schülern) unter den zunehmend kritisierten „Elementarismus“, dagegen verteidigte Karl Bühler in der „Krise der Psychologie“ die Position Stumpfs gegen die Schüler (vgl. 1929/1978, S. 114 f.).

Der Rekurs auf „Übergangsempfindungen“ vertritt die These, dass alles *Vergleichen* einen *Übergang* von einer zu einer anderen Empfindung voraussetze; auch der sogenannte *Simultan*vergleich sei im Grunde nur ein *Sukzessiv*vergleich, indem man von einem der gleichzeitigen Inhalte mit der Aufmerksamkeit zum anderen übergehe, das Übergehen sich wieder in Form einer dritten Empfindung geltend mache, deren Eigenart dann zu einer *anderen* Gattung als die der zu vergleichenden Empfindungen gehöre. Stumpf macht auf die problematischen Konsequenzen dieser Theorie aufmerksam, die aus der näheren Beschreibung dieser Übergangsempfindungen rühren: Sind sie für jeden Sinn (Farb- oder Tonsinn) *andere* oder sind sie ihrer Natur nach alle gleich? Und wie könnten wir in diesem Fall die *seit der Antike bekannten Verschmelzungsgrade* konsonanter Tonempfindungen überhaupt bemerken? Die Theorie führt unvermeidbar in logische Aporien, die aus der Auffassung des „Übergangs" resultieren: Hat die Übergangsempfindung nicht zu beiden Seiten wieder Übergangsempfindungen, für die ihrerseits nochmals Übergangsempfindungen anzunehmen sind, und gerät man so nicht zwangsläufig in die Problematik des Unendlichen? Das Beispiel demonstriert, dass die Wahrnehmungspsychologie zugleich immer auch mit *logischen* Fragen konfrontiert.

Stumpf räumt ein, dass man sicher nicht *die* (den Begriff der) Verschiedenheit und *die* Gleichheit, *die* Mehrheit und Einheit, *die* Ähnlichkeit und Unähnlichkeit (als Begriffe oder platonische Ideen) *wahrnehme* – sehe, höre, fühle – darin behalte Platon Recht, der „Gleichheit" als Beispiel für eine Idee jenseits der empirischen wahrnehmbaren Welt situierte; „aber man nimmt sie *in* dem Gehörten, Gesehenen wahr. Es ist ein Mitwahrnehmen, wie das Wahrnehmen der Grenze zweier farbiger Felder gegeneinander, wie das Wahrnehmen der Ausdehnung in und mit der Farbe oder sonstigen Sinnesqualität" (228). Das Vergleichen wird von Stumpf als ein Wahrnehmen von Verhältnissen aufgrund einmaliger oder wiederholter Vergegenwärtigung der Sinnesinhalte charakterisiert, wobei die Aufmerksamkeit zwischen ihnen hin und her wandere, bis das Verhältnis klar und deutlich erkannt sei.

Nach Stumpf gehört seine Auffassung der Verhältniswahrnehmung *beiden* Gruppen, der intellektualistischen und der sensualistischen, an, denn einerseits würde das Verhältnis zwischen Sinneserscheinungen *in* und *mit* diesen wahrgenommen, andererseits sei das Wahrnehmen selbst eine intellektuelle Betätigung, nämlich ein verstandesmäßiges Durchdringen und Verarbeiten sinnlicher Erscheinungen.

4 Gestalt als Verhältnisganzes – Übertragbarkeit als ihre Haupteigenschaft

Stumpf begreift die Gestalt als Verhältnisganzes. Betrachtet man eine Hand aus der Nähe oder der Ferne, so ändert sich die Lage der Farbflecke, aber deren Lage *gegeneinander*, ihre *Anordnung*, bleibt die gleiche. Ebenso verhält es sich mit den Tonhöhen einer Melodie, wenn diese in eine andere Tonart transponiert wird und wiederum mit einem Rhythmus, wenn er einmal stärker, ein anderes Mal schwächer, aber mit Beibehaltung der Zeit- und Stärkeverhältnisse getrommelt wird.

Stumpf *unterscheidet* Ganze bezüglich Komplex und Gestalt; er bezeichnet ein Ganzes, einen *Inbegriff von Sinnesinhalten* oder Erscheinungen, als einen Komplex, dagegen ein Ganzes, einen *Inbegriff von Verhältnissen zwischen Sinnesinhalten* als eine Gestalt. Ein Komplex ändert sich mit jeder Veränderung der Teilinhalte, wie jeder zusammengesetzte Klang als Ganzes sich verändert, wenn auch nur *ein* darin enthaltener Ton höher oder schwächer wird. Dagegen kann eine Gestalt erhalten bleiben, wenn bei Veränderung aller absoluter Teilinhalte die *Verhältnisse* einer bestimmten Art (Raumverhältnisse, Tonverhältnisse, d.h. Intervalle) zwischen ihnen erhalten bleiben. Wenn eine Gestalt in dem veränderten Material (der Transponierung) dargeboten wird, kann sie auch als die nämliche Gestalt wiedererkannt werden.

Was wiederum ein Ganzes gegenüber einem bloßen Aggregat oder Kollektiv ausmacht, wurde bereits im Eingangskapitel der „Erkenntnislehre" erläutert (vgl. dort S. 20 ff.); gemeint ist eine Substanz in dem Sinne, an der Teile respektive Attribute zwar *abstrahiert, aber nicht abgetrennt* werden können – im Unterschied zu Aggregaten, deren Teile respektive Stücke real *abzutrennen* sind. Aber was ist ein Verhältnisganzes? Wenn Verhältnisse stets nur zwischen je zwei Gliedern bestehen, könnten die Verhältnisse zwischen den Gliedern eines Komplexes immer nur summiert werden und niemals ein Ganzes bilden. Stumpf macht, in diesem Kontext das *Problem der Kontinuität* berührend, die *allein* durch Verhältnismäßigkeit ja noch nicht gewährleistet ist, geltend: „In einem Dur-Akkord kann einer, der die drei Töne auseinanderhält, die Verhältnisse der großen Terz, der kleinen Terz, der Quinte in ihren eigentümlichen Charakteren wahrnehmen. Inwiefern werden aber diese drei Verhältnisse als ein Ganzes wahrgenommen?" Das Beispiel ist insofern äußerst aufschlussreich, weil hier zu exemplifizieren (zu hören) ist,

> daß das dritte Verhältnis durch die beiden ersten schon mitgegeben ist. Derselbe Ton, der als kleine Terz nach oben von *e* wahrgenommen wird, wird als Quinte nach oben von *c* wahrgenommen. Die drei Verhältnisse sind in diesem Komplex zu einer Wesenseinheit verflochten. Es sind nicht drei Klänge, die wir wahrnehmen, sondern es ist ein Dreiklang, und wie man, um diesen Dur-Dreiklang nach oben von *c* zu erhalten, keinen der Töne auch nur im geringsten verändern kann, so kann auch keines der Verhältnisse im geringsten geändert werden, sie bedingen sich gegenseitig (S. 231).

Ähnlich verhält es sich bei der Wahrnehmung der Melodie:

> Es ist nicht so, daß wir das Verhältnis des zweiten Tones zum ersten Ton, dann nur das des dritten zum zweiten, hierauf nur das des vierten zum dritten usw. wahrnehmen und zuletzt alle addieren, sondern wir erfassen, während wir den dritten Ton hören, außer seinem Verhältnis zum vorhergehenden auch das zum ersten noch mit, und so fort, bis zum letzten, wenn anders die Melodie nicht zu lang ist, um noch in einem einheitlichen Bewußtseinsakt überschaut zu werden.

Stumpf hatte 1907 lediglich in einer Fußnote Ehrensfels' Erklärung der Melodiewahrnehmung als zu simplistisch und also verfehlt kritisiert (vgl. Stumpf 1907 a, S. 28). Ebenso wie beim Dreiklang verhielte es sich bei Raumgestalten, einem Gemälde, einer Landschaft, „wenn und soweit sie als Ganzes erfaßt werden". Stumpf plädiert dafür, dass man entgegen Theorien, die von der Hypothese einer *punktuellen* und also ausdehnungslosen Seele ihren Ausgang nehmen und eine Mehrheit gleichzeitiger psychischer Akte als Widerspruch deklarierten (wie beispielsweise J. F. Herbart), in der Tat nicht nur eine Mehrheit von Elementen, sondern auch eine Mehrzahl von *Verhältnissen auf einmal wahrgenommen* oder auch nur vorgestellt werden kann: „Es ist uns nun einmal tatsächlich möglich, Vielheiten in einem Bewußtseinsakt zusammenzufassen. Dies ist eine Fundamentaltatsache, man könnte sagen die Fundamentaltatsache des Bewußtseins." Stumpf verweist auf Gleichgesinnte in dieser Angelegenheit, nämlich Leibniz und Lotze, und betont: „Aber in dieser Einheit des Aktes bei Vielheit der Elemente liegt keineswegs ein Widerspruch" (vgl. 2011, S. 107). Diese Fundamentaltatsache des Bewusstseins, die erlaubt, Teile – beispielsweise Töne in einem Akkord, aber eben auch psychische Akte – zu unterscheiden und gesondert zu behandeln, das heißt als *einzelne* zu identifizieren, obwohl sie sich, weil nicht räumlich ausgedehnt, *durchdringen* und sich also nicht real wie Stücke abtrennen, isolieren lassen, kontrastiert erkenntnistheoretisch gegen jegliche Ding-Ontologie, die „Mereologie" offenbar *ausschließlich* im Sinne von real trennbaren Stücken von einem Ganzen begreift (vgl. zu letzterer Auffassung beispielsweise Falkenburg 2012, dazu meinen Beitrag „Zwei Grundprobleme psychologischer Modellbildung" in diesem Band). Für die Deskriptive Psychologie war diese Unterscheidung und Isolierung, wenngleich nicht *reale* Trennung von psychischen Funktionen, von größter Bedeutung, über die ausführlich an anderer Stelle zu handeln sein wird.

Der Logiker und Phänomenologe Paul Ferdinand Linke hat – nicht zuletzt gegen den seiner Auffassung nach extremen Antipsychologismus Gottlob Freges – diese Fundamentaltatsache des Bewusstseins am Prozess der *Wort- respektive Lautwahrnehmung* nach dem gleichen von Stumpf geschilderten Procedere der Melodiewahrnehmung demonstriert, um an diesem vielleicht zugänglicheren, aber nur scheinbar trivialeren *Sprach*beispiel die Arbeitsweise des *Erfassens* geistiger Ganzheiten und der *Erinnerung* als Hinweis für die unvergleichliche

Eigenart des Psychischen (der Intentionalität) der Bewusstseinseinheit zu erhellen. Linke, in manchen Aspekten der Lehre Brentanos verwandter, scheint wie Brentano der musikalischen Wahrnehmung fremd gegenübergestanden zu haben, ansonsten aber mit allen Subtilitäten der visuellen Wahrnehmung vertraut (vgl. Linke 1929) war er, wie Brentano, vorwiegend an der Arbeitsweise der *inneren* Verarbeitung – hier dem Erfassen und Erinnern von Bedeutung im Sinne psychischer Akt*inhalte,* in Abgrenzung zu den *Akten selbst* – interessiert. Linkes letztes posthum erschienenes Werk, „Niedergangserscheinungen in der Philosophie der Gegenwart – Wege zu ihrer Überwindung" (1961), zeigt über weite Strecken Ähnlichkeit mit Stumpfs Argumentationen in der „Erkenntnislehre", insbesondere den Abschnitten zur Gestaltwahrnehmung. Nicht nur die musikalische und die Sprachwahrnehmung (vgl. hierzu die Beiträge von Stefan Volke und Alexandra Zepter in diesem Band), auch die visuelle Wahrnehmung bietet freilich zahlreiche Beispiele für die Gestaltwahrnehmung: Sechs Billardkugeln, argumentiert Stumpf, werden *auf einen Blick* sowohl hinsichtlich ihrer Farb- und Formgleichheit als auch bezüglich ihrer räumliche Lagen gegeneinander (in einer Reihe oder in Kreisform) wahrgenommen.

5 Gestalten setzen gegliederte Komplexe als ihre Träger voraus

Stumpf hebt einen Tatbestand hervor, der als trivial eingeschätzt werden könnte, es aber nicht ist, angesichts der Entwicklung, die die Berliner Gestalttheorie (die Reduzierung der Gestalt auf den ungegliederten Komplex) nahm: Gestalten können niemals für sich, sondern immer nur *an* oder *in* einem *Material* wahrgenommen werden; sie müssen an einem *Träger* haften, denn wie Verhältnisse, so müssten auch Verhältnis*ganze* ein Fundament haben, die einen gegliederten Komplex voraussetzen, dessen Teile in dem betreffenden Verhältnis zueinander stehen (S. 232). Es sei im Grunde richtiger zu sagen, dass ein gesehenes Objekt eine Gestalt, eine Tonfolge, eine Melodie *habe,* als sie *sei* eine Gestalt, *sei* eine Melodie. Wichtig sei, sich stets daran zu erinnern, dass Raum-, Zeit-, Tongestalten nicht für sich existierten, sondern immer nur *in* oder *an* dem konkreten Material einer Sinneserscheinung, in der ein Netz von Beziehungen wahrgenommen würde, das von dem konkreten Stoff gleichsam abgehoben respektive *abstrahiert* werden könnte.

Stumpf bezeichnet den *Träger* einer Gestalt als Komplex; das heißt, er wird als eine Einheit, als ein Ganzes aufgefasst, *ohne* dass Teile oder Glieder an ihm unterschieden würden, wie auch jedes Verhältnis ein gegliedertes Fundament hätte. Wenn der Komplex nur zwei Glieder hat, fällt die Gestaltwahrnehmung mit der Komplexwahrnehmung zusammen. Nach Stumpf ist damit gesagt, dass *die beiden* intellektuellen Funktionen des Unterscheidens und des Zusammenfassens sowohl bei jeder Verhältniswahrnehmung als auch bei der Gestaltwahrnehmung *vorausgesetzt* sind. Man dürfe nicht wie frühere Psychologen in den Fehler verfallen, Gestalten lediglich als *Produkt* einer *zusammenfassenden* Tätigkeit (Synthese, „Vorstellungsproduktion" in der Grazer Schule) zu definieren.

Ohne Unterscheidung von Teilen innerhalb eines Komplexes kann nicht von Gestalten gesprochen werden. So kann ein Instrumentenklang ohne jede Unterscheidung von Teiltönen wahrgenommen werden, der physikalisch oder physiologisch durchaus ein gegliederter Komplex sein mag, *psychologisch* aber für das unmittelbare Bewusstsein des Hörenden ungegliedert ist – wie beispielsweise die Klangfarbe (sie wurde von v. Ehrenfels fälschlicherweise den Gestaltqualitäten subsumiert).

Ausschließlich jede Gestalt enthält immer eine Mehrheit von Einzelverhältnissen. Die Folge von nur zwei Tönen enthält die Verhältnisse ihrer Höhe, ihrer Stärke, ihrer zeitlichen Dauer und Folge; ein gesehener rechter Winkel enthält außer den Richtungsverhältnissen seiner Schenkel auch ihre Lageverhältnisse, das Helligkeitsverhältnis zum Hintergrund, die Entfernung und Lage im Raum.

Stumpf betonte entgegen der Auffassung seiner Schüler, die „unbemerkte Empfindungen" prinzipiell ablehnten, dass von diesen Verhältnissen in jedem Augenblick nur wenige *auf einmal* Gegenstand des *Bemerkens* seien und auch diese würden nicht immer *gleich deutlich* bemerkt. Die Verhältnisse sind uns je nach Deutlichkeitsgrad, „viele aber ganz unbemerkt gegeben" (S. 234). Daraus folgt nach Stumpf die Möglichkeit, auch einen Begriff wie das Kontinuum dem Grundsatz der Deskriptiven Psychologie entsprechend wahrnehmungstheoretisch zu erfassen (wobei die unendliche Teilbarkeit des Stetigen, des Kontinuums, eine besondere Definition in Bezug auf *Grenzen* anstelle von *Punkten* erfährt). Denn ohne das Zugeständnis unbemerkter und wie beim Kontinuum unmerkbarer Teilgestalten gäbe es ebenso wenig eine Wesenstheorie der Gestalten wie eine Wesenstheorie der Kontinua.

Stumpf hebt an dieser Stelle hervor, dass er unter „Bemerken" oder „Wahrnehmen" nicht auch verstehe, dass das Wahrgenommene oder Bemerkte stets unter Begriffe oder gar Maßbegriffe rubriziert werden müsste. „Es heißt eben nur: von der Erscheinung oder dem Verhältnis Notiz nehmen, weiter nichts" (S. 234). Stumpf zieht unter funktionspsychologischen Gesichtspunkten die Bezeichnung „Bemerken" dem „Wahrnehmen" vor, weil mit letzterer Bezeichnung häufig der Akt (Wahrneh*men*) mit dem Inhalt (der Substantivierung, also Wahrneh*mung*) vermengt wird und sodann zu erkenntnistheoretischen Unklarheiten (über die „Wirklichkeit" des einen oder anderen) evoziert.

6 Diskursive und intuitive Stadien der Gestaltwahrnehmung

Stumpf verdeutlicht wiederum unter funktionspsychologischen Aspekten in diesem Abschnitt, dass die Unterscheidung „diskursiv“ und „intuitiv“ nicht zusammenfalle mit der vorher erwähnten von Analyse und Synthese (Unterscheiden und Zusammenfassen), obwohl nahe Beziehungen zwischen beiden Einteilungen bestünden. Beim Durchlaufen einer Gestalt *komme in erster Linie* das *Unterscheiden, hernach* beim „Schauen mit einem Blick“ das Zusammenfassen ins Spiel. Stumpf exemplifiziert das am Gesichtssinn. Erwachsene pflegten zunächst ein Gemälde oder eine Landschaft mit dem Blick zu durchlaufen, um sich sodann einzelne Teile und ihre gegenseitigen Verhältnisse zu verdeutlichen und zuletzt wieder das Ganze mit ruhendem Auge zu betrachten, vielleicht den Blick auf einen besonders fesselnden Teil zu konzentrieren. Stadien der Augenbewegung und Augenruhe lösten einander ab. Diese *körperlichen* Zustände der Augenbewegung hätten bei anderen Sinnen, beispielsweise beim Ton-Sinn, *keine Analoga*, wenngleich ähnliche psychische Verhaltensweisen des Durchlaufens und ruhigen Verweilens auch hier anzutreffen seien. Stumpf bezeichnet die Stadien als das *diskursive* und das *intuitive* Verfahren, beide dem höheren Denken entnommen, „wo sie für das schließende und das unmittelbare Erkennen gebraucht werden. Sie sind hier für analoge Verhaltensweisen im sinnlichen Wahrnehmungsgebiete verwendet“ (S. 236).

Bezüglich des Hör-Sinns kann nicht eigentlich von einem „Durchlaufen“ die Rede sein, da Töne nicht räumlich getrennt sind (zwar sind sie das als Klaviertasten oder Noten, aber nicht im Hörenden, der räumliche Beziehungen in der Regel lediglich dazu assoziiert). Musikalische unterscheiden die drei Töne im Dreiklang unmittelbar, musikalisch weniger Geübte hören unter Umständen zunächst nur *einen* Ton (Klang), richten sodann die Aufmerksamkeit sukzessiv auf verschiedene Bereiche, um zuletzt die einzelnen Bestandteile eines Zusammenklanges „herauszuhören“; danach wird die simultane Mehrheit dann als solche deutlicher erfasst. Beim Erfassen einer Melodie ginge das diskursive Verfahren voran, während das erste Stadium fehle; *die Gestalt setze sich überhaupt erst im Bewusstsein zusammen,* wenngleich nicht „additiv“, sondern in einem wesentlich komplizierteren Verfahren. Die Melodie wachse von Ton zu Ton, aber schon mit dem zweiten Ton käme neben dem diskursiven zugleich ein intuitives Verhalten, ein „Zusammenschauen“ nach Platon ins Spiel und beide Verfahren setzten sich in Verbindung miteinander bis zum Schluss fort. Stumpf warnt davon, die verschiedenen Sinne in Hinsicht der Gestaltwahrnehmung „alle in einen Topf zu werfen“, was dann leider bei seinen Schülern häufig geschehen ist (vgl. dazu Frauke Fitzners Beitrag in diesem Band).

7 Komplexeigenschaften und Gestalteigenschaften; Feinheit und frühes Auftreten der Gestaltunterscheidung

Stumpf expliziert in diesem Abschnitt zum einen genauer, was in Bezug auf Ganze unter „Eigenschaft" zu verstehen ist und hebt zum anderen – entwicklungspsychologisch und kognitionspsychologisch von Belang – auf die frühkindliche Bedeutung präverbaler Analysefähigkeit ab. Gegen den seiner Auffassung nach unpräzisen Ehrenfelsschen Ausdruck „Gestaltqualität" votiert Stumpf für Gestalteigenschaften, um wiederum Komplexeigenschaften von Gestalteigenschaften zu *unterscheiden*. Ganze können Komplexeigenschaften haben, die nicht mit den Gestalteigenschaften zu verwechseln sind (vgl. 2011, S. 237). Ein Klang, dessen Teiltöne nicht unterschieden werden, kann die Eigenschaft „glatt", „rauh" oder „leer" haben; Gestalteigenschaften sind dagegen funktionspsychologisch nur für die intuitive Auffassungsweise vorhanden, nämlich geknüpft an den Gesamteindruck aller Teilverhältnisse. Stumpf räumt ein (gegen die Auffassung seines Schülers Wolfgang Köhler), dass man die *Wurzel* für die Einheitlichkeit des Gestalteindrucks sehr wohl im *Gefühl* vermuten könnte. Besonders in der Kunst habe man mit den Gefühlswirkungen des Gestalterlebens zu rechnen.

Auch für diese Unterscheidung zwischen Komplex- und Gestalteigenschaften im Sensorischen gibt es eine *Analogie* logisch-kognitiver Verfahrensweisen. Bernard Bolzano unterschied im Rahmen seiner Inbegriffslehre zwischen Merkmalen (Eigenschaften) von Wahrnehmungsdingen (Gegenständen) und Beschaffenheiten von Begriffen. Wahrnehmungsdinge können Eigenschaften haben, die Begriffe von ihnen *nicht* aufweisen und umgekehrt (vgl. dazu ausführlicher Neemann 1974, S. 84).

Was den vorsprachlichen Stellenwert der Gestalterkennung anbelangt, verweist Stumpf auf die alltägliche Beobachtung, dass bereits Kinder im vorsprachlichen Alter Lagen- und Größentranspositionen wiedererkennen; auch Melodien können von musikalisch begabten Kinder schon vor dem Spracherwerb wiedererkannt und sogar nachgesungen werden; das heißt, dass gewissermaßen *Analyse- und Abstraktionsprozesse* geleistet werden, noch bevor Sprache (*Begriffe*) verfügbar ist. In diesem Kontext bedeutet „Transponierung" ja nichts anderes, als dass bei der Wahrnehmung und dem *vorsprachlichen* Erkenntnisprozess nicht auf Einzelinhalte, sondern primär auf die – sowohl für das logische Denken und den Spracherwerb als auch für Musikalität unabdingbar notwendige – Wahrnehmung und Wiedererkennung von *Verhältnissen* geachtet wird. Derartige gestalttheoretisch bedeutsame Leistungen in der präverbalen Entwicklung des Kindes sind inzwischen weltweit auch experimentell nachgewiesen worden (vgl. dazu u. a. Dornes 1993 über den „kompetenten Säugling"), wie Stumpf im Übrigen schon vor hundert Jahren auf einen Tatbestand hingewiesen hat, der erst in den letzten 20 Jahren in der Forschung Beachtung fand, nämlich dass Säuglinge bereits hörend auf die Welt kommen (vgl. Stumpf 1890, S. 117). Selbst Tieren ist in einem gewissen Umfang die intuitive Gestalt*wahrnehmung*, wenngleich nicht die diskursive Gestalt*erkennung* und -verwendung möglich, mithin dasjenige, was nach Stumpf den Beginn und das Wesen der menschlichen Musik ausmacht, das *Erkennen der Bedeutung* oder das *Bewusstsein* der musikalischen Gestalten respektive die Transponierung von *Verhältnissen* (Intervallen), die Tieren nicht unterstellt werden kann, in Analogie zur begrifflich-sprachlichen Entwicklung (der Abstraktion) prinzipiell die menschliche Psyche sich von der tierischen unterscheidet: „Singvögel scheinen nicht imstande zu sein“, bemerkt Stumpf und verweist auf experimentelle Ergebnisse, „ihren Gesang auf andere Tonhöhen zu transponieren, auch wenn sie dadurch die Grenzen ihrer Stimme nicht überschreiten“ (S. 240). Man kann also davon ausgehen, dass noch *vor* der kindlichen Begriffsentwicklung die Bedingung der Möglichkeit zum Spracherwerb durch die grundlegende Befähigung zur Wahrnehmung (Erkennung) und Transponierung von *Verhältnissen* gegeben ist.

8 Logizismus

Stumpf verwahrt sich in diesem Abschnitt gegen den Vorwurf des *Logizismus*, den namentlich Wilhelm Wundt wiederholt gegen die Psychologie Brentanos und Stumpfs vorbrachte, der aber vermutlich auch zu den grundsätzlichen Abweichungen der neueren Gestaltpsychologie motivierte. Bewusstseinsvorgänge und Bewusstseinsinhalte würden zu stark aus psychologiefremden Perspektiven, beispielsweise aus der Sicht von Mathematikern, Physikern oder Musikern, interpretiert. Der Vorwurf artikuliert sich, auf den Punkt gebracht, laut Stumpf folgendermaßen: „Die Gestaltpsychologie hat nicht die Aufgabe, Gestalten mathematisch oder physikalisch zu definieren, sondern genau nur das zu beschreiben, was jedem, der eine Gestalt betrachtet und als solche erkennt, als Bewusstseinsinhalt gegeben ist“ (S. 241). Stumpf wählt ein simples Beispiel, das †, dessen Anordnung, Länge und Verhältnis der Linien zueinander, noch abgesehen von seinem christlichen Symbolgehalt, von jedem bemerkt und aufgrund spezifischer Verhältnisse von anderen Gestalten unterschieden würde. Stumpf fühlt sich von dem Logizismusvorwurf nicht betroffen, indem er geltend macht, dass man in das Bewusstsein zu viel, aber eben auch zu wenig hineinlegen könnte. Wer alles, was irgendwie an *Verhältnisse* erinnert, vermeiden wollte,

> müsste sich auf Stillschweigen verlegen, dann wäre er vor allen Gefahren sicher. Was einer meint, wenn er einem Gesichtsbild eine bestimmte Gestalt zuschreibt, das

> ist nach seiner eigenen Intention nichts anderes und kann nichts anderes sein, als ein Inbegriff von Verhältnissen, wenn anders die Bedingung der Übertragbarkeit gewährt bleiben soll. Es ist eben tatsächlich etwas Logisches, besser gesagt etwas Denkpsychologisches in unseren Gestaltaussagen enthalten, eben jenes abstrakte Netz von Beziehungen, welches allein der Übertragung fähig ist. Und gerade dieses, nicht aber der konkrete gestaltete Eindruck, ist das Wesen der Gestalt (242).

Gerade letztere Gedanke wurde indes von den Schülern Stumpfs ausdrücklich abgelehnt; sie leugneten, dass man es bei Gestalten mit *Verhältnissen* zu tun hätte, Verhältnisse, wandte man ein, seien etwas *Abstraktes*, Gestalten etwas *Anschauliches*. „Gestalten seien etwas primär Gegebenes, das nicht eines Fundamentes bedürfe, wie es bei Verhältnissen der Fall ist", referiert Stumpf den Generaleinwand gegen seine Auffassung der Gestalt (S. 246), der ‚Gestalt' wieder auf ‚Komplex' reduziert. Mit diesem grundsätzlichen Einwand standen weitere in Zusammenhang, mit denen Stumpf sich in der „Erkenntnislehre" detailliert auseinandersetzt (S. 243-246), die hier nicht aufgezählt werden müssen.

Der logizistische Einwand hat sich durchgehalten. Wolfgang Metzger widmet in seiner „Psychologie" (6. Auflage 2001) anscheinend in Anlehnung an Wundt ein ganzes Kapitel der Widerlegung des rationalistischen sogenannten „eleatischen Grundsatzes". Metzger möchte im Wesentlichen alles Fundamental-Logische, wie begriffliche Analyse, Widerspruchsbereinigung, rationale Ableitverfahren aus den Grundlagen der theoretischen Psychologie eliminieren respektive nachweisen, dass die Psychologie, namentlich die experimentelle Psychologie, als Lehre *vom unmittelbar Gegebenen,* der Forderung des rationalistischen oder logizistischen eleatischen Grundsatzes „ziemlich genau entgegengesetzt ist", weil die Psychologie auch Widersinniges und Unlogisches schlicht hinzunehmen hätte (vgl. Metzger 2001, S. 12). Stumpf würde dieser Einstellung, die Vertreter der „Alltagspsychologie" mit Metzger teilen, nicht prinzipiell widersprechen, sie allerdings in das *vorwissenschaftliche* Procedere verweisen. Stumpf macht gegen die auch von Wundt vertretene Auffassung geltend,

> daß das unmittelbar Gegebene im strengen Sinne, d. h. das, was als Tatsache streng unmittelbar einleuchtet, niemals Objekt irgendeiner Wissenschaft sein kann, obgleich es jeder (wenigstens jeder empirischen) Wissenschaft als Grundlage dient. [...] Das unmittelbar Gegebene ist nur Ausgangspunkt der Forschung und Material der Begriffsbildung" (1907 b, S. 59).

Das psychologische Motiv, *das unmittelbar Gegebene* zur Grundlage einer wissenschaftlichen Psychologie zu küren, resultiert einerseits aus dem Wunsch, die Psychologie ohne Verbindung zu philosophischen oder anderen Disziplinen als die ursprüngliche und eigentliche Basis menschlichen Erlebens schlechthin zu nobilitieren, und der Ausgang von der Gestaltwahrnehmung schien erstmals in der kurzen Wissenschaftsgeschichte der Psychologie ein solches empirisches

Fundament, *frei* von metaphysischen, erkenntnistheoretischen oder sonstigen Voraussetzungen, bereitzustellen; andererseits ist nicht nachvollziehbar, inwiefern die *experimentelle* Methode logisch-begriffliche Reflexionen überflüssig machen sollte. Auch oder sogar besonders das experimentelle Verfahren hat das ‚unmittelbar Gegebene' bereits in ein wissenschaftlich zu Behandelndes transformiert und in der Regel reduziert.

Auch in Bezug auf die Unhaltbarkeit eines *unmittelbar Gegebenen* als *Grundlage* der *empirischen* Psychologie wäre wiederum auf Paul Ferdinand Linke zu verweisen, der in seiner Arbeit, „Die phänomenale Sphäre und das reale Bewußtsein" offenbar gegen Wilhelm Wundt gerichtet geltend macht, dass das unmittelbar Gegebene, das Erlebnis, *gerade nicht* Gegenstand einer *empirischen* Psychologie sein könnte, weil für es keine Stelle im *objektiven Zeitfluss* auszumachen und es infolgedessen *nicht zum Wirklichen* zu rechnen wäre (vgl. Linke 1912, S. 5 f.).

9 Fazit

Folgendes sollte abschließend zu denken geben: Eine ernst zu nehmende *erkenntnistheoretische* Reflexion der zahlreichen und vielschichtigen Versionen der Gestalt- und Ganzheitspsychologie mit dem Ziel, einen, der menschlichen Realität näherstehenden *empirischen* Begriff des Psychischen nachzuweisen, scheint in erster Linie mit dem Anschauungsproblem zu konfrontieren. Nach Ursula Neemann ist mit seiner Klärung „die Frage nach der Wissenschaftlichkeit der Philosophie überhaupt gestellt, ob eine philosophische Entscheidung [in Fragen der Anschauung] auf wissenschaftlicher Basis überhaupt möglich sei oder einer religiösen Entscheidung gleichkomme" (1972, S. 13). Eine letztlich „religiöse" Entscheidung unterstellt Neemann Husserls Plädoyer für *Wesensschau.* Neemann hat wiederholt betont, dass dieses Grundproblem von der *Psychologie* jedenfalls *nicht* gelöst oder auch nur in Angriff genommen werden könnte, weil diese sich nicht einmal intradisziplinär über allgemein verwendbare Termini wie ‚Wahrnehmung' oder ‚Anschauung', geschweige denn über ‚Begriff' oder ‚Denken' Klarheit verschafft hätte. Nun, Stumpf, der Neemann offenbar völlig unbekannt war, hat ja gerade und mit nahezu pedantischer Akribie auf diesem in der Tat wichtigen Grundlagenfeld exzessiv gearbeitet, während die reduktionistischen und physikalistischen Tendenzen der neueren Gestaltpsychologie sich über Erkenntnistheorie und Funktionspsychologie hinwegsetzten; es scheint Jahrzehnte nach dem Zweiten Weltkrieg gebraucht zu haben, bis ein diesbezügliches Manko überhaupt wieder Erwähnung fand.

In historischer Perspektive ist einigermaßen verwunderlich, dass ausgerechnet Karl Raimund Popper in seiner letzten, mit dem Neurologen John Eccles verfassten Arbeit „Das Ich und sein Gehirn“ seine frühere Wertschätzung der Köhlerschen parallelistischen und *physikalistischen* Auffassung der Gestalt revidierte und sich nun veranlasst sah, Köhlers ehemaligen Lehrer Carl Stumpf zur Sprache zu bringen und ihm Recht zu geben, ja ihn sogar als seinen „Vorläufer“ zu nominieren (1981, S. 46, 228, 229). Popper kündigt in dieser Arbeit auch seine jahrzehntelang vertretene antipsychologische Einstellung auf und denkt noch einmal prinzipiell über das Verhältnis des Psychischen zum Physischen nach (vgl. dazu Kaiser-el-Safti 2012, S. 48 ff.), das ihn in jungen Jahren beschäftigt hatte, aber später ad acta gelegt wurde (vgl. dazu Ellen Aschermanns Beitrag in diesem Band).

Sollte es nicht zu denken geben, dass die Gestaltpsychologie, obwohl der Begriff der Gestalt doch ein exquisit *ästhetischer* zu sein scheint, innerhalb der philosophischen Ästhetik im 20. Jahrhundert zwar häufig verbal verwendet wird, aber letztlich wenig zur Aufklärung des künstlerischen Schaffens, Geniessens und des Werkcharakters beigetragen hatte, sei es im Bereich der bildenden Kunst oder der Musik? Wie sollte er auch, wenn spezifisch Ästhetisches, wie die Wahrnehmung von *Verhältnissen* und das ästhetische (Wert-)*Urteil,* durch die Berliner Gestaltpsychologen ausgemerzt und später (in Wolfgang Köhlers physikalischer Version) der Doktrin des Positivismus geopfert wurde? (Vgl. Köhler 1920)

Wenn als letzte Grundlage eines *empirisch* verwendbaren genuin Psychischen das *Zusammenspiel* von Wahrnehmung (Anschauung, Vorstellung) und Kognition (Begriff, Urteil) in *allen* Bereichen – nicht nur der Wahrnehmung des physikalisch Dinglichen im Sinne seiner materialen Realität – sondern auch der Wahrnehmung und Wertschätzung *des Ästhetischen und Ethischen* zur Debatte gestellt werden soll, muss vermutlich noch einmal und mit einer gewissen Distanz zu den philosophischen und psychologischen Schulstreitigkeiten, unter Einbeziehung sowohl interdisziplinärer als auch *internationaler* Perspektiven (die ‚Gestaltpsychologie‘ war eine bemerkenswert *deutsche* Forschungsrichtung!) von vorne angefangen werden – allerdings einschließlich dessen, was schon vor dem Zweiten Weltkrieg von *europäisch* Denkenden wie Herbart, Brentano und Stumpf zu einer neuen, realistischeren Konzeption von Philosophie und Psychologie auf den Weg gebracht worden war.

Innerhalb der neueren europäischen Philosophie scheinen sich nach mehreren Durchgängen der „Dekonstruktion“ des Alten in den vergangenen Jahrzehnten Ansätze abzuzeichnen, deren Kerngedanken – das Verhältnis von Philosophie (Metaphysik) und Wissenschaft, von Wissenschaft und Religion respektive von Wissenschaft und Kunst betreffend – schon *vor* Ausbruch des Zweiten

Weltkrieges abgezeichnet hatten. Der heute wieder anvisierte *Realismus* in der Philosophie (vgl. dazu „Realismus Jetzt" in der Herausgabe von Avanessian 2013) war ja in der Tat schon von Herbart mit Nachdruck gegen die Philosophie des Deutschen Idealismus zur Diskussion gestellt und durchzusetzen versucht, von Carl Stumpf weitergeführt worden. Aber auch in Sachen ‚Seele' und in Bezug aus ein neues Interesse an der akustischen Wahrnehmung sind bemerkenswerte Stellungnahmen von philosophischer Seite in *Frankreich* zu finden (vgl Nancy über ‚Hören' (2010) und über die „Ausdehnung der Seele" (Nancy 2010). Jean-Luc Nancy fordert eine *radikale Öffnung zu einem anderen Diskurs* (vgl. Nancy 2008, 2010), wobei der Ausgang aus metaphysisch-religiösen Denk- und Vorstellungsweisen bei diesem Autor einen schärferen Tenor annimmt als der von Philosophen, die sich schon vor dem Zweiten Weltkrieg in diese Richtung bewegt hatten.

Was die Wahrnehmung und Wertschätzung des Ästhetischen anbelangt, das die Berliner Gestaltpsychologen zunehmend aus den Augen verloren, vertritt der Ästhetiker Wolfgang Welsch in seiner „evolutionären Perspektive der Welt" Grundprinzipien, die stark an Carl Stumpf erinnern. Sie tangieren **a)** das Plädoyer für eine realistische Philosophie anstelle des philosophischen Idealismus, **b)** die Bedeutung der Emergenz im Rahmen einer evolutionär interpretierten Philosophie und **c)** das unbedingtes Votum für eine Erkenntnistheorie, die dem *Relationalen* im Kontext einer „relationistischen Ontologie" den Primat erteilen und Relationen, wie schon Stumpf, weder als ein ‚subjektives' Produkt des menschlichen Geistes, noch als Erzeugnis eines ‚objektiven Geistes' betrachten (vgl. Welsch 2012); dass Welsch sich diesbezüglich auf Kant glaubt berufen zu können (S. 145), mag dahin gestellt bleiben. M.E. schlägt vor allem zu Buche, dass der Primat eines *über Kant hinausgehenden* erweiterten Relationsdenkens dem angeblichen Hiatus einer dinglichen, rein *quantitativ* zu interpretierenden und einer mit Wert ausgestatteten *qualitativ* zu deutenden Welt wesentlich differenziertere Denk- und wissenschaftliche Verfahrensweisen anbietet. Kant beschnitt die Relationstheorie in problematischer Verkürzung des Qualitativen auf die Grundrelation von Subjektivität und Objektivität, während Stumpf sie wieder auf die ältere Relation von Ganzes und Teil erweiterte. Daran wäre anzuschließen.

Literatur

Arnold, A. (1980). *Wilhelm Wundt – Sein philosophisches System.* Berlin: Akademie-Verlag.

Avansssian, A. (2013). (Hrsg.) *Realismus Jetzt.* Berlin: Merve.

Bennett, M. R. & Hacker, P. M. S. (2010). *Die philosophischen Grundlagen der Neurowissenschaften.* Darmstadt: Wissenschaftliche Buchgesellschaft.

Blum, D. (2007) *Geister Jäger William James und die Jagd nach Beweisen für ein Leben nach dem Tod.* München: Goldmann.

Bolzano, B. (1810/1926). *Philosophie der Mathematik oder Beiträge zu einer begründeten Darstellung der Mathematik.* Paderborn: Schöningh.

Bolzano, B. (1837). *Wissenschaftslehre.* 4 Bände. Sulzach: Seidelsche Buchhandlung.

Bolzano, B. (1976). *Ausgewählte Schriften Texte zur Philosophie und Religionsgeschichte.* Berlin: Union Verlag.

Brentano, F. (1874/1973). *Psychologie vom empirischen Standpunkt.* Bd. 1. Hamburg: Meiner.

Brentano. F. (1925/1971). *Psychologie vom empirischen Standpunkt.* Bd. 2. Hamburg: Meiner.

Brentano, F. (1889/1969). *Vom Ursprung sittlicher Erkenntnis.* Hamburg: Meiner.

Brentano, F. (1907/1979). *Untersuchungen zur Sinnespsychologie.* Hamburg: Meiner.

Brentano, F. (1896). Über Individuation, multiple Qualität und Intensität sinnlicher Erscheinungen, Vortrag 3. Intentionaler Kongress der Psychologie in München. In *Untersuchungen zur Sinnespsychologie* (S. 66-89) . Hamburg: Meiner.

Brentano, F. (1905). Von der psychologischen Analyse der Tonqualitäten in ihre eigentlich ersten Elemente. In *Untersuchungen zur Sinnespsychologie* (S. 93-103).

Brentano, F. (1989). *Briefe an Carl Stumpf 1867-1917.* Unter Mitarbeit von P. Goller hrsg. und eingeleitet von G. Oberkofler. Graz: Akademische Druck- und Verlagsanstalt.

Bühler, K. (1929/1978). *Die Krise der Psychologie.* Frankfurt a.M. et. al.: Ullstein.

Carnap, R. (1932). Psychologie in physikalischer Sprache. In *Erkenntnis zugleich Annalen der Philosophie, XI, Heft 2 u. 3*, 107-142.

Cassirer, E. (1958). *Philosophie der symbolischen Formen. Dritter Teil. Phänomenologie der Erkenntnis.* Darmstadt: Wissenschaftliche Buchgesellschaft.

Cassirer, E. (1910/1990). *Substanzbegriff und Funktionsbegriff. Untersuchungen über die Grundfragen der Erkenntniskritik.* Darmstadt: Wissenschaftliche Buchgesellschaft.

Churchland, P. (2013). Eliminativer Materialismus. In, A. Avansssian (Hrsg.), *Realismus Jetzt* (S.183-194). Berlin: Merve.

Cornelius, H. (1897). *Psychologie als Erfahrungswissenschaft.* Reprint o. O. u. J.

Cornelius, H. (1900). Über „Gestaltqualitäten“. *Zeitschrift für Psychologie und Physiologie der Sinnesorgane, 22,* 101-121.

Dornes, M. (1997). *Der kompetente Säugling. Die präverbale Entwicklung des Menschen.* Frankfurt a.M.: Fischer.

Dummett, M. (1992). *Ursprünge der analytischen Philosophie.* Frankfurt a.M.: Suhrkamp.

Dummett, M. (2005). *Wahrheit und Vergangenheit.* Frankfurt a.M.: Suhrkamp.

Ehrenfels, Ch. von (1890). Über „Gestaltqualitäten“. *Vierteljahrsschrift für wissenschaftliche Philosophie, 14,* 249-292.

Eberlein, G. & Pieper, R. (1976). (Hrsg.) *Psychologoie – Wissenschaft ohne Gegenstand?* Frankfurt a.M., New York: Campus.

Ebeling, M. (2007) *Verschmelzung und neuronale Autokorrelation als Grundlage einer Konsonanztheorie.* Frankfurt a.M.: Peter Lang.

Eidam, H. (2007). *Kausalität aus Freiheit Kant und der deutsche Idealismus.* Würzburg: Königshausen & Neumann.

Ewen, W. (2008). *Carl Stumpf und Gottlob Frege.* Würzburg: Königshausen & Neumann.

Falkenburg, B. (2012). *Mythos Determinismus.* Berlin: Springer.

Fisette, D. (2009). Love and Hate: Brentano and Stumpf on Emotion and Sense Feeling. In *gestalt theory, 31 (2),* 115-127.

Gabriel, G. (2001). Existenz und Zahlaussage. Herbart und Frege. In A. Hoeschen & L. Schneider (Hrsg.), *Herbarts Kultursystem. Perspektiven der Transdisziplinarität im 19. Jahrhundert* (S. 149-162). Würzburg: Königshausen & Neumann.

Gelb, A. (1911). Theoretisches über „Gestaltqualitäten". *Zeitschrift für Psychologie, 58,* 1-58.

Goodman, N. (1984). *Weisen der Welterzeugung.* Frankfurt a.M.: Suhrkamp.

Heesch, M. (1999). *Johann Friedrich Herbart zur Einführung.* Hamburg: Junius.

Heller, B. (1970). *Grundbegriffe im Wandel der Zeit.* Braunschweig: Vieweg.

Henckmann, W. (1993). *Einführung in Johann F. Herbart Lehrbuch zur Einleitung in die Philosophie.* Hamburg: Meiner.

Hoeschen, A. & Schneider, L. (2001). (Hrsg.) *Herbarts Kultursystem. Perspektiven der Transdisziplinarität im 19. Jahrhundert.* Würzburg: Königshausen & Neumann.

Herbart, J. F. (1804). Ueber die ästhetische Darstellung der Welt als das Hauptgeschäft der Erziehung. In K. Kehrbach (Hrsg., 1890), *Johann Friedrich Herbart's Sämtliche Werke, Bd. 1* (S. 259-274). Langensalza: Hermann Beyer & Söhne.

Herbart, J. F. (1807). Über philosophisches Studium. In K. Kehrbach (Hrsg., 1887), *Sämtliche Werke, Bd. 2* (S. 227-296).

Herbart, J. F. (1808). Allgemeine praktische Philosophie. In K. Kehrbach (Hrsg., 1887), *Sämtliche Werke, Bd. 2* (S. 329-458).

Herbart, J. F. (1808). Hauptpuncte der Metaphysik. In K. Kehrbach (Hrsg.), *Sämtliche Werke, Bd. 2* (S. 175-226).

Herbart, J. F. (1811). Psychologische Bemerkungen zur Tonlehre. In K. Kehrbach (Hrsg., 1890), *Sämtliche Werke, Bd. 3* (S. 97-145).

Herbart, J. F. (1813). Lehrbuch zur Einleitung in die Philosophie. In K. Kehrbach (Hrsg., 1891), *Sämtliche Werke, Bd. 4* (S. 1-294).

Herbart, J. F. (1824). Psychologie als Wissenschaft, neu gegründet auf Erfahrung, Metaphysik und Mathematik. Erster synthetischer Teil. In K. Kehrbach (Hrsg., 1890), *Sämtliche Werk, Bd. 5* (S. 177-338).

Herbart, J. F. (1825). Psychologie als Wissenschaft, neu gegründet auf Erfahrung, Metaphysik und Mathematik. Zweiter analytischer Teil. In K. Kehrbach (Hrsg., 1890) *Sämtliche Werke, Bd. 6* (S. 1-340).

Herbart, J. F. (1831). Kurze Encyklopaedie der Philosophie. In K. Kehrbach (Hrsg., 1897) *Sämtliche Werke, Bd. 9* (S. 17-338).

Herbart, J. F. 1836). Zur Lehre von der Freyheit des menschlichen Willens. In K. Kehrbach, (Hrsg., 1902), *Sämtliche Werke, Bd. 10* (S. 207-313).

Herbart, J. F. (1839). Psychologische Untersuchungen. Ueber die Wichtigkeit der Lehre von den Verhältnissen der Töne, und vom Zeitmaasse, für die gesamte Psychologie. In K. Kehrbach (Hrsg., 1890), *Sämtliche Werke, Bd. 11* (S.45-124).

Herrmann, Th. (1976). Ganzheitspsychologie und Gestalttheorie. In *Die Psychologie des 20. Jahrhunderts.* Zürich: Kindler.

Herrmann, Th. (1976). Braucht die Psychologie eine Gegenstandsbestimmung? Zu Robert Kirchhoffs Kritik. In G. Eberlein & R. Pieper (Hrsg.), *Wissenschaft ohne Gegenstand?* (S. 37-44). Frankfurt a.M., New York: Campus.

Hume, D. (1973). *Ein Traktat über die menschliche Natur.* Hamburg: Meiner.

Husserl, E. (1992). *Philosophie der Arithmetik.* Hamburg: Meiner.

Husserl, E. (1928). *Logische Untersuchungen*, Bd. 1. Halle: Niemeyer

Husserl, E. (1928). *Logische Untersuchungen,* Bd. 2, 1. Teil. Halle: Niemeyer.

James, W. (1884). What is an emotion? *Mind A Quarterly Review of Psychology and Philosophy, IX,* 188-205.

James, W. (1890/1983). *The Priciples of Psychology.* London: Harvard University Press.

James, W. (2006). *Pragmatismus und radikaler Empirismus.* Frankfurt a.M.: Suhrkamp.

Janisch, P. (2009). *Kein neues Menschenbild. Zur Sprache der Hirnforschung.* Frankfurt a.M.: Suhrkamp.

Jourdain, R. (1998). *Das wohltemperierte Gehirn. Wie Musik im Kopf entsteht und wirkt.* Darmstadt: Wissenschaftliche Buchgesellschaft.

Kaiser-el-Safti, M. (1995). Artikel „Spannung". In J. Ritter & K. Gründer (Hrsg.), *Historisches Wörterbuch der Philosophie, Bd. 9,* Sp. 1293-1300. Darmstadt: Wissenschaftliche Buchgesellschaft.

Kaiser-el-Safti, M. (2001 a). Unbewußtes, In J. Ritter & K. Gründer (Hrsg.), *Historisches Wörterbuch der Philosophie, Bd. 11.* Darmstadt: Wissenschaftliche Buchgesellschaft.

Kaiser-el-Safti, M. (2001 b). *Die Idee der wissenschaftlichen Psychologie Immanuel Kants kritische Einwände und ihre konstruktive Widerlegung.* Würzburg: Königshausen & Neumann.

Kaiser-el-Safti, M. (2002). Herbart, Johann Friedrich. In L. Finsche (Hrsg.), *Musik in Geschichte und Gegenwart. Allgemeine Enzyklopädie der Musik, Personteil, Bd. VIII* (S. 1355-1357). Kassel et al.: Bärenreiter und Metzler.

Kaiser-el-Safti, M. (2009 a). Aisthesis et esthétique dans l'oevre de J. F. Herbart et de Carl Stumpf. In C. Trautmann-Waller et C. Maigné [éds.], *Formalismes esthétiques et héritage herbartien Vienne* (P. 151-178). Prague, Moscou, Hildesheim et al.: Olms.

Kaiser-el-Safti, M. (2009 b). Der „Witz" in der Tonpsychologie Carl Stumpfs. *Gestalt Theory. An International Multidisciplinary Journal, 2,* 143–174.

Kaiser-el-Safti, M. (2010). Carl Stumpf, Edmund Husserl und Johann Friedrich Herbart. Eine neue Sichtweise auf die Anfänge der phänomenologischen Bewegung. In U. Wolfradt, M. Kaiser-el-Safti & H.-P. Brauns (Hrsg.), *Hallesche Perspektiven auf die Geschichte der Psychologie – Hermann Ebbinghaus und Carl Stumpf* (S. 108 – 126). Lengerich: Papst Science Publishers.

Kaiser-el-Safti, M. (2010 b). Abstrakte und konkrete Psychologie – in wissenschaftshistorischer und wissenschaftstheoretischer Perspektive. In G. Jüttemann & W. Mack (Hrsg.), *Konkrete Psychologie, Die Gestaltanalyse der Handlungswelt* (S. 162-173). Lengerich: Papst Science Publishers.

Kaiser-el-Safti, M. & Loh, W. (2011). *Die Psychologismus-Kontroverse.* Göttingen: Vandenhoeck & Rupprecht.

Kaiser-el-Safti, M. (2011). *Einleitung in Carl Stumpf, „Erkenntnislehre".* Lengerich: Pabst Science Publishers.

Kaiser-el-Safti, M. (2012). Hören und Fühlen im ‚Ganzen' der Lehre Carl Stumpfs. In G. Rötter & M. Ebeling (Hrsg.), *Hören und Fühlen. Schriftenreihe der Carl Stumpf Gesellschaft* (S. 201-241). Frankfurt a.M.: Peter Lang.

Kaiser-el-Safti, M. (2012 b). Zum Substanzbegriff in der Psychologie aus phänomenologischer Perspektive. In A. Stock, H. Braun & U. Wolfradt (Hrsg.), *Historische Analysen theoretischer und empirischer Psychologie* (S. 37-56). Frankfurt a. M et. al: Peter Lang.

Kant, I. (1755). Allgemeine Naturgeschichte und Theorie des Himmels. In W. Weischeld (Hrsg., 1968), *Immanuel Kant Werke in zehn Bänden, Bd. 1,* (S. 219-400). Darmstadt: Wissenschaftliche Buchgesellschaft.

Kant, I. (1763). *Der einzig mögliche Beweisgrund zu einer Demonstration des Daseins Gottes*. In W. Weischeld (Hrsg., 1968), *Immanuel Kant Werke in zehn Bänden, Bd. 2* (S. 621-738).

Kant, I. (1764). *Untersuchung über die Deutlichkeit der Grundsätze der natürlichen Theologie und Moral.* In W. Weischeld (Hrsg., 1968), *Immanuel Kant Werke in zehn Bänden, Bd. 2* (S. 743 -773).

Kant, I. (1764). *Beobachtungen über das Gefühl des Schönen und Erhabenen.* In W. Weischeld (Hrsg., 1968), *Immanuel Kant Werke in zehn Bänden, Bd. 2* (S. 825-884).

Kant, I. (1770). *Von der Form der Sinnen- und Verstandeswelt und ihren Gründen.* In W. Weischeld (Hrsg., 1968), *Immanuel Kant Werke in zehn Bänden, Bd. 5* (S. 7-107).

Kant, I. (1781). *Kritik der reinen Vernunft*. In W. Weischedel (Hrsg., 1968), *Immanuel Kant Werke in zehn Bänden, Bd. 3. & 4.*

Kant, I. (1783). *Proglegomena zu einer jeden künftigen Metaphysik die als Wissenschft wird auftreten können.* In W. Weischedel (Hrsg., 1968), *Immanuel Kant Werke in zehn Bänden, Bd. 5* (S. 109-264).

Kant, I. (1785). *Grundlegung zur Metaphysik der Sitten.* In W. Weischedel (Hrsg., 1968), *Immanuel Kant Werke in zehn Bänden, Bd. 6* (S. 7-102).

Kant, I. 1786). *Metaphysische Anfangsgründe der Naturwissenschaft*. In W. Weischedel (Hrsg., 1968), *Immanuel Kant Werke in zehn Bänden, Bd. 8* (S. 10-138).

Kant, I. (1798). *Anthropologie in pragmatischer Hinsicht.* Weischedel. In W. Weischedel (Hrsg., 1968), *Immanuel Kant Werke in zehn Bänden, Bd. 10* (S. 396-690).

Kant, I. (1788). *Kritik der praktischen Vernunft.* In W. Weischedel (Hrsg., 1968), *Immanuel Kant Werke in zehn Bänden, Bd. 6* (S. 105-302).

Kant, I. (1790). *Kritik der Urteilskraft.* In W. Weischedel (Hrsg., 1968), *Immanuel Kant Werke in zehn Bänden, Bd. 8.*

Kirchhoff, R. (1976). Gegenstandslose Theorie? In, G. Eberlein & R. Pieper (Hrsg.), *Psychologie – Wissenschaft ohne Gegenstand?* (S. 25-36). Frankfurt a.M. New York: Campus.

Kluck, St. (2008). *Gestaltpsychologie und Wiener Kreis Stationen einer bedeutsamen Beziehung.* Freiburg/München: Alber.

Koch, S (1973). Psychologie und Geisteswissenschaften. In, H. Gadamer & P. Vogler (Hrsg.), *Psychologische Anthropologie* (S. 200-236). Stuttgart: Thieme.

Köhler, W. (1920). *Die physischen Gestalten in Ruhe und im stationären Zustande. Eine naturphilosophische Untersuchung.* Braunschweig: Vieweg.

Krickel, F. (1995). *Teil und Inbegriff Bernard Bolzanos Mereologie.* Stankt Augustin: Academia.

Lange, F. A. (1974). *Geschichte der Materialismus*, 2 Bände. Frankfurt a.M.: Suhrkamp.

Langner, G. (2012). Wie frei sind wir? Die neuronale Grundlage der relativen Freiheit. In G. Rötter & M. Ebeling (Hrsg.), *Hören und Fühlen. Schriftenreihe der Carl Strumpf Gesellschaft* (S. 93-107). Frankfurt a.M.: Peter Lang.

Leibniz, G. W. (1982). *Vernunftprinzipien der Natur und der Gnade. Monadologie.* Hamburg: Meiner.
Leibniz, G. W. (1985). *Neue Abhandlungen über den menschlichen Verstand,* 2 Bände. Darmstadt: Wissenschaftliche Buchgesellschaft.
Lichtenstein, A. (1900). *Lotze und Wundt: Eine vergleichende philosophischen Studie.* (Reprint)
Liebmann, O. (1865). *Kant und die Epigonen.* Stuttgart: Schober.
Linke, D. B. (2001). *Kunst und Gehirn. Die Eroberung des Unsichtbaren.* Reinbek bei Hamburg: Rowohlt.
Linke, D. B. (2006). *Die Freiheit und das Gehirn. Eine neuro-philosophische Ethik.* Reinbek bei Hamburg: Rowohlt.
Linke, P. F. (1912). *Die phänomenale Sphäre und das reale Bewußtsein.* Halle: Niemeyer.
Linke, P. F. (1927). Die Existentialtheorie der Wahrheit und der Psychologismus der Geltungslogik. *Kant-Studien, 29,* 395-415.
Linke, P. F. (1929). *Grundfragen der Wahrnehmungslehre.* München: Reinhardt.
Linke, P. F. (1938). Neopositivismus und Intentionalität. *Naturwissenschaft und Metaphysik. Brentano-Festschrift* (S. 143-157). Brünn und Leipzig.
Linke, P. F. (1946). Gottlob Frege als Philosoph. *Zeitschrift für pilosophische Forschung, 1,* 75-99.
Linke, P. F. (1952). Was ist Logik? *Zeitschrift für philosophische Forschung, 4, H.2,* 372-398.
Linke, P. F. (1961). *Niedergangserscheinungen in der Philosophie der Gegenwart. Wege zu ihrer Überwindung.* München, Basel: Reinhardt.
Locke, J. (1981). *Versuch über den menschlichen Verstand,* 2 Bände. Hamburg: Meiner.
Lotze, H. (1852). *Medizinische Psychologie und Physiologie der Seele.* Leibzig: Weidmann'sche Buchhandlung.
Lotze, H. (1868). *Geschichte der Aesthetik in Deutschland.* München: Gotta'sche Buchhandlung.
Marty, A. (1892). Rezension von William James „The Principles of Psychology", *Zeitschrift für Psychologie und Physiologie der Sinnesorgane, 3,* 297-333.
Metzger, W. (2001). *Psychologie. Die Entwicklung ihrer Grundannahmen seit der Einführung des Experiments.* Wien: Krammer.
Mitchell, S. (2008). *Komplexitäten. Warum wir erst anfangen, die Welt zu verstehen.* Frankfurt a.M.: Suhrkamp.
Moro, N. (2006). *Der musikalische Herbart. Harmonie und Kontrapunkt als Gegenstände der Psychologie und der Ästhetik.* Würzburg: Königshausen & Neumann.
Neemann, U. (1972). *Bernard Bolzanos Lehre von Anschauung und Begriff.* München et. al: Schönigh.
Nancy, J.-L. (2008). *Dekonstruktion des Christentums.* Zürich: diaphanes.
Nancy, J.-L. (2010). *Zum Gehör.* Zürich: diaphanes.
Nancy, J.-L. (2010). *Ausdehnung der Seele.* Zürich: diaphanes.
Nath, M. (1892). *Die Psychologie Hermann Lotzes in ihrem Verhältnis zu Herbart.* Halle: Niemeyer.
Natorp, P. (1899). *Herbart, Pestalozzi und die heutigen Aufgaben der Erziehungslehre.* Stuttgart: Frommann.

Natorp, P. (1886). Rezension von Carl Stumpf „Tonpsychologie“, Bd. 1. *Göttingische gelehrte Anzeigen, 20,* 781-807.

Natorp, P. (1888). *Einleitung in die Psychologie nach kritischer Methode.* Freiburg. i. B.: Mohr.

Nietzsche, F. (1980). Jenseits von Gut und Böse. *Sämtliche Werke Kritische Studienausgabe, Bd. 5* (S. 11-240). Berlin, New York: de Gryter.

Pettoelle, R. (1986). *Idealismo e realismo. La formazione filosofica di j. F. Herbart.* Firenze: Nuova Italia.

Plamper, J. (2012). *Geschichte und Gefühl Grundlagen der Emotionsgeschichte.* München: Siedler.

Popper, K. R. (1971). *Logik der Forschung.* Tübingen: Mohr.

Popper, K. R. (1979). *Die beiden Grundprobleme der Erkenntnistheorie.* Tübingen: Mohr.

Popper, K. R. & Eccles, J. (1982). *Das Ich und sein Gehirn.* München, Zürich: Pieper & Co.

Reisenzein, R. (1992). Stumpfs kognitiv-evaluative Theorie der Emotionen. In L. Sprung & W. Schönpflug (Hrsg.), *Zur Geschichte der Psychologie in Berlin. Beiträge zur Geschichte der Psychologie.* Hg. von H. E. Lück, Bd. 4 (S. 97-137).

Rorty, R. (1997). *Der Spiegel der Natur. Eine Kritik der Philosophie.* Frankfurt a.M.: Suhrkamp.

Ryle, G. (1969). *Der Begriff des Geistes.* Stuttgart: Reclam.

Roth, G. (1996). *Das Gehirn und seine Wirklichkeit. Kognitive Neurobiologie und ihre philosophischen Konsequenzen.* Frankfurt a.M.: Suhrkamp.

Sachs-Hombach, K. (2004). Teil-Artikel ‚Wahrnehmung' „Psychologie im 19. und 20. Jh.“ In J. Ritter & K. Gründer (Hrsg.), *Historisches Wörterbuch der Philosophie, Bd. 12* (Sp. 217-223). Darmstadt: Wissenschaftliche Buchgesellschaft.

Schlick, M. (1979). *Allgemeine Erkenntnislehre.* Frankfurt a.M.: Suhrkamp.

Schmidt-Atzert, L. (1981). *Emotionspsychologie.* Stuttgart: Hohlhammer.

Schmidt-Atzert, L. (1996). Lehrbuch der Emotionspsychologie. Stuttgart: Kohlhammer.

Scholz, E. (2001). Bernard Riemanns Auseinandersetzung mit der Herbartschen Philosophie. In A. Hoeschen, & L. Schneider (Hrsg.), *Herbarts Kultursystem Perspektiven der Transdisziplinarität im 19. Jahrhundert* (S. 163-183). Würzburg: Königshausen & Neumann.

Schumann, F. (1898). Zur Psychologie der Zeitanschauung. *Zeitschrift für Psychologie und Physiologie der Sinnesorgane, 11,* 106-148.

Sonnemann, U. (1968). Zeit ist Anhörungsform. Über Wesen und Wirkung einer kantischen Verkennung des Ohres. In G. Heinemann (Hrsg.), *Zeitbegriffe: Ergebnisse des interdisziplinären Symposions Zeitbegriff und Naturwissenschaft, Zeiterfahrung und Zeitbewusstsein (Kassel 1983).* Freiburg, München: Alber.

Specht, R. (1989). *John Locke*. München: Beck.

Stuckert, A. (1999*). J. F. Herbart Eine begriffliche Rekonstruktion des Verhältnisses von Ästhetik, Ethik und Erziehungstheorie in seinem Werk.* Frankfurt a.M. et al.: Peter Lang.

Stumpf, C. (1873). *Über den psychologischen Ursprung der Raumvorstellung.* Leipzig: Hirzel.

Stumpf, C. (1883). *Tonpsychologie.* Bd. 1. Leipzig: Hirzel.

Stumpf, C. (1890). *Tonpsychologie.* Bd. 2. Leipzig: Hirzel.

Stumpf, C. (1891). Psychologie und Erkenntnistheorie. *Aus den Abhandlungen der philosophisch-philologischen Classe der Königlich Bayerischen Akademie der Wissenschaften, 19, 2. Abteilung*, 465-516.

Stumpf, C. (1896/1910). Leib und Seele. Rede zur Eröffnung des internationalen Kongresses für Psychologie München, 4. August 1896. In *Reden und Vorträge* (S. 65-93). Leibzig: Barth.

Stumpf, C. (1899/1910). Der Entwicklungsgedanke in der gegenwärtigen Philosophie. Festrede am Stiftungstage der Kaiser-Wilhelms-Akademie für das militärärztliche Bildungswesen Berlin, 2. Dezember 1899. In *Reden und Vorträge* (S. 94-124). Leipzig: Barth.

Stumpf, C. (1899). Ueber den Begriff der Gemüthsbewegung. *Zeitschrift für Psychologie und Physiologie der Sinnesorgane, 21,* 4-99.

Stumpf, C. (1907a). Erscheinungen und psychische Funktionen. *Abhandlungen der Königlich Preußischen Akademie der Wissenschaften.* Berlin: Reimer.

Stumpf, C. (1907b). Zur Einteilung der Wissenschaften. *Abhandlungen der Königlich Preußischen Akademie der Wissenschaften.* Philosophisch-historische Wissenschaften. Berlin: Reimer.

Stumpf, C. (1907c). Über Gefühlsempfindungen. *Zeitschrift für Psychologie und Physiologie der Sinnesorgane, 44,* 1-49.

Stumpf, C. (1907d). Richtungen und Gegensätze in der heutigen Psychologie. *Internationale Wochenschrift für Wissenschaft, Kunst und Technik,* 19. Oktober 1907.

Stumpf, C. (1916). Apologie der Gefühlsempfindungen. *Zeitschrift für Psychologie und Physiologie der Sinnesorgane, 75,* 1-38.

Stumpf, C. (1917). Die Attribute der Gesichtsempfindungen. *Abhandlung der Königlich Preussischen Akademie der Wissenschaften,* Berlin: Reimer.

Stumpf, C. (1919b). Spinozastudien. *Aus den Abhandlungen der Preussischen Akademie der Wissenschaften Jahrgang 1919.* Philosophisch-Historische Klasse. Berlin: Verlag der Akademie der Wissenschaften.

Stumpf, C. (1928). *William James nach seinen Briefen. Leben. Charakter. Lehre.* Berlin: Pan-Verlag Rolf Heise.

Stumpf, C. (1924). Selbstdarstellung. In *Die Philosophie der Gegenwart in Selbstdarstellungen* (S. 1-61). Hamburg: Meiner.

Stumpf, C. (1928a). *Gefühl und Gefühlsempfindung.* Leipzig: Barth.

Stumpf, C. (1928). *William James.* Charlottenburg: Pan.

Stumpf, C. (1939-40/2011). *Erkenntnislehre.* Lengerich: Pabst Science Publishers.

Trautmann-Waller, C. & Maigné, C. (Hrsg., 2009), *Herbartisme autrichien Esthétique pragoise – Formalisme russe.* Hildesheim: Olms.

Traxel, W. (1976). Der Gegenstand der Psychologie als Produkt und Problem psychologischen Denkens. In, G. Eberlein & R. Pieper, (Hrsg.), *Psychologie – Wissenschaft ohne Gegenstand?* (S. 105-139). Frankfurt a.M. New York: Campus.

Twardowski, K. (1894). *Die Lehre vom Inhalt und Gegenstand der Vorstellungen. Eine psychologische Untersuchung.* Wien: Hölder.

Wassmann, C. (2002). *Die Macht der Emotionen. Wie Gefühle unser Denken und Handeln beeinflussen.* Darmstadt: Wissenschaftliche Buchgesellschaft.

Wundt, W. (1884). Rezension von Stumpfs Tonpsychologie, Bd. 1, *Litrarisches Centralbaltt für Deutschland, 16,* 547.
Wundt, W. (1920). *Erlebtes und Erkanntes*. Reprint o. O. u. J.
Wundt, W. (1921). *Logik der Geisteswissenschaften.* Stuttgart: Enke.

Schriftenreihe der Carl Stumpf Gesellschaft

Herausgegeben von Margret Kaiser-el-Safti und Martin Ebeling

Band 1 Martin Ebeling / Margret Kaiser-el-Safti (Hrsg.): Die Sinne und die Erkenntnis. 2011.

Band 2 Günther Rötter / Martin Ebeling (Hrsg.): Hören und Fühlen. 2012.

Band 3 Alexandra Lavinia Zepter: Sprache und Körper. Vom Gewinn der Sinnlichkeit für Sprachdidaktik und Sprachtheorie. 2013.

Band 4 Ellen Aschermann / Margret Kaiser-el-Safti (Hrsg.): Gestalt und Gestaltung in interdisziplinärer Perspektive. 2014.

www.peterlang.com

www.ingramcontent.com/pod-product-compliance
Ingram Content Group UK Ltd.
Pitfield, Milton Keynes, MK11 3LW, UK
UKHW021822290926
8980IPUK00004B/212

9 783631 646328